Projektmanagement – Zertifizierung nach IPMA(3.0)-Ebenen D und C

Grundlagen und Kompetenzelemente, Methoden und Techniken mit zahlreichen Beispielen

Ingrid Katharina Geiger, Roger Romano, Josef Gubelmann, Kurt Badertscher und Clarisse Pifko

Projektmanagement – Zertifizierung nach IPMA(3.0)-Ebenen D und C
Grundlagen und Kompetenzelemente, Methoden und Techniken mit zahlreichen Beispielen
Ingrid Katharina Geiger, Roger Romano, Josef Gubelmann, Kurt Badertscher und Clarisse Pifko

Grafisches Konzept: dezember und juli, Wernetshausen
Satz und Layout: Mediengestaltung, Compendio Bildungsmedien AG, Zürich
Illustrationen: Oliver Lüde, Zürich
Druck: Edubook AG, Merenschwand

Redaktion und didaktische Bearbeitung: Clarisse Pifko

Artikelnummer: 6120
ISBN: 978-3-7155-9355-5
Auflage: 2., überarbeitete Auflage 2009
Ausgabe: U0039
Sprache: DE
Code: XPMA 001

Alle Rechte, insbesondere die Übersetzung in fremde Sprachen, vorbehalten. Das Werk und seine Teile sind urheberrechtlich geschützt. Jede Verwertung in anderen als den gesetzlich zugelassenen Fällen bedarf der vorgängigen schriftlichen Zustimmung von Compendio Bildungsmedien AG.

Copyright © 2006, Compendio Bildungsmedien AG, Zürich

Inhaltsverzeichnis

	Vorwort	9
Teil A	**Grundlagen**	**13**
	Einleitung	14
1	**Das System Projektmanagement**	**15**
1.1	Entwicklung des Projektmanagements	15
1.2	Was ist ein Projekt?	16
1.3	Was versteht man unter Programm und Portfolio?	19
1.4	Projektarten	21
1.5	Was ist Projektmanagement?	22
1.6	Wozu eigentlich Projektmanagement?	24
1.7	Elemente des Projektmanagements	25
1.8	Projektumfeld	26
	Repetitionsfragen	28
2	**Denken in Systemen**	**29**
2.1	Was versteht man unter System?	29
2.2	Systems Engineering	32
	Repetitionsfragen	36
Teil B	**Kontextkompetenzen**	**37**
	Einleitung	38
3	**Projekt-, Programm- und Portfolioorientierung**	**39**
3.1	Projektorientierung	39
3.2	Programmorientierung	40
3.3	Portfolioorientierung	41
	Repetitionsfragen	45
4	**Einführung des PPP-Managements**	**46**
4.1	Nutzen des PPP-Managements	47
4.2	Voraussetzungen für die Einführung	48
4.3	Vorgehensweise	50
	Repetitionsfragen	53
5	**Stammorganisation**	**54**
5.1	Strategie einer Organisation	55
5.2	Strukturen einer Organisation	56
5.3	Kultur einer Organisation	57
	Repetitionsfragen	59

6	**Geschäft, Systeme, Produkte und Technologie**	**60**
6.1	Geschäft	60
6.2	Systeme, Produkte und Technologie	65
	Repetitionsfragen	**67**
7	**Personalmanagement**	**68**
7.1	Einleitung	68
7.2	Projektpersonal rekrutieren	70
7.3	Projektpersonal entwickeln	71
7.4	Projektpersonal beurteilen	71
	Repetitionsfragen	**73**
8	**Gesundheit, Arbeits-, Betriebs- und Umweltschutz**	**74**
8.1	Gesundheit	75
8.2	Arbeitsschutz	76
8.3	Betriebsschutz	76
8.4	Umweltschutz	77
	Repetitionsfragen	**78**
9	**Finanzierung und rechtliche Aspekte**	**79**
9.1	Finanzierung	79
9.2	Rechtliche Aspekte	80
	Repetitionsfragen	**82**
Teil C	**Fachkompetenzen**	**83**
	Einleitung	**84**
10	**Projektmanagementerfolg**	**85**
10.1	Gebundene Rationalität	86
10.2	Projektmanagementerfolg vs. Projekterfolg	87
10.3	Kritische Erfolgsfaktoren in der Projektarbeit	87
	Repetitionsfragen	**90**
11	**Interessengruppen**	**91**
11.1	Interessengruppen identifizieren	93
11.2	Stakeholderanforderungen ermitteln	94
11.3	Einfluss der Stakeholder bestimmen	94
11.4	Beziehungen ermitteln und visualisieren	96
	Repetitionsfragen	**98**
12	**Projektanforderungen und -ziele**	**99**
12.1	Projektziele definieren	100
12.2	Projektanforderungen definieren	104
12.3	Machbarkeit prüfen	105
	Repetitionsfragen	**107**

13	**Risiken und Chancen**	**108**
13.1	Risiken und Chancen identifizieren	109
13.2	Risiken und Chancen bewerten	110
13.3	Risiken und Chancen visualisieren	111
13.4	Risiken und Chancen berichten	112
13.5	Risiken bewältigen und Chancen ergreifen	113
	Repetitionsfragen	**114**

14	**Qualität**	**115**
14.1	Qualitätsmanagement	116
14.2	Projekt- und Projektmanagement-Qualität	118
14.3	Project Excellence	118
14.4	Prüftechniken	120
	Repetitionsfragen	**122**

15	**Projektorganisation**	**123**
15.1	Aufgaben der Projektorganisation	124
15.2	Formen der Projektorganisation	124
15.3	Rollen und Aufgabenträger in Projekten	130
	Repetitionsfragen	**134**

16	**Teamarbeit**	**136**
16.1	Was ist ein Projektteam?	137
16.2	Aufgaben eines Teams	139
16.3	Teamentwicklung	139
	Repetitionsfragen	**141**

17	**Problemlösung**	**142**
17.1	Probleme erkennen und bewerten	143
17.2	Probleme dokumentieren und kommunizieren	146
17.3	Symptome bekämpfen oder Lösungen erzeugen	146
	Repetitionsfragen	**147**

18	**Projektstrukturen**	**148**
18.1	Der Plan der Pläne	149
18.2	Die Ebenen des Projektstrukturplans	149
18.3	Die Formen des Projektstrukturplans	150
18.4	Die Wahl der Strukturform	152
18.5	Das Arbeitspaket	152
	Repetitionsfragen	**153**

19	**Leistungsumfang und Projektergebnisse**	**154**
19.1	Leistungsumfang und -inhalt	154
19.2	Lieferobjekte	155
19.3	Aufwand schätzen	156
	Repetitionsfragen	**158**

20	**Projektphasen, Ablauf und Termine**	**159**
20.1	Projektphasen	160
20.2	Vorgehensmodelle	162
20.3	Ablaufplanung	167
20.4	Terminplanung	168
	Repetitionsfragen	**172**
21	**Ressourcen, Kosten und Finanzen**	**173**
21.1	Ressourcen	173
21.2	Kosten und Finanzen	178
	Repetitionsfragen	**181**
22	**Beschaffung und Verträge**	**182**
22.1	Beschaffung	183
22.2	Verträge	184
	Repetitionsfragen	**185**
23	**Änderungen**	**186**
23.1	Änderungen managen	187
23.2	Konfiguration managen	196
	Repetitionsfragen	**198**
24	**Controlling und Berichtswesen**	**199**
24.1	Projektcontrolling	200
24.2	Gestalten des Projektberichts	203
24.3	Vorgehen beim Projektbericht	207
24.4	Strategien und Massnahmen	209
	Repetitionsfragen	**212**
25	**Information und Dokumentation**	**213**
25.1	Information	214
25.2	Dokumentation	215
	Repetitionsfragen	**217**
26	**Kommunikation**	**218**
26.1	Was ist Kommunikation?	219
26.2	Formen der Kommunikation im Projekt	224
26.3	Kommunikationsplan	229
	Repetitionsfragen	**231**
27	**Projektstart**	**232**
27.1	Wozu ein Projekt?	233
27.2	Projekt beantragen bzw. beauftragen	234
27.3	Kick-off-Meeting durchführen	235
	Repetitionsfragen	**236**

28	**Projektabschluss**	**237**
28.1	Nutzung sicherstellen und Abschluss vorbereiten	238
28.2	Projekt auswerten	240
28.3	Projektabschlussbericht erstellen	244
	Repetitionsfragen	**246**

Teil D	**Verhaltenskompetenzen**	**247**
	Einleitung	**248**

29	**Leadership**	**249**
29.1	Aufgaben der Projektführung	249
29.2	Was ist Leadership?	250
29.3	Führungsstile	252
29.4	Delegieren	254
	Repetitionsfragen	**256**

30	**Selbstmanagement**	**257**
30.1	Wahrnehmen	257
30.2	Entscheiden	260
	Repetitionsfragen	**262**

31	**Beratung und Verhandlungen**	**263**
31.1	Beratung im Projekt	263
31.2	Verhandlungen	266
	Repetitionsfragen	**268**

32	**Konflikte und Krisen**	**269**
32.1	Was ist ein Konflikt?	269
32.2	Konfliktarten	269
32.3	Heisse und kalte Konflikte	271
32.4	Konflikte und Widerstand erkennen	272
32.5	Konflikteskalation	274
32.6	Konflikte managen	275
32.7	Krisen und Widerstand im Projekt	279
	Repetitionsfragen	**285**

33	**Weitere wichtige Elemente der Verhaltenskompetenz**	**286**
33.1	Ergebnisorientierung und Effizienz	286
33.2	Verlässlichkeit	287
33.3	Durchsetzungsvermögen	288
33.4	Engagement und Motivation	289
33.5	Entspannung und Stressmanagement	290
33.6	Wertschätzung	292
33.7	Offenheit	292
33.8	Kreativität	294
33.9	Ethik	295
	Repetitionsfragen	**297**

Teil E	Anhang	299
	Antworten zu den Repetitionsfragen	**300**
	Glossar	**318**
	Stichwortverzeichnis	**329**

Vorwort

Inhalt und Aufbau des Buchs

Projekte sind aus dem heutigen Geschäftsalltag nicht mehr wegzudenken. Die Gründe dafür sind vielfältig.

Die einzige Konstante im Universum ist die stete Veränderung

Veränderung ist Normalität. In den letzten Jahren hat Veränderung allerdings eine neue Qualität gewonnen. Veränderungen verlaufen **schneller, tief greifender** und **weitreichender** sowie **dynamischer** und sind damit **komplexer** und nur schwer handhabbar.

Beispiel
- Fusionen und Akquisitionen haben ein ungeahntes Volumen erreicht.
- Die Revolution in der Informationstechnologie hat die Arbeitsweisen von Mensch und Unternehmen komplett verändert.
- Die New Economy wurde aufgebläht und ist wie eine Blase geplatzt.
- Die Subprimekrise entwickelte sich zur weltweiten Banken- und Finanzkrise.
- Unternehmen, die Symbole für Stabilität und Fortschritt sind, kommen plötzlich ins Wanken.

Unternehmen müssen ihre Strategien, Prozesse und Strukturen ständig anpassen, um agieren und reagieren zu können. Träge, funktionsorientierte Paläste wandeln sich so zu flexiblen Zeltstrukturen, die sich stetig verändern und sich den neuen Anforderungen anpassen. Diese Dynamik erfordert höchste Flexibilität der Organisationen.

Hohe Systemkomplexität fordert andere Denkweisen und neue Formen der Zusammenarbeit

IT-Verantwortliche sind mit der zunehmenden Komplexität neuer Software konfrontiert. Ständig werden neue Versionen mit häufig kaum abschätzbaren Folgeproblemen eingeführt.

Ein prominentes Beispiel für diese Probleme ist das Konsortium Toll-Collect, das die technologische Komplexität bei der Einführung der Autobahnmaut systematisch unterschätzte und zusätzlich unter Management- und Kommunikationsproblemen litt.

Megafusionen führten zum Entstehen von Weltkonzernen wie Novartis oder Daimler-Chrysler. Hunderttausende von Mitarbeitenden sind mit einmaligen und hochkomplexen Aufgabenstellungen konfrontiert. Diese lassen sich nicht mehr in der routinemässigen, hierarchischen Linienorganisation bewältigen.

Befähigung (Empowerment) von Mitarbeitenden ermöglicht Projektarbeit

Durch die Reduktion hierarchischer Ebenen in den Unternehmen wächst die Verantwortung des einzelnen Mitarbeitenden. Die Bedeutung von reinen Linienfunktionen wird immer stärker auf die Personalführung und die Karriereplanung beschränkt. Die eigentliche Arbeit erfolgt in Projekten, die von Projektleitenden geführt werden.

Innovation, Wachstum und Wandel werden in der Regel nicht über Routineprozesse vorangetrieben. Dafür sorgen vielmehr erfolgreiche Projekte, in denen initiativ neue Konzepte und Stossrichtungen entwickelt und realisiert werden.

Gerade bei strategisch wichtigen Projekten spielt das professionelle Projektmanagement eine zentrale Rolle. Es ist daher kein Wunder, dass der Ruf nach greifenden Methoden und Strukturen laut wird. Projektmanagement ist aber kein Wundermittel. Vielmehr ist es ein hochkomplexes Werkzeug, das richtig angewendet und eingesetzt werden muss. Die kritischen Faktoren in Projekten sind oft die Menschen selbst. Denn das erfolgreiche Management eines Projekts hängt vor allem davon ab, ob das Unternehmen kompetente Projektmitarbeitende und -leitende einsetzt und die Teammitglieder gut zusammenarbeiten.

Fundierte Projektmanagementkompetenz unterstützt die Zielerreichung

Projektmanagementkompetenz umfasst nicht nur **Fachkompetenz,** sondern auch **Kontextkompetenz** und **Verhaltenskompetenz.** Dieses Lehrmittel liefert die Grundlagen dazu.

Der **Aufbau** des vorliegenden Bandes orientiert sich an den drei **Kompetenzbereichen** des Projektmanagements nach der **Kompetenzrichtlinie** (Competence Baseline) **Version 3.0** der International Project Management Association IPMA.

- Im Teil A werden Ihnen die wichtigsten Grundlagen des Projektmanagements vorgestellt.
- Der Teil B befasst sich mit den Kontextkompetenzen des Projektmanagements.
- Im Teil C erfahren Sie, welche Fach- und Methodenkompetenzen beim Managen von Projekten erforderlich sind.
- Teil D bietet einen Überblick über die Verhaltenskompetenzen, die von Projektmanagern erwartet werden.
- Im Teil E finden Sie Antworten zu den Repetitionsfragen, ein Glossar mit wichtigen Begriffen des Projektmanagements und ein Stichwortverzeichnis mit den wichtigsten Begriffen zum Nachschlagen.

Die Inhalte sind auf die **Ebenen D und C** abgestimmt unter Berücksichtigung der definierten **Taxonomiestufen.** Der Bereich der Fachkompetenzen ist daher differenzierter dargestellt, weil mehr Wissen erwartet wird als im Bereich der Kontext- und Verhaltenskompetenzen.

Hinweise zur Taxonomiestufe der Kompetenzelemente finden Sie in den jeweiligen Kapiteln.

Ebenen

Dieses Lehrmittel ist besonders auf die Anforderungen ausgerichtet, die eine Zertifizierung der Ebenen D und C stellen. Die folgende Tabelle gibt einen Überblick über die vier Ebenen in Anlehnung an das Vier-Ebenen-Zertifizierungssystem der IPMA.

Die vier Ebenen nach IPMA		
Ebene	**Bezeichnung**	**Ist in der Lage**
A	Projekt-Direktor	… bedeutende Portfolios oder Programme zu führen.
B	Senior Projektmanagerin	… ein komplexes Projekt zu managen.
C	Projektmanager	… ein begrenzt komplexes Projekt zu leiten.
D	Projektmanagement-Fachkraft	… das für die Projektmitarbeit erforderliche Projektmanagement-Wissen anzuwenden.

Kompetenzbereiche und Kompetenzelemente

Die aktuelle Kompetenzrichtlinie der IPMA gliedert die Projektmanagementkompetenz in drei Bereiche:

- Der Bereich **Kontextkompetenz** umfasst die Elemente der Projektmanagementkompetenz, die für das Management von Projekten in einem spezifischen sozialen Umfeld erforderlich sind.
- Der Bereich **Fachkompetenz** beinhaltet die grundlegende Projektmanagementkompetenz und die damit verbundenen Methoden und Techniken. Er wird deshalb auch als technische oder methodische Kompetenz bezeichnet.
- Im Bereich **Verhaltenskompetenz** werden die Elemente der Projektmanagementkompetenz aufgezeigt, die auf der Ebene der Person des Projektmanagers ausgeprägt sein müssen.

Sie bilden das sogenannte **Kompetenzauge** (Eye of Competence). Jeder Kompetenzbereich wird aus einer Reihe von Kompetenzelementen gebildet. Insgesamt gibt es folgende Elemente:

- 20 Fachkompetenz-Elemente
- 11 Kontextkompetenz-Elemente
- 15 Verhaltenskompetenz-Elemente

Die einzelnen **Kompetenzelemente** stehen nicht isoliert. Sie ergänzen sich wechselseitig. Die folgende Abbildung gibt einen Überblick.

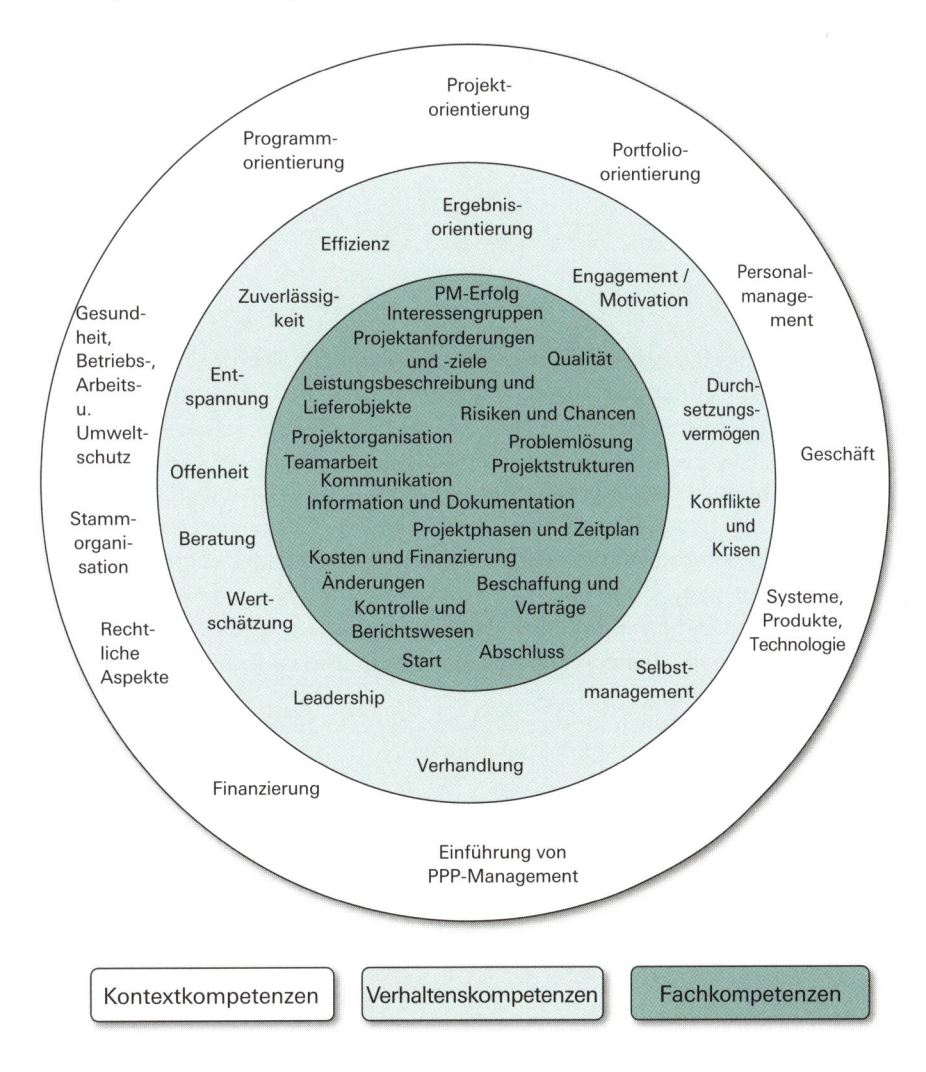

Was ist neu an dieser Auflage?

Der vorliegende Band ist eine überarbeitete und erweiterte Auflage. Diese unterscheidet sich von der Vorgängerin vor allem in folgenden Punkten:

- Referenz ist die Kompetenzrichtlinie Version 3.0 der IPMA.
- Alle 46 Kompetenzelemente werden bearbeitet.
- Die drei Kompetenzbereiche, d. h., Fachkompetenzen, Kontextkompetenzen und Verhaltenskompetenzen, werden in je einem Buchteil behandelt (vgl. Aufbau).
- Es gibt nur noch ein Glossar.

Einzelne der erwähnten Konzepte, Modelle, Methoden, Instrumente und Verfahren im Projektmanagement werden hier nur kurz beschrieben. Es geht aber in erster Linie darum, sie kennenzulernen, und nicht darum, sie vollständig zu beherrschen. Für eine eingehende Beschreibung wird auf entsprechende Literatur verwiesen. Sie finden ein ausführliches Literaturverzeichnis und ein Abkürzungsverzeichnis auf unserer Hompage www.compendio.ch.

Hinweis

Dieses Lehrmittel ersetzt keine Ausbildung! Es dient lediglich der Erarbeitung der notwendigen theoretischen Grundlagen, auf denen eine zeitgemässe, praxisorientierte Ausbildung aufbauen kann.

Zertifizierung

Bitte informieren Sie sich über das Zertifizierungsverfahren und die Zulassungsbedingungen beim Verein zur Zertifizierung im Projektmanagement, VZPM, Flughofstr. 50, CH-8152 Glattbrugg, Tel. +41 (0)44 809 11 77, www.vzpm.ch.

Arbeitshinweise

Dieses Lehrmittel eignet sich auch für das **Selbststudium**. Nützliche Tipps dazu erhalten Sie auf www.compendio.ch/Lerntipps.

In eigener Sache

Um den Text möglichst einfach und verständlich zu halten, verwenden wir bei Personenbezeichnungen abwechslungsweise die männliche und die weibliche Form, so z. B. in einem Abschnitt «der Mitarbeiter» und in einem nächsten «die Mitarbeiterin». Wenn möglich verwenden wir bei der Mehrzahl das substantivierte Partizip I, also z. B. «die Mitarbeitenden», und beziehen uns dabei sowohl auf männliche als auch weibliche Personen.

Haben Sie Fragen oder Anregungen zu diesem Lehrmittel? Über unsere E-Mail-Adresse postfach@compendio.ch können Sie uns diese gerne mitteilen. Sind Ihnen Tipp- oder Druckfehler aufgefallen, danken wir Ihnen für einen entsprechenden Hinweis über die E-Mail-Adresse korrekturen@compendio.ch.

Wir wünschen Ihnen viel Spass und Erfolg beim Studium dieses Buchs!

Zürich, März 2009

Ingrid Katharina Geiger, Roger Romano, Josef Gubelmann und Kurt Badertscher, Autoren

Clarisse Pifko, Redaktorin

Teil A   Grundlagen

Einleitung

Projektmanagement einerseits als Organisationsform und andererseits als Methode und Vorgehen gewinnt seit einigen Jahren in allen Bereichen des beruflichen Alltags immer mehr an Bedeutung. Warum? Immer häufiger werden Organisationen mit komplexen, zeitlich begrenzten und neuartigen Aufgabenstellungen konfrontiert, die in der Linienorganisation nicht mehr optimal gelöst werden können. Solche Aufgaben verlangen oft die bereichs- und abteilungsübergreifende Zusammenarbeit von Mitarbeitenden mit spezialisiertem Wissen, die nur durch Projekte gewährleistet werden kann. Nach wie vor scheitern viel zu viele Projekte, wie eine Umfrage der Standish Group bei US-Unternehmen 2004 zeigt:

Der Anteil erfolgreicher Projekte ist zu gering

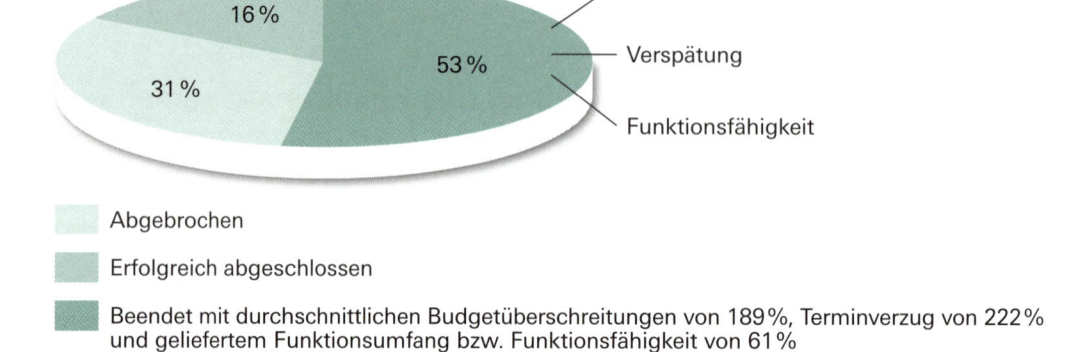

- 16 % Abgebrochen
- 31 % Erfolgreich abgeschlossen
- 53 % Beendet mit durchschnittlichen Budgetüberschreitungen von 189 %, Terminverzug von 222 % und geliefertem Funktionsumfang bzw. Funktionsfähigkeit von 61 %

(Budgetüberschreitung, Verspätung, Funktionsfähigkeit)

Viele Gründe des Scheiterns können auf unzureichendes Projektmanagement zurückgeführt werden, wie die folgende Grafik zeigt.

Warum Projekte scheitern

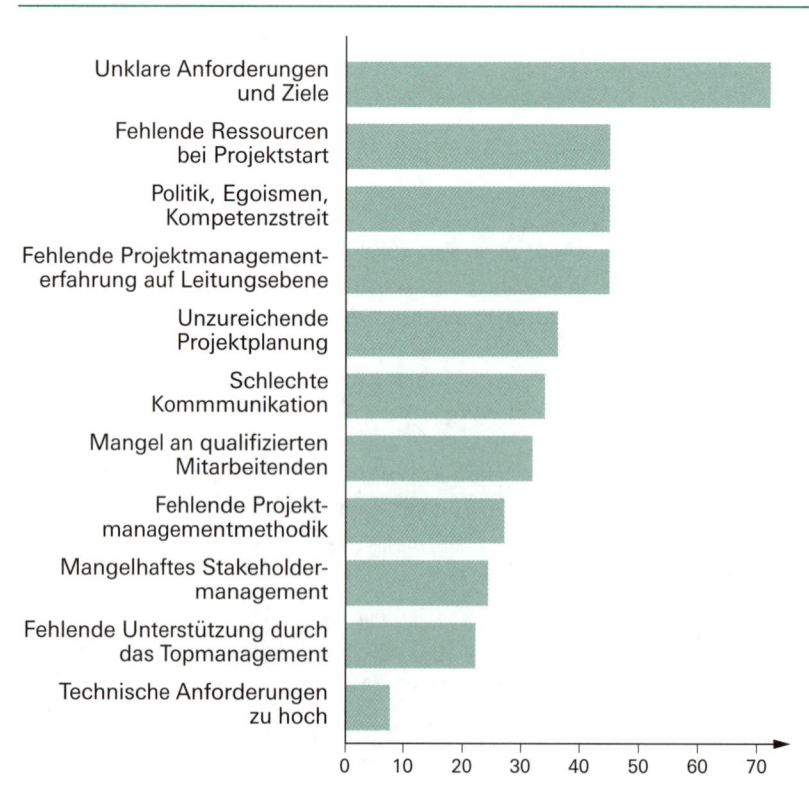

- Unklare Anforderungen und Ziele
- Fehlende Ressourcen bei Projektstart
- Politik, Egoismen, Kompetenzstreit
- Fehlende Projektmanagementerfahrung auf Leitungsebene
- Unzureichende Projektplanung
- Schlechte Kommmunikation
- Mangel an qualifizierten Mitarbeitenden
- Fehlende Projektmanagementmethodik
- Mangelhaftes Stakeholdermanagement
- Fehlende Unterstützung durch das Topmanagement
- Technische Anforderungen zu hoch

Ein Fazit: Einerseits gibt es immer mehr Projekte und andererseits braucht es kompetentes Projektmanagement. Das folgende Kapitel befasst sich mit wesentlichen Grundlagen des Projektmanagements.

1 Das System Projektmanagement

> **Lernziele:** Nach der Bearbeitung dieses Kapitels können Sie ...
> - die Merkmale von Projekten nennen.
> - die Begriffe Projekt, Programm und Portfolio voneinander unterscheiden.
> - die Projektarten aufzählen.
> - die Elemente des Projektmanagements beschreiben.
>
> **Schlüsselbegriffe:** Forschungs- und Entwicklungsprojekte, Investitionsprojekte, operatives Projektmanagement, Organisationsprojekte, Portfolio, Programm, Projekt, Projektarbeit, Projektarten, Projektmanagement, Projektmerkmale, Projektumfeld, strategisches Projektmanagement, Tagesgeschäft

Dieses Kapitel vermittelt Ihnen die Grundlagen zum Verständnis des Systems Projektmanagement in Organisationen.

1.1 Entwicklung des Projektmanagements

Obwohl aus heutiger Sicht sensationelle Werke wie Pyramiden oder die Chinesische Mauer aus der Perspektive des Projektmanagements betrachtet werden können, ist Projektmanagement eine relativ späte, aber erfolgreiche «Erfindung».

1.1.1 Blick auf die Geschichte des Projektmanagements

Projektmanagement als spezifisches Managementkonzept und spezifische Managementmethode entstand in den 1950er-Jahren in den USA. Die zum grössten Teil aus der Waffen- und Verteidigungsindustrie stammenden Auftraggeber wollten ihre komplexen und vielfältigen Vorhaben immer schneller fertigstellen, damit ihre Investitionen so früh wie möglich Gewinne bringen. Einen weiteren Vorteil des Projektmanagements sah man in der besseren Abschätzbarkeit von Zeit- und Kostenrahmen, da Projekte diese meist sprengten.

Bekannte Projekte aus dieser Zeit sind

- im militärischen Bereich das Projekt «Polaris» und die «Atlas-Raketen» und
- in der Raumfahrt das «Gemini-» und das «Apollo-Projekt».

Allgemein gilt aber als erstes Projekt der Neuzeit, das nachweislich mit Projektmanagement bearbeitet wurde, die Entwicklung der Atombombe im «Manhattan Engineering District Project» der amerikanischen Streitkräfte von 1941.

Der Erfolg dieser Projekte führte zur schnellen Verbreitung des Projektmanagements primär bei anderen Regierungsaufträgen und kurze Zeit darauf auch in der Privatwirtschaft.

In den frühen 1960er-Jahren wurde Projektmanagement auch erstmals in Europa eingesetzt. In Lauf der letzten Zeit entstanden und entstehen immer noch ausgefeiltere Projektmanagementmethoden, die vielfach durch den Einsatz der IT perfektioniert und weiter beschleunigt wurden.

1.1.2 Aktuelles aus der Projektwelt

Heute ist nahezu jede Person direkt oder indirekt mit Projekten verbunden und für viele Unternehmen ist das erfolgreiche Managen von Projekten ein wichtiger Wettbewerbsfaktor geworden. Die gegenwärtige Projektarbeit sieht sich mit einer Reihe von Herausforderungen konfrontiert, die dem Projektmanagement eine neue Qualität verleihen.

Wichtige Stichworte dazu sind:

- **Komplexität:** Projekte sind Systeme, die Systeme gestalten und in einer zunehmend vernetzten und einer sich dynamisch verändernden Systemumwelt realisieren. Projektmanagement ist deshalb auch das Management von Komplexität.
- **Beschleunigung:** Die Märkte fordern ständig neue Produkte und Dienstleistungen. Projekte sind Instrumente, die die Wettbewerbsfähigkeit eines Unternehmens sichern und fördern. Ausrichtung auf das Business und enge Anbindung an die Strategie sind ein Muss.
- **Ressourcen:** Die finanziellen und personellen Ressourcen werden auch für Projekte immer knapper. Nicht selten entstehen in einem Unternehmen Ressourcenkonflikte zwischen Projekten, die es zu lösen gilt.
- **Internationalisierung:** Projekte sind zunehmend international, d. h., sie finden in einem internationalen Raum statt und/oder werden von einem international besetzten Team durchgeführt. Das fordert von den Projektmitarbeitenden internationale und interkulturelle Projektmanagementkompetenzen.
- **Erfolgsdruck:** Obwohl die Risiken im Projektmanagement steigen, stehen Projekte unter grossem Erfolgsdruck. Das Projektmanagement ist deshalb besonders gefordert, Projekte von Anfang bis zum Abschluss professionell zu führen.

Diese neue Qualität der Projektarbeit fordert von den Projektmitarbeitenden ausgefeilte und ausgereifte Kompetenzen und kontinuierliche Lernbereitschaft.

1.1.3 Zukunft des Projektwirtschaftens

Es muss davon ausgegangen werden, dass ein immer grösser werdender Teil der Wertschöpfung in Projekten erfolgen wird.

Das hat viele Konsequenzen, zwei wichtige davon sind:

- Viele Organisationen werden eine stärkere Projektorientierung einschlagen müssen, d. h., Projektarbeit und Wandel werden Normalität.
- Die Projektarbeit muss von angemessen qualifizierten Mitarbeitenden geleistet werden, d. h., Projektmanagement wird zu einer allgemeinen Schlüsselkompetenz.

1.2 Was ist ein Projekt?

Der Begriff Projekt wird immer mehr für alles verwendet, das irgendwie nach einem Vorhaben, einer Idee oder sonst irgendetwas nicht Alltäglichem aussieht. Mithilfe einiger Beispiele wird hier aufgezeigt, was wirklich ein Projekt ist.

Beispiel

Historische Grossprojekte

- Bau der Chinesischen Mauer: 7 300 km Länge zur Abgrenzung, mehrere 100 Jahre Bauzeit, neuartige Konstruktion und Verwendung von neuen Bauelementen
- Bau der Pyramiden: 147 m hoch, 2.3 Mio. Steinquader, 20 Jahre Bauzeit, zirka 100 000 Teilzeitmitarbeiter
- Turmbau zu Babel: mächtige Stadt soll entstehen, Spitze bis in den Himmel, Misserfolg

Aktuellere (Gross-)Projekte

- Flughafenneubau in München: Bau und Umzug, Laufzeit zirka 10 Jahre (mit langer Planungsphase), Umzug an einem Tag (Samstag 18 bis Sonntag 9 Uhr)
- Airbus A380: grösstes ziviles Passgierflugzeug der Welt, erfolgreicher Erstflug am 26. April 2005, 8 Jahre Entwicklungszeit, Entwicklungskosten bis anhin zirka 16 Milliarden
- SBG und SBV fusionieren zur UBS: 2 Grossbanken fusionieren 1998 zur grössten Schweizer Bank und weltweit zum grössten Vermögensverwalter mit rund 67 000 Mitarbeitenden.

Alle Vorhaben

- haben technische, wirtschaftliche, finanzielle oder terminliche Rahmenbedingungen,
- haben eine definierte Dauer mit einem Anfang und Ende,
- sind neuartig, erstmalig, stossen an die Grenzen des (technologisch) Machbaren,
- sind risikoreich (technisch, wirtschaftlich, terminlich),
- sind komplex, d. h., es gibt viele Beteiligte verschiedenster Disziplinen, eventuell mehrere Organisationen,
- arbeiten gemeinsam an unterschiedlichen Aufgabenstellungen,
- sind während der Durchführung Änderungen und Störungen unterworfen,
- haben eine grosse Bedeutung für die Organisation und
- stehen unter Erfolgs- und Termindruck.

1.2.1 Definition Projekt

Aus diesen gemeinsamen Merkmalen kann eine allgemein gültige Definition abgeleitet werden, die nach der deutschen Industrienorm DIN 69901 wie folgt lautet:

«Ein Projekt ist ein Vorhaben, das im Wesentlichen durch Einmaligkeit der Bedingungen in seiner Gesamtheit gekennzeichnet ist, wie z. B.

- Zielvorgabe,
- zeitliche, finanzielle, personelle und andere Begrenzungen,
- Abgrenzung gegenüber anderen Vorhaben und
- projektspezifische Organisation.»

1.2.2 Projektmerkmale

Was bedeutet diese nüchterne Definition konkret?

- Projekte sind zeitlich begrenzt, d. h., sie haben einen klar definierten Anfang und ein Ende.
- Ein weiteres wesentliches Merkmal eines Projekts ist seine Einmaligkeit, Besonderheit und Komplexität für die betroffene Organisation (Unternehmen, Abteilung, Verwaltung usw.).
- Das Projekt hat ein beschriebenes Ziel, das möglichst uneingeschränkt erreicht werden soll.
- Projekte beeinflussen die Kultur im Sinn von Normen und Verhalten in einer Organisation. Die Organisation hat Einfluss auf das Projekt und das Projekt beeinflusst auch die Organisation.
- Dem Projekt stehen begrenzte, eindeutig definierte Ressourcen zur Verfügung.
- Aufgrund der Einzigartigkeit und Komplexität birgt jedes Projekt ein gewisses Risiko des Scheiterns in sich.
- In einem Projekt arbeiten unterschiedliche Fach- und Methodenspezialisten im Team zusammen.
- Projekte haben eine hohe Dynamik.
- Projekte bilden eine temporäre, eigene, geschlossene Organisationseinheit innerhalb der Organisation.

[1-1] Merkmale von Projekten

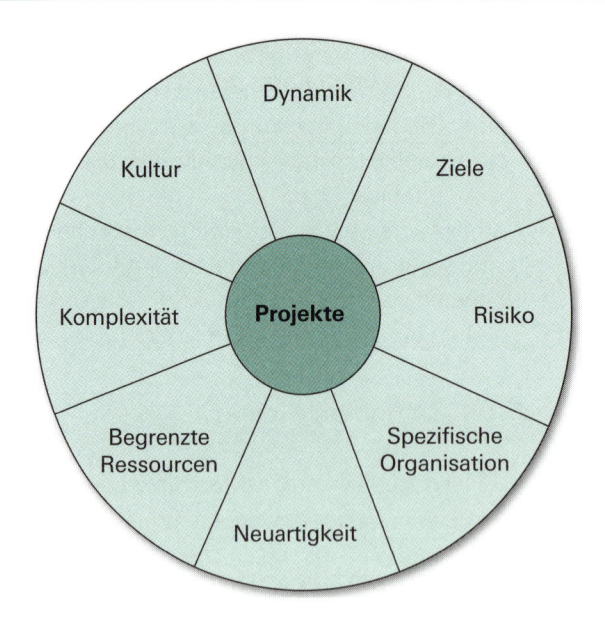

Diagramm: Projekte im Zentrum, umgeben von Dynamik, Ziele, Risiko, Spezifische Organisation, Neuartigkeit, Begrenzte Ressourcen, Komplexität, Kultur.

1.2.3 Tagesgeschäft und Projektarbeit im Vergleich

Eine weitere Möglichkeit, Merkmale von Projekten aufzuzeigen, bietet die Gegenüberstellung der Aufgaben in Projekten und im Tagesgeschäft in einer Organisation. Die folgende Tabelle gibt einen Überblick verschiedener Merkmale.

[1-2] Aufgaben in Projekten und im Tagesgeschäft

Merkmal	Tagesgeschäft	Projekt
Ziele	Oft unklar	Konkret
Zielvorgabe	Auf Dauer	Zeitlich begrenzt
Zeiteinschätzung	Relativ einfach kalkulierbar, da Routine	Schwierig kalkulierbar, da viele Unbekannte
Abwicklung	Tagesarbeit	Kampagnenarbeit
Art der Aufgabe	Wiederholend, in sehr ähnlicher Form immer wiederkehrend	Neu, einmalig
Kosten	Bekannt, kalkulierbar	Am Anfang nur schätzbar
Budget	Festlegbar, da vergleichbare Erfahrungswerte vorliegen	Schwierig fixierbar aufgrund der Schätzung
Kontrolle	Systemimmanent	Durch Vorgaben
Messgrösse	Funktionale Effizienz	Endergebnis, Resultat
Ganzheitliche Lösung	Bedingt	Wesentliches Ziel
Agieren	Oft schwerfällig, Formalismus, Dienst nach Vorschrift	Flexibel, dynamisch
Mitwirken	Funktions- und stellenorientiert	Interdisziplinäre Teams
Delegation	Klassisch hierarchisch	Hierarchiearm

1.3 Was versteht man unter Programm und Portfolio?

Ein Projekt steht nicht nur in Beziehung zur Stammorganisation, es ist möglicherweise auch Teil eines Programms und/oder Portfolios.

[1-3]   Projekte, Programme und Portfolio

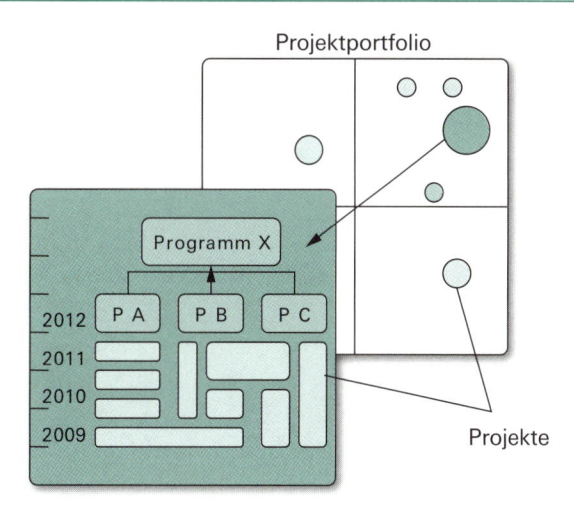

Es gibt Gemeinsamkeiten, aber auch wichtige Unterschiede zwischen Projekten, Programmen und Portfolio.

1.3.1 Programm

Ein Programm beinhaltet mehrere miteinander in Beziehung stehende Projekte und dient der Realisierung eines strategischen Ziels. Programme können eine Laufzeit von mehreren Jahren haben und zeichnen sich durch hohe Komplexität aus. Die besondere Komplexität resultiert aus dem strategischen Ziel, das in vielen Fällen mit einer tief greifenden Veränderung verbunden ist, und den vielen Wechselwirkungen zwischen zahlreichen Faktoren, die im Prozess zu berücksichtigen sind.

Die Gliederung des Programms in einzelne Projekte soll helfen, die Komplexität zu reduzieren. Der Erfolg eines Programms hängt von der Konzeption ab, aber auch von der Koordination der verschiedenen Projekte und vom Schnittstellenmanagement. Programmmanagement geht über Multiprojektmanagement hinaus, denn es geht nicht nur um das Management von mehreren Projekten, sondern um die **Synergieeffekte** zwischen den Projekten.

	Multiprojektmanagement	**Programmmanagement**
Gemeinsamkeit	Mehrere Projekte parallel	Mehrere Projekte parallel
Unterschied	Effizientes und effektives Managen verschiedener Projekte	Effizientes und effektives Managen mehrerer Projekte, die alle auf ein gemeinsames übergeordnetes strategisches Ziel gerichtet sind. Die Zielerreichung hängt wesentlich von den Synergieeffekten zwischen den Projekten ab.

Beispiel

Programm

Das «Programm zur Anpassung an den Klimawandel» (PACC) hat eine Laufzeit von 7.5 Jahren und ist mit Projekten verbunden, die zur Verbesserung und Stabilisierung in drei Schlüsselbereichen beitragen sollen: Wasserreserven und Nahrungsmittelversorgung sowie Reduktion von Gefahren aufgrund von Naturkatastrophen.

1.3.2 Portfolio

Ein Portfolio besteht aus einer Reihe von Projekten und/oder Programmen, die zur besseren Koordinierung der Gesamtheit zusammengefasst sind. Das Ziel des Projektportfoliomanagements ist, die Anknüpfung der verschiedenen Projekte an die Unternehmensstrategie zu sichern und deren effiziente und effektive Bearbeitung zu verbessern. Ressourcenkonflikte zwischen den Projekten können durch das Projektportfoliomanagement erheblich reduziert werden.

Projektportfoliomanagement ist eine Querschnittsaufgabe in einem Unternehmen. Aufgrund seiner strategischen Aufgabe und Relevanz ist das Projektportfoliomanagement in der Hierarchie sehr weit oben angesiedelt und übernimmt dort etwa in der Form eines Stabs die Koordination der Projekte und Programme.

1.3.3 Projekt, Programm, Portfolio im Vergleich

Ein einzelnes Projekt steht oft in direktem oder auch indirektem Zusammenhang mit einem Programm oder auch Portfolio. Für das Projektmanagement ist es wichtig, den Rahmen des Projekts und möglicherweise bestehende Schnittstellen zum Programm oder auch Portfolio zu kennen. Die folgende Übersicht hilft, das Projekt zu verorten.

	Projekt	Programm	Portfolio
Beziehung	Kann Teil eines Programms und/oder Portfolios sein.	Umfasst mehrere miteinander in Beziehung stehende Projekte einer strategischen Initiative.	Beinhaltet die Projekte und Programme eines Unternehmens.
Ziel	Realisiert vereinbarte Projektergebnisse.	Bewirkt eine strategische Veränderung.	Stellt die Koordination und Optimierung der Projekte und Programme sowie ihre Auswahl und Ausrichtung gemäss der Unternehmensstrategie sicher und reduziert Ressourcenkonflikte zwischen den Projekten bzw. Programmen.
Vision und Strategie	Sind durch den Business Plan mit dem Projekt verbunden.	Werden durch den Beitrag von Programmen realisiert.	Liefern die Grundlage für die Abstimmung des Portfolios und werden in diesem überwacht.
Erträge	Werden nur mittelbar in ein Projekt einbezogen.	Werden bei einem Programm weitgehend einbezogen.	Können in ein Portfolio unmittelbar oder mittelbar einbezogen sein.
Zeitplan und Ressourcen	Sind definiert und begrenzt, Änderungen müssen mit Programm und Portfolio abgestimmt werden.	Sind im Rahmen der Strategie grob umrissen und werden auf die Projekte innerhalb des Programms heruntergebrochen.	Basieren auf strategischen Zielen des Unternehmens und den damit verbundenen Prioritäten.
Organisation	Ist temporär – entsprechend dem gesetzten Projektzeitrahmen.	Ist temporär, aber meistens längerfristig angelegt.	Permanent und meistens der Geschäftsleitung zugeordnet, ggf. als Stab organisiert.
Ebene des Projektmanagements	Operativ.	Strategisch.	Strategisch.

Lesen Sie dazu auch die Ausführungen zum Kompetenzelement Projekt-, Programm- und Portfolioorientierung sowie Einführung von PPP-Management.

Hinweis In diesem Buch werden das Managen von Programmen und Portfolios sowie das Multiprojektmanagement nicht detailliert vorgestellt.

1.4 Projektarten

Projekte können nach verschiedenen Kriterien klassifiziert werden, die je nach Unternehmen stark variieren. Einige allgemein gültige Unterscheidungskriterien sind

- Projektinhalt,
- Grösse und Umfang (kleines, mittleres, grosses Projekt),
- Laufzeit (kurz-, mittel- oder langfristiges Projekt),
- Bedeutung für das Unternehmen (strategische Wichtigkeit),
- räumliche Ausdehnung (regional, national, international),
- Stellung des Kunden bzw. Auftraggebers (externe und interne Projekte) und
- Komplexität (hoch oder gering).

Projektarten werden vor allem durch ihre Inhalte differenziert. Auf diese Weise unterscheidet man vier Projektarten:

- Investitionsprojekte
- Forschungs- und Entwicklungsprojekte
- Organisationsprojekte
- Eventprojekte

Events oder auch Veranstaltungen haben durch die **Festivalisierung** der Gesellschaft in den letzten Jahren stark an Bedeutung zugenommen. Die vielen Openairs, Konzerte, etc. vor allem während der warmen Jahreszeit beweisen diese Entwicklung eindrücklich.

Ziel dieser Art von Projekten ist, ein Event mit Beteiligung von Menschen in einem zeitlich exakten Rahmen und eventuell dafür speziell errichteten Ort zur Erfüllung der zielgruppenspezifischen Bedürfnisse zu veranstalten.

1.4.1 Investitionsprojekte

Aufgabe der Investitionsprojekte ist die Herstellung, Errichtung oder individuelle Beschaffung von Sachanlagen. Investitionsprojekte sind durch vorwiegend ingenieurmässig definierbare Objektspezifikationen sowie qualitativ und quantitativ beschreibbare Projektziele charakterisiert. In der Regel kann nach dem verfügbaren Stand der **Technik** vorgegangen werden. Die Projektstruktur wird wesentlich vom gewünschten Endergebnis bestimmt.

Beispiel
- Bauvorhaben
- Fertigungs- und Produktionsanlagen
- Die Umstellung eines manuellen Lagersystems auf ein vollautomatisches Hochregallager

1.4.2 Forschungs- und Entwicklungsprojekte

Forschungs- und Entwicklungsprojekte (FuE) verfolgen das Ziel, auf kreativem und experimentellem Weg neue Kenntnisse und Fertigkeiten zu erlangen oder Produktentwürfe mit verbesserter Beschaffenheit zu entwickeln. Bei diesen Projekten wird bewusst der Stand von Wissenschaft und Technik vom Projektziel überschritten.

Beispiel
- Medizinische Forschung
- Die Entwicklung eines Prototyps
- Das Entwerfen einer neuen Software

Hinweis
Forschungs- und Entwicklungsprojekte (FuE) sind «klassische» Projektarten, da bei ihnen der Innovationsgrad, die Interdisziplinarität und das Projektrisiko am höchsten sind.

Beispiel

Am CERN, der Europäischen Organisation für Kernforschung in Genf, arbeitete mehr als 20 Jahre lang ein internationales Forscherteam an der Entwicklung und Realisierung des LHC (Large Hadron Collider). Der LHC wurde 2008 in Betrieb genommen.

FuE-Projekte haben einen bestimmten Erkenntnisgewinn oder die Erstellung eines neuen Produkts zum Ziel. Die Neuheit des Projektgegenstands ist dabei das entscheidende Charakteristikum für ein FuE-Projekt, wobei «neu» auch schon bedeuten kann, dass es sich um ein neues Produkt für das Unternehmen handelt, während es andere schon auf dem Markt haben.

1.4.3 Organisationsprojekte

Organisationsprojekte haben die Aufgabe, eine Aufbau- bzw. Ablauforganisation zu schaffen oder zu verändern, um die Leistungen einer Organisationseinheit zu verbessern. Charakteristikum dieser Projektart sind immaterielle **Strukturen** (z. B. Unternehmenskultur, Strategien), die teilweise mit materiellen Veränderungen einhergehen. Häufiges Ziel eines Organisationsprojekts ist ein neuer oder veränderter Zustand einer Gruppe von Personen. Ist dieser Zustand erreicht, kann das Projekt als abgeschlossen gelten. Kommunikation, Information und Schulung sind wesentliche Bestandteile dieser Projektart.

Beispiel

- Einführung von IT-Organisation
- Reorganisation einer Abteilung mit Personalabbau
- Einführung von Projektmanagement
- Einführung eines Qualitätsmanagementsystems
- Gründung eines Unternehmens Start-up
- Übernahme oder der Kauf eines Unternehmens
- Zusammenlegen von Standorten nach Fusion

Eine andere Betrachtungsweise von Projektarten, die zu derselben oben erwähnten Aufteilung führt, soll hier noch erwähnt werden:

- **Projekte an einem Arbeitssystem** (organisatorische Art) entsprechen Organisationsprojekten.
- **Projekte an einem Arbeitsgegenstand** entsprechen Forschungs- und Entwicklungsprojekten.
- **Projekte an Betriebsstätten** entsprechen Investitionsprojekten.

Hinweis

Die Grenzen und Werte zwischen diesen Bezeichnungen hängen vom jeweiligen Unternehmen ab. Als Abgrenzung bringen wir hier noch einige Beispiele von typischen Nicht-Projekten:

- Die Produktion von Autos
- Die einmalige Lieferung von Gütern
- Die Wartung einer Produktionsanlage
- Das Erbringen von einmaligen Dienstleistungen
- Die anspruchsvolle Reparatur von Computern in einem Rechenzentrum unter Zeitdruck

1.5 Was ist Projektmanagement?

Projektmanagement bedeutet nach DIN 69 901:

«Die Gesamtheit von Führungsaufgaben, -organisation, -techniken und -mitteln für die Abwicklung eines Projekts.»

Mit anderen Worten: Projektmanagement ist die Gesamtheit der Elemente, die zur Abwicklung eines Projekts nötig sind.

Was heisst das?

Projektmanagement soll sicherstellen, dass vereinbarte Ziele unter Einhaltung der personellen, technischen, terminlichen und finanziellen Rahmenbedingungen erreicht werden.

Es gibt zwei Arten von Projektmanagement:

- **Operatives** Projektmanagement und
- **Strategisches** Projektmanagement.

1.5.1 Operatives Projektmanagement

Das operative Projektmanagement beschäftigt sich mit allen Fragen, Problemen und Aufgabenstellungen des Managements, sofern diese Aufgaben als «Projekte» definiert werden. Das operative Projektmanagement entspricht also der Definition nach der DIN-Norm. Darum spricht man hier vom klassischen oder auch ausführenden Projektmanagement.

1.5.2 Strategisches Projektmanagement

Das strategische Projektmanagement ist wesentlich umfassender als das operative. Es geht der Frage nach, wie sich Projektmanagement als grundsätzliches Führungsinstrument in die spezifische Aufbau- und Ablauforganisation des jeweiligen Unternehmens einbinden lässt. Das strategische Projektmanagement stellt ein Bindeglied zwischen strategischen Unternehmenszielen und dem operativen Projektmanagement dar, also der Umsetzung strategischer Ziele in operative Projektziele. Strategisches Projektmanagement schafft damit den Rahmen, in dem eine Vielzahl von Projekten nach klar definierten Regeln effizient abgewickelt werden kann.

Hinweis Das strategische Projektmanagement wird in diesem Lehrmittel nicht mehr weiter behandelt.

1.5.3 Aufgaben im Projektmanagement

Nach DIN 69 904 gehören zum Projektmanagement insgesamt 19 Teilaufgaben.

Diese sind

- Zieldefinition,
- Strukturierung,
- Organisation,
- Personalmanagement,
- Vertragsmanagement,
- Nachforderungsmanagement,
- Konfigurationsmanagement,
- Änderungsmanagement,
- Aufwandsermittlung,
- Kostenmanagement,
- Einsatzmittelmanagement,
- Ablauf- und Terminmanagement,
- Multiprojektkoordination,
- Risikomanagement,
- Informations- und Berichtswesen,
- Controlling,

- Logistik,
- Qualitätsmanagement und
- Dokumentation.

1.6 Wozu eigentlich Projektmanagement?

Gemäss der Definition beinhaltet Projektmanagement also nicht die Aktivitäten, die die zu lösende Aufgabe selbst betreffen, insbesondere nicht die fachlichen, inhaltlichen Beiträge, sondern das Management aller Aufgaben innerhalb eines Projekts. Warum aber die Anwendung von professionell angewendetem Projektmanagement entscheidend für erfolgreiche Projekte ist, soll anhand der zwei Aspekte

- schwerfällige stehende Organisation und
- Zielkonflikte

erläutert werden.

Schwerfällige stehende Organisation

Die stehende Organisation (Aufbau- und Ablauforganisation) eines Unternehmens ist auf wiederkehrende ähnliche Aufgaben ausgerichtet. Kommen neuartige, ungewöhnliche Impulse von aussen wie beispielsweise neue Kundenanforderungen an bestehende Produkte oder neue Aufgabenstellungen durch veränderte Märkte hinzu oder stehen firmeninterne Problemlösungen an, wie beispielsweise Prozessoptimierungen, Restrukturierungen usw., ist die stehende Organisation überfordert. Das zeigt sich u. a. wie folgt:

- Bestehende Organisationen sind zu umständlich und zu schwerfällig, um auf organisationsübergreifende Probleme zu reagieren.
- Ziele werden durch das unstrukturierte Vorgehen und die unklaren Kompetenzen nicht erreicht.
- Durch die Entscheidungsprobleme innerhalb der Hierarchie im Unternehmen kann niemand flexibel reagieren. Die Gruppenbildung funktioniert nicht.
- Mitarbeitende sind in Organisationsabteilungen verankert und fühlen sich nicht zuständig oder haben keine Kapazitäten frei.

Komplexität bewältigen

Aufgrund der Einmaligkeit und Komplexität eines Projekts muss zunächst ein Lösungsweg ermittelt werden, über den die Projektziele erreicht werden können. Dieser Planungs- und Problemlösungsvorgang wird durch Methoden des Projektmanagements vereinfacht und gesteuert.

Ausserdem erlauben Methoden des Projektmanagements, den Planungsaufwand gering zu halten, obwohl mehrere Personen an der Planung und Ausführung eines Projekts beteiligt sind.

Transparenz schaffen

Ein Projekt muss Ziele unter Berücksichtigung der zeitlichen, finanziellen und personellen Begrenzungen erreichen. Projektmanagement zeigt die im Lauf des Projekts auftretenden Schwierigkeiten und Abweichungen vom geplanten Soll- zum jetzigen Ist-Zustand auf und erlaubt es, frühzeitig einzugreifen, um Soll- und Ist-Zustand so gut wie möglich zusammenzubringen.

Risiken managen

Projektmanagement hilft, vorhandene Risiken frühzeitig zu erkennen, diese zu reduzieren und durch geplante Massnahmen gezielt dagegen anzusteuern.

1.7 Elemente des Projektmanagements

Die wesentlichen Elemente des Projektmanagementsystems sind

- die Ziele,
- die Projektorganisation,
- die Projektlenkung,
- die Instrumente,
- die Mitarbeitenden und
- die Kultur.

[1-4]   Elemente des Projektmanagements

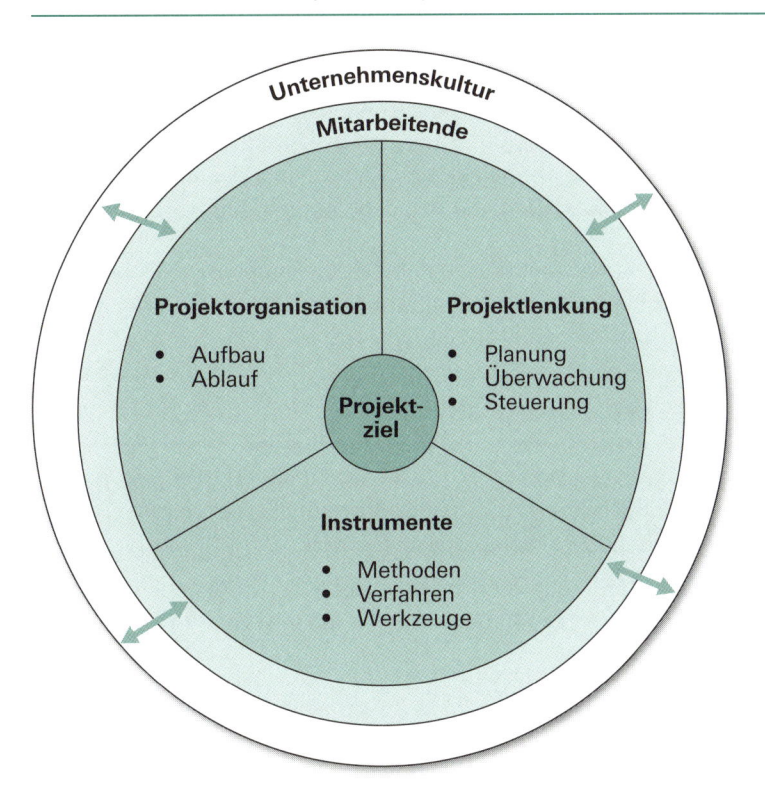

Ziele

Das Projektziel steht im Zentrum und umfasst zum einen die
- Systemziele (d. h. die zu erbringende Leistung) und zum anderen
- Vorgehensziele wie Termine, Kosten usw.

Projektorganisation

Zur Projektorganisation gehört die Gestaltung der Aufbau- und Ablauforganisation des Projekts.

- In der **Aufbauorganisation** wird eine zeitlich befristete, für die Aufgabe geeignete Projektorganisation mit personifizierten Verantwortungen definiert und
- in der **Ablauforganisation** wird der geeignete Ablauf für das jeweilige Projekt beschrieben.

Projektlenkung

Die Projektlenkung beinhaltet die Planung, Führung, Steuerung und Kontrolle der Projektaktivitäten im Hinblick auf

- die Zielerreichung und
- die Einhaltung der Rahmenbedingungen wie beispielsweise Termine und Kosten.

Instrumente

Zu den Instrumenten, die die Lenkung und Organisation unterstützen, gehören

- die Methoden und Techniken der Systemgestaltung, aber auch
- spezifische Verfahren und Techniken des Projektmanagements.

Mitarbeitende und Kultur

Die beiden letzten, aber wohl wichtigsten Elemente sind die am Projekt Beteiligten und die herrschende Kultur im Projektumfeld. Die Beteiligten sind entscheidend für den **Projekterfolg.** Dazu zählt in erster Linie das Projektteam, aber auch Betroffene und Mitarbeitende.

Im Bereich des Unternehmens spricht man in diesem Zusammenhang von der **Unternehmenskultur.** Unter diesem Begriff ist die Gesamtheit der Wertvorstellungen, Leitmotive, Denkhaltungen und Normen in einer Organisation zu verstehen. Sie beeinflusst im Wesentlichen das Verhalten der Mitarbeitenden, ihre Identifikation mit den Unternehmens- und Projektzielen, die Atmosphäre und den Führungsstil in einem Unternehmen.

Die Unternehmenskultur bestimmt unter anderem, welchen Stellenwert das Projektmanagement hat, wie über Projektmanagement gedacht wird und wie man es praktiziert.

1.8 Projektumfeld

Das System «Projekt» ist in ein bestimmtes **Umfeld** eingebettet. Das Umfeld bildet den **Kontext,** d. h. den Zusammenhang, in dem das Projekt steht. Da ist zunächst das unmittelbare betriebliche Umfeld, aber auch regionale und globale Randbedingungen sind zu beachten. Dazu zählt eine breite Palette von möglichen Einflussfaktoren, die von technischen Normen bis zu kulturellen Gegebenheiten bei internationalen Projektpartnern reichen.

Eine **Projektumfeldanalyse,** d. h. die Zusammenstellung und Analyse aller denkbaren **Wechselwirkungen** zwischen dem Projekt und seinem Umfeld, ist daher unerlässlicher Bestandteil im Projekt.

Die DIN 69904 definiert das Projektumfeld als das

«Umfeld, in dem ein Projekt entsteht und durchgeführt wird, das das Projekt beeinflusst und von dessen Auswirkungen das Projekt beeinflusst wird.»

Zwei unterschiedliche Aspekte erläutern diese Definition: vielfältige **Wechselwirkungen** und **Randbedingungen.**

1.8.1 Vielfältige Wechselwirkungen

Das Projekt steht ständig im Kontakt und Austausch mit seinem Umfeld. Diese Wechselwirkungen zwischen Projekt und Projektumfeld werden von einer Vielzahl von Faktoren beeinflusst, wie beispielsweise von physischen, ökologischen, gesellschaftlichen, psychologischen, kulturellen, politischen, wirtschaftlichen, finanziellen, juristischen, vertraglichen, organisatorischen, technologischen und ästhetischen Faktoren. Das Projekt ist auch gleichzeitig stark abhängig von seinem Umfeld. Dieses bestimmt die Grenzen und stellt somit Randbedingungen auf.

1.8.2 Randbedingungen

Die Randbedingungen eines Projekts sind die vom Projektumfeld vorgegebenen Bedingungen, die nicht oder kaum beeinflussbar sind und daher als gegebene Grössen angesehen werden müssen.

Beispiel

Beispiele für Randbedingungen
- Technische Randbedingungen (Materialeigenschaften, Klima, IT-Umgebung usw.)
- Organisatorische Randbedingungen (Unternehmensorganisation, Portfolio, Geschäftsprozesse usw.)
- Rechtliche Randbedingungen (Normen, Vorschriften, Gesetze, Richtlinien)
- Soziale Randbedingungen (Interessengruppen)
- Ökonomische Randbedingungen (Budgetvorgaben, Amortisationszeiten usw.)
- Politische Randbedingungen (Wahl der Kooperationspartner, Auftragnehmer usw.)
- Zeitliche Randbedingungen (frühester Beginn, Deadlines usw.)

Je nach Projekt können weitere Arten von Randbedingungen dazukommen. Die Projektumfeldanalyse ist ein geeignetes Instrument, um möglichst alle Randbedingungen vollständig zu erfassen. Vor allem zu Beginn des Projekts ist sie wirkungsvoll, weil zu diesem Zeitpunkt nur selten genaue Kenntnisse der Randbedingungen und somit über das Umfeld vorliegen. Zudem setzt erfolgreiches Risikomanagement die genaue Kenntnis der Randbedingungen des Projekts voraus.

Mehr zum Projektumfeld finden Sie im Kapitel Kontextkompetenz.

Ein Projekt ist ein Vorhaben, das im Wesentlichen durch die Einmaligkeit der Bedingungen gekennzeichnet ist.

Projekte haben folgende **Merkmale:**

- Sie sind zeitlich begrenzt.
- Sie sind für die betroffene Organisation einmalig.
- Sie haben ein Ziel.
- Sie haben begrenzte, festgelegte Ressourcen.
- In einem Projekt arbeiten unterschiedliche Spezialisten in einem Team zusammen.
- Sie sind dynamisch.
- Sie bilden eine temporäre, geschlossene Einheit innerhalb der Organisation.

Ein **Projekt** unterscheidet sich von Programm und von Portfolio. Ein Projekt kann Teil eines Programms und auch Portfolios sein. Ein **Programm** beinhaltet eine Reihe von Projekten, die miteinander in Verbindung stehen. Das Projektbündel des Programms dient einem strategischen Ziel. Ein **Portfolio** beinhaltet verschiedene Projekte und/oder Programme eines Unternehmens. Mittels Portfolio wird die Anknüpfung der verschiedenen Projekte bzw. der Programme an die Unternehmensstrategie gesichert und deren effiziente und effektive Bearbeitung verbessert. Ausserdem werden Ressourcenkonflikte zwischen den Projekten und Programmen früher erkannt und geregelt. Es gibt verschiedene Projektarten. Man kann Projekte z. B. nach ihrem Inhalt, nach ihrem Umfang oder ihrer Laufzeit unterscheiden. Bei der Unterscheidung nach dem Inhalt gibt es drei **Projektarten:** Investitionsprojekte, Forschungs- und Entwicklungsprojekte und Organisationsprojekte.

Projektmanagement ist die Gesamtheit von Führungsaufgaben, -organisation, -techniken und -mitteln für die Abwicklung eines Projekts. Das Projektmanagement ermöglicht die Planung folgender Kriterien: Komplexität, Transparenz für zeitliche, finanzielle und personelle Begrenzungen und Risiken.

Die wesentlichen **Elemente** des Projektmanagements sind: die Ziele, die Projektorganisation, die Projektlenkung, die Instrumente, die Mitarbeitenden und die Kultur.

Das **Projektumfeld** ist der Kontext, in dem ein Projekt entsteht und durchgeführt wird. Zwischen Umfeld und Projekt bestehen Wechselwirkungen. Das Projekt nimmt Einfluss auf den Kontext und umgekehrt.

Repetitionsfragen

1

Handelt es sich bei den in der Tabelle erwähnten Vorhaben um Projekte? Begründen Sie Ihre Antwort.

Vorhaben	Projekt Ja	Projekt Nein	Begründung
Verlegung des Tempels von Abu Simbel beim Bau des Assuanstaudamms	☐	☐	
Aufbau eines neuen Verschlüsselungssystems für Zeichnungen, Teile, Materiale, Stücklisten, Arbeitspläne in einem Maschinenbauunternehmen	☐	☐	
Pflegen von Kundenstammdaten für 50000 Kunden auf einer vorliegenden Vordrucksammlung	☐	☐	
Evaluation einer IT-Anlage	☐	☐	
Abwicklung einer Fusion zweier Unternehmen	☐	☐	
Erweiterung der Gehaltsabrechnung um eine weitere Statistikauswertung	☐	☐	

2

Ordnen Sie in der folgenden Tabelle die aufgeführten Merkmale jeweils dem Tagesgeschäft im Unternehmen oder einem Projekt zu.

Merkmal	Tagesgeschäft	Projekt
Dynamisch	☐	☐
Kalkulierbare Kosten	☐	☐
Wenig Hierarchie	☐	☐
Dauerhaft	☐	☐
Schwerfällig	☐	☐
Einmalig	☐	☐
Funktions- oder stellenorientiert	☐	☐

3

Nennen Sie drei Elemente des Projektmanagements und beschreiben Sie diese in Stichworten.

2 Denken in Systemen

> **Lernziele:** Nach der Bearbeitung dieses Kapitels können Sie …
>
> - den Begriff «System» erklären.
> - komplizierte und komplexe Systeme unterscheiden.
> - den Ansatz und die Grundprinzipien des Systems Engineering beschreiben.
> - das Konzept der lernenden Organisation erläutern.
>
> **Schlüsselbegriffe:** komplexe Systeme, komplizierte Systeme, Lernen im Projekt, lernende Organisation, mentale Modelle, persönliche Projektmanagementkompetenz, Projektteamlernen, System, Systemdenken, Systemeigenschaften, Systems Engineering

Das Denken in Systemen ist eine wesentliche Anforderung an alle Projektbeteiligten und vor allem an das Projektmanagement. Sie erfahren in diesem Kapitel, was «Denken in Systemen» ist und wie Projektmanager das Systemdenken mittels Systems Engineering im konkreten Projekt nutzen.

2.1 Was versteht man unter System?

Das Wort System (griechisch = Gebilde, das Zusammengestellte, Verbundene) hat verschiedene Bedeutungen – die jedoch alle die «Zusammenstellung» aus mehreren Elementen, die untereinander in Wechselwirkung stehen, gemeinsam haben.

Jedes System besteht aus Elementen (Komponenten, **Subsystemen**), die untereinander in Beziehung stehen. Meist bedeuten diese Beziehungen ein wechselseitiges Beeinflussen – aus der Beziehung wird ein Zusammenhang.

Ein System in diesem Sinn lässt sich von seiner Umwelt (den übrigen Systemen) weitgehend abgrenzen.

Bei Systemen unterscheidet man

- die **Makroebene,** auf der sich das System als Ganzes befindet und
- die **Mikroebene,** auf der sich die Systemelemente befinden.

Strukturierung, Eigenschaften und Wechselwirkungen der Elemente auf der Mikroebene bestimmen die Eigenschaften des Gesamtsystems auf der Makroebene.

Die Beziehungen (Relationen) zwischen den Elementen auf der Mikroebene sind Wirkungen sowie Stoff-, Energie- und Informationsflüsse.

Auf der Makroebene lassen sich manchmal Beobachtungen machen, die aus dem Verhalten der Elemente auf der Mikroebene nicht vorhersehbar sind. (So lassen sich beispielsweise Konvektionszellen, die beim Erwärmen einer Flüssigkeit entstehen können, nicht aus dem Verhalten einzelner Moleküle der Flüssigkeit ableiten.)

Das System selbst ist wiederum Teil eines Ensembles von Systemen und bestimmt mit ihnen die Eigenschaften eines übergeordneten Systems.

Viele Systemtheoretiker verstehen ein System nicht als realen Gegenstand, sondern als Beschreibung oder Modell der Realität. Diese Beschreibung ist weder richtig noch falsch, sondern mehr oder weniger zweckmässig.

Die Abgrenzung von Systemen gegeneinander, das Herausgreifen bestimmter Elemente und bestimmter Wechselwirkungen und das Vernachlässigen anderer Elemente und Beziehungen ist stets vom Betrachter abhängig, also subjektiv, und dem jeweiligen Untersuchungszusammenhang angepasst. Insofern sind Systeme so wie Modelle nicht real existierende Objekte.

Jede Wissenschaft beschäftigt sich mit Systemen. Jede Wissenschaftsrichtung definiert Systeme aus ihrer Sicht. Die Entwicklung einer einheitlichen Systemtheorie ist zurzeit noch nicht abgeschlossen.

Beispiel

Systeme
- Betriebssystem
- Gesundheitssystem
- Handel
- Immunsystem
- Kultur eines Landes
- Lebewesen
- Mathematik
- Mensch (Verdauungssystem, Nervensystem)
- Nachrichtensystem
- Ökosystem
- Organisationen (Unternehmen, Bildungseinrichtungen, Medien)
- Landwirtschaftlicher Betrieb
- Stadt
- Mechanisches System
- Messsystem
- Politisches System
- Rechtssystem
- Soziales System
- Sprache
- Stromsystem
- Suprasystem
- Wertesystem
- Transportsystem
- Wirtschaftssystem

In der Projektarbeit haben wir es mit verschiedenen Systemen zu tun. Wir erstellen in einem Projekt beispielsweise als Lieferobjekt ein technisches System (z. B. eine funktionstüchtige Software) und unser Auftrag kann mit der erfolgreichen Implementierung in einem durch soziale Interaktion geprägten System (z. B. ein Unternehmen) verbunden sein. Möglicherweise müssen Nutzer aus verschiedenen Subsystemen (z. B. Unternehmensbereiche) geschult werden, um für das Unternehmen eine Wertschöpfung durch das Projekt zu ermöglichen.

Für das Projektmanagement ist es wichtig, nicht nur die verschiedenen Systeme zu benennen, sondern den Grad an Komplexität richtig einzuschätzen. Hilfreich ist die Unterscheidung zwischen komplizierten und komplexen Systemen.

2.1.1 Komplizierte vs. komplexe Systeme

Kompliziert bedeutet, dass ein System aus sehr vielen verschiedenen Elementen besteht, die miteinander in Verbindung stehen. Komplizierte Systeme sind relativ gut berechenbar und ihr Verhalten vorhersagbar. Probleme können eindeutig, d. h. objektiv identifiziert werden. Technische Systeme zeichnen sich durch Kompliziertheit aus.

Beispiel

Ein Auto ist kompliziert; es hat u. a. Räder, Türen, Lenkrad, Motor. Treten Probleme auf, kann ein Experte in absehbarer Zeit präzis sagen, was genau zu reparieren ist und ob sich die Reparatur überhaupt noch lohnt.

Für den Umgang mit komplizierten Systemen benötigt man fachlich-technische Kenntnisse.

Komplex bedeutet, dass die Elemente eines Systems vernetzt sind und einen dynamischen Wechselprozess schaffen, der nur schwer berechenbar ist. Komplex sind Systeme, wenn sie von Lebewesen gebildet werden. Das sind Ökosysteme oder die von Menschen erzeugten sozialen Systeme. In sozialen Systemen spielen die subjektiven Interessen, Erwartungen oder auch Befürchtungen der Beteiligten und der Interessengruppen und ihre Kommunikation eine grosse Rolle. Mit der Anzahl verschiedener Sichtweisen kann das Projektgeschehen einen dynamischen Verlauf nehmen, der von der Planung deutlich abzuweichen droht. Die Dynamik ist in komplexen Zusammenhängen nur schwer vorhersehbar. Mit der Komplexität eines Projekts steigen die Anforderungen an das Projektmanagement.

Beispiel

Ein neues Automodell soll entwickelt werden. Es soll zahlreichen, oft widersprüchlichen Erwartungen der potenziellen Käufer entsprechen. Es soll wenig Benzin verbrauchen, aber schnell sein. Es soll sportlich aussehen und genug Raum für eine ganze Familie bieten, aber auch bequem in kleine Parkplätze passen. Mit dem neuen Modell will das Unternehmen sich von den Wettbewerbern positiv abgrenzen. Das Projekt ist komplex: Viele Erwartungen müssen berücksichtigt werden und der Erfolg ist kaum berechenbar, da sich beispielsweise das erwartete Verhalten der Käufer ändern kann, bis der Wagen auf den Markt kommt.

Für den Umgang mit komplexen Systemen benötigt man vernetztes Denken und Systemdenken.

Oft wird die eigentliche Komplexität eines Projekts unterschätzt. Unterschätzte Komplexität ist eine wesentliche Ursache für das Scheitern eines Projekts. Die folgende Abbildung hilft bei der Einschätzung der Projektkomplexität.

[2-1]   Kompliziert vs. komplex

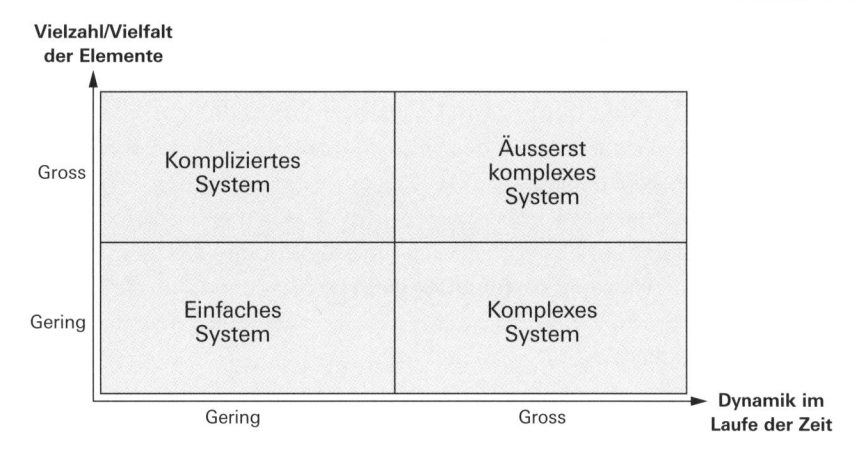

	Dynamik Gering	Dynamik Gross
Vielzahl/Vielfalt der Elemente: Gross	Kompliziertes System	Äusserst komplexes System
Vielzahl/Vielfalt der Elemente: Gering	Einfaches System	Komplexes System

In der Projektarbeit können wir es sowohl mit komplizierten als auch mit komplexen Systemen zu tun haben. Das Lieferobjekt eines Projekts kann – isoliert betrachtet – kompliziert sein (z. B. eine Wasseraufbereitungsanlage). Aber: Das Projektmanagement ist möglicherweise in jeder Phase des Projekts von der Idee bis zum Abschluss gefordert, den sozialen Kontext zu berücksichtigen. Zu diesem Kontext gehören nicht nur der Auftraggeber, sondern auch die späteren Nutzergruppen oder auch die verschiedenen Interessengruppen, die für oder gegen das Projekt und den Projekterfolg wirken können.

Beispiel

Im Rahmen eines Projekts soll eine neue Software entwickelt und implementiert werden. Sie soll die Prozesse unterstützen und den Informationsfluss unternehmensweit effizient gestalten. Die Mitarbeitenden freuen sich, denn sie haben schon lange über mangelhafte oder verzögerte Abläufe geklagt. Bei der Erhebung der konkreten Anforderungen an die Software zeigen sich allerdings zahlreiche Erwartungen an die neue Software, die sich widersprechen. So sollen beispielsweise aus Sicht des Controllings bestimmte Berichte generiert werden können, die Leiter der Abteilungen sehen das ganz anders.

Merke: Je komplexer ein Projekt ist, desto anspruchsvoller sind die Anforderungen an das Projektmanagement.

2.1.2 Systemeigenschaften

Im Projektmanagement müssen wir oft die verschiedenen Eigenschaften eines Systems berücksichtigen. Besonders wichtig sind folgende Merkmale:

- **Komplex,** d. h., es gibt viele, vernetzte Elemente und auch Ebenen, die in Wechselbeziehung stehen und deshalb auch Muster bilden – man spricht dann auch von Selbstähnlichkeit.
- **Dynamisch,** d. h., die Entwicklung verläuft nicht linear und lässt sich nur schwer voraussagen.
- **Selektiv,** d. h., das System bildet eine Grenze zur Umwelt und tauscht sich mit dieser bedingt anhand von Kriterien (z. B. verschiedene Zugangsberechtigungen wie Gast) aus, es ist also mehr oder weniger offen.
- **Stabil bis wandelbar,** d. h., ein System ist veränderungsresistent oder auch veränderungsfreundlich.
- **Adaptiv** (anpassend) und/oder **erzeugt Unterschiede,** d. h., ein System passt sich immer wieder veränderten Rahmenbedingungen an oder es hebt sich immer wieder ab (z. B. alle Konkurrenten senken den Preis, Unternehmen X senkt nicht den Preis, sondern bietet einen zusätzlichen Kundenservice).
- **Lernend,** d. h., ein System interpretiert Informationen und Erfahrungen und nutzt die Ergebnisse.

Die spezifische Ausprägung der Systemeigenschaften kann eine grosse Herausforderung für das Projektmanagement sein.

Wichtig für das Projektmanagement ist, dass ein Eingriff in ein komplexes System auf viele andere Teile wirken kann. Die **Ursachen und Wirkungen können zeitlich und räumlich voneinander getrennt sein.** Deshalb ist es erforderlich, dass sich das Projektmanagement eine gute Übersicht über das Projekt und sein Umfeld verschafft. Dabei hilft der Ansatz des Systems Engineering.

2.2 Systems Engineering

Systems Engineering (SE) ist ein bewährter Ansatz für die Gestaltung von komplexen Systemen. SE nutzt das Denken in Systemen und bietet eine Reihe von Grundprinzipien für die effiziente und effektive Gestaltung von komplexen Systemen. Dieser Ansatz eignet sich besonders als Grundlage für das Projektmanagement.

2.2.1 Grundüberlegungen

Um das Gestalten von Systemen und auch das Lösen von Problemen effizienter zu gestalten, empfiehlt das Systems Engineering,

- die Situation zu modellieren, d. h., ein **Bild von der komplexen Realität** zu erstellen, das einen für die Situation angemessenen Überblick auf alle wesentlichen Aspekte gewährt,
- **vom Groben zum Detail** vorzugehen, d. h., grundsätzlich mit generellen Lösungskonzepten zu starten und den Detaillierungsgrad erst mit fortlaufender Systemgestaltung zu erhöhen, d. h. den «Wald und die Bäume» im Blick halten,
- das System gegenüber seiner Umwelt abzugrenzen und die wesentlichen **System-Umwelt-Beziehungen** herauszukristallisieren,

- das so definierte System weiter in **Elemente** aufzugliedern und die **Beziehungen** und Wechselwirkungen zwischen diesen herauszuarbeiten und **Muster** zu identifizieren,
- die verschiedenen **Perspektiven** und Sichtweisen der direkt und indirekt Beteiligten zu klären und die damit verbundenen Erwartungen und Interessen wahrnehmen, d. h. **Subjektivität** berücksichtigen, Perspektivenwechsel nutzen und **alternative Betrachtungsweisen** erschliessen,
- den Prozess der Systemgestaltung in überschaubare, definierte **Phasen** zu gliedern und somit als stufenweisen Planungs-, Entscheidungs- und Konkretisierungsprozess ablaufen zu lassen,
- ein formallogisches **Vorgehensraster** einzuhalten,
- offen zu sein gegenüber jeglicher Art **zweckmässiger Hilfsmittel** bei der Problemlösung.

Hinweis Der generische Ansatz des SE ist eine Denk- und Vorgehensweise, die sich grundsätzlich für alle Projekte eignet. Für das Management von spezifischen Projektherausforderungen sind ggf. weitere Komponenten erforderlich. So können die Erfahrung und das Fachwissen oder auch das konstruktive Arbeitsklima wichtige Voraussetzungen für eine erfolgreiche Problemlösung sein.

2.2.2 Systemdenken und Projektmanagement

Im Zentrum der Systems-Engineering-Methodik steht der Problemlösungsprozess, der in der Projektarbeit zwei voneinander abgrenzbare Komponenten enthält:

- Die **Systemgestaltung** als eigentliche konstruktive Arbeit an der neuen Lösung im Rahmen eines Projekts. Hier stehen das zu gestaltende Objekt und seine Umwelt im Vordergrund (Erwartungsklärung, Problemabgrenzung, Zielsuche, Lösungssuche, Auswahl).
- Das **Projektmanagement,** d. h. die Fragen der Organisation und Koordination des Problemlösungsprozesses. Im Vordergrund stehen hier die Zuteilung von Aufgaben, Kompetenzen und Verantwortung an die am Projekt beteiligten Personen oder Gruppen, deren organisatorische Verankerung, die Organisation der Entscheidungsprozesse, die Zuteilung von Ressourcen, die Durchsetzung der getroffenen Entscheidungen und Ähnliches.

Sowohl die Systemgestaltung als auch das Projektmanagement stützen sich dabei auf bewährte Techniken, Hilfsmittel und Verfahren ab. Die folgende Abbildung zeigt den Zusammenhang zwischen Systemzusammenhang und Projektmanagement auf.

[2-2] Der Zusammenhang zwischen Systemgestaltung und Projektmanagement

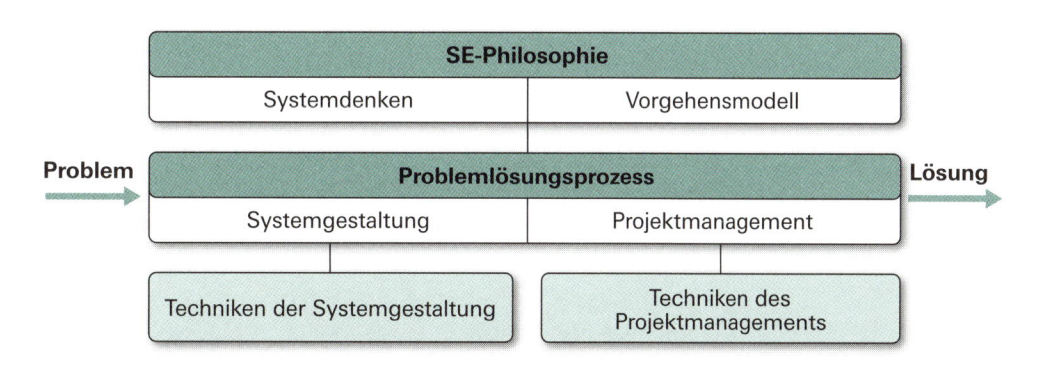

2.2.3 Können Systeme lernen?

In jedem Projekt muss das Projektmanagement lernen. Das heisst, Wissen und Erfahrungen in Projektmanagement reichen nie ganz aus, da für jedes Projekt gewisse einmalige Bedingungen bestehen oder auch geschaffen werden müssen. Dazu braucht es einen Lernprozess, der nicht nur auf der individuellen Ebene erfolgt, sondern auch die Systemebene umfasst und fördert.

In diesem Zusammenhang ist das **Konzept von der Lernenden Organisation** wichtig und hilfreich. Das Konzept von der Lernenden Organisation geht auf Peter M. Senge zurück. Das Konzept umfasst fünf Disziplinen. Die fünf Disziplinen der Lernenden Organisation bedingen sich wechselseitig und regen einen **kontinuierlichen, systembezogenen Lernprozess** an. Die folgende Abbildung gibt einen Überblick über die fünf Disziplinen abgestimmt auf den systembezogenen Lernprozess im Projektmanagement.

[2-3] Die fünf Disziplinen des Lernens im Projekt

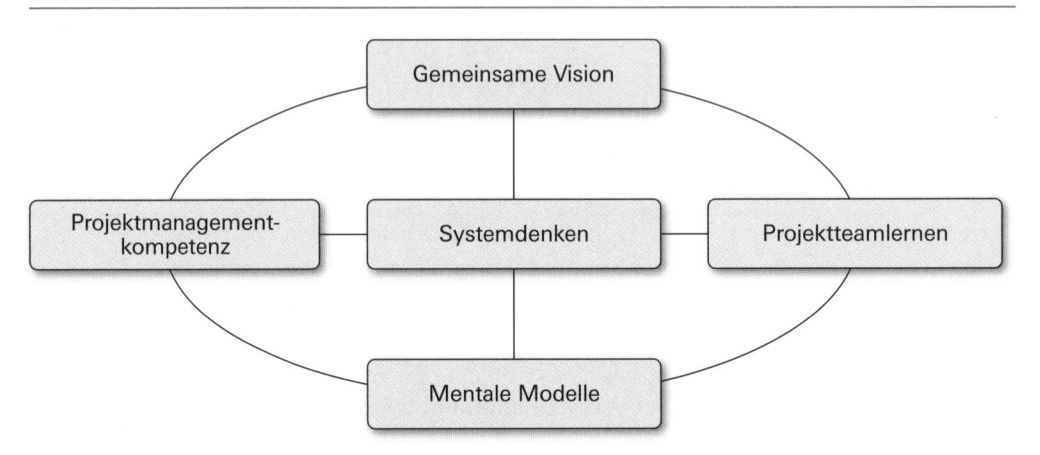

Das Projektmanagement kann die fünf Disziplinen nutzen, um einen systembezogenen Lernprozess zu fördern. Im Einzelnen heisst das:

- **Persönliche Projektmanagementkompetenz** bedeutet Lernen auf der individuellen Ebene, d. h. Wissen und Erfahrung hinsichtlich Projektmanagement kontinuierlich erweitern und vertiefen. Das bedeutet auch, dass man regelmässig kritisch überprüfen muss, ob die eigenen Wissensbestände und gemachten Erfahrungen den aktuellen Bedingungen noch gerecht werden. Dass das wichtig ist, belegen einige wissenschaftliche Studien. So wurde beispielsweise festgestellt, dass sich viele Manager auf veraltetes Wissen und nicht mehr übertragbare Erfahrungen verlassen.
- **Projektteamlernen** meint das Lernen im Projektteam. Ein Projektteam ist mehr als die Summe seiner Teile, d. h. der einzelnen Beteiligten. Ein Projektteam, das Hochleistung erbringt, ergänzt sich nicht nur, es gewährleistet auch neue Einsichten und Synergien, die eine effiziente und effektive Lösung ermöglichen. Lernen im Projektteam ist nicht selbstverständlich, es muss gefördert werden, etwa in Workshops oder im Austausch von Lessons Learned (Lehren aus dem Projekt). Gelebte Verhaltenskompetenzen (z. B. Offenheit) unterstützen dabei.
- **Mentale Modelle im Projektmanagement** sind Ideen, Bilder und Vorstellungen (z. B. vom Projekt oder von der Stammorganisation). Sie bestehen in unseren Köpfen und erleichtern oft die Projektarbeit. Erfahrungen werden rasch sortiert und Entscheidungen werden leichter getroffen. Diese mentalen Modelle können aber auch die Projektentwicklung behindern. So kann beispielsweise die Überzeugung, dass nur ein «Wasserfallmodell» das «richtige» Vorgehen beschreibt, zu einer Einengung der Perspektive führen und das Lernen sowie den Projektfortschritt erschweren. Eine Offenheit im Hinblick auf mentale Modelle und das Denken in Alternativen sind deshalb sehr wichtig

im Projektmanagement. Umsetzungshürden können dann früher identifiziert und abgebaut werden.
- Eine **gemeinsame Vision** fördert das Engagement in der Gruppe (d. h. im Projektteam oder auch auf Organisationsebene). Eine Vision ist ein Bild von der angestrebten Zukunft. Dieses Bild wirkt auf das Handeln in der Gegenwart und lässt Prinzipien und Methoden auswählen, die eine Annäherung an den Entwurf fördern.
- **Systemdenken** ist die fünfte und wichtigste Disziplin. Es geht dabei um die Weiterentwicklung der Denkweise und der Sprache, die eine Beschreibung systemischer Wechselwirkungen ermöglicht mit dem Ziel, die Systeme effizient und effektiv in Übereinstimmung mit der Umwelt und Wirtschaft zu verändern.

Das Konzept der Lernenden Organisation zeigt neben dem Denken in Systemen vier wichtige Lernfelder auf, durch die sich das Projektmanagement kontinuierlich qualifizieren kann.

Denken in Systemen bildet eine wichtige Voraussetzung für das erfolgreiche Projektmanagement.

Ganz allgemein ist ein System ein Gebilde, dessen Elemente und deren Zusammenhang **ein Ganzes** bilden, das mehr ist als die Summe seiner Teile.

Wichtige **Systemeigenschaften** sind:

- Komplexität und die damit verbundene Wechselwirkung zwischen den Elementen
- Dynamik, d. h., die Entwicklung eines Systems lässt sich kaum berechnen
- Grenzbildung und der selektive Austausch mit der Umwelt

Je stärker diese Eigenschaften ausgeprägt sind, umso mehr ist das Projektmanagement gefordert. Denn: Projekte sind mehr oder minder starke Eingriffe in bestehende Systeme und die Wirkung eines Eingriffs in ein komplexes System ist oft zeitlich verzögert und nur wenig berechenbar.

Dabei berücksichtigt das Projektmanagement **zwei Dimensionen:**

- Die Systemgestaltung, d. h. das im Rahmen des Projekts zu gestaltende Objekt und seine Umwelt. Dazu gehört beispielsweise die Klärung der spezifischen Anforderungen und Qualitätskriterien.
- Das Projektmanagement, d. h. die Entwicklung, Organisation und Koordination des Projektprozesses. Dazu gehören etwa die Kommunikation mit den Interessengruppen, die Zuteilung von Ressourcen.

Hilfreich ist der Ansatz des **Systems Engineering.** Systems Engineering nutzt das Denken in Systemen und bietet eine Reihe von Grundüberlegungen, die für die Gestaltung komplexer Systeme eine gute Voraussetzung schaffen.

Die wesentlichen **Grundprinzipien** des Systems Engineering sind:

- Ein Modell von der komplexen Projektrealität (Projekt und Umwelt) erstellen
- Vom Groben zum Detail vorgehen
- Die System-Umwelt-Beziehung herausarbeiten
- Die wesentlichen Elemente des Systems und ihre Beziehungen identifizieren
- Die Perspektiven und Sichtweisen der verschiedenen Beteiligten erschliessen
- Die Systemgestaltung in Phasen gliedern
- Offenheit für nutzenstiftende Methoden und Hilfsmittel pflegen

Projektmanagement heisst aber auch, in jedem Projekt zu lernen. Das ist schon deswegen erforderlich, weil jedes Projekt gewisse einmalige Bedingungen hat. Das **Konzept der Lernenden Organisation** bietet dafür viele Anregungen und schlägt **fünf Disziplinen** vor. Ausgehend vom Systemdenken, das die wichtigste Disziplin bildet, handelt es sich um:

- Projektmanagementkompetenzen
- Projektteamlernen
- Projektmanagementmodelle
- Projektmanagementvision

Repetitionsfragen

4

Bitte beschreiben Sie, was man unter einem komplizierten bzw. einem komplexen System versteht.

5

Wir haben den Ansatz des Systems Engineering kennengelernt. Der Ansatz ist mit einigen Grundüberlegungen verbunden. Bitte geben Sie an, welche der folgenden Aussagen zu den Grundüberlegungen gehören und welche nicht, und begründen Sie Ihre Antwort.

Grundüberlegung des Systems Engineering?	Ja	Nein	Begründung
Immer zuerst das Detail genau anschauen	☐	☐	
Ein Modell von der Realität erstellen	☐	☐	
Nur objektive Erkenntnisse zulassen	☐	☐	

6

Warum ist es wichtig, im Projektmanagement lernbereit zu bleiben?

Teil B Kontextkompetenzen

Einleitung

Projektarbeit findet nicht im isolierten Rahmen statt, sondern in einem Kontext. Der Kontext ist der Zusammenhang, in dem ein Projekt oder ein Programm initiiert, entwickelt und auch realisiert wird und seinen Nutzen entfaltet. Der Kontext bildet ein Feld aus vielen Komponenten und ihren Wechselwirkungen. Die Wechselwirkung erfolgt zwischen Projekt, Programm und Portfolio mit der Stammorganisation sowie mit externen Einflussfaktoren wie dem sozialen und wirtschaftlichen Bereich.

Projekt und Projektkontext

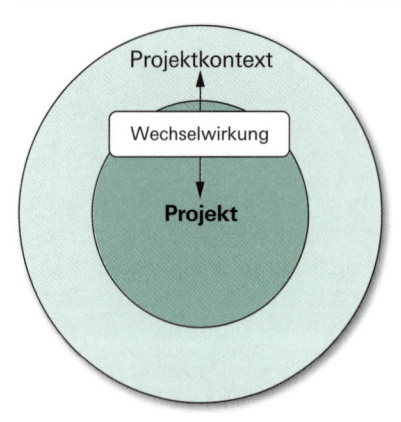

Der Projektkontext kann mehrere geografische Ebenen umfassen:

- die lokale und regionale Ebene und
- die nationale bis internationale Ebene

Das Projekt nimmt Einfluss auf den Kontext (z. B. bei Organisationsprojekten), steht aber auch in Abhängigkeit vom Kontext (z. B. von der Finanzierung, von der Unternehmensstrategie). Für den Projekterfolg und für den Projektmanagementerfolg ist der Kontext eine nicht zu unterschätzende Grösse.

Vor diesem Hintergrund hat die IPMA die Bedeutung der Kontextkompetenzen unterstrichen und elf kontextbezogene Kompetenzen herausgearbeitet. Die folgende Abbildung gibt einen Überblick.

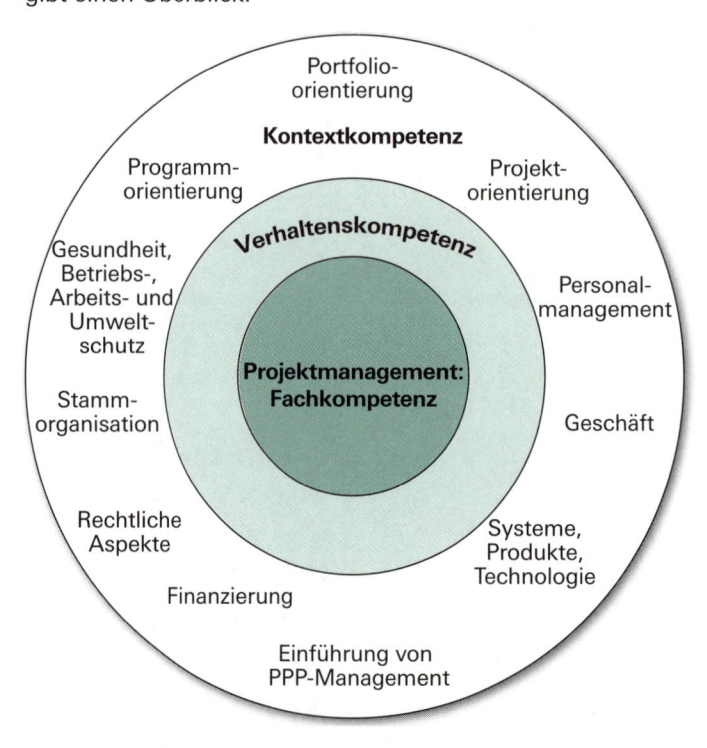

3 Projekt-, Programm- und Portfolioorientierung

> **Lernziele:** Nach der Bearbeitung dieses Kapitels können Sie ...
> - den Begriff Projektorientierung erklären und die wichtigsten Prozessschritte aufzählen.
> - den Begriff Programmorientierung erläutern und die wichtigsten Prozessschritte nennen.
> - erklären, was man unter der Portfolioorientierung versteht.
> - die Aufgaben des Portfoliomanagements und seine Bedeutung als Bezugsrahmen darstellen.
>
> **Schlüsselbegriffe:** Effektivitätsprinzip, Effizienzprinzip, Ergebnisse, Portfolio, Portfoliomanagement, Portfoliomanager, Portfolioorientierung, Programmorientierung, Projektorientierung, Prozessschritte

3.1 Projektorientierung

Unter Projektorientierung (engl. project orientation) versteht man die Ausrichtung einer Organisation auf das Managen von Projekten («Managing by Projects») sowie die entsprechende Entwicklung von Projektmanagementkompetenzen.

PM-Kompetenzelement	Taxonomie: Wissen										
Kontextkompetenz	0	1	2	3	4	5	6	7	8	9	10
Projektorientierung					D	C		B	A		

Hinweis: Lesen Sie dazu auch die Ausführungen im Kapitel «Das System Projektmanagement».

Projektorientierung betrifft die ganze Organisation im Allgemeinen und das Personalmanagement im Besonderen. Für das Projektmanagement ist es erforderlich, die spezifische Ausprägung der Projektorientierung zu kennen. Bei der Projektorientierung bzw. bei der Entwicklung einer Projektorientierung sind vier generische, d. h. allgemein vorkommende Optionen zu unterscheiden. Die folgende Tabelle hilft, eine erste Einschätzung hinsichtlich der Projektorientierung einer Organisation vorzunehmen:

[3-1] Projektorientierung – vier generische Optionen

Fokus der Projektorientierung	Die Organisation ist eher	
	linienorientiert	**projektorientiert**
Externe Kunden	Kerngeschäft der Organisation ist die Durchführung von Projekten im Auftrag externer Kunden.	Die Organisation ist eine reine Projektorganisation. Sie wird gebildet, um ein (grosses) Projekt zu realisieren.
Eigene Organisation	Die Organisation führt Projekte durch, um die Effizienz innerhalb bestehender Strukturen kontinuierlich zu verbessern.	Die Organisation führt Projekte durch, um die eigene Effektivität zu erhöhen. Sie sieht die bestehenden Strukturen vor dem Hintergrund eines Lebenszyklus, hinterfragt diese kontinuierlich strategiebezogen und ist bereit, diese bei Bedarf grundlegend zu verändern. Das bedeutet im Extremfall, dass Projektarbeit Normalität wird. (Vgl. Programm- und Portfolioorientierung sowie PPP-Management.)

Mit den vier Optionen der Projektorientierung können jeweils verschiedene Projektmanagementkompetenzen erforderlich sein, die im Rahmen des Personalmanagements gezielt gefördert werden müssen.

Die Einführung der Projektorientierung kann in Organisationen, die Veränderungen abweisen, eine grosse Herausforderung darstellen. Darum ist ein ausgefeiltes Veränderungskonzept und professionell durchgeführtes Veränderungsprojekt erforderlich.

Die folgende Tabelle zeigt wichtige Prozessschritte bei der Projektorientierung und ihre Ergebnisse.

[3-2] Wichtige Prozessschritte bei der Projektorientierung

Wichtige Prozessschritte	Wichtige Ergebnisse	Querverweise
Business Case (Geschäftsfall) zur Einführung der Projektorientierung innerhalb der Organisation erstellen unter Berücksichtigung der Strategie, der Strukturen und der Kultur der Organisation	Business Case zur Projektorientierung	• Stammorganisation • Business
Projektmanagementkompetenzen angemessen entwickeln	Projektmanagementkompetenzen	Personalmanagement
Veränderungskonzept zur Prozessorientierung erstellen und Veränderungsprojekt durchführen	Veränderungskonzept und -projekt	Einführung PPP-Management
Lehren aus der Projektorientierung dokumentieren und ihre Übertragbarkeit auf die weitere Projekt- bzw. Programmarbeit bzw. auf das Portfolio prüfen	Lessons Learned	PPP-Management

3.2 Programmorientierung

Programmorientierung (engl. programme orientation) ist die Ausrichtung einer Organisation auf das Managen von Programmen («Managing by Programmes») sowie die entsprechende Entwicklung von Programmmanagementkompetenzen.

PM-Kompetenzelement	Taxonomie: Wissen										
Kontextkompetenz	0	1	2	3	4	5	6	7	8	9	10
Programmorientierung			D	C		B		A			

Hinweis   Lesen Sie dazu auch die Ausführungen im Kapitel «Das System Projektmanagement».

Versucht eine Organisation, strategische Ziele mittels mehrerer zusammenhängender Projekte zu erreichen, dann ist in Abhängigkeit vom Zeitrahmen und der Komplexität eine verstärkte Programmorientierung erforderlich. In einem Business Case werden der Bedarf und der erwartete Nutzen der Programmorientierung sowie die erforderliche Ausprägung der Programmorientierung ermittelt und beschrieben.

Die Programmorientierung kann eine Reihe organisatorischer Massnahmen nach sich ziehen. Dazu gehören beispielsweise:

- Die Etablierung einer Programmsteuerungsgruppe, die über Projekte und ihre Priorität innerhalb des Programms entscheidet.
- Ein Programmmanagement, das mit angemessenen Ressourcen ausgestattet ist und auf den Erfolg des Programms hinarbeitet.
- Die Entwicklung von Programmmanagementkompetenzen und die Auswahl und der Einsatz geeigneter Verfahren, Methoden und Techniken für das Programmmanagement.

Für das Projektmanagement bedeutet Programmorientierung, dass die Beziehungen zum Programm und weiteren Projekten des Programms klar sein müssen, denn der Projekterfolg kann von den Ergebnissen anderer Projekte abhängig sein oder auch eine Voraussetzung für den erfolgreichen Projektstart anderer Projekte schaffen. Wirken mehrere Projektmanager innerhalb eines grossen Programms, dann können diese auch als Stakeholder[1] betrachtet werden, da sie bestimmte Erwartungen an den Prozess und das Ergebnis der anderen Projekte pflegen.

Die folgende Tabelle zeigt wichtige Prozessschritte bei der Programmorientierung und ihre Ergebnisse.

[3-3] Wichtige Prozessschritte bei der Programmorientierung

Wichtige Prozessschritte	Wichtige Ergebnisse	Querverweise
Initiativen und Projekte ermitteln und erfassen	Projektverzeichnis	• Stammorganisation • Projektorientierung
Business Case zur Implementierung[1] einer Programmorientierung erstellen unter Berücksichtigung der Strategie, der Strukturen und der Kultur der Organisation	Business Case zur Programmorientierung	• PPP-Management • Stammorganisation
Programmmanagementkompetenzen angemessen entwickeln	Programmmanagementkompetenzen	Personalmanagement
Veränderungskonzept zur Programmorientierung entwickeln und Veränderungsprojekt durchführen	Veränderungskonzept und -projekt zur Programmorientierung	Einführung PPP-Management
Lehren aus der Programmorientierung dokumentieren und ihre Übertragbarkeit auf die weitere Projekt- bzw. Programmarbeit bzw. auf das Portfolio prüfen	Lessons Learned	PPP-Management

[1] Implementierung: Einführung.

3.3 Portfolioorientierung

Organisationen, die zahlreiche Projekte und auch Programme durchführen, benötigen früher oder später ein Portfolio. Das **Portfolio** ist eine strategiebezogene Instanz, eine Art strategiebezogener Filter zwischen der Geschäftsführung der Organisation und dem Projekt- bzw. Programmmanagement. Die Ausprägung des Portfoliomanagements kann sehr verschieden sein. Es kann sich um eine Aufgabe handeln, die einer Stelle zugeordnet ist, aber auch um eine ganze Organisationseinheit. Das hängt von der Grösse der Organisation und der Bedeutung der Portfolioorientierung für die Organisation ab.

Portfolioorientierung ist die Ausrichtung der Projekte und Programme einer Organisation auf die strategischen Ziele mittels Portfolio.

PM-Kompetenzelement	Taxonomie: Wissen										
Kontextkompetenz	0	1	2	3	4	5	6	7	8	9	10
Portfolioorientierung			D		C		B		A		

[1] Stakeholder: Anspruchsgruppen des Unternehmens.

Hinweis Lesen Sie dazu auch die Ausführungen im Kapitel «Das System Projektmanagement».

Portfoliomanagement umfasst alle Aufgaben zur organisationsweiten Koordination strategierelevanter Projekte und Programme sowie die Optimierung des Beitrags einzelner Projekte und Programme zur effizienten Umsetzung der Strategie einer Organisation.

Das Portfolio verbindet das **Effizienzprinzip** (Wirtschaftlichkeit) der Linie mit dem **Effektivitätsprinzip** des Projekts bzw. Programms (Strategiebezug). Das Portfolio steigert damit die Effizienz der Projekte und Programme.

[3-4] Portfolio verbindet Effizienz- und Effektivitätsgedanke

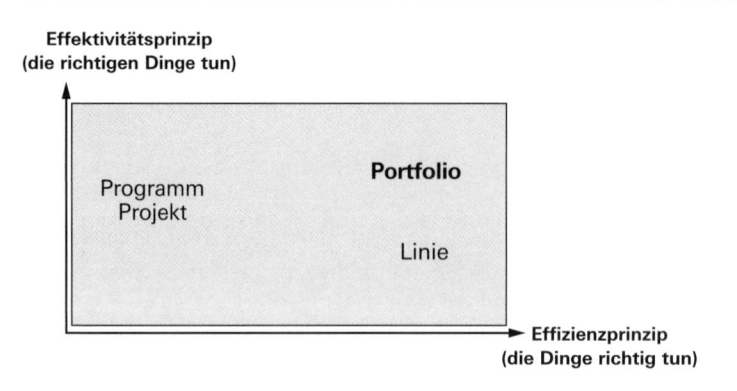

Die Ausrichtung auf ein Portfolio kann mit tief greifenden Veränderungen in einer Organisation verbunden sein. Wichtige Schritte dazu haben wir in der Tabelle aufgeführt.

[3-5] Wichtige Prozessschritte und Ergebnisse bei der Portfolioorientierung

Wichtige Prozessschritte	Wichtige Ergebnisse	Querverweise
Übersicht über Projekte und Programme erstellen	Projekt-/Programmübersicht	• Stammorganisation • Projekt- und Programmorientierung
Auf der Grundlage des Geschäftsplans und unter Berücksichtigung der Strukturen und Kultur der Stammorganisation einen Business Case für die Portfolioorientierung entwickeln	Business Case Portfolioorientierung	• Stammorganisation • Implementierung PPP-Management
Kriterien zur Bewertung von Projekten und Programmen aus der Strategie und dem Businessplan herausarbeiten und anwenden	Portfoliokriterien	Projekt- und Programmorientierung
Programme und Projekte auflisten und Prioritäten erstellen – unter Nutzung der Portfoliokriterien	Projekt-/Programmübersicht bewertet	Projekt- und Programmorientierung
Standardprozess, -instrumente und -vorlagen für alle Programme und Projekte des Portfolios sowie Unterstützungsfunktionen und Feedbackstrukturen entwickeln	Portfoliostandards	Projekt- und Programmorientierung
Portfolio kontinuierlich strategiebezogen aktualisieren	Portfolio aktualisiert	Stammorganisation
Lehren aus der Portfolioorientierung dokumentieren und ihre Übertragbarkeit auf die weitere Projekt- bzw. Programmarbeit bzw. auf das Portfolio prüfen	Lessons Learned	PPP-Management

Hinweis Bitte lesen Sie auch die Ausführung zum Kompetenzelement Einführung von PPP-Management.

Für das Management von Projekten ist das Portfolio ein wichtiger Bezugsrahmen in der Linie mit zahlreichen Funktionen.

3.3.1 Portfolio – ein Teil der Linie

Im Gegensatz zu Projekten und Programmen ist ein Portfolio Teil der Linienorganisation und entsprechend auf Dauer angelegt. Es fungiert als strategiebezogener Filter zwischen der strategischen Ebene und den Projekten und Programmen auf der operativen Ebene des Hauses und koordiniert den Ressourcenfluss zwischen Projekten bzw. Programmen und Linien.

[3-6] Portfolio zwischen der strategischen und der operativen Ebene

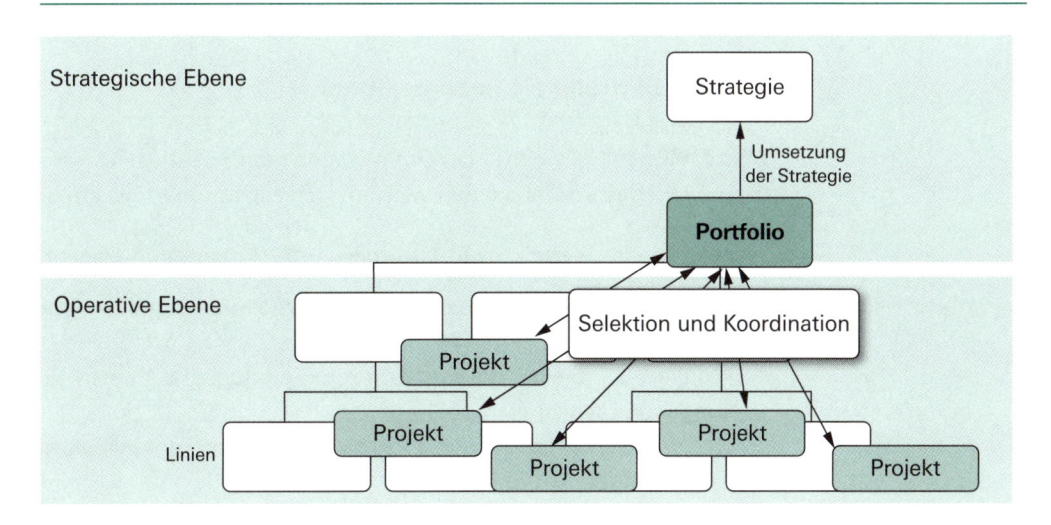

Hinweis Wichtig ist: Nicht jede Organisation benötigt ein ausgewiesenes und ausdifferenziertes Portfoliomanagement.

Wann ist ein Portfolio bzw. eine Portfolioorientierung sinnvoll?

Ein Portfolio kann sinnvoll sein, wenn

- in der Organisation zahlreiche Projekte und Programme durchgeführt werden,
- die Projekte und Programme ihre Ressourcen grösstenteils aus einem Pool beziehen,
- die Projekte und Programme strategische Relevanz für das Unternehmen haben.

Wird die Etablierung eines Portfolios als sinnvoll erachtet, müssen die Wirtschaftlichkeitsaspekte des Vorhabens geprüft werden. Das Management eines Portfolios benötigt angemessene Ressourcen (z. B. qualifiziertes Personal und Ausstattung etwa mit Software), um einen Nutzen für Strategie und Projekte bzw. Programme erbringen zu können.

3.3.2 Funktionen des Portfolios

Das Portfolio hat viele Funktionen:

- Gewährleistung von Übersicht über strategiebezogene Projekte bzw. Programme sowie Vorhaben der Organisation
- Sicherstellung der Ausrichtung der Projekte und Programme auf die Strategie, die von der Geschäftsführung vorgegeben wird und der Entwicklung des Unternehmens dient
- Unterstützung des Erfolgs des Projekt- bzw. Programmmanagements durch optimierte und einheitliche Prozesse sowie Instrumente und Methoden
- Koordination des Ressourcenflusses und damit Reduktion von Ressourcenkonflikten zwischen Projekten bzw. Programmen
- Vermeidung von Doppelarbeit, Förderung von Synergien durch Transparenz und Schnittstellenarbeit
- Kontinuierliche Berichterstattung an die Geschäftsführung als Entscheidungsgrundlage

Um diese Funktionen erfüllen zu können, müssen folgende Bedingungen geschaffen werden:

- Klare und transparente Kriterien für die Bewertung von Projekten bzw. Programmen, um strategiebezogen Prioritäten setzen zu können
- Einheitliche Konventionen und Standards sowie Methoden für Projekte und Programme, um einen effizienten Ablauf zu erhalten
- Ein wirksames Feedbacksystem, das den Fluss wesentlicher Daten und Informationen zwischen Projekten bzw. Programmen und Portfolio zeitnah sichert.

Zwischen Portfolio und Projekt- und Programmarbeit besteht also eine Beziehung.

3.3.3 Portfolio als Bezugsrahmen

Wird ein Projektportfolio in der Organisation gepflegt und eine Portfolioorientierung gelebt, dann bildet das Portfolio einen wichtigen Bezugsrahmen für Projektmanager.

Ein bestehendes Portfolio stellt das Projekt- bzw. Programmmanagement vor folgende Fragen:

- Welche Informationen benötigt das Portfoliomanagement über ein Projekt bzw. Programm?
- Erfüllt das Projekt bzw. Programm die strategiebezogenen Kriterien, um im Portfolio aufgenommen zu werden?
- Welche Gewichtung hat das Projekt bzw. Programm aus strategischer Sicht, auf welcher Prioritätenstufe liegt es?
- Welche Bedeutung hat die Gewichtung des Projekts bzw. Programms, wenn es beispielsweise zu Ressourcenengpässen kommt?
- Welche projektbezogenen Standards (z. B. Prozesse, Vorgehensmodelle, Methoden, Berichtsvorlagen) sind vom Portfoliomanagement vorgegeben und müssen vom Projekt- bzw. Programmmanagement eingehalten werden?
- In welcher Frequenz erwartet das Portfoliomanagement Berichte und welche Daten und Informationen sind in welchem Detaillierungsgrad zu liefern?

Projektmanager sollten diese Fragen so früh wie möglich klären.

Projektorientierung wird für Organisationen immer wichtiger. Projekte ermöglichen Innovation und Wandel in einem sich ständig verändernden Geschäftsleben.

Projektorientierung ist die Ausrichtung einer Organisation auf das Management von Projekten und ist mit vier grundlegenden Optionen verbunden:
- Die Projektorientierung zielt auf die strategische Entwicklung und Steigerung der Effektivität der eigenen Organisation.
- Projekte in der Organisation sorgen für eine Effizienzsteigerung der bestehenden Strukturen.
- Die Organisation führt Projekte im Auftrag externer Kunden durch, d. h., Projektarbeit ist das Kerngeschäft.
- Die Organisation wird als reine Projektorganisation zur Realisierung eines Grossprojekts angelegt.

Programmorientierung ist primär die Ausrichtung einer Organisation auf das Management von Programmen, um bestimmte strategische Ziele erreichen zu können. Für das Management einzelner Projekte bedeutet Programmorientierung, dass das Projekt Teil eines Projektgefüges ist. **Portfolioorientierung** ist die Ausrichtung der Projekte und Programme einer Organisation auf die strategischen Ziele mittels eines Portfolios. Das Portfoliomanagement umfasst alle Aufgaben zur organisationsweiten Koordination strategiebezogener Programme mit dem Ziel, die Effizienz und Effektivität des Projekt- bzw. Programmmanagements zu stärken.

Es sorgt vor allem dafür, dass Ressourcenkonflikte zwischen Projekten vermieden werden. Für das Projektmanagement kann das Portfolio einen wichtigen Bezugsrahmen bilden, denn das Portfoliomanagement setzt eine Reihe von Vorgaben ein. Zu diesen Vorgaben gehören etwa Kriterien in der Form strategischer Kennzahlen sowie Standards zu Projektmethoden und -techniken einschliesslich Vorlagen für Dokumente wie Berichte. Portfolioorientierung bedeutet auch, dass in einer bestimmten Frequenz Projektberichte geliefert werden müssen. Die Projektberichte fördern Übersicht und Transparenz hinsichtlich der aktuellen Projektlandschaft. Diese Informationen sind wiederum erforderlich, um beispielsweise bei Ressourcenengpässen eine rasche Lösung schaffen zu können.

Repetitionsfragen

7

Welche der folgenden Aussagen über die Projektorientierung sind falsch bzw. richtig? Bitte kreuzen Sie die entsprechende Spalte an.

Aussagen	Richtig	Falsch
Weil viele Projekte scheitern, wird Projektorientierung immer bedeutungsloser.	☐	☐
Projektorientierung ist eine verstärkte Einstellung der ganzen Organisation auf die kontinuierliche Veränderung.	☐	☐
Projektorientierung bedeutet, dass die Entwicklung von Projektmanagementkompetenzen eine immer grössere Bedeutung gewinnt.	☐	☐

8

Welche der folgenden Aussagen in Bezug auf Programmorientierung sind richtig bzw. falsch? Bitte kreuzen Sie die richtige Spalte an.

Aussagen	Richtig	Falsch
Für den Projektmanager ist die Programmorientierung einer Organisation unwichtig, denn Projekte haben grundsätzlich keinen Bezug zu einem Programm.	☐	☐
Programmorientierung einer Organisation bezieht sich auf die Planung, Koordination und Durchführung der wiederkehrenden Events einer Organisation (z. B. Bilanzierung, Weihnachtsfeier, Steuerzahlung).	☐	☐
Programmorientierung einer Organisation fördert die Ausrichtung einer Organisation auf ein anspruchsvolles strategisches Ziel mittels mehrerer Projekte, deren Ergebnisse aufeinander aufbauen bzw. sich synergetisch ergänzen.	☐	☐

9

Portfoliomanagement befindet sich an der Schnittstelle zwischen zwei Projektmanagementebenen. Um welche Ebenen handelt es sich?

10

Portfoliomanagement baut auf zwei Prinzipien. Welche Prinzipien sind gemeint?

4 Einführung des PPP-Managements

Lernziele: Nach der Bearbeitung dieses Kapitels können Sie …

- die wichtigsten Prozessschritte bei der Einführung des PPP-Managements aufzählen.
- den monetären und nicht-monetären Nutzen des PPP-Managements beschreiben.
- die drei Voraussetzungen für die Einführung des PPP-Managements nennen.
- das Vorgehen bei der Einführung des PPP-Managements beschreiben.

Schlüsselbegriffe: Initialisierung, Konzipierung, Mobilisierung, monetärer Nutzen, nicht-monetärer Nutzen, PPP-Management, Projekthandbuch, Realisierung, Stabilisierung, Veränderungsbedarf, Veränderungsbereitschaft, Veränderungsfähigkeit, Vorgehensweise

Die Einführung des PPP-Managements (Projekt-, Programm-, Portfolio-Management) ist das Kompetenzelement, das den Prozess der Einführung und kontinuierlichen Verbesserung des Projekt-, Programm- und auch Portfoliomanagements in einer Organisation umfasst.

PM-Kompetenzelement	Taxonomie: Wissen										
Kontextkompetenz	0	1	2	3	4	5	6	7	8	9	10
Einführung von PPP-Management					D	C	B	A			

Projekte und vor allem Programme und Portfolios unterstützen die Stammorganisation bei der Realisierung von strategiebezogenen Zielen und tragen zur Agilität (d. h. Lebendigkeit und Beweglichkeit) einer Organisation bei.

Es gibt mehrere **Anlässe** für die organisationsweite Einführung des PPP-Managements:

- Ein ungewöhnlich grosses, umfangreiches Projekt für einen neuen Kunden, das mit dem bestehenden Vorgehen nicht erfolgreich bearbeitet werden kann und darum die Verantwortlichen veranlasst, die Projektarbeit zu verbessern.
- Der Entscheid der Geschäftsleitung, ein strategiebezogenes Programm- oder Projektportfoliomanagement unternehmensweit einzuführen, um Übersicht zu gewinnen und die Umsetzung der Strategie zu sichern.
- Der Wunsch, sich zum lern- und veränderungsfähigen Unternehmen zu entwickeln, das Projekte, Programme und auch ein Portfolio nutzen will, um die Prozesse der Organisation stärker auf die Veränderungsziele auszurichten.

Den Anlässen ist gemeinsam, dass es sich um Organisationsprojekte handelt. Damit diese möglichst gut gelingen, müssen Nutzenbetrachtungen vorgenommen, Voraussetzungen bewertet und eine angemessene Vorgehensweise eingehalten werden.

Die folgende Tabelle zeigt wichtige Prozessschritte beim PPP-Management und ihre Ergebnisse.

[4-1] Wichtige Prozessschritte bei der Einführung des PPP-Managements

Wichtige Prozessschritte	Wichtige Ergebnisse	Querverweise
Entscheidung in der Organisation hinsichtlich PPP-Management als kontinuierliches Verbesserungs- und Veränderungsmanagementinstrument etablieren	Entscheidung	Stammorganisation
Strategiebezogenes PPP-Managementkonzept für die Organisation entwickeln	PPP-Managementkonzept	Projekt-, Programm- und Portfolioorientierung

Wichtige Prozessschritte	Wichtige Ergebnisse	Querverweise
Voraussetzung in der Organisation für die Einführung von PPP-Management in der Organisation bewerten und ein Veränderungskonzept entwickeln	PPP-Veränderungskonzept	Stammorganisation
Ggf. PPP-Pilotprogramm durchführen, um die Annahmen zu prüfen	PPP-Pilotprogramm	Programmorientierung
PPP-Management organisationsweit einführen	Etabliertes PPP-Management	Stammorganisation
Begleitend Personal auf PPP-Management vorbereiten	PPP-Managementkompetenzen	Personalmanagement
Fortlaufende Verbesserung des PPP-Managements und entsprechende Veränderung in der Organisation	Optimiertes PPP-Management	• PPP-Management • Stammorganisation
Lehren aus der Einführung des PPP-Managements dokumentieren und ihre Übertragbarkeit auf die weitere Projekt- bzw. Programmarbeit bzw. auf das Portfolio prüfen	Lessons Learned	PPP-Management

4.1 Nutzen des PPP-Managements

Die Einführung des PPP-Managements ist strategiebezogen und mit Nutzenbetrachtungen unterlegt. Grundsätzlich beziehen Nutzenüberlegungen monetäre und nicht-monetäre (bzw. nicht direkt monetäre) Überlegungen ein.

Bei der **monetären** Nutzenbetrachtung stehen folgende Aspekte im Vordergrund:

- Kostenersparnis (z. B. optimale Auslastung vorhandener Ressourcen)
- Zeitersparnis (z. B. schnellerer Zugang zu erforderlichen Ressourcen)
- Aufwandseinsparung (z. B. Vermeidung von Doppelarbeit etwa durch einheitliche Vorlagen für Berichte)

Der eigentliche Hauptnutzen liegt oft im **nicht-monetären** Bereich. Dieser ist beispielsweise in folgenden Aspekten zu sehen:

- In der Organisation entsteht ein gemeinsames Verständnis von PPP-Management; dadurch wird Projektarbeit effizienter.
- Neutrale Kriterien werden für die Priorisierung der Projekte herangezogen; das hilft, Konkurrenzdenken und mikropolitische Taktiken zu reduzieren.
- Ein **Projekthandbuch** (das kann in elektronischer Form sein) beinhaltet grundsätzliche Vereinbarungen, Prozesse und Standards (z. B. generische Rollen, Berichtswesen) und erleichtert die eigentliche Projektarbeit.
- Mehr Transparenz für Auftraggeber, Projektleiter und Kunden hinsichtlich der Vorgehensweise und des Projektstatus.
- Projekte können mit Blick auf Termine, Kosten und Qualität besser gesteuert werden und erfahren Unterstützung durch das PPP-Management.
- Multiprojektmanagement wird durch einheitliche Standards ermöglicht und erleichtert.
- Projekte werden einheitlich dokumentiert, d. h., sie werden besser vergleichbar, Lernchancen können einfacher identifiziert werden.
- Projekterfahrungen können systematischer ausgewertet werden.

Aber:

Wie bei allen Veränderungen gibt es viele Sichtweisen. So kann beispielsweise die mit dem PPP-Management beabsichtigte Transparenz **Befürchtungen** der Mitarbeitenden hinsichtlich einer verschärften Leistungsmessung wecken. Das kann Widerstand erzeugen. Darüber hinaus ist bei der Einführung des PPP-Managements sorgfältig zu bedenken, dass nicht nur für die Einführung, sondern auch für das etablierte PPP-Management Ressourcen benötigt werden.

4.2 Voraussetzungen für die Einführung

Bei der Einführung des PPP-Managements müssen bestimmte Voraussetzungen gegeben sein.

Zu den allgemeinen Voraussetzungen gehören:

- Commitment[1] und Unterstützung des Managements
- Professionelle Begleitung
- Fachfunktionen sind eingebunden
- Interdisziplinarität des Teams
- Überzeugende Vermittlung des Nutzens

Für den Erfolg der Einführung des PPP-Managements sind drei Voraussetzungen von ausschlaggebender Bedeutung:

- Veränderungsbedarf
- Veränderungsbereitschaft
- Veränderungsfähigkeit

Die folgende Abbildung zeigt die wesentlichen Komponenten und ihre Beziehungen.

[4-2]   Voraussetzungen für die Einführung des PPP-Managements

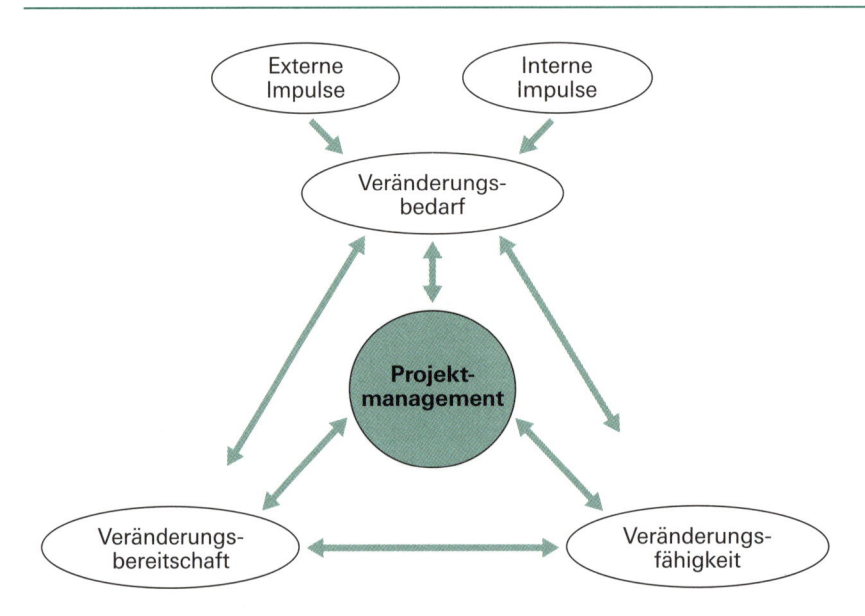

Zwischen den Komponenten des Veränderungsmanagements gibt es vielfältige Wechselwirkungen, die das Management beachten und so gestalten muss, dass sich eine möglichst starke Deckung von Veränderungsbedarf, -bereitschaft und -fähigkeit ergibt.

Ohne deutlich erkennbare Notwendigkeit zur Veränderung kann die Bereitschaft nicht geweckt werden. Umgekehrt kann ein Veränderungsbedarf nur mit Veränderungsbereitschaft und -fähigkeit befriedigt werden. **Tief greifende und komplexe Veränderungspro-**

---

[1]   Commitment: engl. für Einsatz, Verpflichtung, Hingabe.

zesse, die einmalig sind oder nur in grösseren zeitlichen Abständen durchgeführt werden, erfordern Fähigkeiten, über die eine Organisation nicht ohne Weiteres verfügt, weil ihr die Erfahrung dazu fehlt. Die Praxis löst dieses Problem durch den Einsatz externer Berater oder durch die Einstellung von entsprechend ausgewiesenen Spezialistinnen, Top- oder Krisenmanagern.

4.2.1 Veränderungsbedarf

Der Veränderungsbedarf ist das Ausmass der sachlich notwendigen Veränderungen der Organisation, ihrer Teilbereiche und Mitglieder.

Externe oder **interne** Ursachen geben den Anstoss für Veränderungsprozesse in Organisationen. Zu den externen Ursachen gehören beispielsweise die spezifischen Anforderungen eines Kunden, der den Auftrag für ein Grossprojekt nur unter bestimmten transparenten Bedingungen und Standards vergibt. Zu den internen Ursachen gehören beispielsweise wiederkehrende Ressourcenkonflikte zwischen Projekten und Linie oder auch eine mangelhafte strategische Ausrichtung der Projektlandschaft in der Organisation.

Zwischen den Ursachen und der ausgelösten Veränderung muss nicht zwingend ein Zusammenhang bestehen. Nicht jede Ursache führt zur (sofortigen) Veränderung.

4.2.2 Veränderungsbereitschaft

Die Bereitschaft zur Veränderung beinhaltet die Einstellung und das Verhalten der am Veränderungsprozess beteiligten bzw. von ihm betroffenen Personen und Organisationseinheiten gegenüber den Zielen und Massnahmen des Veränderungsprojekts.

Im Gegensatz zum Veränderungsbedarf, der relativ objektiv ermittelt werden kann (z. B. Höhe der Konventionalstrafen, die eine Organisation zahlen muss, weil sich die Realisierung eines Projekts aufgrund von internen Ressourcenkonflikten verzögert), liegt die Bereitschaft zur Veränderung auf individueller Ebene und ist deshalb subjektiv.

Veränderungsbereitschaft wird auch als Akzeptanz der Veränderung bezeichnet. Man unterscheidet hier zwischen dem äusseren erkennbaren Verhalten während des Veränderungsprozesses und der inneren unsichtbaren Einstellung. Die Einstellung und das Verhalten der Beteiligten müssen sich keinesfalls decken. Die Mitarbeitenden setzen zum Beispiel die Wünsche ihrer Chefin um, weil sie Angst um ihren Arbeitsplatz haben, auch wenn sie gegen ihre Wünsche eingestellt sind.

Die Veränderungsbereitschaft ist für jede Art von Veränderungsprozess von Bedeutung. Es genügt meist nicht, wenn lediglich einige wenige Promotoren eine hohe Motivation zur Veränderung besitzen und dann mit Druck versuchen, den Wandel durchzusetzen. Ein Mindestmass an Akzeptanz ist erforderlich. Besonders in den frühen Phasen eines Veränderungsprozesses kommt es daher darauf an, Bedingungen zu schaffen, die ein Klima des Vertrauens und des Mitmachens möglich machen.

4.2.3 Veränderungsfähigkeit

Für einen erfolgreichen Wandel ist neben der Veränderungsbereitschaft auch die Fähigkeit zur Veränderung erforderlich. Der Begriff der Veränderungsfähigkeit lässt sich auf drei unterschiedliche Ebenen anwenden:

- Individuum: das Wissen und Können einer einzelnen Person, um erfolgreich am Veränderungsprozess teilzunehmen.
- Organisationseinheit: die Möglichkeit eines Subsystems, wie beispielsweise einer Un-

ternehmenssparte, eines Funktions- oder Geschäftsbereichs, die Aufgaben zu erfüllen und die Ziele der Veränderung zu erreichen.
- Organisation: die Fähigkeit der Prozessbeherrschung auf Unternehmensebene.

Ohne Veränderungsfähigkeiten stösst die Veränderungsbereitschaft ins Leere. Die Akzeptanz verpufft. Daher müssen den vorbereitenden Motivationsaktivitäten auch **konkrete Realisationsschritte** folgen, in denen sich die Entwicklungspotenziale eines Einzelnen, eines Teilbereichs und schliesslich des gesamten Unternehmens entfalten können.

4.3 Vorgehensweise

Die Vorgehensweise zur Einführung eines funktionierenden PPP-Managements erfolgt analog zu den Phasen eines Organisationsprojekts. Organisationsprojekte werden entlang von fünf Phasen realisiert.

Die folgende Abbildung gibt einen Überblick über die Phasen und zeigt Beziehungen zwischen den Phasen auf.

[4-3]   Vorgehensweise – Phasen und Loops

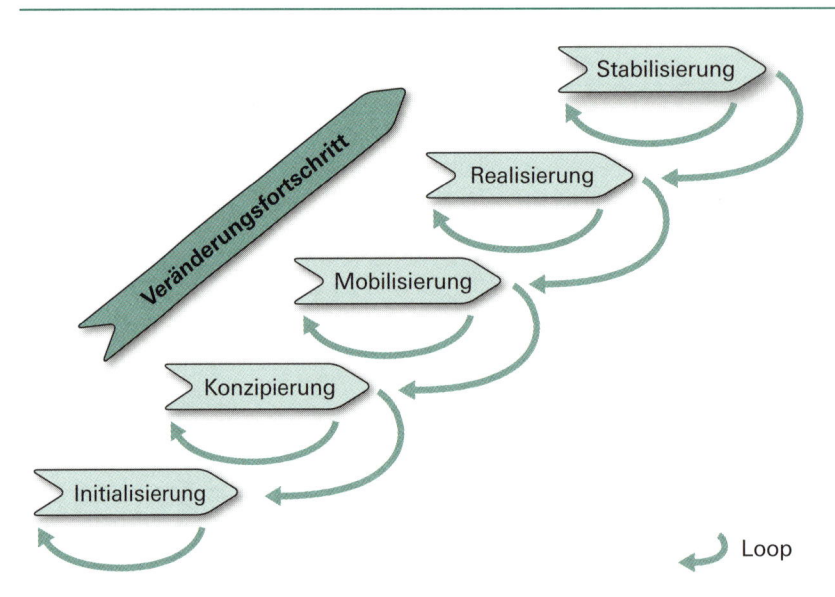

Ein Organisationsprojekt kann aufgrund der Komplexität in den seltensten Fällen linear abgearbeitet werden. Es ist deshalb für die Realisierung förderlich, im Voraus Loops einzuplanen. Loops sind Schleifen, die eine Iteration, d. h. eine bewusste und aufbauende Wiederholung, vorsehen, um die Prozess- und Ergebnisqualität zu verbessern.

4.3.1 Initialisierung

In der Initialisierungsphase geht es in erster Linie darum, die Voraussetzungen für eine erfolgreiche Einführung des Projektmanagements abzuklären und zu beurteilen und die Grundlagen für die nachfolgenden Phasen zu schaffen.

Dazu gehören drei **Hauptaufgaben:**

- Sachliche Notwendigkeit für das Veränderungsvorhaben ermitteln, verifizieren und bewerten
- Veränderungsträger bestimmen und aktivieren
- Aktuelle Situation analysieren und Erfolgsfaktoren eruieren

Wir beschreiben das Vorgehen pro Phase anhand eines vereinfachten Beispiels.

Beispiel

Aufgrund von Kundenreklamationen über Projekte mit massiven Termin- und Kostenüberschreitungen entscheidet das Management, unternehmensweit PPP-Management einzuführen (sachliche Notwendigkeit). Das Management ernennt und bestimmt eine Projektleiterin, und ein Projektteam wird gebildet. Alle betroffenen Mitarbeitenden werden über das Vorhaben informiert. Das Projektteam analysiert die aktuelle Situation im Hinblick auf die Projektbearbeitung, das bestehende Projektmanagement und/oder die organisatorischen Abläufe. Mithilfe der Analyseergebnisse werden erste Verbesserungsvorschläge und Erfolgsfaktoren eruiert und dem Management mitgeteilt.

4.3.2 Konzipierung

In der Konzipierungsphase werden aufgrund der Ergebnisse der Initialisierungsphase Konzepte erstellt, in denen das weitere konkrete Vorgehen entwickelt, entworfen und geplant wird.

Diese Phase enthält im Wesentlichen zwei Aufgaben:

- Ziele festlegen
- Konzept erarbeiten und genehmigen

Beispiel

In einem Workshop auf hierarchisch möglichst hoher Ebene (z. B. Geschäftsleitung) werden Ziele und Rahmenbedingungen für ein PPP-Managementkonzept erhoben. In einem Konzept wird festgehalten, welche Ergebnisse nach der Realisierung vorliegen müssen, wie beispielsweise:

- Entwicklung von Projektkriterien
- Festlegen der Rollen und Instanzen im Projekt
- Entwicklung des unternehmensspezifischen Vorgehensmodells für die Einführung des PPP-Managements
- Definition von Standards und Hilfsmitteln (Vorlagen und Checklisten)
- Beschreiben der Ausbildungsmassnahmen für Mitarbeitende
- Erstellen eines unternehmensspezifischen Handbuchs zum PPP-Management
- Informations- und Kommunikationskonzept erarbeiten
- Usw.

Das in enger Zusammenarbeit zwischen dem Projektteam und meist externen PPP-Managementexperten entwickelte PPP-Managementkonzept wird dem Management zur Genehmigung vorgelegt.

Hinweis

Das Schulungskonzept hat bei der Einführung des PPP-Managements eine besondere Bedeutung. Eine enge Zusammenarbeit mit der Personalentwicklung ist empfehlenswert.

4.3.3 Mobilisierung

In der Mobilisierungsphase werden die Betroffenen im ersten Schritt, abhängig vom gewählten Massnahmenpaket, über die beabsichtigten Veränderungen in Kenntnis gesetzt.

Im zweiten Schritt werden die Veränderungsfähigkeiten im Sinn von «Betroffene zu Beteiligten machen» gefördert. Das heisst:

- Konzept kommunizieren
- Veränderungsbedingungen schaffen

Beispiel

Das Konzept wird allen Betroffenen an einer Veranstaltung vorgestellt. Sie werden aufgefordert,

- sich dazu zu äussern und Verbesserungsvorschläge einzubringen,
- personelle, organisatorische und technische Rahmenbedingungen festzulegen und
- Anreizsysteme zu schaffen.

4.3.4 Realisierung

In dieser Phase wird das Konzept schrittweise in der Praxis verwirklicht. Während bisher nur ein kleiner Kreis involviert war, wächst jetzt der Kreis je nach Zielsetzung der Betroffenen und Beteiligten kontinuierlich an.

Dementsprechend nehmen auch die Komplexität und die Arbeitsintensität zu. Die fortlaufende Koordination und Kommunikation des Vorhabens ist hier von besonderer Bedeutung für den Erfolg dieser Phase. Wie die Umsetzungsphase im Einzelnen verläuft, hängt von den jeweiligen Prioritäten ab. Typische Kriterien bei der Bestimmung der Prioritäten sind:

- **Sachliche Abhängigkeiten:** Einzelne Massnahmenpakete oder Teilprojekte, die voneinander unabhängig sind, können parallel oder zeitlich überlappend bearbeitet werden. Das verkürzt die Gesamtdauer des Einführungsprozesses. Bei anderen Schritten baut die Weiterführung auf den Ergebnissen vorangegangener Schritte auf. Wegen der Abhängigkeit ist nur ein sequenzieller Ablauf mit hohem Zeitbedarf möglich.
- **Dringlichkeit:** Zeitkritische Probleme werden zuerst bearbeitet. In der Praxis zeigt sich diese Priorität unter anderem darin, dass der Abbau von Schwächen beispielsweise in Form von Kostensenkungsmassnahmen vor dem Aufbau von Stärken wie beispielsweise der Entwicklung von Kompetenzen und Wettbewerbsvorteilen rangiert.
- **Einführungsrisiko:** Um ein hohes Einführungsrisiko abzufangen, ist die Durchführung von Pilotprojekten üblich, bei denen in einem begrenzten Bereich die Funktionsfähigkeit der Lösung getestet wird. Erst anschliessend erfolgt die Anwendung in der Breite.
- **Know-how-Transfer:** Der Aufbau von erfolgskritischen Kenntnissen und Fähigkeiten erfolgt in Basisprojekten, von denen die Anschlussprojekte profitieren.
- **Ressourcenverfügbarkeit:** Knappe Ressourcen in finanzieller, personeller und sachlicher Hinsicht prägen zwangsläufig auch den Veränderungsprozess.
- **Kurzfristige Erfolge (Quick Hits):** Um Vertrauen in das Programm zu schaffen und die Veränderungsbereitschaft zu erhöhen, sollen frühzeitig Projekte durchgeführt werden, die ohne grosses Risiko kurzfristig einen Erfolg erbringen. Auf diese Weise lassen sich Skeptiker überzeugen, und die Promotoren erhalten eine Bestätigung ihrer Arbeit. Die Legitimation der Veränderungsabsichten wird drastisch erhöht und die Beweislage verändert sich zugunsten der Promotoren.

Beispiel

- Die Vorgehensweise des PPP-Managements wird in einem Leitfaden des PPP-Managements dokumentiert.
- Das fertige Projektmanagementkonzept wird an einem geeigneten Musterprojekt überprüft und wenn nötig angepasst.
- Das firmenspezifische Vorgehensmodell für Projektarbeit wird flächendeckend geschult. Die PPP-Managementsystematik gilt als verbindlich.

4.3.5 Stabilisierung

In der Stabilisierungsphase geht es darum, die erreichten Ziele so zu stabilisieren und zu verankern, dass eine kontinuierliche Weiterentwicklung möglich wird.

Beispiel

- Alle Ergebnisse werden ausgewertet, dokumentiert und weitergegeben bzw. kommuniziert.
- Standortbestimmungen werden durchgeführt.
- Ein Prozessreview wird durchgeführt.

Ein PPP-Verantwortlicher wird ernannt, der dafür sorgt, dass systematisch strategiebezogenes PPP-Management am Leben erhalten und das Konzept kontinuierlich verbessert und weiterentwickelt wird.

Die **Einführung des PPP-Managements** ist das Kompetenzelement, das den Prozess der Einführung und kontinuierlichen Verbesserung des Projekt-, Programm- und auch Portfoliomanagements (PPP-Management) in einer Organisation umfasst.

Vor der Einführung von PPP-Management muss eine differenzierte **Nutzenbetrachtung** erfolgen. Die Nutzenbetrachtung umfasst die monetäre Sicht und vor allem auch die nicht-monetäre Sicht. PPP-Management benötigt aber auch Ressourcen, um nachhaltig den erwarteten Nutzen für die Organisation generieren zu können.

Bei der Einführung des PPP-Managements müssen vor allem drei **Voraussetzungen** und ihre Wechselbeziehung berücksichtigt werden:

- Veränderungsbedarf
- Veränderungsbereitschaft
- Veränderungsfähigkeit

Bei der Einführung des PPP-Managements empfiehlt es sich, die gleiche **Vorgehensweise** wie bei Organisationsprojekten zu wählen. Organisationsprojekte werden in fünf Phasen realisiert:

- Initialisierung
- Konzipierung
- Mobilisierung
- Realisierung
- Stabilisierung

Da die Komplexität in Organisationsprojekten nicht einfach am Anfang berechnet werden kann, wird der in Phasen unterteilte Prozess mittels **Loops** (Schleifen) gestärkt und damit die Ergebnisqualität gesichert.

Repetitionsfragen

11

Die Einführung des PPP-Managements ist mit Nutzenerwartungen auf der monetären und nicht-monetären Ebene verbunden. Bitte nennen Sie je zwei Beispiele.

Nutzen von PPP-Management – Beispiele	
Monetäre Sicht	
Nicht-monetäre Sicht	

12

Die Einführung des PPP-Managements kann mit Befürchtungen der Mitarbeitenden verbunden sein. Nennen Sie zwei mögliche Befürchtungen.

13

Warum ist die Einführung des PPP-Managements ein Organisationsprojekt? Nennen Sie zwei Gründe.

5 Stammorganisation

Lernziele: Nach der Bearbeitung dieses Kapitels können Sie ...

- erklären, was eine Stammorganisation ist.
- die drei Ordnungsmomente der Organisation nennen.
- den Begriff «Strategie» erklären.
- die Ablauf- und Aufbaustrukturen der Strategie beschreiben.
- die Kultur einer Organisation darstellen.

Schlüsselbegriffe: Beziehungen, Dimensionen, Elemente, Kultur, Organisationsdreieck, Organisationswürfel, Stammorganisation, Strategie, Strukturen

Die Stammorganisation (engl. permanent organisation) wird oft Linienorganisation genannt oder auch «Normalbetrieb». Die Stammorganisation ist im Gegensatz zu Projekten und Programmen langfristig ausgerichtet. Sie bildet den Hintergrund für Projekte bzw. Programme mit einer engen Wechselbeziehung.

PM-Kompetenzelement	Taxonomie: Wissen										
Kontextkompetenz	0	1	2	3	4	5	6	7	8	9	10
Stammorganisation					D	C	B	A			

Projekte und Programme sind

- entweder darauf ausgerichtet, Veränderungen in der Organisation zu bewirken (z. B. Einführung des PPP-Managements, Projekte zur Prozessoptimierung, unternehmensweite Einführung einer Standardsoftware), oder
- stellen das Kerngeschäft eines Unternehmens dar (z. B. in Bau- oder Beratungsunternehmen).

In beiden Fällen ist es für das Projekt- bzw. Programmmanagement erforderlich, die Stammorganisation zu kennen und relevante Schnittstellen zwischen der Projekt- und der Linienarbeit zu berücksichtigen. Das ist wichtig, um den Ressourcenfluss für das Projekt zu gewährleisten. Das gilt ganz besonders dann, wenn die Stammorganisation keine oder nur eine rudimentäre Portfolioorientierung hat bzw. wenn das PPP-Management nicht etabliert ist.

Die Organisation baut auf drei Eckpfeilern oder Ordnungsmomenten auf. Diese bilden ein Gefüge und werden deshalb auch «goldenes Dreieck» genannt werden.

[5-1]   Das Organisationsdreieck

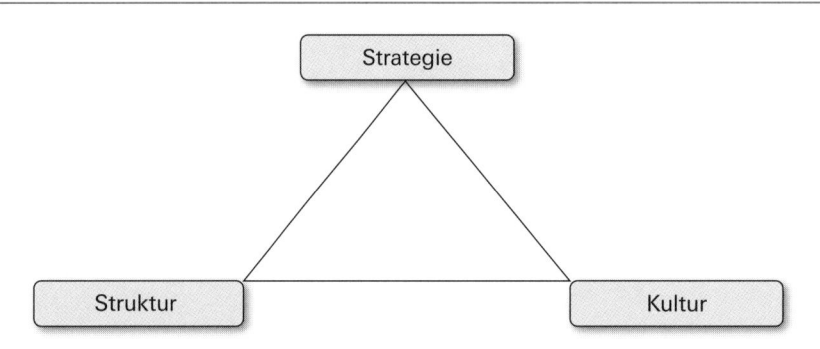

Die Strategie, die Strukturen und die Kultur der Stammorganisation wirken dynamisch. Für das Projekt bzw. Projektmanagement kann sich die Stammorganisation mit ihrer Strategie, Strukturen und Kultur als förderlich, aber auch hinderlich als erweisen.

Die folgende Tabelle zeigt wichtige Prozessschritte bei der Stammorganisation und ihre Ergebnisse.

[5-2] Wichtige Prozessschritte bei der Stammorganisation

Wichtige Prozessschritte	Wichtige Ergebnisse	Querverweise
Ein Verständnis von der Strategie, der Struktur und der Kultur der Stammorganisation gewinnen und Differenzen zwischen Projektorganisation und Stammorganisation herausarbeiten	Relevante Unterschiede zwischen Projekt- und Stammorganisation	• PPP-Management • Projektstrukturen • Risiken und Chancen
Bei Projekten, die eine Veränderung der Stammorganisation beabsichtigen: betroffene Interessengruppen identifizieren und ihre Erwartungen an das Projekt berücksichtigen	Liste der Interessengruppen	Interessengruppen
Schnittstellen zwischen der Stammorganisation und Projekt-, Programm- und Portfolioorganisation identifizieren und definieren	Schnittstellenübersicht	• Projekt- und Portfolioorientierung • Projektstrukturen
Lehren aus der Stammorganisation dokumentieren und ihre Übertragbarkeit auf die weitere Projekt- bzw. Programmarbeit bzw. auf das Portfolio prüfen	Lessons Learned [1]	• PPP-Management • Stammorganisation

[1] Lessons learned: engl. für gelernte Lektionen, Lehren.

5.1 Strategie einer Organisation

Unter Strategie wird im Allgemeinen die Art und Weise verstanden, wie eine Organisation eine bestimmte Vision erreichen will. Eine Strategie ist längerfristig angelegt und fördert die Ausrichtung der Stammorganisation und der damit verbundenen Projekte auf ein übergeordnetes Ziel.

Das übergeordnete Ziel kann zwei Entwicklungsarten beinhalten:

- **Optimierung,** d. h., Bestehendes soll kontinuierlich verbessert und ausgereift werden
- **Erneuerung,** d. h., Neues, Innovatives soll geschaffen werden

Damit die Organisation sich auf eine bestimmte Strategie ausrichtet und diese auch einhält, wird die Strategie im **Businessplan** beschrieben und die Ziele werden mit **Kennzahlen** verbunden. Diese Kennzahlen betreffen nicht nur die finanziellen Ziele einer Organisation, es können auch nicht direkt monetäre Ziele und Indikatoren definiert sein wie z. B. prozessbezogene Kennzahlen.

Für das Projektmanagement ist es wichtig zu wissen, welche Bedeutung und Priorität das Projekt bzw. Programm für die Realisierung der Strategie hat. Darüber hinaus sind der Entwicklungsmodus und das damit verbundene Ausmass an Veränderungen von Interesse.

5.2 Strukturen einer Organisation

Unter Organisationsstrukturen werden die Aufbau- und die Ablaufstrukturen einer Organisation verstanden. Sie stellen die Beziehungen in einer Organisation dar. Im Idealfall unterstützen die Strukturen einer Organisation die Realisierung der Strategie und der damit verbundenen Projekte. Aber aus Erfahrung wissen wir, dass die Strukturen einer Organisation oft kleine und grosse Realisierungshindernisse sind. Die Strukturen der Stammorganisation zu kennen ist eine wichtige Voraussetzung für die Projektarbeit.

Der Organisationswürfel (vgl. Schmidt 2001) schafft einen guten Überblick über wesentliche Strukturen einer Organisation und die damit verbundenen Aspekte.

[5-3]   Der Organisationswürfel

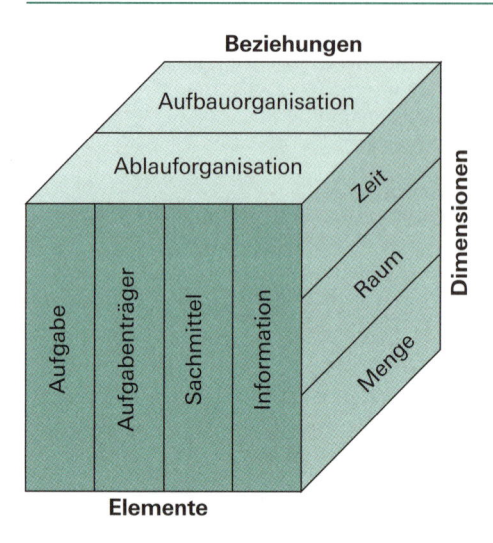

[5-4]   Aspekte der Stammorganisation und wichtige Fragen des Projektmanagements

Beziehungen	
Aufbauorganisation	• Wie verläuft die formale Arbeitsteilung in der Stammorganisation und wie ausdifferenziert ist die vertikale Gliederung (Ebenen der Hierarchie)? Gibt es ein aktuelles Organigramm dazu? • Welche Organisationseinheiten (Linie und Stabsfunktionen) bzw. Stellen sind relevant für das Projekt bzw. Programm (z. B. Projektmanagementbüro, Personalabteilung)?
Ablauforganisation	• Welche Prozesse sind für das Projekt bzw. Programm von Bedeutung (z. B. Entscheidungsprozesse auf oberster Unternehmensebene) bzw. werden vom Projekt tangiert oder gar verändert (z. B. bei Projekten zur Geschäftsprozessoptimierung)? • Wie verlaufen die relevanten Prozesse (Managementprozesse, Geschäfts- und Unterstützungsprozesse) in ihrer zeitlich-logischen Folge?
Elemente	
Aufgabe	• Welche Aufgaben erfüllt die Organisation? Welche Prioritäten haben die Aufgaben? • Welche Aufgaben werden durch das Projekt bzw. Programm tangiert oder verändert?
Aufgabenträger	• Wer sind die für die Durchführung des Projekts bzw. Programms relevanten Aufgabenträger in der Stammorganisation? Welche Aufgaben und Verantwortungen haben diese genau und über welche Kompetenzen verfügen sie? • Welche Erwartungen haben die Aufgabenträger in Bezug auf das Projekt bzw. Projektmanagement? Worin liegt Klärungsbedarf? • Welche Erwartungen hat das Projektmanagement an die Aufgabenträger (z. B. Ressourcen zur Verfügung stellen)? Welche Informationen benötigen die Aufgabenträger?

Sachmittel	• Welche Sachmittel und Infrastruktur der Stammorganisation werden auch vom Projekt bzw. Projektmanagement genutzt? • Wie erfolgt die Zuteilung dieser Ressourcen? Gibt es weitere Projekte in der Stammorganisation und damit einen möglichen Ressourcenkonflikt?
Information	• Über welche Informationen und Informationssysteme, die für das Projekt und Projektmanagement wichtig sind, verfügt die Stammorganisation? • Welche Informationen benötigen die für das Projekt relevanten Organisationseinheiten bzw. Aufgabenträger über das Projekt bzw. das Projektmanagement?
Dimensionen	
Zeit	• Welche Termine der Stammorganisation sind für das Projekt bzw. Programm wichtig? • Welche Bearbeitungszeiten muss das Projektmanagement in der Zusammenarbeit mit bestimmten Organisationseinheiten bzw. Aufgabenträgern beachten (z. B. bei Entscheidungsprozessen oder bei der Auftragsbearbeitung)?
Raum	• Welche Rolle spielt die räumliche Dimension und Struktur der Stammorganisation (z. B. als internationales Unternehmen) für die Projektarbeit?
Menge	• Wie gross ist der Anteil an Aufgaben der Stammorganisation, die vom Projekt oder Programm tangiert bzw. verändert werden?

Wichtig für den Erfolg des Projekts bzw. Programms und des Projektmanagements ist nicht nur eine Kenntnis der Strategie und Strukturen der Stammorganisation. Oft ist es die Kultur, die einen Einfluss auf das Projekt bzw. Programm nimmt.

5.3 Kultur einer Organisation

Mit Kultur einer Organisation ist die spezifische Ausprägung der Organisationskultur der Stammorganisation gemeint sowie die Kultur in der Region bzw. Nation, in der ein Projekt oder Programm realisiert werden soll.

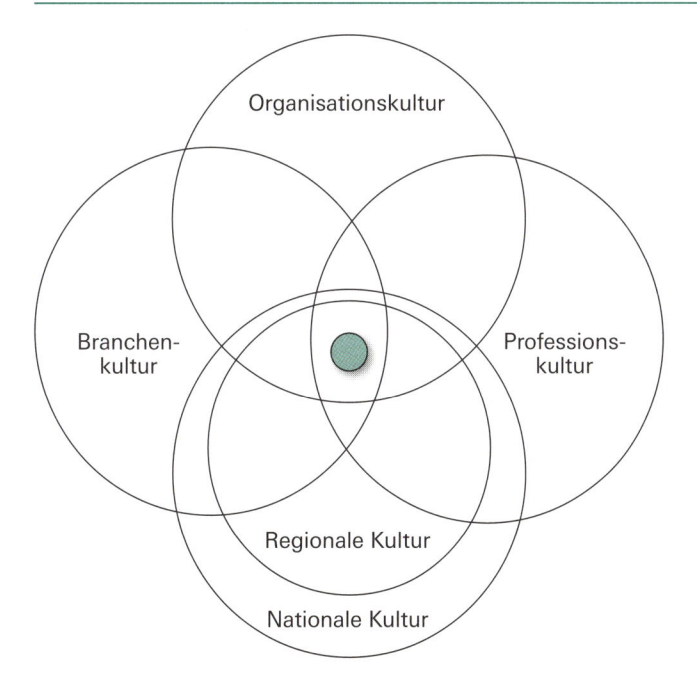

[5-5] Kulturelle Rahmen einer Organisation

Kultur ist die informelle Ebene für das Projekt oder Programm. Kultur bildet sich langsam heraus. Sie ist mit grossen und feinen Unterschieden verbunden, die sich oft nicht direkt erschliessen lassen. Kultur wird deshalb oft als Eisberg dargestellt. Sichtbar ist nur ein kleiner Teil (z. B. Firmenlogo, Raumaufteilung, Geschäftsberichte, Organigramm und formale Zuständigkeit), der weitaus grössere Teil der Kultur ist nicht sichtbar. Der unsichtbare Teil der Organisationskultur wird aus Annahmen und Überzeugungen gebildet, die sich in den Werten, Normen und Verhaltensweisen niederschlagen. Kultur ist weder gut noch schlecht. Sie gibt Orientierung. Es kann aber durchaus dazu kommen, dass die bestehende kulturelle Orientierung ein Stolperstein für die Entwicklung wird. Wird eine Kulturveränderung angestrebt, so muss primär an den Werten, Normen, Einstellungen und Verhaltensweisen der Mitarbeitenden in der betroffenen Organisation gearbeitet werden.

Beispiel

- In stark linienorientierten Organisationen besteht häufig die Annahme, dass Veränderungen mit einem grossen Risiko verbunden sind und in Veränderungsprozessen viel «Porzellan» zerschlagen wird. Veränderungen werden deshalb mit grosser Skepsis und auch Widerstand begleitet. Veränderungsprojekte, die in der Vergangenheit durchgeführt wurden, werden tendenziell negativ dargestellt. Stark prozess- und projektorientierte Organisationen bauen auf der Annahme auf, dass Veränderungen normal sind, d. h., dass sie Risiken beinhalten, aber Veränderungsprozesse die Zukunftschancen massgeblich erhöhen. Veränderungen werden deshalb angenommen und sogar von vielen unterstützt. Veränderungsprojekte, die in der Vergangenheit durchgeführt wurden, werden rasch vergessen, denn sie gehören zum Alltag.
- Es gibt Organisationen, die keinen Fehler tolerieren. Das kann sehr wichtig sein etwa in der Chemie- und Pharmaindustrie. Es kann aber auch dazu führen, dass in Organisationen nur nach Vorgaben gearbeitet wird und das intellektuelle Kapital der Organisation sich nicht entfalten kann. Die Null-Fehler-Doktrin kann viele Hürden etwa in der Form von Standards und Vorgaben für Veränderungsprojekte schaffen, denn Fehler sind auch immer Quellen für neue Lösungen und Innovation. Im Gegensatz dazu gibt es Organisationen, die fehlerfreundlich sind, sie sehen Fehler als Lernchancen und Innovationspotenzial für das ganze Unternehmen. Das kann dazu führen, dass zwar ein grosses Innovationspotenzial vorhanden ist, dass es aber nicht marktfähig gemacht werden kann.
- Organisationen, die nur das Individuum als Leistungsträger sehen und davon ausgehen, dass die Leistung des Individuums durch Motivation von aussen massgeblich gesteigert werden kann, bilden komplizierte monetäre und auf das Individuum bezogene Anreizsysteme aus mit harten Kennzahlen zur Leistungsbemessung. Das kann zu einem Konkurrenzdenken bei den Mitarbeitenden führen, denn jeder Einzelne muss seine Leistung exponieren, um anerkannt zu werden. Im Gegensatz dazu gibt es Organisationen, die Leistung als ein Gemeinschaftswerk sehen. Diese Organisationen pflegen Teamgespräche und entwickeln eher teambezogene Anreize. Das kann dazu führen, dass unzureichende Leistungen einzelner Mitarbeitenden vom Team gedeckt werden und dass sich hervorragende Leistungsträger der durchschnittlichen Teamleistung anpassen.

Organisationskultur leistet einen grossen Beitrag für den Zusammenhalt in einer Organisation und wirkt bewahrend. Im Unterschied dazu zielen Projekte und Programme auf Veränderung. Das kann zu Differenzen zwischen Projekt bzw. Programm und der Kultur im Umfeld führen, die in Widerstand münden. Das gilt ganz besonders für Organisationen, die Veränderungen nicht positiv bewerten und ein Veränderungsprojekt als Bedrohung wahrnehmen.

Für das Projektmanagement entsteht daraus die komplexe Aufgabe, die wesentlichen kulturellen Unterschiede zu erkennen, kulturbewusst zu arbeiten und auf die Kultur abgestimmte Massnahmen des Projektmarketings einzusetzen.

Die **Stammorganisation** ist im Unterschied zum Projekt bzw. Programm nicht zeitlich befristet. Stammorganisation und Projektorganisation stehen in enger Wechselbeziehung. Projekte bzw. Programme werden vor dem Hintergrund einer Stammorganisation durchgeführt oder sie sollen in einer Organisation eine nachhaltige Veränderung bewirken. Beide Fälle setzen eine gelingende Zusammenarbeit voraus, um den für den Erfolg des Projekts erforderlichen Ressourcenfluss zu sichern.

Für das Projektmanagement ergibt sich daraus die Aufgabe, die Strategie, die Struktur und auch die Kultur der Stammorganisation angemessen zu berücksichtigen. Die **Strategie** einer Organisation ist zukunftsorientiert und beschreibt, wie die Organisation ihre Vision erreichen will. Die **Struktur** einer Organisation umfasst die Aufgaben und die zur Bewältigung der Aufgabe entwickelten Aufbau- und Ablaufstrukturen. Die **Kultur** einer Organisation bildet eine informelle Ebene aus Annahmen, Werten, Normen und Verhaltensweisen. Sie ist vergangenheitsbezogen und wirkt oft bewahrend.

Für das Projektmanagement ist es wichtig, die Unterschiede und Schnittstellen zwischen Projekt bzw. Programm und Strategie, Struktur und Kultur der Stammorganisation zu verstehen und diese zu berücksichtigen, um den Projekterfolg nicht zu gefährden.

Repetitionsfragen

14

Der Organisationswürfel beschreibt wesentliche Aspekte einer Organisation. Bitte füllen Sie die folgende Abbildung aus:

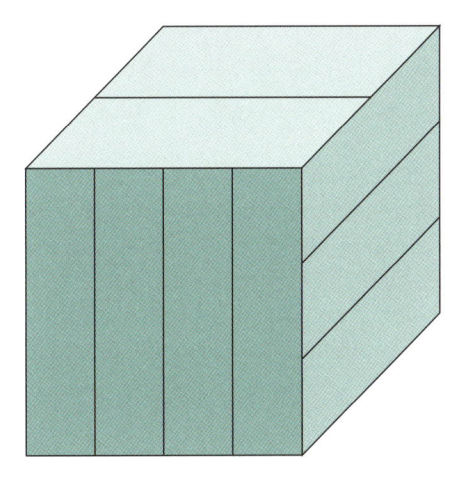

15

Bitte überlegen Sie, welche Aussagen hinsichtlich Kultur einer Organisation richtig bzw. falsch sind:

Aussagen	Richtig	Falsch
Kultur einer Organisation ist für das Projekt unwichtig, da Kultur eine Angelegenheit der Vergangenheit ist.	☐	☐
Die Kultur einer Stammorganisation ist für das Projekt wichtig, denn das Projekt kann auf einen tief greifenden Wandel der Organisation zielen, der auch an der Kultur einer Organisation arbeitet.	☐	☐
Die Kultur einer Organisation zeigt sich einzig und allein in den Symbolen einer Organisation (z. B. Logo).	☐	☐
Die Kultur einer Organisation ist zum grössten Teil nicht sichtbar. Sie gibt sich in den Annahmen, Überzeugungen und der Wertorientierung der Organisationsmitglieder zu erkennen.	☐	☐

6 Geschäft, Systeme, Produkte und Technologie

Lernziele: Nach der Bearbeitung dieses Kapitels können Sie ...

- die wichtigsten Prozessschritte beim Geschäft nennen.
- die Begriffe Business Case und Business Plan erklären.
- eine Business-Analyse beschreiben.
- die Aktivitäten und Massnahmen des Projektmarketings beschreiben.
- die Begriffe Systeme, Produkte und Technologie erklären.

Schlüsselbegriffe: Businessanalyse, Business Case, Businessplan, Forschungs- und Entwicklungsprojekt, Geschäft, Modellieren, Organisationsprojekt, Pilotprojekt, Produkte, Projektmarketing, Projektmarketinginstrumente, Prozesslandkarte, Prozesslandschaft, Systeme, Technologie

6.1 Geschäft

Projekte erfüllen keinen Selbstzweck. Sie dienen der Geschäftstätigkeit einer Organisation. Das gilt für alle Organisationen, unabhängig davon, ob sie auf Gewinn ausgerichtet sind oder nicht. Das Geschäft einer Organisation umfasst alle Tätigkeiten, die die Lieferung von Produkten oder Dienstleistungen zum Ziel hat.

PM-Kompetenzelement	Taxonomie: Wissen										
Kontextkompetenz	0	1	2	3	4	5	6	7	8	9	10
Geschäft				D		C		B	A		

Das Kompetenzelement Geschäft (engl. business) legt den Fokus des Projektmanagements auf die engen Wechselbeziehungen zwischen der Geschäftstätigkeit einer Organisation und dem Management von Projekten, Programmen und Portfolios. Das Ziel ist, ein optimales Zusammenspiel zwischen den Ergebnissen aus Projekten bzw. Programmen und den Geschäftsprozessen vorzubereiten und sicherzustellen. Dazu gehören die Entwicklung eines Business Case, die Analyse der Geschäftsprozesse sowie das Projektmarketing.

Die folgende Tabelle zeigt wichtige Prozessschritte und Ergebnisse beim Geschäft.

[6-1] Wichtige Prozessschritte und Ergebnisse beim Geschäft

Wichtige Prozessschritte	Wichtige Ergebnisse	Querverweise
Business Case unter Bezugnahme zum strategiebezogenen Businessplan entwickeln	Business Case	• Stammorganisation • PPP-Management
Eine auf das Projekt bzw. Programm abgestimmte Businessanalyse durchführen	Businessanalyse	• Stammorganisation • PPP-Management
Umsetzungshürden identifizieren und Lösungsoptionen entwickeln	Lösungsoptionen für Umsetzungshürden	Stammorganisation
Projektmarketingkonzept erstellen, kontinuierliche und phasenbezogene Aktivitäten in den Projektplan einarbeiten	Projektmarketingkonzept	Projektphasen
Lehren dokumentieren und ihre Übertragbarkeit auf die weitere Projekt- bzw. Programmarbeit bzw. auf das Portfolio prüfen	Lessons Learned	PPP-Management

6.1.1 Businessplan und Business Case

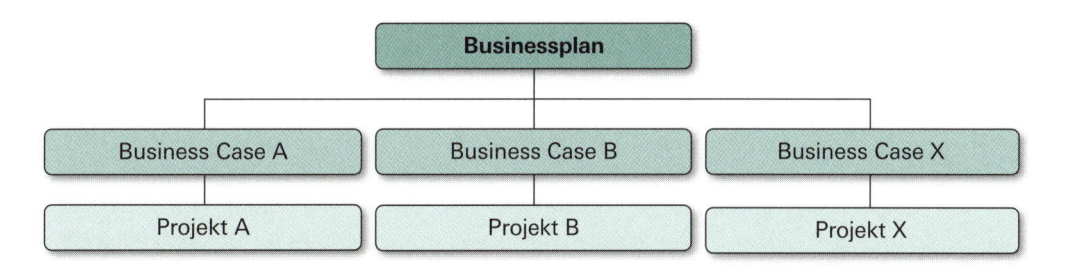

Der englische Begriff Business Case wird selten übersetzt. Gemeint ist der **Geschäftsfall.** Der Business Case beschreibt eine spezifische Projektidee und bewertet die damit verbundene Investition mit Blick auf Nutzenpotenziale und Risiken für eine Organisation. Der Business Case dient als Grundlage für die Befürwortung eines Projekts oder Programms durch die Entscheidungsträger.

[6-2] Businessplan und Business Case

```
                        Businessplan
           ┌─────────────────┼─────────────────┐
   Business Case A   Business Case B   Business Case X
           │                 │                 │
       Projekt A         Projekt B         Projekt X
```

Eine Grundlage des Business Case liefert der Businessplan, der **Geschäftsplan.** Der Businessplan bezieht sich auf die ganze Organisation und nicht nur auf ein Projekt. Im Business Case wird Bezug auf die im Businessplan beschriebenen Ziele und Strategien der Organisation genommen, denn das Projekt oder Programm soll einen Beitrag zur Realisierung der Strategien einer Organisation leisten.

Der Inhalt und der Detaillierungsgrad des Business Case müssen auf das Projekt, Programm oder Portfolio zugeschnitten sein.

Um als Entscheidungsgrundlage dienen zu können, behandelt der Business Case vor allem folgende Themen:

- Projektidee (Problemstellung und Lösungsszenario), Projektsponsor, Zeitrahmen
- Beitrag der Projektidee zum Geschäftserfolg (Bezug zum Geschäftsplan und Anbindung an die Strategie des Unternehmens)
- Nutzer- und Interessengruppen und ihre spezifischen Erwartungen
- Nutzenargumentation in Bezug auf Geschäft und Interessengruppen (monetär und nicht-monetär)
- Alternativen zur Projektidee und ihre Vor- und Nachteile
- Erforderliche Ressourcen (Personal, Sachmittel einschliesslich Infrastruktur) und Finanzierung
- Mögliche Risiken und Chancen im Prozess und Ergebnis und entsprechende Vorkehrungen
- Projektmanagement (Kompetenzen, Projektorganisation, Projektphasen, Instrumente)
- Anforderungen an die Stammorganisation (Voraussetzungen, Schnittstellen, Prozesse)
- Weitere Punkte wie Erfüllung von Standards (organisatorisch, fachlich und rechtlich)

Organisationen, die häufig Projekte oder auch Programme durchführen und ggf. ein Portfolio eingeführt haben, verfügen oft über Standardvorgaben für den Business Case.

6.1.2 Businessanalyse

Viele Projekte scheitern in der Umsetzungsphase. Das kann viele Gründe haben. Ein wichtiger Grund ist die mangelhafte Berücksichtigung der vielschichtigen Prozesslandschaft. Die **Prozesslandschaft** ist Ausdruck der spezifischen Geschäftslogik.

Die Geschäftstätigkeit einer Organisation wird von vielen, voneinander abhängigen und sich ergänzenden Prozessen getragen, die in ihrer Gesamtheit die Wertschöpfung der Organisation ermöglichen. Das Projektmanagement muss sicherstellen, dass das Projekt bzw. Programm an die Prozesse anschliesst.

In vielen Fällen ist eine Businessanalyse erforderlich. Bei der Businessanalyse handelt es sich um eine auf die Projekt- bzw. Programmziele abgestimmte systematische Untersuchung der Geschäftsprozesse. Die Businessanalyse schafft Überblick über die Zusammenhänge und gewährleistet eine angemessene Detailsicht. Sie hilft, die Ist-Abläufe und ihre Abhängigkeiten zu erfassen, und erlaubt qualifizierte Aussagen zu den Schnittstellen zwischen den bestehenden Prozessen und den Projektergebnissen.

Es empfiehlt sich bei der Businessanalyse vom Groben zum Detail vorzugehen. Das bedeutet, dass in einem ersten Schritt eine **Prozesslandkarte** mit den Hauptprozessen auf der strategischen Ebene erstellt wird. Sie hilft, das Projekt in der Prozesslandschaft zu verorten.

Das **Modellieren** ist eine wichtige Technik der Businessanalyse. Die grafische Aufbereitung von Prozessen hat viele Vorteile: Prozessmodelle sind schneller «lesbar» und erleichtern das Verständnis zwischen verschiedenen fachlichen Sichten. Darüber hinaus können wichtige Schnittstellen gut abgebildet werden.

Ausgehend von der Prozesslandkarte können in Abhängigkeit vom Projekt spezifische Betrachtungen erschlossen und analysiert werden. Das können einzelne Geschäftsprozesse (z. B. Personalbeschaffung) oder Teilprozesse (z. B. Bewerber auswählen) sein.

Die Businessanalyse kann die Einführung und Nutzung der Projektergebnisse erheblich beschleunigen, da potenzielle Umsetzungsbarrieren bereits während der Projektlaufzeit identifiziert und bearbeitet werden. Darüber hinaus kann sie die Akzeptanz für das Projekt stärken, denn ein wichtiger Teil der Businessanalyse erfolgt im Dialog zwischen den zukünftigen Nutzern des Projekts und den Projektmitarbeitenden.

6.1.3 Projektmarketing

Projekte und Programme werden im Geschäftsalltag geplant, auf den Weg gebracht und realisiert. Der Geschäftsalltag wartet nicht auf neue Projekte oder Programme. Die Kalender sind meist schon voll mit Routinetätigkeiten, laufenden Projekten und geplanten oder unerwarteten Ereignissen. Das bedeutet, dass neue Projekte nur selten auf offene Türen im geschäftigen Projektumfeld stossen. Das gilt auch dann, wenn im Business Case überzeugend der Nutzen für die Organisation beschrieben wird. Der Nutzen liegt in der Zukunft, aber das Projekt benötigt bereits in der Gegenwart Aufmerksamkeit und Akzeptanz für kleine oder grössere Zeitaufwände. Erhält ein Projekt keine oder zu geringe Akzeptanz, dann sind der Projekterfolg und die damit verbundene Nutzenentfaltung gefährdet.

Das Projektmanagement steht vor der besonderen Herausforderung, die erforderliche Aufmerksamkeit und Akzeptanz für das Projekt oder Programm im Realisierungsumfeld zu erschliessen und auch zu erhalten. Dieser Prozess wird Projektmarketing genannt.

Projektmarketing umfasst alle unterstützenden Aktivitäten und Massnahmen, die die Akzeptanz und damit die Abwicklung und den Fortschritt eines Projekts, Programms oder auch Portfolios bei den Interessengruppen positiv beeinflussen. Um diesen Zweck erfüllen zu können, ist Projektmarketing ein systematisch geplanter und kontinuierlicher Prozess, der alle Projektphasen begleitet und unterstützt. Mittels Projektmarketingaktivitäten wird versucht, einen für das Projekt förderlichen Kontext zu schaffen. Dazu gehören folgende Aspekte:

- Die strategische Bedeutung des Projekts, Programms oder Portfolios für die Organisation hervorheben
- Die Identifikation der Projektmitarbeitenden mit dem Projekt, Programm oder Portfolio stärken
- Eine angemessene Transparenz für die Interessengruppen schaffen, mit möglichen Bedenken proaktiv umgehen
- Die Zusammenarbeit mit den Organisationseinheiten der Linie fördern
- Die späteren Nutzergruppen für die Nutzung der Projektergebnisse gewinnen

Besonders wichtig ist Projektmarketing, wenn ein Teil der Interessengruppen dem beabsichtigten Projektergebnis kritisch bis ablehnend gegenübersteht.

Um Missverständnisse auszuschliessen: Beim Projektmarketing geht es nicht nur um eine einseitig positive Darstellung des Projekts oder Programms. Es geht um qualifizierte Informationsarbeit zur Projektarbeit, zugeschnitten auf die Stakeholder. Das Projekt oder Programm soll einen angemessenen Platz im Geschäft erhalten, der von möglichst vielen Beteiligten anerkannt wird.

Projektmarketing hat viele Parallelen zum klassischen Marketing. Projektmarketing unterscheidet sich allerdings vom Marketing in einem wichtigen Punkt: Beim Projektmarketing geht es nicht nur um das Produkt, das erfolgreich «auf den Markt» gebracht werden soll, sondern vor allem um das Projekt selbst, das von der Projektidee bis zum Projektergebnis durch Marketingaktivitäten gefördert werden muss.

A Projektmarketing – ein Prozess

Projektmarketing ist ein kontinuierlicher Prozess mit vier Hauptphasen.

Die folgende Abbildung gibt einen Überblick:

[6-3] Der Projektmarketingprozess

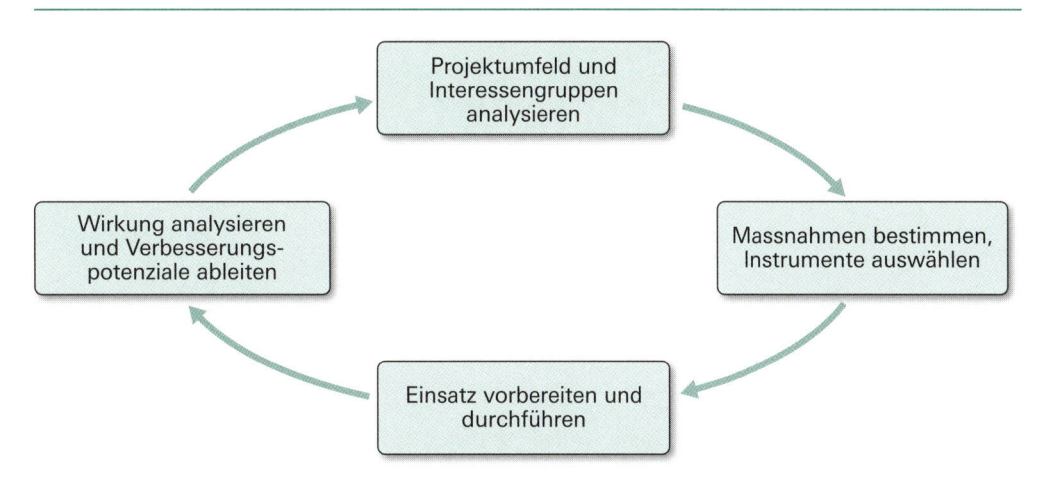

Der Projektmarketingprozess umfasst folgende Phasen und Aktivitäten:

- Die Phase **«Projektumfeld und Interessengruppen analysieren»** bildet die Grundlage für das Projektmarketing. Da sich die Dynamik im Projektumfeld immer wieder ändern kann, muss die Umfeldanalyse immer aktualisiert werden. Das gilt auch für die Stakeholderanalyse.
- Die Phase **«Massnahmen bestimmen und Instrumente auswählen»** zielt auf die zielgruppenorientierte Auswahl von Massnahmen und geeigneten Instrumenten.
- Die Phase **«Einsatz vorbereiten und durchführen»** beinhaltet die Vorbereitung und Durchführung der eigentlichen Projektmarketingaktivität.

- Die Phase «**Wirkung analysieren und Verbesserungspotenziale ableiten**» beinhaltet eine vergleichende Betrachtung der beabsichtigten Wirkung und der eingetretenen Wirkung sowie das Herausarbeiten und Bewerten von Verbesserungsvorschlägen zu den Projektmarketingaktivitäten.

Bei der Planung der Projektmarketingaktivitäten sind drei Aspekte wichtig:

- **Kontinuierliches** Projektmarketing fördert das Projekt allgemein und sorgt für eine positive Projektkultur.
- **Phasenbezogenes** Projektmarketing unterstützt den Projektfortschritt in den einzelnen Phasen.
- **Situatives** Projektmarketing ist dann angebracht, wenn Schwierigkeiten und Hindernisse absehbar sind (z. B. Widerstand gegen das Projekt oder auch Ressourcenengpässe)

Kontinuierliche und phasenbezogene Projektmarketingaktivitäten werden in den Projektplan aufgenommen.

B Projektmarketing – wichtige Instrumente

Es gibt viele Instrumente, die im Rahmen des Projektmarketings infrage kommen. Wichtig ist: Es geht im Projektmarketing um Qualität, nicht um Quantität. Das betrifft sowohl die Information, die transportiert werden soll, als auch die Instrumente, die dafür eingesetzt werden.

Die folgende Tabelle bietet eine Auswahl an Projektmarketinginstrumenten mit Blick auf interne und externe Zielgruppen.

[6-4] Projektmarketinginstrumente (Auswahl)

Form	Interne Zielgruppen	Externe Zielgruppen
Schriftlich	<ul><li>Projektname, Projektlogo</li><li>Präsentationen</li><li>Projektzeitung für Mitarbeitende</li><li>Infotafel («Schwarzes Brett»)</li><li>Roadmap und Statusberichte</li><li>Persönliche Briefe</li><li>Artikel in der Mitarbeiterzeitung</li><li>Projektinfos im Intranet</li><li>Projekt-Blog</li><li>Etc.</li></ul>	<ul><li>Projektname, Projektlogo</li><li>Presseberichte</li><li>Projektflyer</li><li>Briefe an Stakeholder</li><li>Präsentationen zu wichtigen Projektphasen</li><li>Roadmap und Statusberichte</li><li>Projekt-Website und Projekt-Blog</li><li>Publikationen (z. B. zum Umgang mit Projektrisiken)</li><li>Etc.</li></ul>
Mündlich	<ul><li>Infoveranstaltungen</li><li>Kurzinfos im Rahmen von hausinternen Veranstaltungen, Sitzungen und Events</li><li>Bilaterale Gespräche</li><li>Eröffnungs-/Abschlussfest</li><li>Etc.</li></ul>	<ul><li>Roadshows</li><li>Workshops, Diskussionsrunden</li><li>Eröffnungs-/Einweihungsfest</li><li>Pressekonferenzen</li><li>Tag der offenen Projekttür</li><li>Etc.</li></ul>
Visuell / audiovisuell	<ul><li>Projektfotos</li><li>Interviews mit Projektmitarbeitenden, Projektauftraggebern, Stakeholdern</li><li>Projektfilm</li><li>Poster</li><li>Etc.</li></ul>	<ul><li>Projektfotos</li><li>Interviews mit Stakeholdern</li><li>Projektfilm</li><li>Etc.</li></ul>

Bei der Auswahl der Instrumente müssen Effizienz und Effektivität in einem ausgewogenen Verhältnis zueinander stehen.

6.2 Systeme, Produkte und Technologie

Das Kompetenzelement Systeme, Produkte und Technologie betrifft die Schnittstellen zwischen einem Projekt bzw. Programm und der Organisation im Hinblick auf Systeme, Produkte und Technologien.

PM-Kompetenzelement	Taxonomie: Wissen										
Kontextkompetenz	0	1	2	3	4	5	6	7	8	9	10
Systeme, Produkte und Technologie				D	C	B		A			

Häufig werden die Begriffe System, Produkt und Technologie wie Synonyme genutzt, es gibt allerdings Unterschiede, die wichtig sein können:

- Ein **Produkt** ist im Allgemeinen ein physisches Ergebnis (z. B. Buch, Auto), das am Ende eines wertschöpfenden Prozesses steht. Häufig wird auch eine Leistung als Produkt bezeichnet. Eine Leistung bezieht sich allerdings viel mehr auf den Prozess und weniger auf ein spezifisches Ergebnis mit vorab definierten eindeutigen Merkmalen. In einer Organisation kann ein Produkt interne und externe Kunden haben und ein Projekt kann mit der Lieferung zahlreicher Produkte verbunden sein, die dann vom Kunden in einem definierten Abnahmeverfahren angenommen werden.
- Der Begriff **Technologie** wird im deutschsprachigen Raum eigentlich genutzt, um auf einen spezifischen Ansatz, eine Verfahrensweise und die damit verbundene Methodenauswahl zu verweisen (im Englischen bedeutet der Begriff «technology» die Technik).
- **System** ist ein viel genutzter Begriff. Hilfreich ist die Unterscheidung zwischen einem sozialen System (z. B. Organisationen), einem ökologischen System (z. B. ein Teich) und einem technischen System (z. B. eine Uhr). Der Begriff System verweist auf die spezifischen Eigenschaften, die aus dem Gefüge der Elemente entstehen und auf die Abgrenzung zu anderen Systemen. Das Kompetenzelement bezieht sich vor allem auf technische Systeme. Das können in einem Projekt beispielsweise die Software oder auch die Sicherheitsanlage sein.

Hinweis Lesen Sie zum Systembegriff auch das Kapitel Denken in Systemen.

Die folgende Tabelle zeigt wichtige Prozessschritte und Ergebnisse bei Systemen, Produkten und Technologie.

[6-5] Wichtige Prozessschritte und Ergebnisse bei Systemen, Produkten und Technologie

Wichtige Prozessschritte	Wichtige Ergebnisse	Querverweise
Klärung der Verbindungen und Anforderungen zwischen Projekt bzw. Programm und den Systemen, Produkten und der Technologie der Organisation	Anforderungskatalog	Stammorganisation
Schnittstellen zu zuständigen Organisationseinheiten ermitteln	Schnittstellenübersicht	Stammorganisation
Massnahmen zu Systemen, Produkten und Technologien entwickeln und in den Projektplan integrieren	Massnahmenkatalog	Projektphasen
Lehren aus dem Feld Systeme, Produkte und Technologie dokumentieren und ihre Übertragbarkeit auf die weitere Projekt- bzw. Programmarbeit bzw. auf das Portfolio prüfen	Lessons Learned	- PPP-Management - Stammorganisation

Das Kompetenzelement kann in mehreren Zusammenhängen von Bedeutung für das Projekt- bzw. Programmmanagement sein.

Typische **Szenarien** sind:

- In einem Projekt bzw. Programm wird mit den Systemen, Produkten und Technologien einer Organisation gearbeitet. Systeme, Produkte und Technologie gehören zu den Ressourcen des Projekts. Das Projektmanagement hat dann für einen sachgemässen Einsatz der bereitgestellten **Ressourcen** zu sorgen. Kann eine Organisation die für das Projekt benötigten Systeme, Produkte oder Technologien nicht zur Verfügung stellen, muss das Projektmanagement die Beschaffung organisieren und die Kosten klären.
- In einem Projekt werden mögliche Systeme, Produkte und Technologien getestet und bewertet mit dem Ziel, für eine Anschaffung der Organisation die optimale Entscheidungsgrundlage zu schaffen. Die Anforderungen der Organisation sowie Kosten- und Nutzenbetrachtungen stehen dann im Vordergrund des Projekts bzw. **Pilotprojekts.**
- Im Rahmen eines Projekts wird eine neue Version eines Systems, Produkts oder einer Technologie oder auch eine Innovation aus dem Bereich Systeme, Produkte und Technologien eingeführt. Das Projektmanagement steht dann vor der Herausforderung, eine erfolgreiche Einführung zu planen und für die Nutzung der Funktionalitäten durch die entsprechenden Mitarbeitenden der Organisation zu sorgen, damit sich die Investition lohnt. Dazu gehört auch die lebenszyklusbezogene Klärung von Fragen zur Wartung, Sicherung und Weiterentwicklung sowie Ablösung. In Abhängigkeit vom einzuführenden System, Produkt oder der Technologie und den damit verbundenen Nutzenerwartungen kann das Projektmanagement auch mit den Herausforderungen eines tief greifenden **Organisationsprojekts** konfrontiert sein. Das zeigt sich immer wieder bei der Einführung einer unternehmensweiten Standardsoftware und der damit verbundenen Ablösung von Insellösungen.
- Ein Projekt wird durchgeführt, um ein innovatives System, Produkt oder eine Technologie marktfähig zu machen. Es handelt sich dann um ein **Forschungs- und Entwicklungsprojekt.** Neben der Lösung einer technischen Herausforderung ist das Projektmanagement auch mit Fragen etwa des Wettbewerbsvorsprungs, der Produktionsplanung oder des Marketings befasst.

In Abhängigkeit von den Zielen des Projekts oder Programms kann sich im Zusammenhang mit Systemen, Produkten und Technologien eine Vielzahl an Schnittstellen zu Organisationseinheiten der Stammorganisation zeigen. Beispiele dafür sind IT-Organisation, Facility-Management oder Produkt-Management.

Das Kompetenzelement **Geschäft** (engl. business) legt den Fokus des Projektmanagements auf die engen Wechselbeziehungen zwischen der Geschäftstätigkeit einer Organisation und dem Management von Projekten, Programmen und Portfolios. Ziel ist es, ein für das Geschäft der Organisation optimales Zusammenspiel zwischen den Projekt- bzw. Programmergebnissen und den Geschäftsprozessen vorzubereiten und sicherzustellen. Wichtige Massnahmen dafür sind die Entwicklung eines Business Case, die Analyse der Geschäftsprozesse und auch das Projektmarketing.

Der **Business Case** beschreibt die Projektidee und bewertet diese hinsichtlich ihrer Nutzenpotenziale für eine Organisation unter Berücksichtigung der Risiken. Er schafft die Grundlage für die Befürwortung eines Projekts oder Programms durch die Entscheidungsträger.

Die **Businessanalyse** ist eine auf das Projekt oder Programm abgestimmte systematische Untersuchung der Prozesslandschaft. Sie hilft, die Projektergebnisse auf die relevanten Prozesse zuzuschneiden und Umsetzungshürden frühzeitig zu identifizieren und zu bearbeiten.

> **Projektmarketing** umfasst alle Aktivitäten und Massnahmen, die die Akzeptanz und Abwicklung des Projekts bzw. Programms fördern und ihm einen angemessenen Platz im geschäftigen Alltag sichern. Projektmarketing ist kontinuierliche und qualifizierte Informationsarbeit.
>
> Das Kompetenzelement **Systeme, Produkte und Technologie** verweist auf die Schnittstellen zwischen einem Projekt bzw. Programm und der Organisation im Hinblick auf Systeme, Produkte und Technologien.

Repetitionsfragen

16

Der Business Case ist eine wichtige Entscheidungsgrundlage. Bitte formulieren Sie mindestens fünf Fragen, die im Business Case beantwortet werden müssen.

17

In vielen Projekten lohnt sich eine auf das Projekt bzw. Programm abgestimmte Businessanalyse. Formulieren Sie zwei Argumente für eine Businessanalyse.

18

Was unterscheidet Projektmarketing vom klassischen Marketing?

19

Projektmarketing kann kontinuierliche, phasenbezogene und situative Aktivitäten umfassen. Nennen Sie je zwei Instrumente.

Aktivitäten	Mögliche Instrumente
Kontinuierliche Aktivitäten	
Phasenbezogene Aktivitäten	
Situative Aktivitäten	

20

Stellen Sie sich vor, in einer Organisation soll eine innovative, die ganze Organisation betreffende betriebswirtschaftliche Software eingeführt werden. Alle bestehenden Systeme, die Insellösungen darstellen, sollen abgelöst werden. Handelt es sich um ein technisches oder um ein Organisationsprojekt? Bitte begründen Sie Ihre Ansicht kurz.

7 Personalmanagement

> **Lernziele:** Nach der Bearbeitung dieses Kapitels können Sie ...
>
> - die Aufgaben und Tätigkeiten des Personalmanagements beschreiben.
> - die interne und externe Personalrekrutierung unterscheiden.
> - das Vorgehen bei der Personalentwicklung erklären.
> - Projektpersonal beurteilen.
>
> **Schlüsselbegriffe:** 360-Grad-Feedback, externe Personalrekrutierung, interne Personalrekrutierung, Personalbeurteilung, «learning on the job», Personalentwicklung, Personalmanagement, Personalressourcen, Projektportfoliomanagement

Der Projektprozess und auch der Erfolg eines Projekts bzw. eines Programms sind abhängig vom Wissen und von den Erfahrungen des zur Verfügung stehenden Personals. Das Personal ist deshalb eine wichtige **Ressource.** Das Personalmanagement ist in der Projektorganisation und in der Stammorganisation eine Schlüsselaufgabe. Für die Projektmitarbeitenden ist Personalmanagement wichtig, denn es geht um die gezielte Förderung der Fähigkeiten und Fertigkeiten der Mitarbeitenden auf der Fachebene und auf der Projektmanagementebene sowie um die Erweiterung und Vertiefung von karrierebezogenen Kompetenzen.

PM-Kompetenzelement	Taxonomie: Wissen										
Kontextkompetenz	0	1	2	3	4	5	6	7	8	9	10
Personalmanagement				D	C	B	A				

7.1 Einleitung

Personalmanagement im Projekt bzw. Programm umfasst die Planung, Anwerbung, Verpflichtung, Schulung, Leistungsbewertung und auch die **Motivation.** Darüber hinaus gehören zum Personalmanagement auch die Entlastung von der Projektaufgabe und -rolle bei **Projektabschluss** und die Reintegration in der Linie bzw. der Einsatz in einem anderen Projekt unter Berücksichtigung der Entwicklungspotenziale des einzelnen Mitarbeitenden.

Da Personalressourcen teuer und eher zu knapp sind, kann ein Projekt schnell in Bedrängnis geraten und sich verzögern. Das gilt ganz besonders in Organisationen, die viele Projekte gleichzeitig durchführen und in denen die Projekte um Ressourcen konkurrieren. Ein **Projektportfoliomanagement** kann helfen, Personalengpässe zu vermeiden und die negativen Folgen konkurrierender Projekte auszuschliessen.

Projektbezogenes Personalmanagement ist deshalb eine Gemeinschaftsaufgabe zwischen mehreren Organisationseinheiten.

[7-1] Personalmanagement im Projekt

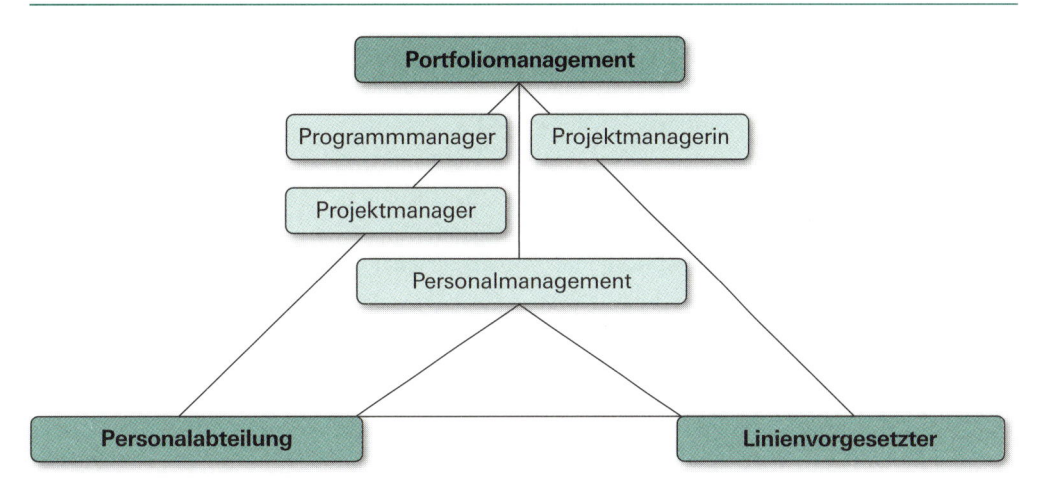

```
                    Portfoliomanagement
                   /                   \
         Programmmanager        Projektmanagerin
              |
         Projektmanager
              |
              Personalmanagement
           /           |          \
  Personalabteilung              Linienvorgesetzter
```

Involviert sind vor allem

- das Projektmanagement, das einen bestimmten Personalbedarf für Projekt oder Programm meldet,
- das Projektportfoliomanagement, das die Personalressourcen mehrerer Projekte abstimmt,
- die Personalabteilung, die bei der Rekrutierung, Auswahl und Entwicklung unterstützt,
- die Linienorganisation, die Personal an das Projekt oder Programm abgibt bzw. wieder aufnimmt und unter Berücksichtigung der gewonnenen Projektkompetenzen reintegriert.

Der Einsatz von Linienpersonal in einem Projekt gehört zur Personalentwicklung und kann als **«learning on the job»** bezeichnet werden, d. h., Lernen und Arbeiten sind unmittelbar verknüpft. Im Idealfall ist ein Projekteinsatz eine **Win-win-Situation,** d. h., sowohl die Mitarbeitenden als auch die Organisation ziehen einen Nutzen. Die Projektmitarbeitenden erhalten im Projekt bzw. Programm einmalige Lernchancen, können Fertigkeiten erwerben und Fähigkeiten erproben, die weit über die Fachebene hinausgehen. Darüber hinaus können sie ihre Entwicklung ggf. für ihre Karriere nutzen. Die Organisation gewinnt veränderungsfreundliches, flexibles und kompetentes Personal.

Die folgende Tabelle zeigt wichtige Prozessschritte und Ergebnisse beim Personalmanagement.

[7-2] Wichtige Prozessschritte und Ergebnisse beim Personalmanagement

Wichtige Prozessschritte	Wichtige Ergebnisse	Querverweise
Bedarf an Personalressourcen für das Projekt ermitteln unter Berücksichtigung der Fach- und Methodenkompetenzen sowie der sozialen Kompetenz und der damit verbundenen Verhaltens- und Kontextkompetenz sowie in Bezug auf den Starttermin, den Zeitrahmen und den prozentualen Zeitaufwand für den Mitarbeitenden.	• Übersicht über Personalbedarf für das Projekt • Anforderungsprofil	• Ressourcen • Teamarbeit • Projektstart • Projektphasen • Projektabschluss
Geeignete Personen intern oder auch extern rekrutieren und auswählen, Vor- und Nachteile interner und externer Projektmitarbeiter vorher abwägen.	Projektpersonalliste	Stammorganisation
Gespräche mit den einzelnen Teammitgliedern über die an sie gestellten Erwartungen sowie Bewertung der individuellen Umstände, Motivationen, Interessen und Ziele.	Vergleich der Erwartungen von Projektmanagement und Mitarbeitenden	Teamarbeit

Wichtige Prozessschritte	Wichtige Ergebnisse	Querverweise
Geplante und tatsächliche Leistung der Mitarbeitenden und des Teams vergleichen und Abweichungen erklären und ggf. korrigierende Massnahmen einleiten. Personalunterlagen ständig aktualisieren.	• Vergleich Ist-Soll-Leistung und Gap-Analyse • Massnahmenplan • Aktualisierte Personalunterlagen	Leistungsumfang und Lieferobjekte
In Zusammenarbeit mit Verantwortlichen der Personalabteilung und Linienmanager die Leistung bewerten und die Entwicklungsmöglichkeiten klären.	• Leistungsbewertung • Entwicklungsoptionen	Stammorganisation
Bei Projektabschluss Entlastung der Projektmitarbeitenden von ihren Projektaufgaben sowie Reintegration in der Linie oder Einsatz in einem anderen Projekt mit einer angemessenen Anerkennung für ihren Projekteinsatz.	• Entlastung • Anerkennung • Reintegration	• Projektabschluss • Stammorganisation
Lehren aus dem Personalmanagement dokumentieren und ihre Übertragbarkeit auf die weitere Projekt- bzw. Programmarbeit bzw. auf das Portfolio prüfen.	Lessons Learned	• PPP-Management • Stammorganisation

7.2 Projektpersonal rekrutieren

Die Ermittlung von Ressourcen für das Projekt schafft die Grundlage für die Rekrutierung und Auswahl von Projektpersonal (siehe Fachliches Kompetenzelement Ressourcen). Die benötigten Ressourcen können intern oder extern beschafft werden. Oft kann die Stammorganisation weder quantitativ (Anzahl der geforderten Personalressourcen in einem bestimmten Zeitrahmen) noch qualitativ (erforderliche Kompetenzen) auf die Personalanforderungen eines Projekts reagieren. Dann müssen ausserhalb der Organisation Personalressourcen angeworben werden.

Der Einsatz von internen bzw. externen Personalressourcen hat Vor- und Nachteile. Einige davon sind in der folgenden Tabelle erfasst.

[7-3]   Interne vs. externe Personalressourcen – Vor- und Nachteile

Personalressourcen	Vorteile	Nachteile
Interne	• Mitarbeitende sind mit dem Unternehmen vertrauter • Kürzere Einarbeitungszeit • Projektarbeit als «training on the job»	• Bei veränderungsintensiven Projekten können interne Beziehungen zu Loyalitätskonflikten führen. • Nach langer Projektarbeit ist die Reintegration in die Linie erschwert, d. h., Entwicklungspfade müssen geklärt werden.
Externe	• Experten in spezifischen Themen • Keine Betriebsblindheit • Bringt Erfahrungen aus verschiedenen Projekten bzw. Organisationen ein • Zeitlich befristeter Vertrag	• Verzögert sich das Projekt, kann es zu vertraglichen Friktionen kommen. • Von den Erfahrungen im Projektmanagement, die während des Projekts gemacht werden, profitieren nach dem Einsatz andere Unternehmen.

Die Vor- und Nachteile müssen gründlich bedacht werden, damit die Teambesetzung optimal wirkt.

7.2.1 Interne Rekrutierung

Bei der internen Rekrutierung werden in einem **ersten Schritt** Gespräche mit den Linienvorgesetzten geführt. Dabei geht es darum, passende Mitarbeitende zu bestimmen und freizustellen. Dieser Prozess verlangt von der Projektleiterin viel Überzeugungsarbeit und

Vorsicht. Überzeugungsarbeit ist nötig, um den Nutzen des Einsatzes für die Linienorganisation und das Projekt aufzuzeigen, und Vorsicht, damit nicht die Mitarbeitenden eingesetzt werden müssen, die in der Linienorganisation nicht zufriedenstellend beschäftigt werden. In einem **zweiten Schritt** finden eines oder mehrere persönliche Gespräche zwischen der Projektleiterin und dem zukünftigen Mitarbeiter statt. Je nach Unternehmensgrösse übernimmt die interne Personalorganisation auch Rekrutierungen für interne Projektmitarbeitende. Das entlastet die Projektleiterin. Sie muss dann nur noch die persönlichen Gespräche führen, in denen es beispielsweise um einen Abgleich der Erwartungen zwischen Projektmanagement und zukünftigem Projektmitarbeitenden geht. Auch eine Einschätzung der Sozial- und Verhaltenskompetenz kann für die spätere Arbeit im Projektteam wichtig sein.

7.2.2 Externe Rekrutierung

Bei der externen Rekrutierung unterscheiden wir, ob eine Person für die Mitarbeit im Projekt angestellt wird oder ob die Stelle nur mit Mitarbeitenden auf Zeit (Freelancern) besetzt wird. Meist erhalten die Projektleiter dabei Unterstützung von der internen Personalorganisation, die Stellen ausschreibt oder erste Verhandlungen mit Freelancern durchführt. Der zweite Schritt wird analog der internen Rekrutierung fortgeführt, jedoch mit einem Vertragsabschluss beendet.

7.3 Projektpersonal entwickeln

Es gibt mehrere Gründe für die Personalentwicklung im Projekt. Projekte stellen für die Mitarbeitenden eine besondere Herausforderung dar. Sie sollen helfen, ein Projekt mit Erfolg zu meistern, das in seinem Prozess und Ergebnis einmalig ist, und sie sollen in einer temporären Projektorganisation arbeiten, deren Zusammensetzung und Beziehungen neu sind und die anderen Prinzipien folgt als die Linie.

Das bedeutet, Projektmitarbeitende benötigen

- ein Verständnis hinsichtlich des spezifischen Projekts und ihrem Beitrag dazu unter Berücksichtigung der Schnittstellen,
- Wissen und Erfahrung im Projektmanagement gemäss der Rolle im Projekt,
- ggf. eine auf die Projektanforderungen zugeschnittene Erweiterung ihrer Fachkompetenzen und
- ggf. eine Vorbereitung auf eine neue Position als Karriereschritt nach Projektabschluss; nach einer längeren internationalen Projekttätigkeit kann auch eine Reintegrationsmassnahme erforderlich sein.

Die Entwicklung des Projektpersonals ist eine fortlaufende Aufgabe, vor allem bei grossen Projekten. Voraussetzung für die auf die Belange der Projektarbeit abgestimmte Personalentwicklung ist die regelmässige oder auch situative Beurteilung der einzelnen Projektmitarbeitenden sowie der Projektteams.

7.4 Projektpersonal beurteilen

Es gibt verschiedene Möglichkeiten, das Projektpersonal zu beurteilen. Bevor mit einer Bewertung begonnen wird, ist zu klären, ob die Leistung der einzelnen Projektmitarbeitenden und/oder die Leistung eines Projektteams bewertet werden soll. Die damit verbundenen Vor- und Nachteile müssen sorgfältig betrachtet werden.

[7-4] Projektpersonal beurteilen

Projektpersonal beurteilen	Mögliche Vorteile	Mögliche Nachteile
Einzelne Projektmitarbeitende	• Kein Verstecken hinter dem Team möglich • Motiviert zu individueller Hochleistung	• Fördert egoistisches Verhalten, um sich von anderen positiv abzuheben. • Da die Entfaltung der individuellen Leistung stark vom Team abhängt, kann eine isolierte Bewertung eine Fehleinschätzung sein.
Projektteam	• Fördert das Teambewusstsein und die gemeinsame Ergebnisorientierung • Schärft den Blick für Schnittstellen und Synergien im Team	• Schwache Teammitglieder schmälern die Leistung des ganzen Teams. • Überanpassung einzelner Leistungsträger an eine (unter)durchschnittliche Teamleistung.

In einem weiteren Schritt müssen Kriterien für die Bewertung des Projektpersonals definiert werden. Grundlage dafür bietet das Anforderungsprofil bzw. die Stellenbeschreibung. Zentrales Kriterium ist die erbrachte Leistung, gemessen an den definierten Arbeitspaketen und Lieferobjekten. Darüber hinaus ist auch die Ausprägung der Projektmanagementkompetenzen gemäss der Projektrolle von Interesse. Es können auch karrierebezogene Kriterien hinzugezogen werden, um eine Weiterentwicklung in der Organisation gezielt fördern zu können. Die folgende Tabelle zeigt eine grobe Übersicht über wichtige Kategorien und deren Bewertung auf einer Skala.

[7-5] Wichtige Kategorien zur Bewertung

Anforderungen	– –	–	+	++	Anmerkung zur Bewertung
Fachkompetenzen					
Vereinbarte Projektleistung (möglichst genau beschreiben)					Hervorragende Arbeit, aber Liefertermin nicht eingehalten wegen Überlastung in der Linie
Projektmanagementkompetenzen gemäss Rolle					
Fachlich-methodisch (ggf. relevante Kriterien nennen)					
Kontextbezogen (ggf. relevante Kriterien nennen)					
Verhaltensbezogen (ggf. relevante Kriterien nennen)					
Entwicklungsoptionen nach dem Projekt					
Z. B. Leitung Projekt X					
Empfehlungen Personalentwicklung					Z. B. Coaching, Fortbildung in Marketing, Fortbildung in Projektmanagement

Da Bewertungen häufig sehr einseitig sind, wird seit einiger Zeit auch das **360-Grad-Feedback** eingesetzt. Das 360-Grad-Feedback ist ein Beurteilungsverfahren, das auf Rückmeldung aus dem Umfeld baut. Die Bezeichnung 360 Grad weist darauf hin, dass es nicht nur eine Top-down-Bewertung ist. Feedback wird aus verschiedenen Perspektiven rund um den Projektmitarbeitenden eingeholt.

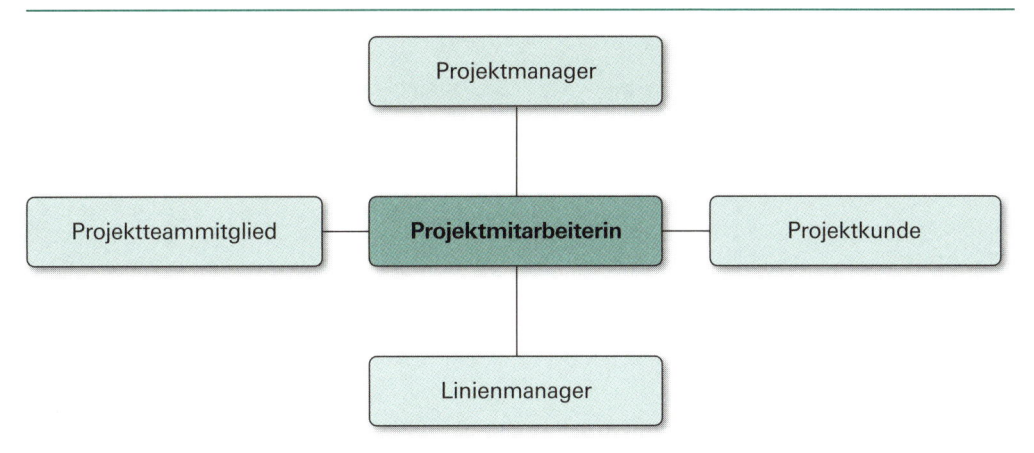

[7-6] 360-Grad-Feedback

```
                    ┌─────────────────┐
                    │  Projektmanager │
                    └────────┬────────┘
                             │
┌──────────────────┐  ┌──────┴───────────┐  ┌──────────────┐
│ Projektteammitglied ├──┤ Projektmitarbeiterin ├──┤ Projektkunde │
└──────────────────┘  └──────┬───────────┘  └──────────────┘
                             │
                    ┌────────┴────────┐
                    │  Linienmanager  │
                    └─────────────────┘
```

In der Projektarbeit ist Feedback aus vier Perspektiven von Interesse:

- Feedback vom Projektmanager
- Feedback von einem Projektteammitglied (unter Berücksichtigung der verschiedenen Rollen)
- Feedback vom Projektkunden
- Feedback vom Linienmanager

Im Idealfall kann die Projektmitarbeiterin die Feedbackgeber selbst wählen. Die Auswahl ist allerdings in der Projektarbeit stark eingeschränkt.

> Das Kontextkompetenzelement **Personalmanagement** steht in enger Beziehung zum fachlichen Kompetenzelement **Ressourcen.** Wichtige Grundlagen des Personalmanagements für das Projekt sind die **Ressourcenbedarfsübersicht,** die neben den Sachmitteln auch die erforderlichen Personalressourcen aufzeigt, und die **Anforderungsprofile** für Projektmitarbeitende mit der genauen Beschreibung der erwarteten Kompetenzen der Projektmitarbeitenden.
>
> Das Personalmanagement hat zwei Möglichkeiten, **Projektpersonal zu gewinnen,** und zwar durch interne Rekrutierung oder externe Rekrutierung.
>
> Um das Projektpersonal angemessen **entwickeln** zu können, ist zunächst ein Abgleich zwischen den projektbezogenen Anforderungen und den bestehenden Kompetenzen der vorgesehenen Mitarbeitenden erforderlich. Darüber hinaus ist im Lauf sowie zum Abschluss des Projekts eine Beurteilung des Projektpersonals wichtig.

Repetitionsfragen

21

Eine Möglichkeit der Personalbeurteilung ist das 360-Grad-Feedback. Nennen Sie vier wichtige Perspektiven des 360-Grad-Feedbacks in der Projektarbeit.

22

Projektteams werden in vielen Fällen aus internen und externen Personalressourcen gebildet. Nennen Sie je zwei Vorteile interner und externer Personalressourcen.

8 Gesundheit, Arbeits-, Betriebs- und Umweltschutz

> **Lernziele:** Nach der Bearbeitung dieses Kapitels können Sie ...
> - die wichtigen Prozessschritte und Ergebnisse bei Gesundheit, Arbeits-, Betriebs- und Umweltschutz beschreiben.
> - erklären, wie die Gesundheit in Projekten berücksichtigt werden kann.
> - die Aktivitäten des Arbeitsschutzes und des Betriebsschutzes nennen.
> - erläutern, wie der Umweltschutz in Projekten berücksichtigt werden kann.
>
> **Schlüsselbegriffe:** Arbeits- und Ruhezeitregelungen, Arbeitsschutz, Betriebsschutz, Entsorgung, Gesundheit, ökologische Verträglichkeit, ökonomischer Erfolg, Umweltschutz, Unfallverhütungsmassnahmen

Das Kompetenzelement «Gesundheit, Arbeits-, Betriebs- und Umweltschutz» ist äusserst komplex und gewinnt zunehmend an Aufmerksamkeit. Es kann über viele Bezugsgrössen weit über die Grenzen der Organisation zu einem breiten Feld an Organisationen und auch Interessengruppen verweisen. Die Bedeutung des Kompetenzelements erkennt man beispielsweise bei der Planung von Atomkraftwerken. Fragen der Gesundheit sowie des Arbeits-, Betriebs- und Umweltschutzes sind grundsätzlich in allen Projekten von Anfang an zu stellen und zu klären.

PM-Kompetenzelement	Taxonomie: Wissen										
Kontextkompetenz	0	1	2	3	4	5	6	7	8	9	10
Gesundheit, Arbeits-, Betriebs- und Umweltschutz					DC		AB				

Eine nachlässige Behandlung dieses Themenkomplexes kann zu einem grossen Risiko für die Beteiligten und für das Projekt werden. So kann beispielsweise ein Rechtsstreit bereits zu einer Verzögerung des Projekts führen und zusätzliche Kosten verursachen, die den Projekterfolg beeinträchtigen.

Proaktives und präventives Arbeiten ist im Zusammenhang mit Gesundheit, Arbeits-, Betriebs- und Umweltschutz ein Muss beim Projektmanagement. Bei internationalen Projektaktivitäten sind dabei die verschiedenen nationalen Gesetze, Vorschriften und Richtlinien zu Gesundheit, Arbeits-, Betriebs- und Umweltschutz zu beachten.

Die folgende Tabelle zeigt wichtige Prozessschritte bei Gesundheit, Arbeits-, Betriebs- und Umweltschutz.

[8-1] Wichtige Prozessschritte und Ergebnisse bei Gesundheit, Arbeits-, Betriebs- und Umweltschutz

Wichtige Prozessschritte	Wichtige Ergebnisse	Querverweise
Anforderungen aus anwendbaren Gesetzen, Vorschriften und Richtlinien ermitteln	Anforderungskatalog	Rechtliche Aspekte
Risiken und Chancen des Projekts hinsichtlich Gesundheit, Arbeits- und Betriebsschutz sowie Umwelt identifizieren	Übersicht über Risiken und Chancen	Risiken und Chancen
Zuständigkeiten in der Organisation und in relevanten Institutionen (z. B. in Verbänden und Behörden) und potenzielle Interessengruppen (z. B. Umweltschutzgruppen) ermitteln	Liste mit zuständigen Organisationseinheiten und Interessengruppen	- Stammorganisation - Interessengruppen

Wichtige Prozessschritte	Wichtige Ergebnisse	Querverweise
Pläne und Verfahren für Gesundheit, Sicherheit und Umwelt entwickeln	Projektplan	Projektphasen
Berichterstattung über Belange der Gesundheit, der Sicherheit und der Umwelt	Bericht	Controlling und Berichterstattung
Lehren zu Gesundheit, Arbeits-, Betriebs- und Umweltschutz dokumentieren und ihre Übertragbarkeit auf die weitere Projekt- bzw. Programmarbeit bzw. auf das Portfolio prüfen	Lessons Learned	• PPP-Management • Stammorganisation

8.1 Gesundheit

Die Weltgesundheitsorganisation definiert Gesundheit als körperliches, psychisches und soziales Wohlbefinden und nicht nur als das Freisein von Krankheit. Gesundheitsbewusstes Projektmanagement versucht deshalb, nicht nur gesundheitliche Belastungen und Risiken zu minimieren oder gar auszuschliessen, sondern betrachtet Projektarbeit auch als eine Chance zur Verbesserung des gesundheitlichen Wohlbefindens.

Im Fokus stehen dabei die Nutzergruppen, aber auch weitere Interessengruppen sowie die Mitarbeitenden im Projektteam. In der folgenden Tabelle werden die Interessengruppen beschrieben.

[8-2] Interessengruppen im Bereich Gesundheit

Relevante Gruppen	Erläuterung	Querverweis
Projektmitarbeitende	Projektarbeit ist oft mit grossen fachlichen Herausforderungen und sehr intensiven Arbeitsphasen verbunden. Darüber hinaus wird ein hohes Mass an Flexibilität und nicht selten auch Mobilität von den Projektmitarbeitenden erwartet. Projektmitarbeitende sind gefordert, einen angemessenen Umgang mit der Teamdynamik zu finden. Das kann für Projektmitarbeitende sehr bereichernd und motivierend sein, da die Lernchancen im Vergleich zur Linienarbeit grösser sind. Die zu bewältigenden Anforderungen können aber auch ein positiv wirkendes Mass übersteigen und zu anhaltendem Stress und zu Übermüdung führen und damit eine gesundheitliche Belastung herbeiführen. Das Projektmanagement hat deshalb die Aufgabe, immer wieder auf einen angemessenen Ausgleich zwischen Anspannung und Entspannung zu achten. Es ist aber auch die Aufgabe der Projektmitarbeitenden, ihre Grenzen dem Projektmanagement gegenüber zum Ausdruck zu bringen.	→ Entspannung
Zukünftige Nutzergruppen	Für die späteren Nutzergruppen soll das Projektergebnis keinerlei gesundheitliche Risiken beinhalten, es soll vielmehr direkt oder indirekt einen Beitrag zum gesundheitlichen Wohlbefinden am Arbeitsplatz und im Betrieb leisten. Handelt es sich um ein Produkt, dann sind auch bei der Entsorgung gesundheitliche Belastungen auszuschliessen. Potenziell gesundheitliche Risiken im Gebrauch des Projektergebnisses oder bei der Entsorgung müssen klar und verständlich dokumentiert und kommuniziert werden.	→ Projektanforderungen und -ziele
Weitere Interessengruppen	Projekte haben viele Beobachter und Interessengruppen. Da das Thema Gesundheit allgemein an Bedeutung gewinnt, wird auch das Projekt hinsichtlich seiner direkten und indirekten Wirkungen auf die Gesundheit interpretiert. Gesundheit kann beispielsweise ein Kriterium bei der Gruppe umworbener Fachkräfte sein, die oft dringend für ein Projekt benötigt werden. Bei Linienmitarbeitenden kann die Motivation zur Projektarbeit oder zur Beteiligung an Veränderungsvorhaben geschmälert werden.	→ Interessengruppen

Viele Organisationen haben mittlerweile erkannt, dass es nicht nur darum geht, gesundheitliche Beeinträchtigungen am Arbeitsplatz auszuschliessen, sondern dass es wichtig ist, gesundheitsfördernde Rahmenbedingungen für die Mitarbeitenden zu schaffen. Diese Programme werden oft «betriebliche Gesundheitsförderung» genannt. Das Projektmanagement tut gut daran, sich von den entsprechenden Zuständigen beraten zu lassen.

8.2 Arbeitsschutz

Der Arbeitsschutz umfasst eine Vielzahl an Aspekten. Beispiele sind die Arbeits- und Ruhezeitregelungen und Unfallverhütungsmassnahmen einschliesslich der Versicherung potenzieller Gefahren. Arbeitsschutz im Projekt umfasst alle Aktivitäten zum Schutz der Beteiligten in allen Projektphasen vor gesundheitlichen Gefahren unter Berücksichtigung der geltenden Arbeitsgesetze und Verordnungen sowie branchenspezifischer Richtlinien oder auch organisationsspezifische Massnahmen zum Arbeitsschutz. Arbeitsschutz ist nicht nur in grossen Bauprojekten von Bedeutung, er muss in allen Projekten von Anfang an angemessen berücksichtigt werden.

Arbeitsschutz wird im internationalen Vergleich sehr unterschiedlich geregelt und gehandhabt. Es ist deshalb in der internationalen Projektarbeit erforderlich, die relevanten Verordnungen zu kennen und einen Umgang mit Unterschieden zu finden.

Wie wichtig und vielschichtig Arbeitsschutz ist, zeigt beispielsweise das «Programme on Safety and Health and the Environment (Safework)» der Internationalen Arbeitsorganisation (ILO) oder auch die Agenda des «XVIII. Weltkongresses für Sicherheit und Gesundheit bei der Arbeit», der 2008 in Korea stattfand.

Auch im Bereich des Arbeitsschutzes gilt für das Projektmanagement, dass eine Vernachlässigung nicht nur den betroffenen Personen schadet, sondern dass auch der Projektfortschritt beeinträchtigt werden kann.

8.3 Betriebsschutz

Projektarbeit setzt oft einen Zugang zu sensiblen Bereichen einer Organisation voraus. Das können beispielsweise Mitarbeiter- oder Kundendaten sein, aber auch geistiges Eigentum in der Form von Modellen und Prototypen oder Einrichtungen und Anlagen. Vor diesem Hintergrund ist die Projektleitung auch mit den Fragen des Betriebsschutzes befasst.

Das Projektmanagement hat die Aufgabe, die bestehenden materiellen und immateriellen Unternehmenswerte und auch projektspezifische Daten, Modelle und Hardware vor Verlust oder gar Missbrauch und Diebstahl konsequent zu schützen.

Für den Projektmanager können folgende Aktivitäten zum Betriebsschutz anfallen:

- Zusammenarbeit mit den Sicherheitsbeauftragten in der Organisation
- Aufgaben zum Betriebsschutz zwischen Linie und Projekt klären
- Risiken hinsichtlich Betriebsschutz identifizieren und bewerten
- Massnahmenplan mit präventiven Aktivitäten erstellen und kontrollieren
- Notfallplan entwickeln und mit der Linie abstimmen
- Ggf. Versicherung bestimmter Vermögenswerte abschliessen
- Richtlinie für Projektmitarbeitende erstellen und kommunizieren
- Bericht zum Betriebsschutz erstatten

Eine Vernachlässigung des Betriebsschutzes kann dem Projekt und der Stammorganisation erheblich schaden. Dabei ist nicht nur an den Imageschaden und den Verlust des Vertrauens der Interessengruppen zu denken, sondern auch an einen ökonomischen Schaden.

8.4 Umweltschutz

Der Umweltschutz gewinnt allgemein eine immer grössere Bedeutung und erfährt auch eine wachsende Aufmerksamkeit bei den Interessengruppen eines Projekts. Zu den grossen Themen gehören dabei die globale Erwärmung und der damit verbundene Klimawandel, die Erschöpfung natürlicher Ressourcen und Rohstoffe und die damit verbundene Teuerung entsprechender Produkte und auch die kritischen Fragen der Entsorgung von Produkten.

Die Umwelt-Perspektive ist keine Modeerscheinung, sie ist in vielen Ländern gesetzlich verankert, wird immer enger mit der Finanzperspektive verbunden und zeigt sich zunehmend als ein Wettbewerbsfaktor. Das gilt ganz besonders für Innovationen, die mittels Projektarbeit realisiert werden sollen. Alle Projektphasen und die Nutzung der Projektergebnisse sind aus Sicht der Umwelt zu betrachten, um ein möglichst ressourcenschonendes und ökologisch abbaubares Produkt anbieten zu können.

Im Allgemeinen geht es um die Nachhaltigkeit eines Projekts und Programms. **Nachhaltiges Projektmanagement** steht für eine Lebenszyklusbetrachtung mit einer sorgfältigen Abstimmung von drei Aspekten:

- ökologische Verträglichkeit,
- ökonomischer Erfolg und
- hoher Nutzen für Kunden und weitere Interessengruppen.

Beispiel

- Unter dem Begriff «Green IT» kommen immer mehr Produkte der Informations- und Kommunikationstechnologie auf den Markt, die sich durch einen umwelt- und ressourcenschonenden Produktlebenszyklus auszeichnen.
- Das mittelständische Unternehmen Viessmann hat im Rahmen des Standortsicherungsprogramms «Effizienz Plus» nicht nur die Effizienz der Prozesse um 10 bis 20 Prozent verbessert, sondern auch den Verbrauch von fossilen Energien um 50 Prozent und den CO_2-Ausstoss um 40 Prozent reduziert. Das Unternehmen geht davon aus, dass allein die Investition in die erforderliche Anlagentechnik sich durch die Energieeinsparung bereits nach acht Jahren bezahlt macht.

In Abhängigkeit vom Projekt kann es durchaus sinnvoll sein, eine Umweltexpertise für das Projekt einzuholen. Es kann auch sein, dass eine Umweltverträglichkeitsprüfung (UVP) erforderlich ist. Darüber hinaus wird die Natur mittlerweile als ein wichtiger Impulsgeber und Ideenlieferant für bahnbrechende Innovationen angesehen, die mittels Projekten entwickelt und marktfähig gemacht werden.

Beispiel

- Eines der bekanntesten Beispiele ist der Klettverschluss, dessen Erfinder die Pflanzenwelt zum Vorbild nahm.
- Heute arbeitet man beispielsweise an der Entwicklung von Robotern, die Umweltdaten wie Insekten tastend aufnehmen und verarbeiten, um sich angemessen bewegen zu können.

Das Kompetenzelement Gesundheit, Arbeits-, Betriebs- und Umweltschutz umfasst vier Aspekte, die sich wechselseitig ergänzen.

Gesundheit ist mehr als die Abwesenheit von Krankheit, es geht um physisches, psychisches und soziales Wohlbefinden in allen Projektphasen. Das bedeutet, dass einerseits gesundheitliche Risiken im Projekt ausgeschlossen werden müssen und andererseits gesundheitsfördernde Rahmenbedingungen für die Projektmitarbeitenden geschaffen werden sollten.

Arbeitsschutz im Projekt umfasst alle Aktivitäten zum Schutz der Projektmitarbeitenden in allen Projektphasen vor gesundheitlichen Beeinträchtigungen und Gefahren unter Berücksichtigung der geltenden Arbeitsgesetze, Verordnungen und Richtlinien.

Betriebsschutz beinhaltet alle Aktivitäten zum Schutz der Stammorganisation und der Projektorganisation, den damit verbundenen Daten und des geistigen Eigentums, der Produkte sowie der Infrastruktur und Anlagen.

Umweltschutz im Projekt ist eine Ausrichtung auf Nachhaltigkeit unter besonderer Berücksichtigung der ökologischen Verträglichkeit der Projektarbeit und ihrer Ergebnisse.

Repetitionsfragen

23

Was versteht die Weltgesundheitsorganisation unter Gesundheit? – Bitte kreuzen Sie die richtigen Antworten an.

- ☐ Gesundheit ist körperliches Wohlbefinden.
- ☐ Gesundheit ist sportlich sein.
- ☐ Gesundheit ist Leistungsfähigkeit.
- ☐ Gesundheit ist psychisches und soziales Wohlbefinden.

24

Worin liegt der wesentliche Unterschied zwischen Arbeits- und Betriebsschutz?

25

Nennen Sie die drei Säulen der Nachhaltigkeit!

9 Finanzierung und rechtliche Aspekte

> **Lernziele:** Nach der Bearbeitung dieses Kapitels können Sie ...
> - die Formen und Quellen der Finanzierung von Projekten nennen.
> - wichtige Prozessschritte und Ergebnisse bei der Finanzierung aufführen.
> - die Bedeutung der rechtlichen Aspekte bei Projekten erläutern.
> - wichtige Prozessschritte und Ergebnisse bei den rechtlichen Aspekten nennen.
>
> **Schlüsselbegriffe:** Betreibermodelle, Compliance, Finanzierung, öffentliche Fördergelder, Public Private Partnership, rechtliche Aspekte, Stiftungen, Vergaberecht, Vertragsrecht

9.1 Finanzierung

Das Kompetenzelement Finanzierung umfasst den finanziellen Kontext des Projekts oder Programms und das erforderliche Finanzierungsmanagement.

PM-Kompetenzelement	Taxonomie: Wissen										
Kontextkompetenz	0	1	2	3	4	5	6	7	8	9	10
Finanzierung				D	C	B	A				

Die Finanzierung eines Projekts kann viele Formen und Quellen haben. In den meisten Fällen werden Projekte bzw. Programme durch die **Stammorganisation** finanziert. In grossen Organisationen werden Fragen rund um die Finanzierung von den dafür vorgesehenen Organisationseinheiten geklärt und bearbeitet. Es kann aber durchaus sein, dass das Projektmanagement auch die Finanzierung des Projekts oder Programms sicherstellen muss und für die Prozesse der Finanzierung zuständig ist.

Die folgende Tabelle zeigt wichtige Prozessschritte und Ergebnisse bei der Finanzierung.

[9-1] Wichtige Prozessschritte und Ergebnisse bei der Finanzierung

Wichtige Prozessschritte	Wichtige Ergebnisse	Querverweise
Bedarf an Finanzmitteln für das Projekt ermitteln	Finanzierungsbedarf	• Kosten und Finanzmittel • Business Case
Mögliche Quellen und Modelle der Finanzierung eruieren, vergleichen und bewerten	Finanzierungsmodell	Stammorganisation
Anforderungen an Buchführung und Finanzberichterstattung klären und einhalten	Finanzbericht	Information und Berichterstattung
Bei Projektabschluss Entlastung bezüglich der Verwendung der Finanzmittel einholen	Entlastung	Projektabschluss
Lehren aus der Projektfinanzierung dokumentieren und ihre Übertragbarkeit auf die weitere Projekt- bzw. Programmarbeit bzw. auf das Portfolio prüfen	Lessons Learned	

Im Rahmen der Finanzierung eines Projekts können verschiedene Optionen infrage kommen, z. B. Fördergelder, Public Private Partnership, Betreibermodelle.

So kann ein Projekt möglicherweise **öffentliche Fördergelder** beanspruchen. Die Bereitstellung von öffentlichen Fördergeldern hängt von den politischen Interessen ab und den damit verbundenen Programmen etwa zur Standortsicherung oder zum Umweltschutz.

Grosse Infrastrukturprojekte werden zunehmend von **Public Private Partnerships** getragen. Dabei handelt es sich um eine längerfristige Partnerschaft zwischen einer Organisation des öffentlichen Sektors und der Privatwirtschaft. Die öffentlich-private Partnerschaft (ÖPP) ist kein reines Finanzierungsmodell. Es geht vielmehr um eine Win-win-Situation, basierend auf sich ergänzenden Ressourcen der Partner wie Fachkompetenzen und Sachmittel sowie das Teilen von Projektrisiken zwischen den Partnern. Das grösste Public-Private-Partnership-Projekt in Europa ist zurzeit das IT-Projekt der deutschen Bundeswehr «Herkules». Mit der öffentlich-privaten Partnerschaft können verschiedene Betreibermodelle verbunden sein.

Betreibermodelle werden im Englischen mit BOT abgekürzt. BOT ist die Abkürzung für «build, operate, transfer», die auf die drei klassischen Phasen des Betreibermodells verweist: Erstellung, Betrieb, Transfer (an den Kunden). Das Betreibermodell hat viele Varianten. Betreibermodelle werden nicht nur im Rahmen öffentlich-privater Partnerschaften genutzt. Sie sind mittlerweile auch in der Privatwirtschaft zu finden, etwa in der Automobilindustrie. Bekanntes Beispiel ist die Produktion des «Smart».

Manche Projekte finden ihre Finanzierung bei **Stiftungen.** Stiftungen unterstützen in der Regel Projekte im sozialen oder kulturellen Bereich. Die grösste Privatstiftung der Welt ist die «Bill & Melinda Gates Foundation».

Für das Projektmanagement ist es wichtig, die mit der Finanzierung des Projekts verbundenen Vorgaben (z. B. Anträge) sowie die rechtlichen Aspekte (z. B. beim Betreibermodell) genau zu kennen und auch einzuhalten, um den Geldfluss nicht zu gefährden.

9.2 Rechtliche Aspekte

Projektarbeit findet nicht im rechtsfreien Raum statt. Im Gegenteil: Projektarbeit berührt zahlreiche Gesetze, Verordnungen, Vorschriften, Regelungen bis hin zu Grundsätzen, Konventionen und auch Geboten. Hat ein Projekt grenzüberschreitende Beziehungen, dann sind unter Umständen mehrere nationale Rechtsräume zu berücksichtigen oder es muss auch internationales Recht beachtet werden.

Das Kompetenzelement «Rechtliche Aspekte» hat also eine grosse Bedeutung für das Management von Projekten und Programmen. Rechtliche Aspekte können Risiken für das Projekt oder Programm sein. Eine Vermeidung von Rechtsstreitigkeiten ist deshalb ein Muss des Projektmanagements.

PM-Kompetenzelement	Taxonomie: Wissen										
Kontextkompetenz	0	1	2	3	4	5	6	7	8	9	10
Rechtliche Aspekte				DC		B	A				

Die Reihe der infrage kommenden Gesetze ist schier endlos. Vom Projektmanagement wird erwartet, dass diese projektspezifisch identifiziert und eingehalten werden. Die Konformität mit relevanten Gesetzen, Verordnungen, Richtlinien wird **Compliance** genannt.

Bei allen Unklarheiten ist eine **Rechtsberatung** dringend zu empfehlen. Da die Erfüllung von geltendem Recht auch für Unternehmen eine äusserst anspruchsvolle Aufgabe geworden ist, verfügen viele Organisationen mittlerweile über entsprechende Spezialisten, die für Konformität sorgen. Eine Zusammenarbeit mit Blick auf das **Compliance-Management** in Projekt, Programm bzw. Portfolio und Linie kann mit Synergien verbunden sein.

Die folgende Tabelle zeigt wichtige Prozessschritte bei den rechtlichen Aspekten.

[9-2] Wichtige Prozessschritte bei den rechtlichen Aspekten

Wichtige Prozessschritte	Wichtige Ergebnisse	Querverweise
Gesetzliche Normen und Richtlinien identifizieren, die auf die Organisation und das Projekt, Programm bzw. Portfolio anwendbar sind	Liste relevanter Gesetze und Richtlinien	Risiken und Chancen
Prozess und Massnahmen zur Sicherung der Compliance entwickeln und etablieren	Compliance-Prozess	Projektplan
Für den Klärungsbedarf oder Konfliktfall: Ansprechpersonen und hausinterne Beauftragte identifizieren	Compliance-Expertenliste	• Verhandlungen • Konflikte und Krisen
Lehren aus dem Projekt dokumentieren und ihre Übertragbarkeit auf die weitere Projekt- bzw. Programmarbeit bzw. auf das Portfolio prüfen	Lessons Learned	

Besonders wichtig für das Projektmanagement ist das **Vertragsrecht**, denn Projekte beruhen auf guter und verlässlicher Zusammenarbeit. Öffentliche Einrichtungen, die Projekte durchführen, müssen ggf. das **Vergaberecht** berücksichtigen. Aber auch das Arbeitsrecht, das Gesundheits- und Betriebsschutzgesetz sowie das Umweltschutz- und Datenschutzgesetz betreffen nahezu jedes Projekt oder Programm.

Da viele Projekte an Innovationen arbeiten oder geschützte Werke nutzen, sind nicht selten auch Fragen der **Schutzrechte** zu klären. Das kann etwa das Urheberrecht oder Patentrecht betreffen oder auch Klärungsbedarf hinsichtlich Lizenzen aufwerfen. Die in den relevanten Gesetzen und Verordnungen vorgeschriebenen Verfahrensweisen müssen vom Projektmanagement eingehalten werden. Das können beispielsweise Baugenehmigungen sein. Es ist wichtig für das **Compliance-Management** im Projekt, die erforderlichen Massnahmen herauszuarbeiten und in den Projektplan zu integrieren.

Das Kompetenzelement **Finanzierung** befasst sich mit den Prozessen rund um die Projektfinanzierung und den damit verbundenen Finanzierungsmodellen. In den meisten Fällen werden Projekte bzw. Programme durch die **Stammorganisation** finanziert. Es kann aber durchaus sein, dass ein Projekt durch eine öffentliche Einrichtung oder durch eine Stiftung Finanzmittel erhält. Grosse Projekte werden auch durch öffentlich-private Partnerschaften bzw. durch ein Betreibermodell finanziell auf die Beine gestellt.

Für das Projektmanagement können mit dem Finanzierungsmodell spezifische Anforderungen an Information, Dokumentation und Berichterstattung verbunden sein.

Projektarbeit kann viele **Gesetze und Vorschriften** berühren. Ein Rechtsstreit kann einem Projekt oder Programm und auch der Stammorganisation erheblichen Schaden zufügen. Das Projektmanagement ist deshalb gefordert, alle relevanten Gesetze und sonstige Regelungen zu identifizieren und für ihre Einhaltung zu sorgen. Eine Zusammenarbeit mit entsprechenden Experten oder auch Beauftragten (z. B. Compliance-Managerin) kann helfen, Risiken zu vermeiden und Massnahmen zur Sicherung der Konformität des Projekts mit geltenden Gesetzen und Verordnungen zu definieren.

Repetitionsfragen

26

Worin liegen die Vorteile einer Public-Private-Partnership? Nennen Sie bitte zwei Vorteile.

27

Welches ist der richtige Fachbegriff für das Einhalten von Gesetzen, Richtlinien und Vorgaben? Bitte machen Sie ein Kreuz in der richtigen Spalte.

	Richtig	Falsch
Compliance	☐	☐
Commitment	☐	☐

Teil C Fachkompetenzen

Einleitung

Projektmanagement ist eine anspruchsvolle Aufgabe. Es steht nicht nur in einem Kontext mit vielen Beziehungen, es handelt sich auch um eine Querschnittsaufgabe. Querschnittsaufgabe heisst, dass Projektmanagement viele Ansätze des allgemeinen und spezifischen Managements nutzt.

Das allgemeine Management befasst sich mit der Gestaltung, Lenkung und Entwicklung von Organisationen. Projektmanagement befasst sich mit der Gestaltung, Steuerung und erfolgreichen Durchführung von Projekten und trägt damit zur Entwicklung von Organisationen bei. Für diesen Zweck wendet Projektmanagement zahlreiche Managementansätze an, z. B. Personal-, Finanz-, Qualitäts-, Vertragsmanagement etc.

Vor dem Hintergrund allgemeiner und spezifischer Managementansätze hat Projektmanagement eine eigene Fachkompetenz mit Methoden und Techniken entwickelt. Nach der ICB 3 wird diese Fachkompetenz von 20 Kompetenzelementen gebildet.

Eine Übersicht über die fachlichen Kompetenzelemente nach ICB 3 der IPMA bietet folgende Abbildung:

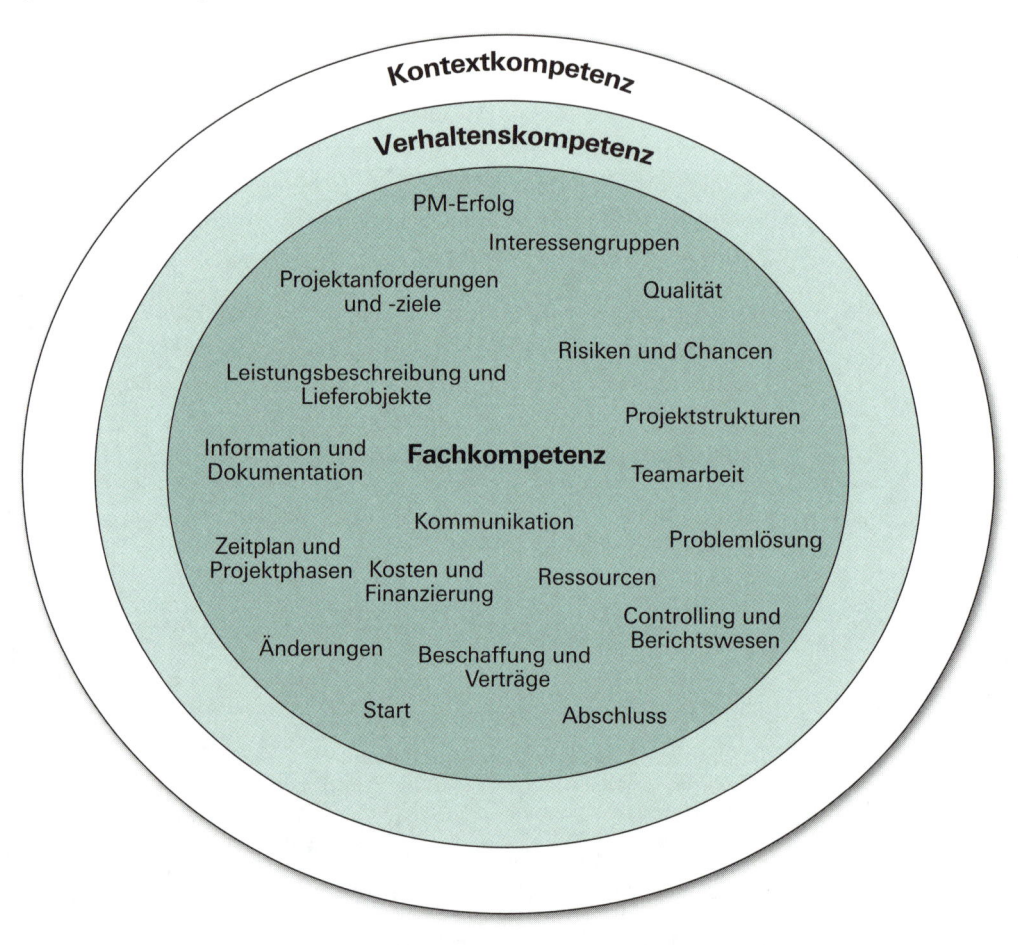

In diesem Teil werden die fachlichen Kompetenzelemente vorgestellt und wichtige Methoden beschrieben.

Hinweis

Das Kompetenzelement Ressourcen wurde mit dem Kompetenzelement Kosten und Finanzmittel zusammengeführt, d. h., Sie finden hier 19 Kapitel, die aber alle zwanzig Kompetenzelemente beinhalten.

10 Projektmanagementerfolg

> **Lernziele:** Nach der Bearbeitung dieses Kapitels können Sie ...
>
> - wichtige Schritte bei der Bewertung des Projektmanagementerfolgs nennen.
> - den Begriff «gebundene Rationalität» erklären.
> - die Begriffe «Projektmanagementerfolg» und «Projekterfolg» voneinander unterscheiden.
> - kritische Erfolgsfaktoren bei der Projektarbeit aufführen.
>
> **Schlüsselbegriffe:** Erfolg, gebundene Rationalität, kritische Erfolgsfaktoren, Kultur, Machtpromotoren, Misserfolg, Projektauftrag, Projekterfolg, Projektmanagement, Projektmanagementerfolg, projektwürdige Aufgabenstellung

Gebräuchliche Grobkategorien zur Bewertung von Ergebnissen sind der «Erfolg» und der «Misserfolg». Diese Kategorien werden sowohl für die Globalbewertung von Projekten sowie des Projektmanagements verwendet. Die meisten Menschen wenden sie sehr schnell und mit grosser Bestimmtheit auf alle möglichen Handlungsergebnisse an.

PM-Kompetenzelement	Taxonomie: Wissen										
Fachkompetenz	0	1	2	3	4	5	6	7	8	9	10
Projektmanagementerfolg					D		C	B	A		

Das Kompetenzelement Projektmanagementerfolg befasst sich mit der Anerkennung der Projektergebnisse durch die massgeblichen Interessengruppen. Die Zuschreibung von Erfolg und Misserfolg ist oft von Interessen geleitet, die nicht auf der Ebene der Projektrationalität geäussert werden. Sie kann aber weitreichende Konsequenzen für Projektleiter und Organisationen haben.

Da «Erfolg» bzw. «Misserfolg» häufig gebrauchte Bewertungskategorien sind, die oft ohne differenzierte Betrachtung verwendet werden, besprechen wir in diesem Kapitel die «gebundene Rationalität» und unterscheiden zwischen Projektmanagementerfolg und Projekterfolg. Ergänzend werden zehn Erfolgsfaktoren skizziert, die helfen, Projektmanagementerfolg in seiner Abhängigkeit wahrzunehmen.

Die folgende Tabelle gibt einen Überblick über wichtige Schritte bei der Bewertung des Projektmanagementerfolgs.

[10-1] Wichtige Schritte bei der Bewertung des Projektmanagementerfolgs

Wichtige Prozessschritte	Wichtige Ergebnisse	Querverweise
Bewertung des Erfolgs anhand der definierten Projektergebnisse und des Erfüllungsgrads vornehmen	Erfüllungsgrad	• Projektanforderungen und -ziele • Leistungsumfang und -ergebnisse
Anerkennung der Projektergebnisse durch die Interessengruppen ermitteln und den möglichen Einfluss durch «gebundene Rationalität» einschätzen	Grad der Anerkennung	Interessengruppen
Nicht-lenkbare Faktoren im Umfeld des Projekts identifizieren und ihren Einfluss auf das Projekt beschreiben	Nicht-lenkbare Einflüsse	• Stammorganisation • Geschäft
Erfolgsfaktoren des Projektmanagements spezifizieren	Erfolgsfaktoren	PPP-Management
Lehren aus dem Kompetenzelement Projektmanagement dokumentieren und ihre Übertragbarkeit auf die weitere Projekt- bzw. Programmarbeit bzw. auf das Portfolio prüfen	Lessons Learned	PPP-Management

10.1 Gebundene Rationalität

Bei genauerer Betrachtung sind «Erfolg» bzw. «Misserfolg» **keine eindeutig und konsistent definierten Begriffe, sondern vieldeutige soziale Konstruktionen von grosser Beliebigkeit.** «Erfolg» und «Misserfolg» werden in der Regel Personen oder personifizierten Systemen zugeschrieben und nehmen darum gerne politische Dimensionen an. Das gilt ganz besonders für die Projektarbeit, die sich durch ihre Einmaligkeit nahezu anbietet. Denn die Einmaligkeit macht Projekte schwer vergleichbar.

In der besonderen Konstellation der Projekt- oder Programmarbeit erleben auch Begriffe wie «Held» oder «Retter» ein erstaunliches Revival – und umgekehrt: Werden Führungskräfte bzw. Projektmanager rasch als «Versager» tituliert, «rollen schnell die Köpfe».

Die Erfolgs- oder Misserfolgsdefinition kann für die Karriere des Projektpersonals sowie über die Weiterführung eines Veränderungsprojekts, grundlegende organisatorische Umstrukturierungen oder auch über die persönlichen Zukunftsperspektiven der Beteiligten entscheiden.

Beispiel

- Ein Veränderungsprojekt, das von der Projektleiterin selber als «Erfolg» interpretiert wird, kann sogar dann, wenn die konkreten Ergebnisse ähnlich beschrieben werden, durchaus von einflussreichen Projektmitarbeitenden oder ihren Vorgesetzten als «Misserfolg» gesehen werden.
- Eine Organisation beauftragt ein Beratungsunternehmen, eine Projektstudie zu erstellen. Die Studie betrachtet die Problemsituation differenziert und empfiehlt ein Projekt mit radikalen Organisationsmassnahmen. Die Studie wird von den Entscheidungsträgern als unzutreffend abgewertet und in die Schublade gelegt. Die Situation verschlimmert sich zunehmend und ein anderes Beratungsunternehmen wird beauftragt, eine zweite Studie durchzuführen. In der zweiten Studie wird etwas anders vorgegangen, aber die Empfehlung, die ausgesprochen wird, ist nahezu identisch. Das Ergebnis wird nun für gut und richtig befunden und ein entsprechendes Projekt durchgeführt.

Es wird oft ausgeblendet, dass bei komplexen, grösseren Projekten viele Personen mit verschiedenen Voraussetzungen und Motiven über unterschiedliche Zeiträume, unter günstigen und ungünstigen Bedingungen arbeiten und wirken. Die Zuschreibung von Erfolg bzw. Misserfolg sagt dann oft auch mehr über die wertende Person bzw. Gruppe aus als über das Projekt bzw. das Projektmanagement.

Welche Ergebnisaspekte zur Definition herangezogen werden, hängt von den jeweils aktuellen, kulturellen, wirtschaftlichen, professionellen, sozialen oder individuellen Hintergrundmerkmalen der beteiligten Personen und Gruppen ab. Das bedeutet auch, dass die Bewertung nicht nur auf der projektbezogenen Sachebene (z. B. anhand der definierten Projektergebnisse) erfolgt, sondern auch auf der sozialen oder gar emotionalen Ebene. Auf der sozialen und emotionalen Ebene geht es dann um unerfüllte Erwartungen oder eingetretene Befürchtungen, d. h., der persönliche oder gruppenbezogene Nutzen (etwa in der Form von Aufstiegschancen, Imagegewinn) ist dann der eigentliche, in den meisten Fällen tabuisierte, Referenzmassstab. Das heisst, die Zuschreibung von «Erfolg» oder «Misserfolg» erfolgt unter den Bedingungen der «gebundenen Rationalität».

[10-2] Die «gebundene Rationalität» übt Einfluss aus

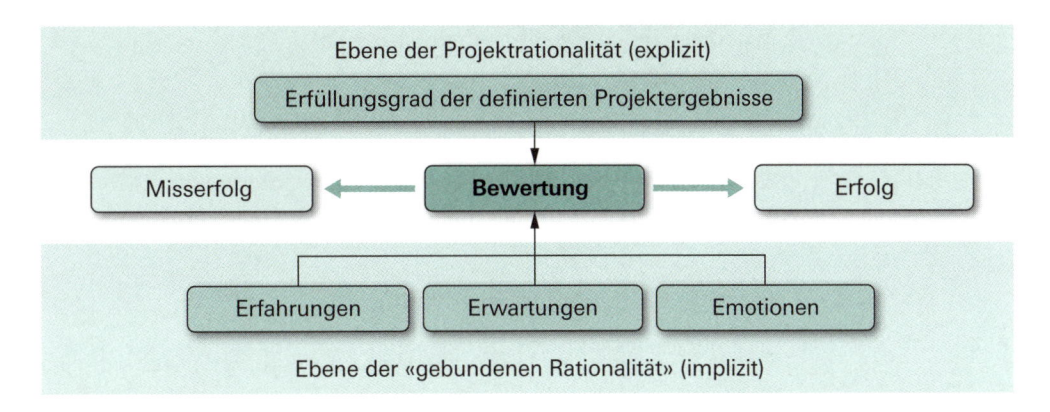

Ebene der Projektrationalität (explizit)
Erfüllungsgrad der definierten Projektergebnisse
Misserfolg ← Bewertung → Erfolg
Erfahrungen | Erwartungen | Emotionen
Ebene der «gebundenen Rationalität» (implizit)

Die «gebundene Rationalität» ist beeinflusst von unreflektierten Erfahrungen und Emotionen aus der Vergangenheit und von überzogenen Erwartungen an die Zukunft. Sie kann massiv Bewertungen und Zuschreibungen beeinflussen. Die Kriterien der «gebundenen Rationalität» bleiben in den meisten Fällen implizit, d. h. unausgesprochen, und können vom Projektmanagement nur vermutet werden.

10.2 Projektmanagementerfolg vs. Projekterfolg

Projektmanagementerfolg ist die Anerkennung der Projektergebnisse durch die massgeblichen Interessengruppen. Das heisst zunächst, dass Erfolg an den definierten Ergebnissen gemessen wird.

Es ist allerdings wichtig, den Projektmanagementerfolg vom **Projekterfolg** zu trennen. Es kann beispielsweise sein, dass ein Projekt abgebrochen wird. Das kommt vor, wenn beispielsweise eine strategische Entscheidung getroffen wird, die das Projekt bedeutungslos macht oder die Projektarbeit aufgrund einer Entwicklung im weiteren Umfeld sinnlos wird (z. B. eine revolutionäre technische Entwicklung kommt auf den Markt und macht das Projekt überflüssig). Es kann auch vorkommen, dass ein Projektleiter sich für den Abbruch des Projekts einsetzt, weil die Komplexität unterschätzt wurde oder Risiken zu wachsenden Problemen werden und die zur Bearbeitung erforderlichen Mittel nicht zur Verfügung stehen bzw. zur Verfügung gestellt werden, weil sich dann die Investition in das Projekt nicht mehr lohnt.

Das Projektmanagement ist also lenkbaren Faktoren und auch nicht-lenkbaren Faktoren ausgesetzt und muss versuchen, die wesentlichen Erfolgsfaktoren zu identifizieren und positiv zu beeinflussen, um den Projekterfolg und auch den Projektmanagementerfolg zu sichern.

10.3 Kritische Erfolgsfaktoren in der Projektarbeit

Faktoren, die ausschlaggebenden Einfluss auf den Erfolg bzw. Misserfolg eines Vorhabens haben, werden kritische Erfolgsfaktoren genannt. Kritische Erfolgsfaktoren sind von Projekt zu Projekt und von Programm zu Programm verschieden. Allerdings zeigen sich immer wieder einige allgemeine Faktoren, die auf die Projektpraxis nachhaltig einwirken können.

Die **allgemeinen Erfolgs- bzw. Misserfolgsfaktoren** sind:

- Projektwürdige Aufgabenstellung
- Projektauftrag
- Machtpromotoren

- Kompetente Projektmanager und -teammitglieder
- Dosierung des Projektmanagements
- Zeitliche Freistellung
- Klare Rollenverteilung
- Gezielte Projektkommunikation
- Angemessene Ausstattung
- Projektmanagementkultur

Wir beschreiben diese Faktoren kurz in den folgenden Abschnitten.

Projektwürdige Aufgabenstellung

Das Projekt stellt eine besondere Herausforderung dar, die nicht in der Linie bewältigt werden kann, und leistet mit seinen Ergebnissen einen wertschöpfenden Beitrag.

Wichtig ist die Einhaltung folgender Regeln:

- Nur projektwürdige Aufgabenstellungen werden als Projekte abgewickelt.
- Es erfolgt eine sorgfältige Projektauswahl und -entscheidung.
- Sobald Projekte nicht mehr «würdig» sind, werden sie abgebrochen.

Ein Projekt ist also nicht nur eine einzigartige Aufgabenstellung, es muss auch einen Nutzen abwerfen.

Projektauftrag

Die Rahmenbedingungen des Projekts (Ziele, Kosten und Ressourcen etc.) sind klar und eindeutig im Projektauftrag dokumentiert.

Es gilt: Kein Projekt ohne Projektauftrag!

Es ist allen Beteiligten klar, was zum Projekt gehört und was nicht (Projektziele und Nicht-Projektziele), das schützt auch das Projekt bzw. das Projektmanagement vor unrealistischen Erwartungen oder auch überzogenen Befürchtungen.

Der Projektauftrag wird mindestens vom Projektauftraggeber und von der Projektleiterin unterzeichnet.

Machtpromotoren

Das Projekt wird konsequent von Machtpromotoren unterstützt. Machtpromotoren verfügen über eine hohe hierarchische Position und auch über ein gutes Beziehungskapital, d. h., ihre Stimme wird in weiten Kreisen geschätzt.

Sie haben ein starkes Interesse am Gelingen des Projekts und halten dem Projektmanagement den «Rücken frei». Sie sorgen für die notwendigen Rahmenbedingungen für die Projektarbeit. Dazu gehören beispielsweise die zeitliche Freistellung, die Kommunikation auf Führungsebene oder auch schnelle und pragmatische Projektentscheidungen.

Kompetente Projektleiter und Teammitglieder

Die Projektleitung und das Projektteam verfügen über die erforderlichen Kompetenzen. Sie haben ein hohes Mass an Sozial- und Verhaltenskompetenz. Die Projektleitung zeichnet sich durch ausgewiesene Management- und Leadershipkompetenzen aus, die Projektmitglieder greifen auf hervorragendes Fachknow-how zu und ergänzen sich im Team synergetisch.

Dosierung des Projektmanagements

Die Projektleitung betreibt keinen «Projektmanagement-Overkill». Methoden der Projektplanung und -steuerung werden dosiert und pragmatisch eingesetzt.

Es gilt die Regel: So viel Projektmanagement wie nötig – nicht wie möglich!

Wichtig ist: Der Projektmanagementeinsatz steigt mit der Komplexität der Aufgabenstellung und der Dynamik im Projektumfeld. Das fordert Zeit und Präsenz.

Zeitliche Freistellung

Das Projektteam (Projektleiterin und Mitarbeitende) ist in ausreichendem Mass von der Linientätigkeit freigestellt. Die Projektarbeit darf keine reine Zusatzarbeit sein. Die zeitliche Freistellung ist mit den zuständigen Führungskräften abgesprochen und gemeinsam beschlossen.

Klare Rollenverteilung

Die Rollen, Funktionen und Aufgaben im Projekt sind klar verteilt. Das bedeutet:

Der Projektleiter widmet sich primär der Projektmanagementfunktion im Projekt (planen, führen, steuern, navigieren, organisieren, koordinieren, informieren, kommunizieren etc.).

Der Grossteil der operativen Tätigkeiten wird von den Mitgliedern des Projektteams ausgeführt.

Gezielte Projektkommunikation

Die internen und externen Anspruchsgruppen des Projekts werden gezielt über das Projekt und den Projektfortschritt informiert (Statusberichte, Projektsitzungen, persönliche Gespräche etc.). Relevante Anspruchsgruppen werden in das Projekt einbezogen.

Die Projektergebnisse werden (so weit möglich) zugänglich gemacht und intern und extern vermarktet.

Angemessene Ausstattung

Das Projektteam ist angemessen ausgestattet. Es verfügt über Hilfsmittel, die die Kommunikation erleichtern und die effiziente Projektarbeit fördert. Dazu gehören beispielsweise Internet und E-Mail und geeignete Software-Tools für die Projektplanung und -steuerung.

Projektmanagementkultur

Projektmanagement funktioniert dann, wenn im Unternehmen eine angemessene Projektmanagementkultur gefördert wird.

Diese Kultur kann sich entfalten, wenn ein entsprechendes Führungsverhalten für die Mitarbeitenden erkennbar ist und geeignete Rahmenbedingungen für Projekte, eine einheitliche PM-Methodik, entsprechende Schulungsmassnahmen, leistungs- und erfolgsorientierte Entlohnungssysteme etc. bestehen und weiterentwickelt werden.

Das Kompetenzelement **Projektmanagementerfolg** befasst sich mit der Anerkennung der Projektergebnisse durch die massgeblichen Interessengruppen. Oft wird das Projektmanagement oder das Projekt global hinsichtlich Erfolg bzw. Misserfolg bewertet.

Dabei stellt sich immer wieder heraus, dass bei der Projektbewertung nicht nur die erbrachten Projektergebnisse wahrgenommen werden, oft fliessen implizite, nicht ausgesprochene Aspekte aus der **spezifischen Perspektive der Beteiligten** in die Bewertung ein.

Für das Projektmanagement ist es wichtig, die spezifischen **Erfolgsfaktoren** des Projekts herauszuarbeiten und so weit möglich zu gestalten, um optimale Bedingungen für den Projektprozess und Projekterfolg zu schaffen.

Repetitionsfragen

28

Die «gebundene» Rationalität kann Einfluss auf die Wahrnehmung und Einschätzung des Projektmanagementerfolgs nehmen. Bitte nennen Sie die drei wesentlichen Komponenten der «gebundenen» Rationalität und formulieren Sie je ein Beispiel dazu.

Komponente der «gebundenen» Rationalität	Beispiele

29

Entwickeln Sie eine Checkliste «Schneller und erfolgreicher am Projekt scheitern». Nehmen Sie dafür die zehn Erfolgsfaktoren und formulieren Sie diese in Faktoren des Scheiterns um.

11 Interessengruppen

> **Lernziele:** Nach der Bearbeitung dieses Kapitels können Sie …
> - den Begriff Interessengruppen erklären.
> - die wichtigsten Prozessschritte bei der Stakeholderanalyse nennen.
> - die Beziehungen zwischen den Stakeholdern ermitteln und visualisieren.
>
> **Schlüsselbegriffe:** äusseres Projektumfeld, inneres Projektumfeld, Interessengruppen, projektnahes Umfeld, Stakeholder, Stakeholderanalyse, Stakeholderanforderungen, Stakeholdermap

«Projekte scheitern nicht an der Technik, sondern an den Menschen» (Tom DeMarco).

Interessengruppen (engl. **interested parties** oder auch **stakeholder**) sind Gruppen und Organisationen oder auch Personen, die von einem spezifischen Projekt betroffen sind und deshalb ein Interesse am Projekt entwickeln. Interessengruppen können unterteilt werden in Gruppen, die **Vorteile** erwarten, und Gruppen, die **Nachteile** befürchten oder auch in Kauf nehmen müssen.

PM-Kompetenzelement	Taxonomie: Wissen									
Fachkompetenz	0	1	2	3	4	5	6	7	8	9	10
Interessengruppen					D	C		B	A		

Jedes Projekt hat seine spezifischen Interessengruppen.

Beispiel
- Die Planung einer neuen Müllanlage betrifft immer viele Interessengruppen. Ein Teil der Interessengruppen erwartet Vorteile etwa für die Umwelt. Ein Teil der Interessengruppen erwartet Nachteile etwa als Anwohner, die einen Imageverlust für das Wohnquartier und sinkende Grundstückspreise fürchten.
- Bei der konzernweiten Einführung einer Standardsoftware sind ebenfalls die Interessen gespalten. Ein Teil der Betroffenen hofft auf eine verbesserte Leistung durch Entlastung von Routinen und Reduktion von Schnittstellen. Der andere Teil sorgt sich möglicherweise um den Verlust an Entscheidungsfreiheit und die erhöhte Transparenz.
- Eine projektierte Unternehmensfusion kann zahlreiche Interessengruppen auf den Plan rufen. Es sind neben den Mitarbeitenden und Kundengruppen beispielsweise auch Kartellbehörden und Lieferanten, die aktiv werden können.

Häufig werden Interessengruppen auch **Anspruchsgruppen** genannt, denn in vielen Fällen erheben Interessengruppen im Projektverlauf gewisse Ansprüche auf die Projektgestaltung und versuchen, Einfluss auf die Projektergebnisse zu nehmen. Seit einigen Jahren wird im deutschen Sprachraum auch der Begriff **Stakeholder** verwendet. Der Begriff Stakeholder bringt stärker zum Ausdruck, dass Anspruchsgruppen oft beharrlich versuchen, ihren Einfluss auf die Projektarbeit zu erweitern.

Ob diese Ansprüche der Stakeholder berechtigt sind oder nicht: Interessengruppen bilden das **Projektumfeld** und können auf die Projektentwicklung und den Projekterfolg wirken. Viele Projekte scheitern sogar an offenen und verdeckten Widerständen der Interessengruppen. Stakeholder müssen deshalb von Anfang an mit Bedacht berücksichtigt werden.

Der Erfolg eines Projekts hängt vom vorausschauenden Management der oft widersprüchlichen Erwartungen verschiedener Interessengruppen ab. Projekte sind dann erfolgreicher, wenn die Betroffenen und Beteiligten wissen und verstehen, wozu das Projekt dient und wie ihre Interessen berücksichtigt werden.

Die **Stakeholderanalyse** ist eine bewährte Methode zur angemessenen Betrachtung der Stakeholder und Berücksichtigung ihrer Interessen.

Die folgende Tabelle zeigt wichtige Prozessschritte bei der Stakeholderanalyse.

[11-1] Wichtige Prozessschritte bei der Stakeholderanalyse

Wichtige Prozessschritte	Wichtige Ergebnisse	Querverweise
Interessengruppen identifizieren	Stakeholder-übersicht	Projektanforderungen und -ziele
Anforderungen der Interessengruppen ermitteln	Stakeholder-übersicht erweitert	• Projekterfolg • Risiken und Chancen
Einfluss der Stakeholder bestimmen	Einfluss-Interessen-Matrix	• Projekterfolg • Projektanforderungen und -ziele
Beziehungen einschätzen und visualisieren	Stakeholdermap	Projektmanagementerfolg
Strategien und Massnahmen für den Umgang mit Stakeholdern ausarbeiten, mit dem Projektmarketingplan abgleichen und in den Projektplan integrieren	Stakeholdermassnahmen	• Problemlösung • Projektphasen • Kommunikation • Konflikte und Krisen
Stakeholderanalyse regelmässig auf Aktualität prüfen	Interessengruppen aktualisiert	Projekterfolg
Lehren aus dem Umgang mit Stakeholdern dokumentieren und ihre Übertragbarkeit auf die weitere Projekt- bzw. Programmarbeit bzw. auf das Portfolio prüfen	Lessons Learned	PPP-Management

Die Stakeholderanalyse hat drei Hauptfunktionen:

- Sie liefert zu Beginn eines Projekts umfeldbezogene Informationen, die sowohl für die **Projektzieldefinition** sowie für die spätere **Integration des Projekts** im Umfeld und für die Nutzung der Projektergebnisse wichtig sein können.
- Sie bildet die Grundlage für jedes **Projektmarketing** und ist im Wesentlichen nichts anderes als die Zusammenstellung und Analyse aller relevanten Betroffenen und Beteiligten.
- Sie dient dem **Risikomanagement** und der **Konfliktprävention,** indem sie einen Überblick über die Stakeholder und das Kräftefeld aus Erwartungen rund um das Projekt schafft und darauf aufbauend Massnahmen für das proaktive Management von Erwartungen erschliessen lässt.

Dazu gehören:

- Das Erkennen und Erfassen aller Randbedingungen und Einflussfaktoren für das Projekt
- Das Erfassen aller potenziellen Interessengruppen am Projekt, ihre Sichtweisen, Interessen und Erwartungen
- Die Bestimmung des Einflusses der Stakeholder auf das Projekt
- Die Früherkennung von Projektrisiken, aber auch von Projektchancen
- Das Aufzeigen von Handlungsmöglichkeiten für den projektbezogenen Umgang mit dem komplexen Umfeld
- Die Dokumentation dieser Erkenntnisse u. a. für die Projektplanung

Die Stakeholderanalyse schafft die Grundlage für eine hohe Qualität des Projektprozesses und der Projektergebnisse. Sie erhöht zu Beginn eines Projekts die Komplexität für das Projektmanagement. Sie trägt aber zu einer mehrperspektivischen Herangehensweise von Anfang an bei. Potenzielle Risiken können so früher erkannt und bearbeitet werden, d. h., die Wahrscheinlichkeit, dass das Projekt mit Erfolg abgeschlossen werden kann, steigt.

Hinweis   Die Stakeholderanalyse ist immer eine Momentaufnahme, da sich das Projektumfeld kontinuierlich verändert. So kann bereits der Bericht in der Tageszeitung über ein gescheitertes Projekt, über eine bevorstehende Rezession oder über eine bahnbrechende Technologie die Bedenken einiger Stakeholder wachsen lassen. Auch der Wechsel eines Repräsentanten einer Interessengruppe kann Veränderungen im Umfeld bewirken. Empfehlenswert ist eine auf Projektmeilensteine bezogene und auch situative Durchführung der Stakeholderanalyse.

11.1 Interessengruppen identifizieren

Die Wahrnehmung potenzieller Stakeholder ist die Voraussetzung für die Stakeholderanalyse. Ziel ist es, möglichst alle Stakeholder zu identifizieren und projektbezogene Informationen über die Stakeholder zu gewinnen.

Es gilt: Je genauer die Stakeholder identifiziert werden, umso gezielter können Projektmarketinginstrumente ausgewählt und eingesetzt werden.

Wer nun konkret Stakeholder eines Projekts ist oder nicht, kann nicht allgemein gültig definiert werden. Primär ist es die Aufgabe des Projektmanagements, die Stakeholder möglichst früh, am besten während der Initialisierungsphase, also zu Beginn des Projekts zu identifizieren.

Eine wirksame Methode zur Identifikation der Stakeholder ist eine Gruppenarbeit mit zwei bis maximal fünf Personen. Diese müssen nicht zwingend im Projekt involviert sein. Wichtiger ist, dass diese Personen das Projektumfeld beispielsweise aus Erfahrungen früherer Projekte kennen und einschätzen können. Beispielsweise kann eine Projektleiterin aus einem früheren, ähnlich gelagerten Projekt hinzugezogen werden.

Hinweis   Die Ausführungen zu den Kontextkompetenzen bieten eine Vielzahl an Hinweisen zu möglichen Interessengruppen. Die folgende Tabelle zeigt einige Beispiele.

[11-2]   Kontextkompetenzelemente und mögliche Stakeholder (Beispiele)

Kontextkompetenzelemente	Hinweise auf mögliche Stakeholder (Beispiele)
Stammorganisation	Geschäftsführung, Mitarbeitende, Linienmanager, Personalmanagement, Controlling, Auftraggeber
Projekt-, Programm-, Portfoliomanagement	Führungskräfte und Mitarbeitende
Business	Nutzer der Projektergebnisse, externe Kunden, Wettbewerber, Lieferanten
Systeme, Produkte und Technologie	IT-Management, Produktmanagement
Personalmanagement	Bewerber
Gesundheit, Sicherheit und Umwelt	Versicherungen, Sicherheitsfachkräfte, Umweltbeauftragte
Finanzierung	Investoren
Rechtliche Aspekte	Gesetzgeber

Dem Grundsatz folgend «erst in die Breite arbeiten, dann in die Tiefe», wird beim Identifizieren der Stakeholder zunächst die ganze Landschaft rund um das Projekt beleuchtet. Das erfolgt, bis eine angemessene Sättigung entstanden ist.

In einem zweiten Schritt werden die für das definierte Projekt wichtigsten Stakeholdergruppen ausgemacht und in einer Tabelle eingetragen. Das Tabellenformat eignet sich besonders gut, da wichtige Informationen strukturiert angefügt werden können. Das können beispielsweise der Name der Ansprechperson, Funktion und Position sowie Kontaktdaten sein.

11.2 Stakeholderanforderungen ermitteln

Nachdem alle projektrelevanten Stakeholder erfasst sind, müssen die Anforderungen bestimmt werden, die die Stakeholder an das Projekt haben. Das ist die schwierigste, zeitaufwendigste, aber wichtigste Aufgabe innerhalb der Stakeholderanalyse.

Es ist wichtig, die Erwartungen und Anforderungen der Stakeholder zu kennen. Kennt man diese, kann man Aktivitäten in die Wege leiten, die den Verlauf des Projekts positiv beeinflussen und den Widerstand gegen das Projekt verringern.

Zunächst werden Auftrag und Ziel des Stakeholders im Zusammenhang mit dem Projekt erfasst. Dabei müssen auf den ersten Blick nicht erkennbare Erwartungen, persönliche Beweggründe und auch Antipathien und Sympathien berücksichtigt werden, da auch sie einen Einfluss auf das Projekt haben.

In einem weiteren Schritt werden aus dem Auftrag und den Zielen die Anforderungen abgeleitet. Dabei handelt es sich um Annahmen, die im Lauf des Projekts immer wieder geprüft und präzisiert werden müssen.

Eine Tabelle hilft, eine Übersicht über wichtige Stakeholder zu gewinnen.

[11-3] Stakeholderübersicht (mit Beispielen)

Stakeholder (Name bzw. Bezeichnung, Funktion)	Auftrag oder Bezug zum Projekt	Ziel	Anforderungen an das Projekt
Sponsor (CFO)	• Mitglied im Steuerungsausschuss	• Budgeteinhaltung • Kein persönlicher Aufwand mit dem Projekt	• Konstante Kostenverfolgung • Kein Involvieren in fachliche Details
Management (CEO)	• Mitglied im Steuerungsausschuss • Projektleiter «Reorganisation im Konzern»	• Erfolgreiche Inbetriebnahme der Anwendung zeitgleich mit der Reorganisation • Konzernweit die Ersten in der Einführung sein	• Qualitativ hochwertige Arbeit • Einhaltung der Termine • Personaleinsatz so planen, dass keine Ressourcenengpässe entstehen
Projektteam (Entwickler)	• Applikation X entwickeln	• Fehlerfreie Entwicklung • Maximal 15 % Überstunden pro Monat	• Einsatz neuer Tools • Angemessene Ressourcenplanung
Mitarbeitende der Organisationseinheit	• Kollegenkreis	• Arbeitszusammenhang erhalten	• Keine Änderung der Organisationseinheit • Kein Abbau von Arbeitsplätzen
Etc.	• …	• …	• …

11.3 Einfluss der Stakeholder bestimmen

Die Stakeholderübersicht schafft die Grundlage für den nächsten Schritt: das Kategorisieren bzw. Qualifizieren der Stakeholder. Dabei werden aufgrund von Auftrag, Zielen und Anforderungen der Einfluss und das Interesse jedes Stakeholders bzw. jeder Stakeholdergruppe bewertet.

Unter dem Einfluss eines Stakeholders versteht man die Fähigkeit, Möglichkeit und Macht, auf das Projekt effektiv einzuwirken.

Denn: Stakeholder interessieren sich für den Verlauf und Ausgang (Zielerreichung) des Projekts und dafür, ob und wie Einfluss zugunsten der eigenen Anforderungen genommen werden kann.

Man kann die Stakeholder anhand der folgenden Fragen einteilen:

- Wie stark ist die Person bzw. Gruppe an dem Projekt interessiert?
- Wie gross ist der Einfluss der Person bzw. Gruppe, die spezifischen Anforderungen durchzusetzen?

Die Antwort auf die beiden Fragen kann in einer Einfluss-Interessen-Matrix mit vier Feldern gut und anschaulich abgebildet werden.

[11-4]   Einfluss-Interessen-Matrix

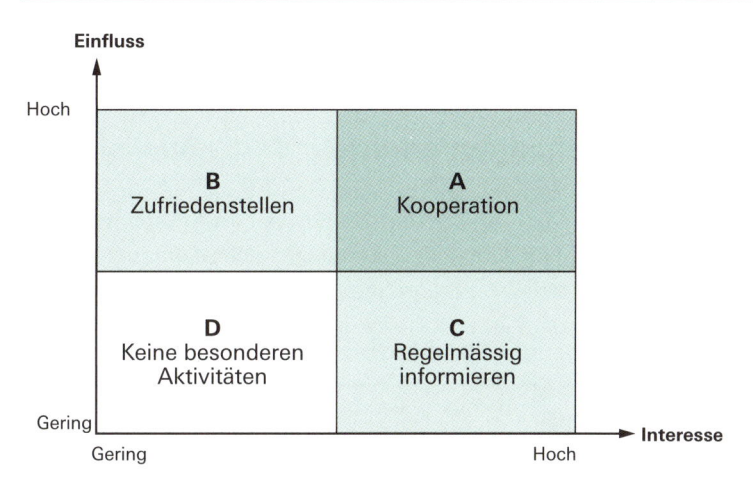

	Interesse Gering	Interesse Hoch
Einfluss Hoch	B Zufriedenstellen	A Kooperation
Einfluss Gering	D Keine besonderen Aktivitäten	C Regelmässig informieren

Mit den vier Feldern der Einfluss-Interessen-Matrix sind vier Handlungsstrategien des Projektmanagements verbunden.

A: Kooperation

Im Feld «Kooperation» sind die wichtigsten Stakeholder. Sie müssen in Planungs- und Entscheidungsprozesse einbezogen werden. Daher benötigen sie einen tiefen Einblick in das Projekt und eine Form der Beteiligung. Vertreter dieser Gruppe sind beispielsweise direkte Vorgesetzte, Mitarbeitende, «aktive» Kunden oder Lieferanten.

B: Zufriedenstellen

Die Beziehung zu diesen Stakeholdern im Feld «Zufriedenstellen» kann sich sehr schwierig gestalten: Sie sind häufig im äusseren Projektumfeld anzutreffen und damit schwer greif- und einschätzbar. Sie können aber das Projekt durch ihre Macht entscheidend beeinflussen. Üblicherweise verhalten sie sich weitgehend passiv und haben ein geringes Interesse an den Vorgängen im Projekt. Solche Stakeholder sollten bei allen weitreichenden Entscheidungen berücksichtigt werden. Zusätzlich zum Einbezug in den Informationsfluss ist eine persönliche Kontaktpflege hilfreich.

Beispiel   Sponsoren, «passive» Kunden oder Auftraggeber sind häufig in dieser Gruppe anzutreffen.

C: Regelmässig informieren

Die Stakeholder im Feld «Regelmässig informieren» haben ein grosses, häufig persönlich motiviertes Interesse am Projekt, aber geringe Einflussmöglichkeiten. Die Informationsbedürfnisse dieser Gruppe werden am besten durch den Einbezug in den periodischen Informationsfluss, wie zum Beispiel durch Projektstatusberichte, befriedigt.

Hinweis Im politischen Umfeld stellt diese Gruppe eine nicht zu unterschätzende «passive Masse» dar, die in kritischen Situationen zu Verbündeten bzw. Widersachern werden kann. Darunter fallen Medien, Kooperationspartner, Arbeitskollegen oder der Verkauf.

D: Keine besonderen Aktivitäten

Im Feld «Keine besonderen Aktivitäten» sammeln sich Stakeholder, die nur ein geringes Eigeninteresse am Projekt haben und unter anderem bedingt durch ihre Position oder Funktion wenig Einfluss ausüben. Präsentationen, öffentliche Veranstaltungen, Abschlussberichte usw. sind geeignete Mittel, um ihr Informationsbedürfnis zu befriedigen. Schwesterfirmen, Holdings oder die Öffentlichkeit können Vertreter dieser Gruppe sein.

11.4 Beziehungen ermitteln und visualisieren

Mit einer Stakeholdermap wird die Analyse der Interessengruppen abgeschlossen. Die Stakeholdermap ist eine grafische Darstellung der Stakeholderbeziehungen. Sie visualisiert die aktuelle (politische) Situation und gibt einen Überblick über das Projektumfeld.

Primär geht es bei der Stakeholdermap darum, die Beziehungen zwischen Stakeholder zum Projekt bzw. Projektmanagement und die Vernetzung untereinander einzuschätzen und zu veranschaulichen. Die Darstellung der Vernetzung hat neben der Transparenz einen besonderen Vorteil: Sie zeigt das System aus Beziehungen, das mit förderlichen und hinderlichen Wirkketten verbunden sein kann.

Die Stakeholdermap wird in zwei Schritten erstellt. Im ersten Schritt wird das Projektumfeld in drei Sphären rund um das Projektmanagement eingeteilt, d. h.:

- Das **innere Projektumfeld** wird von dem unmittelbaren Projektumfeld in der Stammorganisation einschliesslich Projekt-, Programm- und Portfoliomanagement gebildet. Dazu gehören etwa das Projektteam, externe und interne Mitarbeitende, Linienvorgesetzte.
- Das **äussere Projektumfeld** wird durch das angrenzende innerbetriebliche und ausserbetriebliche Umfeld gebildet. Dazu gehören beispielsweise das Management, Kunden, Partner, Standorte der Stammorganisation etc.
- Das **projektnahe Umfeld** umfasst die lokalen, regionalen, nationalen und auch internationalen Bezüge des Projekts. Dazu gehören beispielsweise Behörden, Gesetzgeber, Medien und Öffentlichkeit.

Die folgende Abbildung zeigt ein Beispiel:

[11-5] Das Projektumfeld

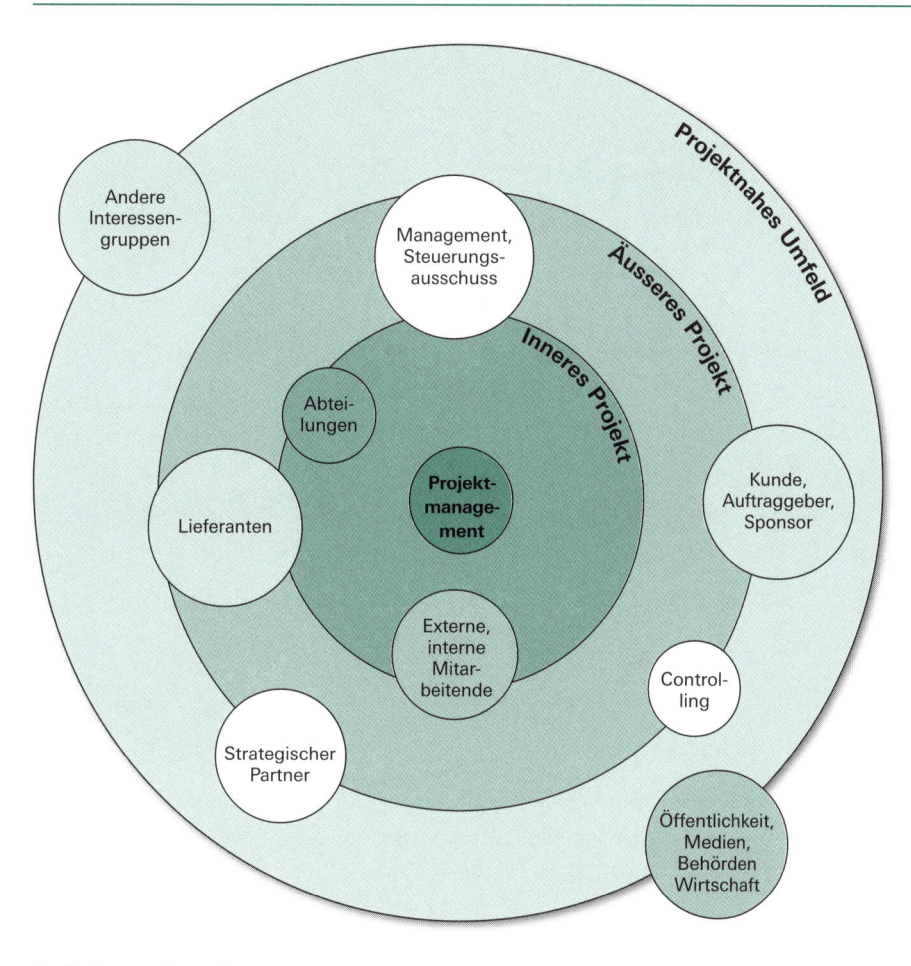

Auf dieser Grundlage werden in einem aufbauenden Schritt die Beziehungen zwischen Stakeholder und Projekt visualisiert.

Folgende Fragestellungen helfen dabei:

- Wie ist der allgemeine Kontakt zu …?
- Wie gestaltet sich die Zusammenarbeit mit …?
- Welche Erfahrungen gibt es im Umgang mit …?
- Wie ist die Beziehung zwischen …?

Die Stakeholdermap hilft, die **Komplexität** des Projekts zu erfassen und einen Umgang damit zu finden.

Die Beziehungen lassen sich gut grafisch mit Symbolen darstellen. Die folgende Abbildung zeigt ein Beispiel:

[11-6] Die Stakeholdermap zeigt wichtige Beziehungen auf

Legende

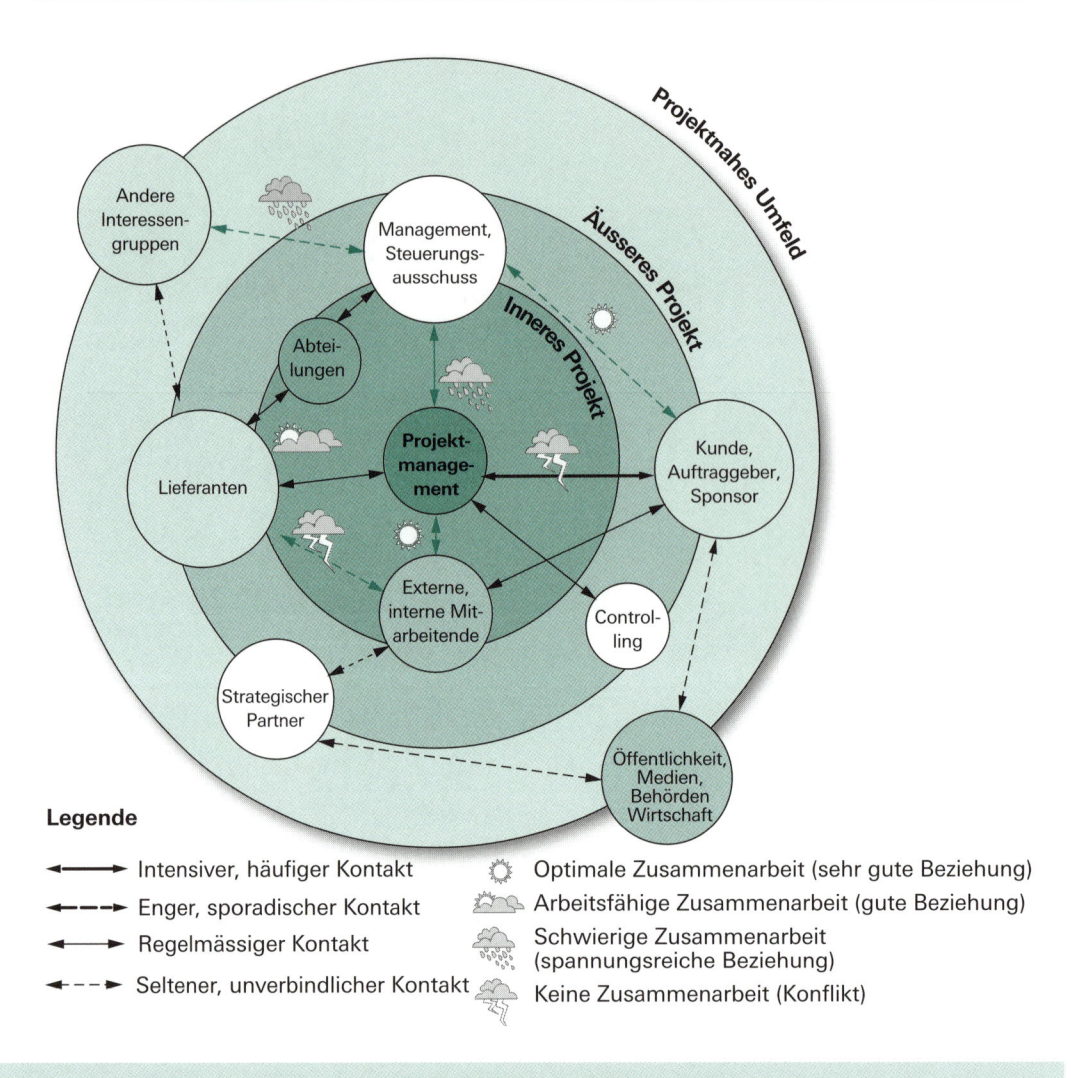

← → Intensiver, häufiger Kontakt
←--→ Enger, sporadischer Kontakt
← → Regelmässiger Kontakt
←--→ Seltener, unverbindlicher Kontakt

☀ Optimale Zusammenarbeit (sehr gute Beziehung)
⛅ Arbeitsfähige Zusammenarbeit (gute Beziehung)
🌧 Schwierige Zusammenarbeit (spannungsreiche Beziehung)
⛈ Keine Zusammenarbeit (Konflikt)

> Das Kompetenzelement **Interessengruppen** befasst sich mit den Gruppen und Personen, die von einem Projekt betroffen sind und deshalb ein Interesse am Projektverlauf und Projektergebnis haben. Interessengruppen versuchen, Einfluss auf das Projekt zu nehmen. Das Projektmanagement muss die mögliche Einflussnahme auf den Projektprozess und die Projektergebnisse proaktiv betrachten und Massnahmen ergreifen, um den Projekterfolg zu sichern. Die **Stakeholderanalyse** hilft, relevante Interessengruppen im Projektumfeld zu identifizieren, ihre Einflussstärke zu bewerten und das Beziehungsfeld aus Interessengruppen rund um das Projekt zu klären.

Repetitionsfragen

30

Welche drei Hauptfunktionen hat die Stakeholderanalyse?

31

Angenommen, Sie leiten ein Projekt mit einer Interessengruppe, die ein grosses Einflusspotenzial hat und fürchtet, Nachteile durch das Projekt in Prozess und Ergebnis zu erfahren. Nennen Sie drei Handlungsmöglichkeiten des Projektmanagements.

12 Projektanforderungen und -ziele

> **Lernziele:** Nach der Bearbeitung dieses Kapitels können Sie ...
> - wichtige Schritte bei der Bestimmung der Projektanforderungen und -ziele nennen.
> - Projektziele definieren, gewichten und formulieren.
> - Projektanforderungen definieren.
> - eine Machbarkeitsprüfung durchführen.
>
> **Schlüsselbegriffe:** Anforderungskatalog, Gewichtung der Ziele, Kannziele, Machbarkeitsprüfung, Mussziele, Pflichtenheft, Projektanforderung, Projektauftrag, Projektziele, Systemziele, Vorgehensziele, Wechselwirkung der Ziele, Zielarten, Zielformulierung, Zielhierarchie

Das **Projektziel** gibt Auskunft über die vereinbarten Projektergebnisse, die in dem für das Projekt vorgesehenen Zeitrahmen und Budget und auch in der Qualität zu liefern sind. Die **Projektanforderungen** spezifizieren die Projektziele.

PM-Kompetenzelement	Taxonomie: Wissen										
Fachkompetenz	0	1	2	3	4	5	6	7	8	9	10
Projektanforderungen und -ziele						D	C	B	A		

Mit der Definition der Projektziele und der Projektanforderungen werden wichtige Voraussetzungen für das Projekt und Projektmanagement geschaffen. Da die Projektziele in mehrerer Hinsicht mit Risiken verbunden sein können, wird eine **Machbarkeitsstudie** durchgeführt.

Die folgende Tabelle zeigt wichtige Prozessschritte bei der Bestimmung der Projektanforderungen und -ziele.

[12-1]   Wichtige Prozessschritte bei der Bestimmung der Projektanforderungen- und -ziele

Wichtige Prozessschritte	Wichtige Ergebnisse	Querverweise
Projektziele definieren und gewichten sowie die Abhängigkeit zwischen den Projektzielen bewerten	Projektzielkatalog	Projekterfolg
Projektanforderungen herausarbeiten	Anforderungskatalog	Projektumfang und -ergebnisse
Machbarkeitsstudie unter Berücksichtigung relevanter Aspekte durchführen	Machbarkeitsstudie	Risiken und Chancen
Entscheid über Projekt	Projektauftrag	Projektorganisation
Lehren aus der Definition der Projektziele und Projektanforderungen dokumentieren und ihre Übertragbarkeit auf die weitere Projekt- bzw. Programmarbeit bzw. auf das Portfolio prüfen	Lessons Learned	PPP-Management

Die Machbarkeitsstudie bildet die Grundlage für die Entscheidung für oder gegen einen Projektauftrag.

12.1 Projektziele definieren

Ziele müssen klar definiert werden und eindeutig sein. Doch genau hier hapert es meistens. Eine ungenaue Zieldefinition ist der Hauptgrund für das Scheitern von Projekten. Eine exakte Zieldefinition ist einer der wichtigsten Schritte innerhalb der Projektinitialisierung. Alles, was hier an Vorarbeit versäumt wird, muss später mühsam nachgeholt werden. Nur durch ein eindeutig definiertes Projektziel wird eine realistische Planung möglich.

Unrealistische Erwartungen z. B. des Auftraggebers können gleich in der Zieldefinitionsphase bereinigt werden, damit dies nicht zu Konflikten führt, wenn das Projekt schon läuft und bereits Kosten verursacht wurden.

In der DIN-Norm 69 905 wird der Begriff Ziel wie folgt definiert:

Ein Projektziel ist ein nachzuweisendes Ergebnis und/oder eine vorgegebene Realisierungsbedingung der Gesamtaufgabe eines Projekts.

12.1.1 Zielfindung als Prozess

Ziele müssen erarbeitet werden. Dazu ist ein systematisches und umsichtiges Vorgehen erforderlich. Bei der Zielfindung wird von der Projektidee bzw. vom Grobziel ausgegangen. Es geht darum, alle relevanten Ziele zu erfassen und zu konkretisieren und damit das Projekt klar abzugrenzen.

Dabei müssen folgende Fragen bearbeitet werden:

- Was gehört zum Projekt – was nicht?
- Was sind die Projektziele – was sind Nicht-Ziele?

Die Grenzen des Projekts müssen allen Projektbeteiligten klar sein. Die Benennung und Beschreibung der Nicht-Ziele hilft, die Grenze zu klären. Nicht-Ziele helfen beispielsweise, unrealistische Erwartungen an das Projekt und an das Projektmanagement von Vornherein auszuschliessen.

[12-2] Die Projektabgrenzung

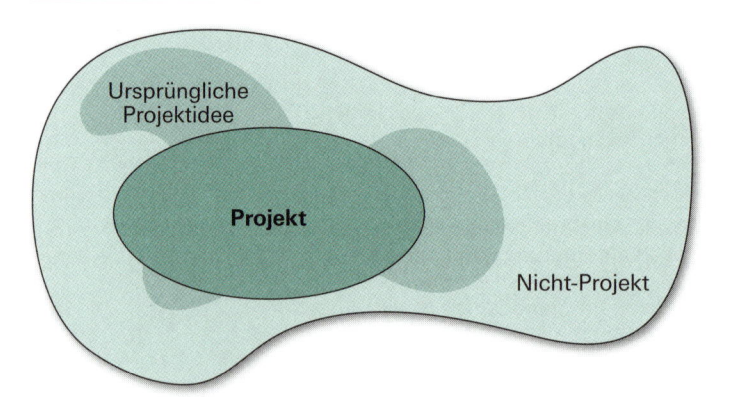

Für die Zielfindung bzw. -präzisierung und Abgrenzung empfiehlt sich die Durchführung von Workshops. Die Beteiligung wichtiger Stakeholder ist oft sinnvoll. Bei der Beteiligung ist darauf zu achten, dass relevante Sichten vertreten sind. Wichtige Sichten sind:

- die Sicht der Fachexperten,
- die Sicht des Managements sowie
- die Sicht relevanter Interessengruppen (z. B. spätere Nutzer bzw. Kunden).

Die Beteiligung hat den Vorteil, dass zu Beginn des Projekts mehrere Perspektiven und Bedingungen im Umfeld berücksichtigt werden können. Das stärkt die Zieldefinition.

12.1.2 Zielarten

Ziele können in folgende Arten unterteilt werden:

- System- und Vorgehensziele
- Muss- und Kannziele

Die Einteilung fördert die Zielklarheit, besonders wenn sehr viele Ziele erreicht werden sollen und wenn die Anzahl möglicher Interessengruppen gross ist.

Systemziele

Systemziele beschreiben die gewünschten Eigenschaften des Projektergebnisses, d. h., es müssen alle Forderungen und Wünsche in Betracht gezogen werden, die am Ende des Projekts mit der Lösung erreicht werden sollen.

Beispiel: Das neue System soll während der Arbeitstage zu 99.9 Prozent zur Verfügung stehen.

Vorgehensziele

Vorgehensziele beschreiben den Weg zur Erreichung des Projektergebnisses, d. h. alle Forderungen und Randbedingungen, die im Lauf des Projekts zu erfüllen sind, die aber beim Erreichen des Projektergebnisses nicht mehr relevant sind. Hier sind alle Zwischenziele (Meilensteine), die verfügbaren finanziellen Mittel, personelle und sachliche Ressourcen einzuordnen.

Beispiel: Die Installation des Systems soll Ende des Jahres erfolgreich abgeschlossen sein.

Mussziele

Mussziele müssen unbedingt erreicht werden. Sie sind wichtige Kriterien für die Auswahl von Lösungsalternativen. Eine potenzielle Lösung, die ein Mussziel nicht erreicht, scheidet aus. Mussziele müssen immer so formuliert werden, dass objektiv und eindeutig festgestellt werden kann, ob sie erreicht wurden.

Wunschziele

Wunschziele sind Ziele, deren Erreichen positiv beurteilt wird. Sie müssen jedoch nicht um jeden Preis vollständig erreicht werden, sollten aber weitestgehend realisiert werden. Sie werden bei der Abnahme eines Systems nicht wirklich geprüft. Die Erfüllung von Wunschzielen trägt zur Zufriedenheit der Interessengruppen bei.

12.1.3 Gewichtung der Ziele

Ein weiterer Schritt im Zieldefinitionsprozess ist die Gewichtung der einzelnen Ziele. Man muss sich im Klaren sein, wie wichtig die einzelnen Ziele für das Projekt sind, d. h., welche Gewichtung sie haben. Die Gewichtung der Ziele fördert den Blick für Prioritäten. Das ist wichtig, um das Projekt effizient und effektiv gestalten zu können.

Beispiel

Angenommen, es stehen drei Ziele zur Disposition:

- Bessere Kundenzufriedenheit
- Verbesserung des Firmenimages
- Verbesserung des Preis-Leistungs-Verhältnisses

Dann stellt sich die Frage: Welches Ziel ist das wichtigste?

Die Gewichtung der Ziele ist vor allem dann wichtig, wenn die Ressourcen Zeit, Personal und Finanzen knapp sind. Oft besteht aber eine synergetische Wirkung zwischen möglichen Zielen, dann ist es erforderlich, die Wechselwirkung zwischen den Zielen zu betrachten.

12.1.4 Wechselwirkung der Ziele

Zum Zielfindungsprozess gehört auch die Betrachtung von Wechselwirkungen und Abhängigkeiten zwischen den Zielen. Zur Klärung der Wechselwirkungen und Abhängigkeiten kann eine Einflussmatrix helfen. Die Einflussmatrix geht auf die Forschung zum vernetzten Denken von Frederic Vester zurück.

Die folgende Tabelle zeigt ein Beispiel:

[12-3]   Einflussmatrix

Einflussnahme von:	Einflussnahme auf:				Ergebnis
	Ziel 1	Ziel 2	Ziel 3	Ziel n	
Ziel 1 (z. B. bessere Kundenzufriedenheit)		3			
Ziel 2 (z. B. Verbesserung des Firmenimages)	3		0		
Ziel 3 (z. B. besseres Preis-Leistungs-Verhältnis)		2			
Ziel n					

Legende: 0 = kein Einfluss, 1 = geringer Einfluss, 2 = mittlerer Einfluss, 3 = starker Einfluss

Beispiel

Erläuterung zum Beispiel

Eine bessere Kundenzufriedenheit wirkt sich beispielsweise stark auf die Verbesserung des Firmenimages aus, und ein besseres Preis-Leistungs-Verhältnis wirkt sich auf die Kundenzufriedenheit aus. Eine Verbesserung des Firmenimages hat jedoch keinerlei Auswirkung auf das Preis-Leistungs-Verhältnis.

Die Betrachtung der Wechselwirkung der Ziele hilft, den Fokus des Projekts sowohl auf Synergien als auch auf die stärkste Hebelwirkung zu legen.

12.1.5 Die Zielhierarchie

Ziele können als hierarchisches System abgebildet werden. Zu unterscheiden sind dann drei Ebenen:

- **Projektgesamtziel:** Das Projektgesamtziel beschreibt die Zielsetzung in sehr komprimierter Form.
- **Projektteilziele:** Die Projektteilziele beschreiben die Lieferergebnisse eines Projekts.
- **Messbare Ergebnisse:** Die messbaren Ergebnisse benennen die konkreten Outputs des Projekts.

[12-4] Die Zielhierarchie

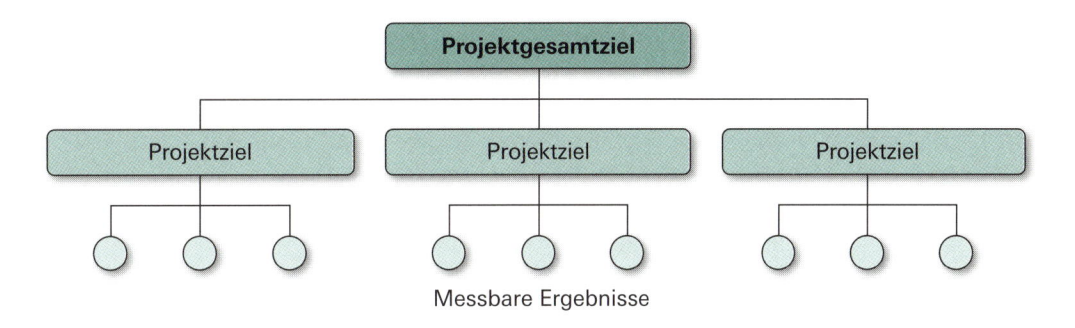

```
                    Projektgesamtziel
         ┌─────────────────┼─────────────────┐
     Projektziel       Projektziel       Projektziel
     ┌──┼──┐           ┌──┼──┐           ┌──┼──┐
     ○  ○  ○           ○  ○  ○           ○  ○  ○
                   Messbare Ergebnisse
```

Hinweis Lesen Sie auch die Ausführungen zum Kompetenzelement Leistungsumfang und Projektergebnisse.

Die Zielhierarchie hat den Vorteil, dass sie einen Überblick über das Ganze und seine Teile gewährt und damit für das operative Projektmanagement eine gute Grundlage schafft.

12.1.6 Ziele richtig formulieren

Nachdem die Stakeholder befragt und die Ziele und Rahmenbedingungen erhoben wurden, müssen diese formuliert werden. Dabei ist äusserste Sorgfalt geboten, denn genau so, wie falsche und fehlende Ziele ein Projekt gefährden, behindern schlechte, zweideutige und falsch formulierte Ziele die Projektarbeit.

Es gibt einige Kriterien, die korrekt und gut formulierte Ziele erfüllen müssen. Diese werden in der folgenden Übersicht dargestellt.

[12-5] Anforderungen an die Zielformulierung

Anforderungen	Erläuterung
Vollständigkeit	Alle Ziele mit einem nennenswerten Gewicht müssen bekannt sein (zu viele Ziele können allerdings den Blick für das Wesentliche verstellen).
Messbarkeit	Ziele sind so zu formulieren, dass im Voraus bekannt ist, anhand welcher Kriterien die Zielerreichung beurteilt wird (Operationalisierung).
Herausforderung	Ein Projektziel ist anspruchsvoll, es stellt eine Herausforderung dar, die nicht im «Routinebetrieb» bearbeitet werden kann.
Realisierbarkeit	Ziele müssen im Rahmen des konkreten Projekts mit den zur Verfügung stehenden Ressourcen beeinflusst werden können, d. h., sie können anspruchsvoll sein, sie dürfen aber nicht unrealistisch sein oder ausserhalb des Kompetenzbereichs des Projekts liegen.
Widerspruchsfreiheit	Ziele dürfen sich nicht widersprechen oder sich gegenseitig ausschliessen, Zielkonkurrenzen sind erlaubt.
Lösungsneutralität	Ziele müssen unterschiedliche Lösungen erlauben, sie dürfen nicht von Vornherein nur eine Lösung zulassen.
Redundanzfreiheit	Identische Ziele sollen nicht mehrfach durch unterschiedliche Begrifflichkeiten verfolgt werden.
Relevanz	Ziele müssen für die jeweilige Fragestellung (z. B. ein Teilprojekt) massgeschneidert sein.
Aktualität	Ziele sind permanent an die aktuelle Situation und den aktuellen Wissensstand anzupassen.
Zeitbezogenheit	Ziele haben ein konkretes Realisierungsdatum.

Nach der Erarbeitung der Ziele muss die Projektleiterin die Ziele vom Auftraggeber «absegnen», d. h. schriftlich bestätigen lassen. Der Zielkatalog ist die Ausgangsbasis für das weitere Handeln.

12.2 Projektanforderungen definieren

Einer der wichtigsten Schritte in der Phase Projektinitialisierung ist die Erstellung des **Anforderungskatalogs** (auch **Lastenheft** genannt), der auf dem Zielkatalog aufbaut. Im Anforderungskatalog werden die Anforderungen an die Lieferungen und Leistungen aus Anwendersicht einschliesslich aller Randbedingungen detailliert beschrieben. In ihm wird definiert, WAS zu lösen ist und WOFÜR. Diese Anforderungen sollten so weit wie möglich quantifiziert werden. Nur so können die Ergebnisse während der Projektrealisierung gemessen und bewertet werden.

Was ist eine Anforderung?

Eine Anforderung ist eine Aussage über eine zu erfüllende Eigenschaft oder zu erbringende Leistung eines Produkts, eines Prozesses oder der am Prozess beteiligten Personen.

Für die Inhalte eines **Anforderungskatalogs** ist grundsätzlich der Nutzer der Projektergebnisse verantwortlich. Häufig wird diese Zuständigkeit aber delegiert, zum Beispiel an eine Fachabteilung. Wenn der Nutzer den Anforderungskatalog nicht selbstständig erstellt, sind die Inhalte mit ihm sorgfältig abzustimmen. Die weiteren Bearbeitungsschritte sind davon abhängig, dass er den Anforderungskatalog genehmigt.

Während der Anforderungskatalog das WAS und WOFÜR beschreibt, wird im Pflichtenheft definiert, WIE und WOMIT die Anforderungen zu realisieren sind. Das **Pflichtenheft** baut auf dem Anforderungskatalog auf und wird in der Phase Planung (2. Hauptphase) erstellt. Es ist die Aufgabe des Auftragnehmers (Projektleitung), bei der Erstellung des Pflichtenhefts die Widerspruchsfreiheit und Realisierbarkeit der im Anforderungskatalog genannten Anforderungen zu prüfen.

Bei **grossen, komplexen Vorhaben** kann die Erstellung eines Anforderungskatalogs erhebliche finanzielle und personelle Ressourcen binden und sich über einen längeren Zeitraum erstrecken. Die Erstellung des Anforderungskatalogs ist dann als eigenständiges Teilprojekt abzuwickeln. Dementsprechend kommen alle Phasen des Projektmanagements zur Anwendung: Es werden Ressourcen geplant, ein separates Budget zugeteilt, ein Projektteam gebildet, ein Terminablaufplan erstellt und der Bearbeitungsfortschritt periodisch überwacht und gesteuert.

Das Projektziel wird durch den Anforderungskatalog präzisiert. Der Anforderungskatalog soll als erste Planungsunterlage das Projektziel so genau wie möglich festlegen. Die Detaillierung der Anforderungen kann aber entsprechend der Problemstellung und des Kenntnisstands unterschiedlich tief sein.

Beispiel

Für eine zu entwickelnde Software sollte ein Anforderungskatalog z. B. folgende Themen ansprechen:

- Anwendungs- bzw. Einsatzumgebung
- Geforderte Funktionen und Eigenschaften
- Benutzeroberfläche
- Benutzerschnittstellen
- Datenbasis
- Mengengerüst
- Qualitätsanforderungen
- Realisierungsvorgaben
- Dokumentationsanforderungen
- Zeit- und Kostenrahmen

Die aufgeführten Anforderungen sollen festlegen, was erreicht werden soll, dabei aber spätere Realisierungslösungen nicht unnötig einschränken. Es kann auch für das weitere

Konzipieren nützlich sein, wenn bei jeder Anforderung aufgeführt wird, ob es sich um eine Muss- oder Kann-Anforderung handelt. Aus Gründen der Wirtschaftlichkeit kann es sich später als vorteilhaft herausstellen, eine bestimmte Kann-Anforderung fallen zu lassen oder für eine spätere Version vorzusehen.

Anhand des Anforderungskatalogs wird eine **erste Aufwandsschätzung** vorgenommen, die aber wegen der erheblichen Unsicherheiten in der Leistungsdefinition noch nicht als verbindlich angesehen werden darf. Häufig wird aber diese erste Aufwands- und Kostenschätzung bereits als Massstab bei den späteren Projektbetrachtungen herangezogen. Daher sollte die Schätzung sorgfältig vorgenommen und hinsichtlich der möglichen Projektrisiken genau abgewogen werden.

12.3 Machbarkeit prüfen

Projekte unterscheiden sich von der Routinetätigkeit. Sie sind oft tief greifende Eingriffe in die bestehende Systemlandschaft. Das bedeutet: Das Risikopotenzial kann erheblich sein. Deshalb ist eine **Machbarkeitsprüfung** erforderlich.

Bei der Machbarkeitsprüfung wird auch zu Beginn des Projekts, bei der Zieldefinition und während der Konzeptphase überprüft, ob das Projektziel realistisch ist. Sie wird auch Projektstudie genannt.

Bei der Machbarkeitsprüfung stehen meistens folgende Aspekte im Mittelpunkt der Betrachtung:

- technische und fachliche Machbarkeit,
- organisatorische Machbarkeit und
- wirtschaftliche Machbarkeit.

Die folgende Abbildung gibt einen Überblick über wichtige und mögliche Aspekte der Machbarkeitsprüfung.

[12-6]   Machbarkeitsprüfung – Aspekte

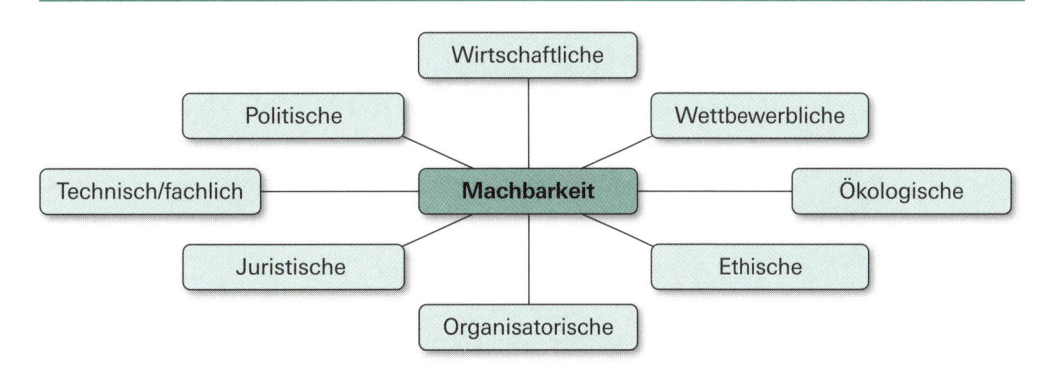

12.3.1 Technische und fachliche Machbarkeit

Die Grundlage der technischen und fachlichen Machbarkeitsprüfung bilden Fachkonzepte sowie Anforderungen, wie beispielsweise das Lasten- oder Pflichtenheft.

Die Überlegungen zur Machbarkeit umfassen folgende Fragen:

- Sind die technischen Anforderungen überhaupt erfüllbar?
- Wie sehen grob die Alternativen aus und was sind die jeweilgen Voraussetzungen?
- Sind die fachlichen Annahmen und Anforderungen überhaupt realistisch?
- Sind alle fachlichen Anforderungen der Nutzer berücksichtigt?
- Wo liegen die grössten technischen bzw. fachlichen Risiken?
- Kann dem Projekt ausreichend Fachpersonal zugeführt werden?

12.3.2 Organisatorische Machbarkeit

Die Überlegungen zur organisatorischen Machbarkeit umfassen folgende Punkte und Fragen:

- Die Abschätzung der organisatorischen und personellen Veränderungen, die das Projekt für das Unternehmen haben kann
- Die Einschätzung der Veränderungsfähigkeit von Organisationseinheiten und Personen
- Die Identifikation der wichtigsten unterstützenden Massnahmen
- Ändert sich die Aufbau- bzw. Ablauforganisation oder die bisherige Zusammenarbeit von Organisationseinheiten?
- Ändern sich Stellen, Funktionen oder Rollen?
- Können wir das Projekt (System) gleichzeitig in allen Bereichen bzw. Niederlassungen einführen?
- Werden neue Mitarbeitende gebraucht? Von wo beschaffen wir diese rechtzeitig?
- Wo liegen die grössten organisatorischen Risiken?

Hinweis Lesen Sie dazu auch die Ausführungen zum Kontextkompetenzelement Stammorganisation.

12.3.3 Wirtschaftliche Machbarkeit

Die Überlegungen zur wirtschaftlichen Machbarkeit umfassen u. a.:

- Die Durchführung einer Wirtschaftlichkeitsbetrachtung einschliesslich Dokumentation der Annahmen z. B. über Wachstum, Zinsen etc.
- Die Abschätzung des Bedarfs an liquiden Mitteln
- Die Identifikation der grössten Kosten- und Terminrisiken

Hinweis Lesen Sie dazu auch die Ausführungen zum Kontextkompetenzelement Finanzierung.

12.3.4 Konsequenzen

Wird das Projekt als machbar eingeschätzt, dann wird ein **Projektauftrag** erteilt.

Wenn sich Zweifel an der Machbarkeit ergeben, entscheidet der Auftraggeber oder der Lenkungsausschuss im Wesentlichen zwischen den drei Möglichkeiten:

- Durchführung einer detaillierten Machbarkeitsstudie
- Projektabbruch
- Projektdurchführung trotz hohen Risikos

Hinweis Die Machbarkeitsprüfung und die **Risikoanalyse** sind eng miteinander verbunden. Das Ergebnis der Machbarkeitsprüfung liefert die Datengrundlage für ein realistisches Risikomanagement.

Klare **Projektziele** und konkrete **Projektanforderungen** bilden die Voraussetzungen für ein erfolgreiches Projekt. Sie müssen deshalb zu Projektbeginn definiert werden. Das ist oft kein einfacher Schritt, denn Ziele müssen nicht nur geklärt und priorisiert, sondern auf ihre Wechselwirkung geprüft werden. In komplexen Projekten ist es hilfreich, relevante Stakeholder in die Zieldefinition einzubinden. Das hat den Vorteil, dass die Ziele von mehreren Perspektiven aus betrachtet und stärker auf eine nutzenstiftende Lösung ausgerichtet werden können.

Ein Erfolgsfaktor für das Projekt ist die **Zielformulierung**. Projektziele sind

- vollständig,
- messbar,
- anspruchsvoll,
- realisierbar,
- widerspruchsfrei,
- lösungsneutral,
- redundanzfrei,
- relevant,
- aktuell und
- zeitbezogen.

Die Projektziele bilden die Grundlage für die **Projektanforderungen**. Projektanforderungen sind die fachlichen Spezifika, die zur Erfüllung der Projektziele dienen.

In der **Machbarkeitsprüfung** werden die Projektziele auf ihre Realisierungschancen betrachtet. Wichtige Aspekte sind: die technische/fachliche, organisatorische und wirtschaftliche Machbarkeit. Auch wettbewerbliche, politische, ökologische und juristische Aspekte können von Bedeutung sein.

Repetitionsfragen

32

Welche der folgenden Aussagen sind falsch bzw. richtig? Bitte kreuzen Sie in der entsprechenden Spalte an und begründen Sie kurz Ihre Antwort.

Aussagen	Falsch	Richtig	Begründung
Projektziele sind wichtig. Es ist aber vollkommen unnötig, die Nicht-Ziele zu beschreiben.	☐	☐	
Projektziele müssen eine konkrete Lösung beschreiben.	☐	☐	
Ein Projektziel ist ein Kann-Ziel, es muss nicht erreicht werden.	☐	☐	
Die wirtschaftliche Machbarkeit eines Projekts wird normalerweise nicht geprüft.	☐	☐	

33

Sie erhalten eine Projektstudie, in der einige Zweifel an der Machbarkeit dargelegt werden. Sie sind Auftraggeber und müssen nun entscheiden. Welche drei Möglichkeiten haben Sie?

13 Risiken und Chancen

> **Lernziele:** Nach der Bearbeitung dieses Kapitels können Sie ...
>
> - wichtige Schritte des Risiken- bzw. Chancenmanagements nennen.
> - Risiken und Chancen identifizieren und bewerten.
> - einen Risikenbericht erstellen.
> - Massnahmen zur Bewältigung von Risiken aufführen.
>
> **Schlüsselbegriffe:** Bedrohungen, Bewertungsklassen, Chancen, Projektrisiken, Risiken, Risikobericht, Risikobewältigung, Risikoklassen-Graph, Risikopotenzial, Risikotrend-Graph, Schadenspotenzial, Schwächen, Stärken, SWOT-Analyse

Projekte sind mit Risiken und auch mit Chancen verbunden. **Projektrisiken** sind mögliche Ereignisse oder nicht auszuschliessende Entwicklungen, die bei Eintritt den geplanten Projektverlauf beeinträchtigen werden. Im Gegensatz dazu sind **Projektchancen** mögliche Ereignisse oder nicht auszuschliessende Entwicklungen, die bei ihrem Eintritt den Projektverlauf fördern.

PM-Kompetenzelement	Taxonomie: Wissen										
Fachkompetenz	0	1	2	3	4	5	6	7	8	9	10
Risiken und Chancen						CD		AB			

Für das Projekt ist das Risikomanagement besonders wichtig, denn Manager und auch Fachkräfte neigen dazu, zu optimistisch zu sein. Der Blick auf die Risiken sollte aber nicht davon abhalten, bestehende Chancen zu ergreifen.

Die folgende Übersicht weist auf wichtige Schritte und Ergebnisse des Risiken- bzw. Chancenmanagements hin.

[13-1] Wichtige Schritte und Ergebnisse des Risiken- bzw. Chancenmanagements

Wichtige Prozessschritte	Wichtige Ergebnisse	Querverweise
Risiken und Chancen identifizieren und bewerten	- SWOT-Analyse - Eintrittswahrscheinlichkeit - Schadenspotenzial - Risikoklassifikation - Szenarios	Projektmanagementerfolg
Risiken und Chancen visualisieren und beobachten	- Risikoklassen-Graph - Risikotrend-Graph	Information und Dokumentation
Risiken kommunizieren und berichten	Risikobericht	Information und Dokumentation
Massnahmenkatalog für das Risiken- und Chancenmanagement erstellen und in den Projektplan einbinden	Massnahmenkatalog zu Risiken und Chancen	Projektphasen
Lehren aus dem Risiken- und Chancenmanagement dokumentieren und ihre Übertragbarkeit auf die weitere Projekt- bzw. Programmarbeit bzw. auf das Portfolio prüfen	Lessons Learned	PPP-Management

Es gibt mehrere Gründe für das kontinuierliche Beobachten und Managen von Risiken und Chancen im Projektzyklus:

- Projekte arbeiten in die Zukunft. Ereignisse in der Zukunft sind nicht vorhersehbar. Vorkommnisse im weiteren Projektkontext (z. B. Subprime-Krise) und im engeren Projektrahmen (z. B. eine technische Innovation) können die Projektentwicklung fördern oder behindern. Projekte sind komplex. Sie greifen in Bestehendes ein und können Wechselwirkungen anregen, die nicht oder nur zum Teil berechenbar sind. Bestehende Risiken können rasch zu Problemen werden und eine Kettenreaktion auslösen.
- Projekte sind einmalig. Sie sollen etwas Neues hervorbringen (z. B. durch ein Forschungs- und Entwicklungsprojekt) und/oder betreten Neuland (z. B. eine Marktlücke besetzen) und müssen dabei mit einer nahezu beispiellosen Konstellation der Rahmenbedingungen rechnen.

Das bedeutet: Risiko- und Chancenmanagement ist ein kontinuierlicher Prozess im Projektmanagement, der alle Phasen des Projekts flankiert, und zwar von der Projektidee bis zum Projektabschluss. Ziel ist es, die Ungewissheit im Projekt zu mindern. Risiko- und Chancenmanagement soll einerseits verhindern, dass aus Risiken konkrete Probleme werden, und andererseits ermöglichen, dass Chancen im Projektverlauf genutzt werden.

Dazu gehören die vorausschauende Eigeninitiative, ein konsequentes Einhalten des Risiko- bzw. Chancenmanagementprozesses sowie ein kontinuierliches Einbeziehen relevanter Interessengruppen. Darüber hinaus kann es erforderlich sein, dass Fachleute zur Bearbeitung spezifischer Risiken oder auch Chancen beauftragt werden.

Projektrisiken und -chancen sind nur zum Teil zu Projektbeginn klar ersichtlich und kalkulierbar. Sie können ein allgemeines Risiko bzw. eine Chance darstellen, die viele Projekte betreffen und auch sehr spezifisch sein.

Beispiele

Projektrisiken

- Beim Bau des Gotthardbasistunnels müssen geologische und topografische Risiken beobachtet und bewältigt werden.
- Die Subprime-Krise, die eine weltweite Finanzkrise ausgelöst hat, beruht zu einem Teil auf unterschätzten oder auch ignorierten Risikoposten. Die Wirkungen auf das laufende Geschäft und die Projektwirtschaft sind gravierend.
- Viele Projekte scheitern aufgrund der unterschätzten Komplexität. Ein Beispiel dafür ist ein grosses IT-Projekt zweier Banken, die nach einer Verzögerung erkannten, dass eine Projektrealisierung mit einem erheblichen Mehraufwand verbunden sein würde. Reagiert wurde mit einem Projektabbruch.

Projekte, die sich von Anfang an durch viele Risiken auszeichnen, müssen mit entsprechenden **Reserven** starten.

13.1 Risiken und Chancen identifizieren

Das Identifizieren von Risiken und Chancen gehört zu den regelmässigen Aufgaben der Projektleiterin. Grundsätzlich gilt: Lieber zu viele Risiken und Chancen erfassen und beobachten als zu wenige.

Da Risiken und auch Chancen in vielen Aspekten eines Projekts liegen können, ist das Identifizieren und Bewerten von Risiken und Chancen eine Aufgabe aller Beteiligten. Es empfiehlt sich, Risiken und Chancen als Traktandum bei Besprechungen auf der Ebene der Teams, der Projektleitung und der Steuerungsgruppe zu führen. So können Risiken und Chancen nicht nur identifiziert, sondern auch mögliche Wechselwirkungen zügig berücksichtigt werden.

Ein erster Schritt der Identifikation von Risiken und Chancen kann eine SWOT-Analyse sein. SWOT ist ein Akronym für Strengths (Stärken), Weaknesses (Schwächen), Opportunities (Möglichkeiten) und Threats (Gefahren). Die SWOT-Analyse hat zwei Vorteile: Sie berücksichtigt sowohl fördernde als auch beeinträchtigende Aspekte und sie betrachtet das Projekt mit seinen Stärken und Schwächen und auch das Umfeld mit seinen Möglichkeiten und Gefahren. Darüber hinaus schafft die Darstellung in Form einer Matrix eine gute Übersicht.

SWOT-Analyse	
Projekt und Projektmanagement	
Stärken (Strengths)	**Schwächen (Weaknesses)**
Zum Beispiel: • Gute Unterstützung durch das Top-Management • Etc.	Zum Beispiel: • Projektmitarbeitende sind nicht ausreichend qualifiziert • Schnittstellen sind oft unklar • Etc.
Projektumfeld	
Chancen (Opportunities)	**Bedrohungen (Threats)**
• Die Gesetzgebung begünstigt das Projekt mit der Gesetzesinitiative x • Etc.	• Auf dem Markt versuchen sich neue Wettbewerber zu platzieren • Etc.

Die SWOT-Analyse kann leicht aktualisiert werden. Bestimmte Massnahmen können sofort definiert werden (z. B. Schulung des Projektteams).

13.2 Risiken und Chancen bewerten

Sind Risiken und Chancen (einschliesslich Schwächen und Stärken) identifiziert, dann müssen die Eintrittswahrscheinlichkeit und das Schadenspotenzial bewertet werden.

Risikopotenzial = Eintrittswahrscheinlichkeit x Schadenspotenzial

Die Faktoren dieser Formel sind keine exakten Grössen, sie werden anhand qualitativer Aussagen bemessen.

Hilfreich ist die Einstufung in Bewertungsklassen. In der folgenden Tabelle finden Sie mögliche Bewertungsklassen für die Einschätzung des Risikopotenzials.

Eintrittswahrscheinlichkeit		Schadenspotenzial	
Stufe	**Beschreibung**	**Stufe**	**Beschreibung**
1–2	Gering (eher unwahrscheinlich)	1–2	Geringer Einfluss auf Projekt und Projektmanagement
3–4	Mittel (möglich)	3–4	Ein Projektziel ist gefährdet (Termin, Kosten, Ergebnis/Qualität)
5–6	Hoch (wahrscheinlich)	5–6	Mehrere Projektziele sind gefährdet
7–8	Sehr hoch (sehr wahrscheinlich)	7–8	Mehrere Projektziele sind unerreichbar (Projekt scheitert)

Man kann auch die Chancen entsprechend bewerten. Dann geht es nicht um das Schadenspotenzial, sondern das Nutzenpotenzial und Projektziele sind dann nicht gefährdet, sie werden vielmehr gefördert oder unterstützt.

Die angemessene Einschätzung der Risikopotenziale kann durch die **Szenariotechnik** unterstützt werden. Im Rahmen der Szenariotechnik werden mögliche Entwicklungen herausgearbeitet, und zwar unter Berücksichtigung von mindestens zwei Szenarien: der schlimmste Fall (Worst-Case-Szenario) und der günstigste Fall (Best-Case-Szenario). Auch die potenzielle Wirkung von Risikoketten kann eingeschätzt werden.

13.3 Risiken und Chancen visualisieren

Für das Management von Risiken und Chancen ist die Visualisierung eine wichtige Technik. Sie hilft, wesentliche Parameter zu beobachten. Bei der Visualisierung von Risiken und Chancen ist eine angemessene Abbildung der Entwicklung im Lauf der Zeit besonders relevant. Diese erlaubt Aussagen hinsichtlich Trends.

Dazu bieten sich verschiedene Techniken an. Besonders geeignet sind:

- Der Risikoklassen-Graph
- Der Risikotrend-Graph

13.3.1 Der Risikoklassen-Graph

Der Risikoklassen-Graph bildet Risiken, den typischen Risikoklassen zugeordnet, in einem Spinnennetz-Diagramm ab. Typische Risikoklassen sind: Organisation, Technologie, Qualität etc. Es ist empfehlenswert, sich in einem Projekt auf relevante Risikoklassen zu einigen. Ein Beispiel zeigt die folgende Abbildung:

[13-2] Risikoklassen-Graph

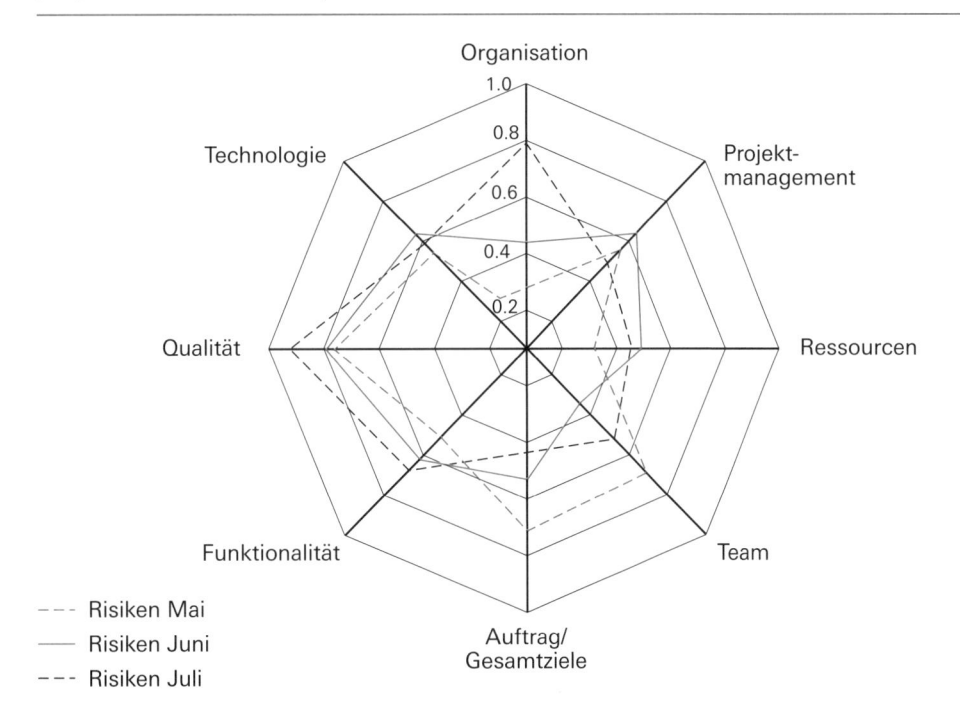

--- Risiken Mai
— Risiken Juni
--- Risiken Juli

13.3.2 Der Risikotrend-Graph

Der Risikotrend-Graph stellt die Entwicklung des Risikos unter Berücksichtigung der umgesetzten Massnahmen dar. Meist fokussiert der Risikotrend-Graph auf Risiken, die das höchste Risikopotenzial aufweisen. Die folgende Abbildung zeigt ein Beispiel:

[13-3] Risikotrend-Graph

Risikopotenzial

(Diagramm: x-Achse Zeit von Mrz. bis Dez., y-Achse Risikopotenzial 0% bis 100%. Projektbeginn bei Mrz., Aktueller Projektstand bei Aug. Massnahmen M1 (Mrz., 70%), M2 (Apr., 60%), M3 (Mai, 60%), M4 (Aug., 75%).)

- Hohes Risikopotenzial
- Mittleres Risikopotenzial
- Geringes Risikopotenzial
- M1–M4 Massnahmen 1–4
- —— Risiko 1
- —— Risiko 2
- – – – Risiko 3
- – – – Risiko 4

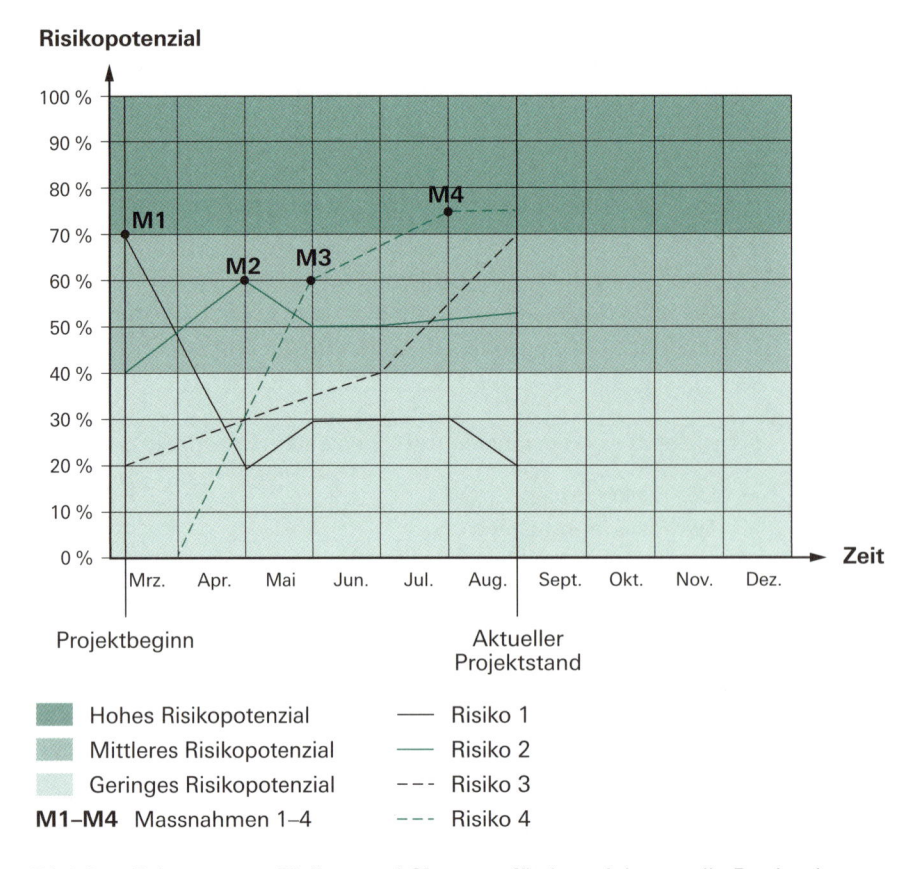

Die Visualisierung von Risiken und Chancen fördert nicht nur die Beobachtung von Risiken, sondern auch die Kommunikation und liefert Materialien für die Risikoberichterstattung.

13.4 Risiken und Chancen berichten

Risiken und die Massnahmen des Risikomanagements müssen kommuniziert werden. Oft hadert das Projektmanagement mit der Kommunikation von Risiken. Es zeigt sich aber immer wieder, dass eine proaktive Risikokommunikation das Projekt nicht gefährdet, sondern eher das Vertrauen der Stakeholder in das Projektmanagement stärkt und die Risiken oder die bereits entstandenen Probleme leichter meistern lässt.

Dazu zwei Beispiele:

Beispiel

Beispiel 1: Organisatorische Änderungen

Die meisten Optimierungsprojekte (bessere Ablaufprozesse, Einführung effizienterer Werkzeuge oder Maschinen, Restrukturierungen usw.) in Unternehmen ziehen organisatorische Änderungen nach sich. Solche Änderungen sind bei den betroffenen Personen (real oder auch nur hypothetisch) immer mit Ängsten verbunden. Dadurch steigt das Risiko des Verlusts der Leistungsfähigkeit oder der erhöhten Fluktuation stark an.

Werden solche Folgen festgestellt, ist es meist schon zu spät. Der Aufwand und die Kosten für eine allfällige Korrektur steigen überproportional an. Viel einfacher ist es, die Ängste der Belegschaft eines Unternehmens vom Projektstart an zu berücksichtigen und aktiv über das Risikomanagement «zu bewirtschaften».

Risikomindernde Massnahmen wie

- regelmässige Information über Newsletters,
- (interaktive) Informationsveranstaltungen oder
- das Einrichten von Hotlines

können die Unsicherheit der Belegschaft und somit auch die aufkommenden (Existenz-)Ängste reduzieren.

Beispiel 2: Phishing von Kontoinformationen

Das Phishing von Kontoinformationen (Beschaffung von Zugangsdaten zu Kontos über E-Mails und sehr ähnlich aussehende Webpages) hat besonders durch die immer grössere Verbreitung des Zahlungsverkehrs über das Internet stark zugenommen. Auch die Schweizer Bankenwelt ist davon nicht verschont geblieben. Ein gutes Beispiel für ein kombiniertes Problem- und Risikomanagement gibt die Bank Coop ab. Nach der ersten grösseren Phishing-Attacke, der die Bank ausgesetzt war, wurden zwei Hauptmassnahmen parallel durchgeführt:

- Problemmanagement: Es wurde sofort ein Krisenstab einberufen, der die Attacke technisch und wirtschaftlich analysierte und entsprechende Gegenmassnahmen einleitete. Die betroffenen Kunden wurden kulanterweise vollumfänglich entschädigt (= zusätzlicher Imagegewinn).
- Risikomanagement: Über die Print- und elektronischen Medien wurde der Fall publik gemacht. Damit wurden die Mechanismen des Phishing einem breiten Publikum (also auch den Kunden) publik gemacht. Durch die transparente Information konnten die Auswirkungen zukünftiger Attacken markant reduziert werden, da weniger Personen auf dieselben Tricks hereinfallen werden.

Risiken müssen in einem angemessenen Detaillierungsgrad dokumentiert werden. Die Aufzeichnungen müssen für Dritte nachvollziehbar sein. Von besonderem Interesse sind beispielsweise die Auswirkungen auf Termine, Kosten, Ergebnisse bei Risikoeintritt. Bei Projekten, deren Ziele durch Risiken hochgradig gefährdet sind, ist das Erstellen separater **Risikoberichte** zu empfehlen.

Die folgende Übersicht weist auf wichtige Inhalte und Ziele des Risikoberichts hin.

[13-4] Risikobericht – Inhalte und Ziele

Themen	Inhalte	Ziele
Risikobeschreibung	Die Risikobeschreibung gibt Aufschluss über die wesentlichen Merkmale des Risikos.	Wichtigste Eigenschaften des Risikos vermitteln
Hintergründe	Anlass, der zum Risikobericht geführt hat. Meist sind dies Vorfälle oder Äusserungen von Personen, die für das Projekt ein Risiko darstellen können.	Hintergründe des Risikos transparent machen
Auswirkungen	Im Ereignisfall wirkt sich das Risiko auf Termine, Kosten und Ergebnisse (bzw. deren Qualität) eines Projekts aus. Hier wird beschrieben, welche Ziele wie stark betroffen sind.	Auswirkungen im Ereignisfall (bei Risikoeintritt) aufzeigen
Risikobewertung	Bewertung des Risikos mittels Eintrittswahrscheinlichkeit und Schadenspotenzial, ggf. unter Berücksichtigung der bisherigen Massnahmen sowie der Zukunft (Trends und Szenarios).	Relevanz des Risikos für das Projekt erkennen
Vorgeschlagene Massnahmen	Detaillierte Beschreibung der konkreten Massnahmen, die vorgeschlagen werden. Dazu gehören: Vorteile und Nachteile, Auswirkungen auf das Projekt (Ziele, Prozesse, Beteiligte und Betroffene), Aufwände bzw. Kosten, Rahmenbedingungen.	Entscheidungsgrundlagen für die Auswahl geeigneter Massnahmen schaffen
Weiteres Vorgehen	Konkrete Vorschläge für das weitere Vorgehen.	Notwendige Aufgaben und Aktivitäten sowie die Verantwortlichkeiten aufzeigen

13.5 Risiken bewältigen und Chancen ergreifen

Es gibt viele Möglichkeiten für den Umgang mit Risiken. Grundsätzlich gilt: proaktiv Risiken managen und kontinuierliche Aktivitäten des Risiken- und Chancenmanagements in den Projektplan einbinden. Sonst kann aus dem eigentlichen Projektmanagement schnell eine «Feuerwehr»-Funktion werden.

Bei der Bewältigung von Risiken gibt es verschiedene Möglichkeiten. Man kann beispielsweise Risiken

- eliminieren,
- minimieren,
- versichern,
- verlagern oder
- akzeptieren.

Massnahmen, die die Eintrittswahrscheinlichkeit eines Risikos eliminieren oder reduzieren, sollten bevorzugt werden. Sie dienen der **Risikoprävention** (Vorbeugung). Ein Beispiel ist die Installation einer Firewall, die verhindert, dass wichtige Geschäftsdaten nach aussen dringen.

Des Weiteren sind Massnahmen sinnvoll, die den Schaden beim Eintritt des Risikos minimieren. Dazu gehört eine umfassende Information der Stakeholder in Krisensituationen.

Bestehende Stärken müssen gefördert und Chancen im richtigen Moment ergriffen und genutzt werden.

> Das Risiken- und Chancenmanagement umfasst alle Aktivitäten der Analyse und der Bearbeitung von projektbezogenen Risiken und Chancen.
>
> Die Risikobewertung erfolgt mit folgender Formel:
>
> Risikopotenzial = Eintrittswahrscheinlichkeit x Schadenpotenzial
>
> Die **Visualisierung** von Risiken erleichtert die Beobachtung der Entwicklung des Risikos im Lauf der Zeit und das Ableiten von möglichen Trends. Dafür eignen sich der **Risikoklassen-Graph** und der **Risikotrend-Graph.**
>
> Risiken, die die Projektziele nicht oder nur bedingt gefährden, sind vom Projektleiter selbstständig im Auge zu behalten. Gefährdet ein Risiko ein oder mehrere Projektziele, muss die Projektleiterin einen **Risikobericht** erstellen.
>
> Man kann die Risiken eliminieren, minimieren, versichern, verlagern oder akzeptieren.

Repetitionsfragen

34

Bitte ergänzen Sie die «Formel»

Risikopotenzial = ... x ....

35

Welche Möglichkeiten haben Sie im Projektmanagement, um das Potenzial eines Risikos zu verringern? Beschreiben Sie zwei Möglichkeiten.

36

Wie unterscheidet sich die Risikobewertung, wenn Sie einen Risikoklassen- und einen Risikotrend-Graph erstellen?

14 Qualität

> **Lernziele:** Nach der Bearbeitung dieses Kapitels können Sie ...
>
> - wichtige Schritte des Qualitätsmanagements nennen.
> - die drei Bereiche des Qualitätsmanagements aufzählen.
> - das Project-Excellence-Modell beschreiben.
> - die verschiedenen Prüfverfahren darstellen.
>
> **Schlüsselbegriffe:** dynamische Prüfungen, Pilotprojekte, Project Excellence, Projektmanagementqualität, Projektqualität, Prüftechniken, Qualität, Qualitätslenkung, Qualitätsmanagement, Qualitätsplanung, Qualitätsprüfung, Simulationen, statische Prüfungen

Das Kompetenzelement Qualität befasst sich mit der Qualität der Projektergebnisse und mit der Qualität des Projektmanagements.

Um die Kundenbedürfnisse zu erfüllen und die definierten Leistungen effizient und effektiv erbringen zu können und dabei Fehler zu vermeiden, ist die Projektsteuerung nach Qualitätszielen unumgänglich.

PM-Kompetenzelement	Taxonomie: Wissen										
Fachkompetenz	0	1	2	3	4	5	6	7	8	9	10
Qualität						CD		AB			

Qualität ist ein Hilfsmittel, um Projekte erfolgreicher durchzuführen. Bevor das möglich wird, muss zuerst klar sein, wo und für wen im Projekt welche Qualität erreicht werden soll. Das wird mithilfe von Qualitätszielen festgehalten.

Was ist eigentlich Qualität?

Qualität ist die Gesamtheit von Eigenschaften und Merkmalen eines Produkts oder einer Dienstleistung, die sich auf deren Eignung zur Erfüllung festgelegter oder vorausgesetzter Bedürfnisse bezieht.

In dieser Definition sind vier Aspekte beschrieben:

- Die Einheit, d.h. der Gegenstand der Betrachtung
- Die konkrete Beschaffenheit der Einheit
- Die Anspruchsklasse, nach der die Einheit bewertet wird
- Die Qualitätsforderung, an der die Beschaffenheit gemessen wird

Beispiel Wenn z.B. ein Apfel die zu beurteilende Einheit ist, muss zunächst die angestrebte Güteklasse festgelegt werden. Die Forderungen werden an messbaren Kriterien wie z.B. die Freiheit von faulen Stellen oder die Grösse quantitativ genau beschrieben. Je nachdem, ob die Beschaffenheit des betrachteten Apfels diese Forderungen erfüllt oder nicht, ist seine Qualität «gut» oder «schlecht».

Im Rahmen eines Projekts bezieht sich Qualität auf das Ausmass, in dem die Eigenschaften der Projektergebnisse und des Projektmanagements den Anforderungen entsprechen.

Die folgende Tabelle gibt einen Überblick über wichtige Prozessschritte und Ergebnisse beim Qualitätsmanagement.

[14-1] Wichtige Prozessschritte und Ergebnisse beim Qualitätsmanagement

Wichtige Prozessschritte	Wichtige Ergebnisse	Querverweise
Qualitätsmanagement der Stammorganisation, des Portfolio- oder Programmmanagements berücksichtigen	Qualitätspolitik, -ziele und Vorgaben, Schnittstellenübersicht	• Stammorganisation • PPP-Management
Projektbezogener Qualitätsmanagementplan unter Berücksichtigung der Projektergebnisse und des Projektmanagements entwickeln und an den Projektplan knüpfen	Projektbezogener Qualitätsmanagementplan	• Projektmanagementerfolg • Projektanforderungen und -ziele • Projektphasen
Qualität lenken	Qualitätsverbesserungsmassnahmen	• Projektmanagementerfolg • Projektanforderungen und -ziele
Qualität prüfen	Genehmigung bzw. Abnahme der Projektergebnisse Mängelliste	• Projektmanagementerfolg • Projektanforderungen und -ziele
Lehren aus dem projektbezogenen Qualitätsmanagement dokumentieren und ihre Übertragbarkeit auf die weitere Projekt- bzw. Programmarbeit bzw. auf das Portfolio prüfen	Lessons Learned	PPP-Management

Bei einem Projekt, das im Rahmen eines Programms durchgeführt bzw. Teil eines Portfolios ist, ist zu klären, ob eine bestimmte Qualitätspolitik, entsprechende Qualitätsziele bestehen und auch Standards (Prozesse, Methoden, Vorlagen) vorgegeben sind. Bei grösseren Projekten kann eine enge Zusammenarbeit mit den zuständigen Personen und Stellen von Vorteil sein.

14.1 Qualitätsmanagement

Qualitätsmanagement im Allgemeinen umfasst alle Tätigkeiten des Managements, die die Qualitätspolitik, die Ziele und Verantwortlichkeiten festlegen. Dazu gehören auch bestimmte Vorgehensweisen zur Qualitätsplanung, Qualitätslenkung, Qualitätsprüfung sowie Qualitätsverbesserung. Die folgende Grafik zeigt die Hauptaktivitäten zur Förderung der Qualität nach dem Prinzip des Regelkreises.

[14-2] Hauptaktivitäten zur Förderung der Qualität

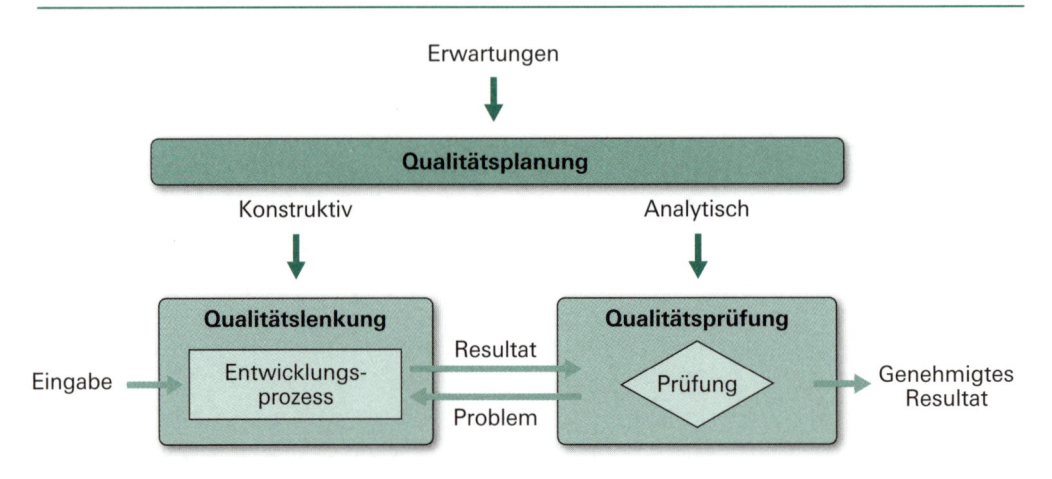

14.1.1 Qualitätsplanung

Der wichtigste und oft auch schwierigste Teil eines Qualitätssicherungssystems ist die Qualitätsplanung. In der Qualitätsplanungsphase wird zuerst festgelegt, welche Anforderungen an das Ergebnis und an den Projektprozess gestellt werden und in welchem Umfang die Qualität realisiert werden muss. Die Qualitätsmerkmale müssen definiert, klassifiziert und gewichtet werden. Nur mit quantifizierten Qualitätskriterien ist die Überprüfung der vorgesehenen Qualität und ihres Erfüllungsgrads möglich. Die Qualitätsplanung bildet die Grundlage für die Qualitätslenkung und die Qualitätsprüfung.

14.1.2 Qualitätslenkung

Unter Qualitätslenkung wird die aktive Qualitätsteuerung verstanden. Diese wird praktiziert, damit die vorgegebenen Qualitätsziele und -anforderungen erreicht werden. Die Voraussetzungen für eine effiziente Qualitätslenkung werden durch die umfassende Qualitätsplanung und die auf Kriterien bezogene Qualitätsprüfung geschaffen. Die Qualitätslenkung übernimmt die Steuerung, Korrektur und Überwachung des auf eine bestimmte Qualität ausgerichteten Prozesses. Das bedeutet, dass die Qualitätslenkung für optimale Bedingungen beim Erstellen eines qualitativ hochwertigen Ergebnisses sorgt. Dazu gehört auch, Quellen für Qualitätsmängel zu erkennen und diese mittels konstruktiver Massnahmen zu beseitigen. Die Qualitätsprüfung liefert wichtige Informationen für die Qualitätslenkung.

14.1.3 Qualitätsprüfung

Die Qualitätsprüfung deckt Qualitätsdifferenzen zwischen dem Ergebnis und der Planung auf. Bei der Qualitätsprüfung wird also kontrolliert, ob ein Ergebnis den definierten Anforderungen entspricht bzw. nicht entspricht.

Für diesen Zweck ist ein **Prüfplan** erforderlich. Der Prüfplan beinhaltet eine Aufstellung der zu prüfenden Objekte und die Prüftechnik und informiert über den Status etc. Die folgende Tabelle zeigt ein Beispiel.

[14-3] Beispiel einer Prüfliste aus dem IT-Bereich

ID	Vorgang (Arbeitspaket)	Lieferobjekt	Lieferdatum	Prüftechnik	Prüfer bzw. Prüfteam	Status
1	Layout für Masken definiert	Masken-Layouts	25.08.	Vernehmlassung	Benutzervertreter	Geplant
2	Funktionale Prozesse technisch beschreiben	Technische Spezifikation	14.07.	Technischer Review	Teilprojektteam	Erledigt
3	Schnittstellen zu Umsystemen technisch beschrieben	Technische Spezifikation	17.08.	Technischer Review	Teilprojektteam und Vertreter relevanter Teilprojekte	Offen
4	...	...	...	...	...	...

Die Arbeitsweise der Qualitätsprüfung ist vergleichend und analytisch. Die Qualitätsprüfung kann zu zwei Resultaten führen:

- Zum einen: Das Prüfobjekt erfüllt die Qualitätsanforderungen, dann erfolgt die Freigabe oder Genehmigung.
- Zum anderen: Das Prüfobjekt erfüllt die Qualitätsanforderungen nicht, dann werden die Qualitätsmängel erfasst und das Prüfobjekt zur Überarbeitung geleitet.

Der Qualitätsbericht liefert der Qualitätslenkung wichtige Hinweise auf mögliche Quellen für Qualitätsmängel.

Das stetige Prüfen wichtiger Etappen und Schnittstellen im Entwicklungsprozess ermöglicht das frühzeitige Identifizieren von Fehlern und Mängel sowie das rasche Einleiten von Korrekturmassnahmen oder auch die Verbesserung der Grundlagen für Qualität (z. B. Schulung der Mitarbeitenden).

14.2 Projekt- und Projektmanagement-Qualität

Grundsätzlich unterscheiden wir in einem Projekt zwischen
- der Qualität des Projekts (Projektergebnisse) und
- der Qualität des Projektmanagements.

In den meisten Fällen liegt der Fokus auf der Projektqualität. Da diese stark von der Qualität des Projektmanagements abhängt, kann es sinnvoll sein, beide Ebenen aus der Qualitätsperspektive zu betrachten.

14.2.1 Projektqualität managen

Bei der Projektqualität liegt der Schwerpunkt auf den Ergebnissen eines Projekts und den Eigenschaften, die die Ergebnisse (das Produkt oder System) zum Projektabschluss erfüllen müssen.

Für die Qualitätsbewertung von Informatiksystemen kennen wir beispielsweise folgende Merkmale:

- Effizient funktionierende Lösung
- Geforderte Funktionen sind integriert
- Auf zukünftige Änderungswünsche anpassbar
- Benutzerfreundliche Anwendung
- Die Lösung funktioniert zuverlässig und korrekt
- Die Lösung ist verknüpfbar mit weiteren Systemen
- Geforderte Sicherung ist abgedeckt
- Anwendbar auf unterschiedliche Systeme

14.2.2 Prozessqualität managen

Die Projektabwicklung kann bezüglich Qualität ebenfalls sehr gut geprüft werden. Denken wir z. B. an die Plangenauigkeit, die Kontrollkonsequenz oder die Fragen, ob die passenden Instrumente durch die Projektleiter eingesetzt werden. Selten wird aber die Qualität der Projektabwicklung geprüft. Wenn überhaupt, dann beim Projektabschluss, wo die wichtigsten Erfahrungen aus dem Projekt festgehalten werden.

Die Feststellung, dass die Qualität in der Projektabwicklung in der Praxis keinen hohen Stellenwert hat, wurde schon länger gemacht. Es existierte jedoch kein umfassendes Qualitätsmanagementmodell für Projekte. Seit der Etablierung des **EFQM-Modells für Business Excellence** konnten mit der Anpassung aus **Project Excellence** erste Erfahrungen mit diesem Modell im Projektmanagement gemacht werden.

14.3 Project Excellence

Das Modell für Project Excellence basiert auf dem Business-Excellence-Modell der European Foundation for Quality Management (EFQM). Das EFQM-Modell für Business Excellence ist ein umfassendes Managementmodell und -instrument, das nicht nur auf die Einhaltung von Qualitätsstandards zielt, sondern auch und vor allem auf hervorragende Leistungen.

Wie das EFQM-Modell umfasst auch das Project-Excellence-Modell zwei wichtige Aspekte: die Projektergebnisse und auch die Voraussetzung für hervorragende Ergebnisse: das Projektmanagement. Nach dem Modell werden die Projektergebnisse durch das Projektmanagement ermöglicht. Die Projektergebnisse wiederum liefern wichtige Anhaltspunkte für Innovation und **Projektlernen.** Projektlernen wird beispielsweise durch die Ermittlung von **Lessons Learned** oder auch im Rahmen von Verbesserungsworkshops gefördert.

[14-4]   Das Modell der Project Excellence

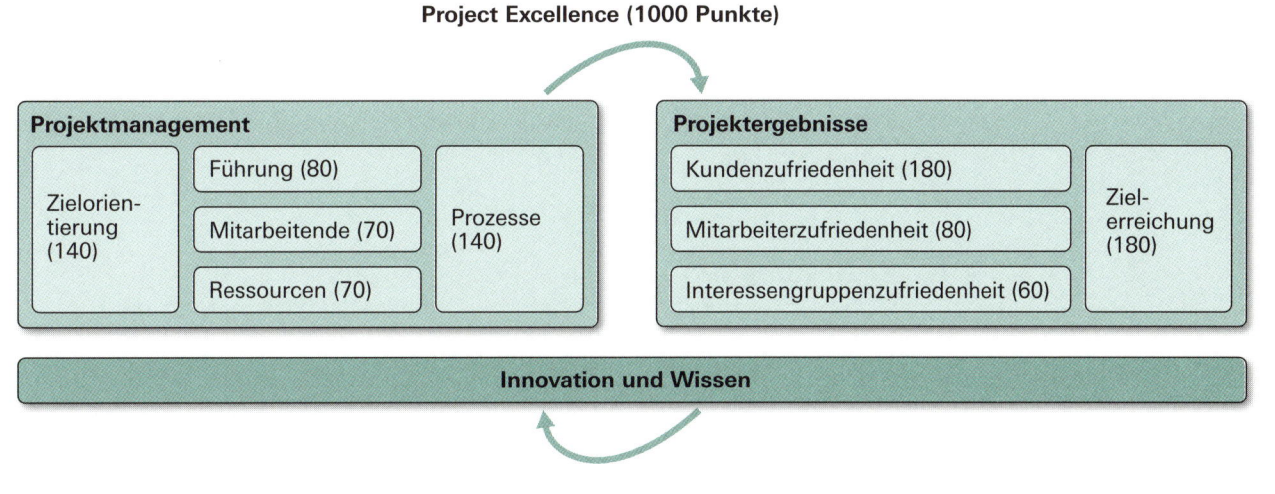

Project Excellence (1000 Punkte)

Projektmanagement
- Zielorientierung (140)
- Führung (80)
- Mitarbeitende (70)
- Ressourcen (70)
- Prozesse (140)

Projektergebnisse
- Kundenzufriedenheit (180)
- Mitarbeiterzufriedenheit (80)
- Interessengruppenzufriedenheit (60)
- Zielerreichung (180)

Innovation und Wissen

Die Project Excellence kann bewertet werden. Dabei werden die beiden Bereiche Projektmanagement und Projektergebnisse maximal mit je 500 Punkten bewertet. Jeder Bereich ist in fünf bzw. vier Kategorien unterteilt und wird durch die Zuordnung einer Maximalpunktzahl gewichtet.

Die folgende Tabelle gibt einen Überblick mit Erläuterungen zu den einzelnen Kriterien.

Kategorien	Gewichtung	Beschreibung
Bereich Projektergebnisse		
Zielorientierung	140	Die Zielsetzung des Projekts ist aufgrund umfassender Informationen über die Anforderungen seiner Interessengruppen optimal formuliert, entwickelt, überprüft und umgesetzt.
Führung	80	Die Führungskräfte im Projekt setzen sich in Wort und Tat für «Project Excellence» ein. Verbesserungen im Projekt werden aktiv gefördert, und Führungskräfte bemühen sich um Kunden, Lieferanten und andere Organisationen.
Mitarbeitende	70	Die Projektmitarbeitenden sind einbezogen, ihre Potenziale sind erkannt und werden genutzt. Alle Projektmitarbeitenden sind zu selbstständigem Handeln autorisiert.
Ressourcen	70	Finanzmittel, Informationen, Lieferanten und deren Leistungen sowie weitere Ressourcen werden im Projekt wirksam und effizient eingesetzt, geplant und gesteuert.
Prozesse	140	Die für den Projekterfolg wertschöpfenden Prozesse sind identifiziert, geführt, überprüft sowie regelmässig angepasst und optimiert. Zudem werden Projektmanagementmethoden und -systeme effektiv eingeführt, angewandt und verbessert und die Erfahrungen aus dem Projekt werden so aufbereitet und dargestellt, dass diese für alle Projekte personenunabhängig nutzbar sind.
Kundenzufriedenheit	180	Die Leistungen des Projekts werden unter Berücksichtigung der Erwartungen und der Zufriedenheit der Projektkunden bewertet.

Kategorien	Gewichtung	Beschreibung
Bereich Projektergebnisse		
Mitarbeiterzufriedenheit	80	Die Leistungen des Projekts werden im Hinblick auf die Erwartungen und Zufriedenheit der Projektmitarbeitenden bewertet.
Interessengruppenzufriedenheit	60	Die Leistungen des Projekts werden hinsichtlich der Erwartungen und der Zufriedenheit der Interessengruppen bewertet.
Zielerreichung	180	Die Zielerreichung sowie die Performance des Projekts werden im Hinblick auf das geplante Projektziel aufgezeigt.

Hinweis **Zwei wichtige Hinweise**

Project Excellence zielt nicht auf höchste Perfektion im Detail. Sie zielt vielmehr auf die Gestaltung eines wirksamen Systems des Projektmanagements, das zu hervorragenden Projektergebnissen mit Blick auf die Beteiligten und Betroffenen befähigt.

Die Kosten für das Qualitätsmanagement müssen berücksichtigt werden. Qualitätsmanagement soll den Prozess und das Ergebnis fördern, aber das Projekt nicht belasten. Hilfreich ist die 80:20-Regel: Mit 20 Prozent Aufwand sollen 80 Prozent Qualität erreicht werden. Die restlichen 20 Prozent Qualität erfordern 80 Prozent Aufwand. Das lohnt sich in den seltensten Fällen.

14.4 Prüftechniken

Zur Qualitätssicherung der Projektergebnisse können verschiedene Prüftechniken eingesetzt werden. Welche Technik zur Anwendung kommt, hängt ab von

- der Art der Ergebnisse,
- dem mit einem Fehler verbundenen Risiko und
- der Menge zur Verfügung stehender qualifizierter Gutachter.

Diesem Umstand trägt die ergebnisbezogene Prüfplanung Rechnung.

Prüftechniken können in drei Kategorien eingeteilt werden. Die folgende Grafik zeigt diese sowie die am häufigsten eingesetzten Prüftechniken.

[14-5] Kategorien von Prüfungen und wichtige Prüftechniken

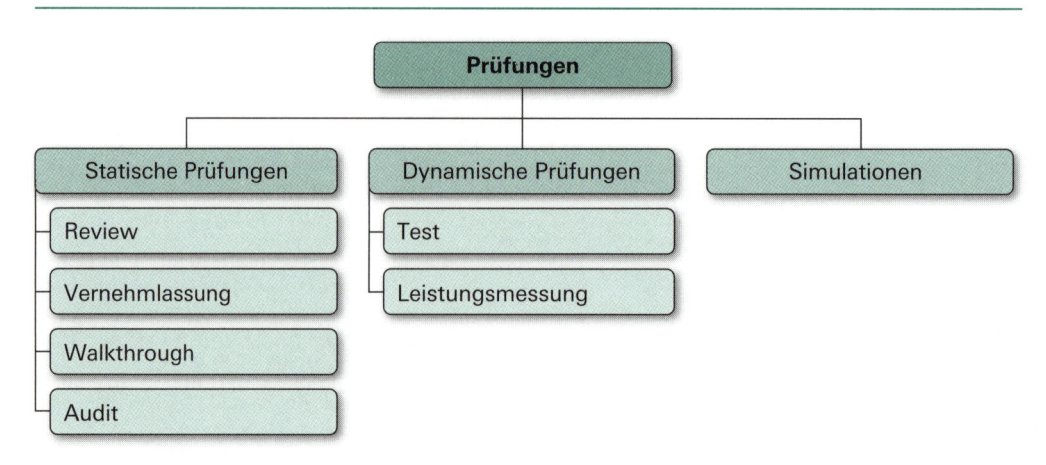

```
                        Prüfungen
          ┌────────────────┼────────────────┐
  Statische Prüfungen   Dynamische Prüfungen   Simulationen
    - Review              - Test
    - Vernehmlassung      - Leistungsmessung
    - Walkthrough
    - Audit
```

Statische Prüfungen

Bei den statischen Prüfungen wird das eigentliche Prüfobjekt nicht geprüft. Die Prüfung erfolgt durch das Studium der Beschreibungen. Beschreibungen können in der Form von Texten oder auch Modellen vorliegen. Statische Prüfungen werden eher zu Beginn eines Projekts eingesetzt.

Zu den Techniken der statischen Prüfung gehören: Review[1], Vernehmlassung, Audit[2] und auch Walkthrough (ein einfaches Verfahren, das auf einer Bewertung wesentlicher Eckdaten des Projekts aufbaut. Die Bewertung wird mithilfe des Ampelprinzips[3] vorgenommen. Die Ergebnisse eines Walkthrough dienen vor allem der Kommunikation relevanter Entscheidungsträger).

Dynamische Prüfungen

Bei den dynamischen Prüfungen wird das Prüfobjekt «ausgeführt», d. h. in Betrieb genommen (z. B. mit einer neu entwickelten Kaffeemaschine werden 1000 Tassen Kaffee zubereitet. In der Softwareentwicklung werden Programme gestartet und von ausgewählten Nutzern bedient. Zu den dynamischen Prüfungen gehören Techniken wie Tests oder auch Leistungsmessung.

Simulationen

Im Rahmen von Simulationen wird nicht das eigentliche Prüfobjekt ausgeführt, sondern ein repräsentatives Modell. Simulationen erlauben relativ gute Aussagen über das eigentliche Prüfobjekt.

Pilotprojekte sind auch eine Art von Qualitätstechniken. Sie stellen eine Art Synthese aus dynamischer Prüfung und Simulation dar.

Im Rahmen eines Projekts bezieht sich **Qualität** auf das Ausmass, in dem die Eigenschaften der Projektergebnisse und des Projektmanagements den definierten Anforderungen entsprechen. Qualitätsmanagement im Projekt hat viele Funktionen. Besonders wichtig ist die effiziente und effektive Erfüllung definierter Kundenanforderungen und die damit verbundene Kunden- und auch Stakeholderzufriedenheit.

Qualitätsmanagement umfasst die Qualitätsplanung, die Qualitätslenkung und die Qualitätssteuerung.

Grundsätzlich ist im Projektmanagement zu unterscheiden zwischen:

- Qualität des Projekts (der Projektergebnisse)
- Qualität des Projektmanagements

In den meisten Fällen wird «nur» die Qualität der Projektergebnisse geprüft. Da das Projektmanagement zur Bereitstellung von qualitativ hochwertigen Projektergebnissen befähigt, kommt auch das Projektmanagement als «Objekt» in Betracht. Das **Project Excellence** zielt auf hervorragende Projektqualität und umfasst in seinem Modell sowohl Kriterien für das Projektmanagement als auch Kriterien für die Projektergebnisse.

---

[1] Überprüfung von Arbeitsergebnissen.
[2] Bewertung der Prozesse.
[3] Das Ampelprinzip ist ein einfaches Verfahren, das den Status anhand der drei Ampelfarben signalisiert: Rot für schwere Probleme, Gelb für leicht zu lösende Probleme, Grün für den normalen Verlauf.

Im projektbezogenen Qualitätsmanagement kommen verschiedene Prüfverfahren infrage:

- Statische Prüfungen
- Dynamische Prüfungen
- Simulationen

Repetitionsfragen

37

Sie haben drei wichtige Bereiche des Qualitätsmanagements kennengelernt. Bitte beschreiben Sie diese in Stichworten.

Bereiche des Qualitätsmanagements	Beschreibung

38

Sie haben das Project-Excellence-Modell kennengelernt. Bitte füllen Sie die folgende Grafik aus und achten Sie darauf, dass Sie die Kriterien des Project-Excellence-Modells dem richtigen Feld zuordnen.

15 Projektorganisation

Lernziele: Nach der Bearbeitung dieses Kapitels können Sie …

- wichtige Schritte und Ergebnisse bei der Projektorganisation nennen.
- Aufgaben der Projektorganisation aufzählen.
- die drei Formen der Projektorganisation beschreiben.
- die Rollen und Aufgaben in der Projektorganisation darstellen.

Schlüsselbegriffe: Aufgaben, Aufgabenträger, Auftraggeber, Einfluss-Projektorganisation, Fachausschuss, Formen, Lenkungsausschuss, Matrix-Projektorganisation, Programm-Manager, Project Office, Projekmitarbeitende, Projektassistenz, Projektbüro, Projektmanagerin, Projektorganisation, Projektportfolio-Manager, reine Projektorganisation, Resonanzgruppe, Rollen, Sachverständige, Widerstände

In einem Projekt gibt es neuartige, ungewohnte und zeitlich begrenzte Aufgaben, die meist eine intensive fach- und abteilungsübergreifende Zusammenarbeit notwendig machen. Dafür ist die klassische Linienorganisation nicht geeignet. Es ist eine spezifische, auf das Projekt zugeschnittene Organisation notwendig.

PM-Kompetenzelement	Taxonomie: Wissen										
Fachkompetenz	0	1	2	3	4	5	6	7	8	9	10
Projektorganisation						CD		AB			

Mit der Projektorganisation wird der Ordnungsrahmen geschaffen, der

- das zielgerichtete Zusammenwirken der am Projekt Beteiligten und
- den reibungslosen Ablauf des Projekts sicherstellen soll.

Damit das Zusammenspiel im Projekt und auch zwischen dem zeitlich befristeten Projekt und der permanenten Organisation klappt, müssen die Zuständigkeiten, Verantwortungen und Kompetenzen klar festgelegt werden. Das erfolgt in der Initialisierungsphase des Projekts.

Die Tabelle zeigt wichtige Schritte und Ergebnisse bei der Projektorganisation.

[15-1] Wichtige Schritte und Ergebnisse bei der Projektorganisation

Wichtige Prozessschritte	Wichtige Ergebnisse	Querverweise
Projektorganisation aufstellen und Einheiten und Beziehungen definieren sowie Schnittstellen zur Stammorganisation klären	Projektorganigramm	- Ressourcen - Interessengruppen - Stammorganisation
Projektbezogene Rollen klären und besetzen	Funktionendiagramm und Rollenprofile	Teamwork
Projektorganisation im Verlauf des Projektlebenszyklus aufrechterhalten, kontinuierlich verbessern und ggf. ändern	Projektorganigramm aktualisiert	Information und Dokumentation
Lehren aus der Projektorganisation dokumentieren und ihre Übertragbarkeit auf die weitere Projekt- bzw. Programmarbeit bzw. auf das Portfolio prüfen	Lessons Learned	PPP-Management

In der Initialisierung wird ermittelt und definiert, wer und wie (direkt oder indirekt) am Projekt beteiligt ist. Alle Personen, die in irgendeiner Weise etwas mit dem Projekt zu tun haben (werden), werden mit ihrer Rolle (Aufgabe, Verantwortung, Zuständigkeit) definiert.

Das hat folgende Vorteile:

- **Missverständnisse** über Aufgaben, Verantwortungen und Zuständigkeiten werden vermieden.
- Die **Art und Weise der Zusammenarbeit** im Projekt ist definiert und abgestimmt. Das heisst, es ist klar, wer für eigentliche Projektarbeiten eingesetzt werden kann und wer nur beratend oder unterstützend tätig ist. Falls Fachkräfte zu bestimmten Terminen oder nur punktuell eine definierte Leistung zu erbringen haben, ist dies speziell zu erwähnen.
- Die **Verfügbarkeit** und der Umfang des Einsatzes sind umrissen: Die Daten für die Projektplanung liegen vor.

Alle Personen finden sich in einem projektbezogenen organisatorischen Gesamtzusammenhang. Das erhöht die Transparenz für alle und gibt den einzelnen Mitwirkenden Orientierung. Dieser Zusammenhang wird in einem Organigramm visualisiert.

Allen Personen, deren Rolle aus dem Organigramm nicht offensichtlich wird, muss eine spezielle Rolle (Aufgaben-, Verantwortungs-, Kompetenzprofil) zugeordnet werden. In einer Rollenbeschreibung sind mindestens folgende Punkte geregelt:

- Funktion bezogen auf das Projekt
- Aufgaben (Zuständigkeit)
- Kompetenzen

Eine Rollenbeschreibung entspricht sinngemäss einer Stellen- bzw. Funktionsbeschreibung.

15.1 Aufgaben der Projektorganisation

Die Projektorganisation hat folgende Aufgaben:

- Ergebnis- und sachorientierte Festlegung der Funktionsstruktur des Projekts
- Klare Zuordnung von Aufgaben, Verantwortung und Kompetenzen
- Effektive Zusammenarbeit und Abstimmung der am Projekt Beteiligten
- Schnelle Anpassung der Projektorganisation an geänderte Ziele und Randbedingungen

Diese Punkte können nur in enger Zusammenarbeit des übergeordneten Managements mit der Projektleitung und dem am Projekt beteiligten Linienmanagement erfüllt werden.

Wichtige Voraussetzungen für die Erfüllung der Aufgaben der Projektorganisation sind:

- Klarer Projektauftrag
- Angemessene Verantwortung

15.2 Formen der Projektorganisation

Eine Projektorganisation folgt ganz besonders dem Prinzip: «Form follows function», d. h., die Form der Projektorganisation wird im Idealfall ganz auf den Zweck und das Ziel des Projekts ausgerichtet sein. Die folgende Abbildung zeigt ein Beispiel.

[15-2] Beispiel einer Projektorganisation

Die Projektorganisation ist temporär, d. h., sie wird für das Projekt entwickelt und wird bei Abschluss des Projekts wieder aufgelöst. Darüber hinaus wird die Projektorganisation gemäss Projektlebenszyklus geändert und modifiziert, um stets eine optimale Bedingung für das Erbringen der Projektergebnisse bilden zu können.

Im Allgemeinen werden drei Formen der Projektorganisation unterschieden:

- Reine Projektorganisation
- Einfluss-Projektorganisation
- Matrix-Projektorganisation

Die einzelnen Grundformen der Projektorganisation sind mit Vor- und Nachteilen verbunden. Bei der Entwicklung einer Organisationsform für ein Projekt müssen diese sorgfältig berücksichtigt werden.

Hinweis Bei der Gestaltung der Projektorganisation sind oft kulturelle Aspekte zu berücksichtigen. Auf diese Aspekte wird im Folgenden nicht näher eingegangen.

15.2.1 Reine Projektorganisation

Bei der reinen Projektorganisation wird für ein Projekt praktisch eine eigenständige Organisation gebildet, die vom Projektleiter in voller Verantwortung selbstständig geleitet wird. Die Projektmitarbeitenden arbeiten während der Dauer des Projekts ausschliesslich für das Projekt und erhalten ihre Anweisungen ausschliesslich vom Projektleiter. Dieser hat alle notwendigen Kompetenzen, um das Projekt rasch und wirksam durchführen zu können.

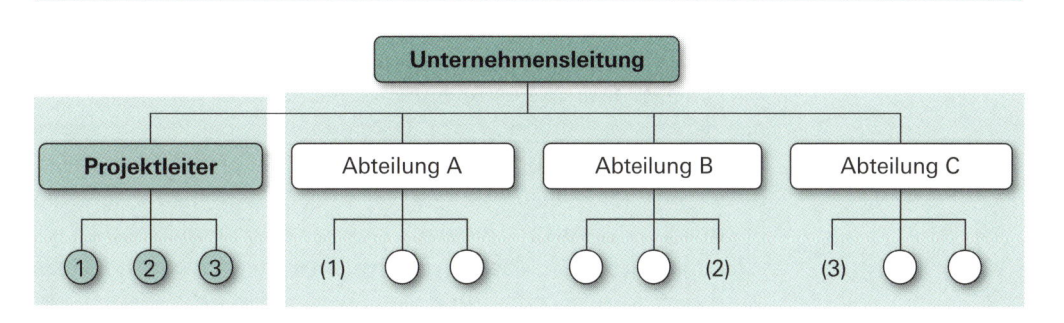

[15-3] Die reine Projektorganisation

Diese Organisationsform unterscheidet sich von einer Linienorganisation vor allem durch ihre zeitliche Befristung.

Die **Vorteile** der reinen Projektorganisation liegen in der vollen Konzentration der Beteiligten auf die Projektziele. Die Projektbeteiligten haben ein relativ grosses Bedürfnis, auftretende Schwierigkeiten zu meistern (Identifikation mit dem Projekt). Ausserdem gibt es in dieser Organisationsform eine eindeutige Weisungsbefugnis (durch umfassende Linien-Autorität der Projektleiterin). Dies ermöglicht hohe Flexibilität und schnelle Reaktion etwa auf Störungen.

Die **Nachteile** der reinen Projektorganisation bestehen in der Bereitstellung der erforderlichen Ressourcen und der Auflösung der temporären Organisation am Ende, d. h. die Wiedereingliederung der Projektmitarbeitenden in die Stammorganisation. Ebenfalls kritisch ist der Einsatz von Spezialisten, die nur zeitweise benötigt werden, da die Gefahr besteht, dass Mitarbeitende vollzeitlich im Projekt beschäftigt werden, obwohl sie eigentlich nur sporadisch benötigt werden. Dasselbe gilt für Hilfsmittel verschiedenster Art. Dieses Vorgehen hat zur Folge, dass Ressourcen nicht immer effizient eingesetzt werden.

Die reine Projektorganisation eignet sich für ausserordentliche Vorhaben mit grossem Umfang, die relativ wenig Berührung zu den herkömmlichen Aufgaben haben (zum Beispiel Entwicklung einer völlig neuen Produktlinie). In Grossprojekten kann die reine Projektorganisation sogar einen eigenen rechtlichen Rahmen haben.

15.2.2 Einfluss-Projektorganisation

Die Einfluss-Projektorganisation ist eine Minimalausstattung einer Projektorganisation, indem innerhalb der Stammorganisation die **funktionale Hierarchie unverändert bestehen** bleibt und lediglich durch eine Stabsstelle, den Projektkoordinator (Projektleiter im Stab), ergänzt wird. Diese Stabsstelle muss in der Unternehmenshierarchie genügend hoch angesiedelt sein, damit der Projektleiter direkten Zugang zu jener Führungskraft hat, die Konflikte in wesentlichen Fragen entscheiden kann.

[15-4] Die Einfluss-Projektorganisation

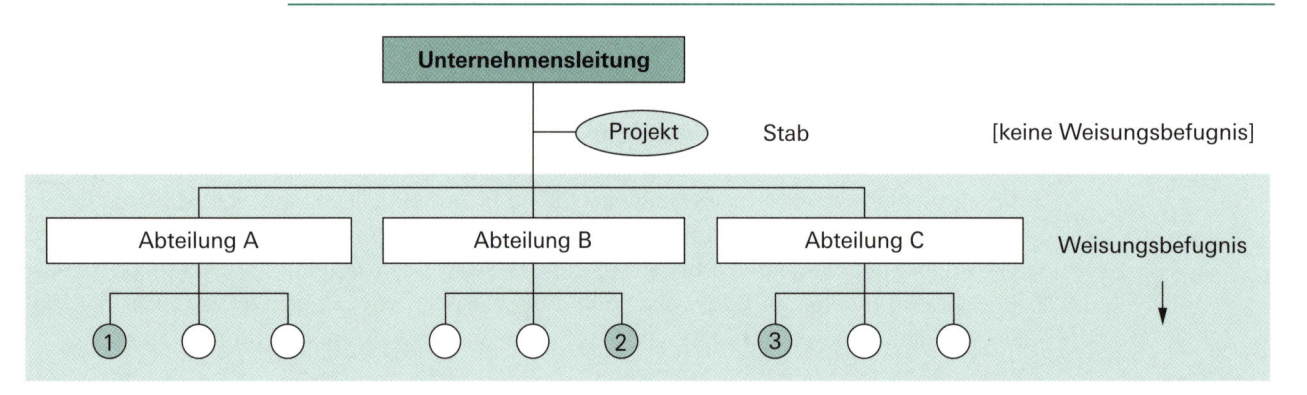

Die Projektleiterin im Stab hat gegenüber den Fachabteilungen nur **Informations- und Beratungsbefugnisse,** das heisst, sie hat keinerlei **Entscheidungs- und Weisungsbefugnisse.** Sie verfolgt den Projektablauf in sachlicher, terminlicher und kostenmässiger Hinsicht und schlägt den entsprechenden Linieninstanzen im Bedarfsfall mögliche Massnahmen zur Durchführung vor. Damit kann sie die Projektverantwortung bezüglich Zeit, Kosten und Erreichung der Projektziele nicht übernehmen; diese bleibt in den einzelnen mitarbeitenden Fachabteilungen. Die Projektkoordinatorin ist lediglich für die rechtzeitige Information der entsprechenden Linieninstanzen und eventuell auch für die Güte der von ihr vorgeschlagenen Massnahmen verantwortlich. Kompetenzmässig ist ihr der ungehinderte Zugang zu allen Informationen, die das Projekt betreffen, einzuräumen.

Ein **Vorteil** ist das hohe Mass an Flexibilität hinsichtlich des Personaleinsatzes, da ein gleichzeitiger Einsatz der Mitarbeitenden in verschiedenen Projekten ohne organisatorische Schwierigkeiten möglich ist. Zudem, vielleicht auch gerade deshalb, ist die Sammlung von Erfahrungen und deren Austausch über verschiedene Projekte relativ einfach. Ausserdem sind keine organisatorischen Umstellungen erforderlich.

Die **Nachteile** der Einfluss-Projektorganisation sind, dass sich niemand für das Projekt verantwortlich fühlt und ein geringes Bedürfnis besteht, Schwierigkeiten über die Abteilungsgrenzen hinweg gemeinsam zu überwinden. Die Reaktionsgeschwindigkeit bei Störungen ist ebenfalls kleiner, da für Entscheidungen die Linieninstanzen zuständig sind, die sich nicht ausschliesslich mit dem Projekt beschäftigen. Nur Projektleiter, die von allen Seiten anerkannt sind und den entsprechenden Einfluss im Unternehmen haben, schaffen es, die Schwierigkeiten dieser Organisationsform zu meistern. In der Regel jedoch können Probleme und Konflikte vom Projektleiter selbst nicht wirkungsvoll gelöst werden, sodass ihre Lösung letztlich der Unternehmensleitung übertragen werden muss.

Obwohl diese Organisationsform für die Projektdurchführung die ungünstigste Voraussetzung schafft, wird sie in der Praxis recht häufig angewandt. Der relativ hohe Verbreitungsgrad ist damit zu erklären, dass sie problemlos und ohne organisatorische Umstellung einzuführen ist.

Die Einfluss-Projektorganisation eignet sich für kleinere Projekte, die den Rahmen der herkömmlichen Aufgaben nicht wesentlich übersteigen (zum Beispiel bei der Abwicklung grosser Kundenaufträge oder der Produktentwicklung).

15.2.3 Matrix-Projektorganisation

Bei der Matrix-Projektorganisation wirkt sowohl die vertikal (nach Funktionen) gegliederte Organisationsstruktur als auch die horizontal dazu strukturierte Organisation der Projekte.

A Merkmale der Matrix-Projektorganisation

- Die Projektabwicklung erfolgt durch die Linienabteilungen entsprechend ihrer Funktionen als Dienstleistung mit dem notwendigen Know-how.
- Die Projektleiterin wirkt als Koordinatorin und Gesamtprojektverantwortliche für die Planung, Steuerung, Ergebniskontrolle, Termine und Aufwendungen. Sie sorgt für die Abstimmungen, **Reviews**[1], Änderungsdurchführungen und Entscheidungen.
- Mehrere Projektleiter greifen unter Umständen auf dieselben Ressourcen zurück.

Bei dieser Organisationsform wird jede Organisationseinheit **zwei Instanzen** unterstellt: zum einen wie bisher der Fachabteilung und zum anderen der Projektleitung.

[15-5] Die Matrix-Projektorganisation

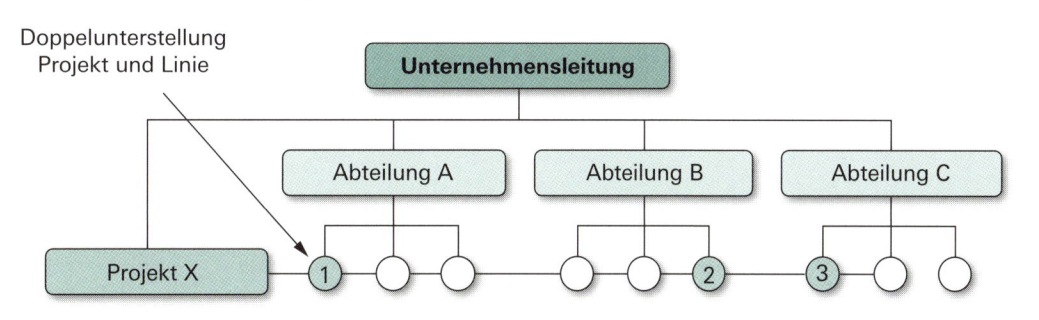

[1] Review: Überprüfung von Arbeitsergebnissen.

Es gibt daher **keine einheitliche Auftragserteilung** an die Mitarbeitenden wie bei den anderen Organisationsformen. Die Klarheit leidet. Dafür sind die Anordnungs- und Informationswege direkter und kürzer. Verantwortung und Kompetenzen sind projektbezogen zwischen den beteiligten Linieninstanzen und der Projektleiterin aufgeteilt.

Während der **Fachabteilungsleiter** für die fachliche Durchführung **(WIE)** der Projektaufgaben verantwortlich ist und über ein aufgabengebundenes Weisungsrecht verfügt, ist die **Projektleiterin** für die Definition der Zielvorgabe **(WAS)** und die zeitliche Realisierung **(WANN)** des Projekts zuständig. Die Projektleiterin erhält somit ein projektgebundenes Weisungsrecht quer durch die nach Aufgaben gegliederten Fachabteilungen, womit der absolute Führungsanspruch des Fachabteilungsleiters reduziert wird. Beide Leitungsgremien sind gemeinsam für das Gelingen oder Misslingen des Projekts verantwortlich. Die Abgrenzung von Verantwortung und Kompetenzen hängt sehr stark von der Art des Projekts ab.

Das **Projektteam** muss die Planung, Steuerung und Integration aller Projektarbeiten zur Erreichung des Projektziels vornehmen. Seine Tätigkeit ist **planungs- und überwachungsorientiert**. Die **Fachabteilungen** mit den entsprechenden Spezialkenntnissen konzentrieren sich auf die eigentliche Systementwicklung, sind also **ausführungsorientiert**. Die Mitglieder des Projektteams bleiben während ihrer Projektarbeit disziplinär ihren Linienvorgesetzten unterstellt; die Projektleiterin hat das projektbezogene, fachliche Weisungsrecht.

B Widerstände

Obwohl die Matrix-Projektorganisation einen hohen Verbreitungsgrad hat, steht man ihr nach wie vor kritisch gegenüber. Aus den unterschiedlichen Interessen von Projekt und Linie ergibt sich ein **Konfliktpotenzial.**

Schon bei der Einrichtung von Matrix-Projektorganisationen ist mit **Widerständen** bei den betroffenen Linienstellen zu rechnen. Oft sind es die Führungskräfte dieser Stellen, die versteckt oder offen die notwendige Projektunterstützung vermissen lassen. Sie befürchten eine Beschneidung ihrer institutionellen Autorität und eine Schmälerung ihrer persönlichen Einflussmöglichkeiten, wenn sie sich in ihrer Aufgabendurchführung mit dem Projektleiter abstimmen müssen und sich den Projektzielen unterordnen sollen.

Es ist die Aufgabe des übergeordneten Managements, durch eine ausreichend klare Befugnisregelung dafür zu sorgen, dass Kompetenzstreitereien und kontraproduktive Konflikte zwischen Projekt und Linie möglichst vermieden oder im Keim erstickt werden. Derartige Probleme und Konflikte können jedoch mit formalen Regelungen allein nicht vereitelt werden. Die Einhaltung solcher Vereinbarungen setzt ein beiderseitiges Verständnis für die Anliegen des Partners voraus. Das ist aufgrund der Knappheit an Ressourcen und möglicherweise verschärft durch ungenaue oder optimistische Aufwandschätzungen nicht problemlos. Deshalb ist dieses Konzept auch ganz besonders auf ein hoch entwickeltes Organisations- und Führungsverständnis angewiesen. Durch die richtige Auswahl der Projektleiterin, durch klare und eindeutige Projektziele, intensive informelle Kommunikation, sofortiges Eingreifen bei Konflikten und ein angenehmes Betriebsklima kann das übergeordnete Management dafür sorgen, dass die Zusammenarbeit zwischen Projekt und Linie positiv verläuft.

C Vor- und Nachteile

Vorteile der Matrix-Projektorganisation sind, dass das Projektteam sich für das Projekt verantwortlich sieht. Es ist eine zielgerichtete Koordination verschiedener Interessen möglich und eine ganzheitliche Betrachtungsweise wird gefordert.

Die **Vorteile** sind im Einzelnen:

- Ein flexibler Personaleinsatz ist möglich.
- Kontinuität der fachlichen Weiterbildung ist eher gewährleistet.
- Spezialwissen und besondere Erfahrungen können gezielt von einem Projekt zum anderen transferiert werden.
- Die Mitarbeitenden, die nicht vollständig aus ihrer Stammorganisation herausgelöst werden, haben ein grösseres Sicherheitsgefühl.

Die **Nachteile** bestehen

- in der aufwendigen Organisation,
- dem nicht unerheblichen Personalaufwand für die Projektleitung und
- der Gefahr von Kompetenzkonflikten zwischen Linienautorität und Projektautorität.

Dabei darf die Verunsicherung von Vorgesetzten (Verlust des Ausschliesslichkeitsanspruchs) und Mitarbeitenden («Diener zweier Herren») nicht vergessen werden. Als ebenfalls negativ anzusehen, sind eine erforderliche höhere Qualifikation der Mitarbeitenden sowie hohe Anforderungen an die Kommunikations- und Informationsbereitschaft.

Trotz all dieser Einwände ist die Matrix-Projektorganisation in vielen Fällen die wirkungsvollste, wirtschaftlichste und unter Berücksichtigung der verfügbaren knappen Ressourcen die einzig durchsetzbare Lösung. Denn einerseits müssen die Unternehmen das in den Fachbereichen vorhandene Wissen erhalten und weiterentwickeln und andererseits müssen die Projektdurchführenden auf dieses Know-how zurückgreifen können, um im Interesse des Projekts – und damit des Unternehmens – den grössten Nutzen daraus ziehen zu können.

Die Matrix-Projektorganisation ist zwar die aufwendigste, dafür aber auch die vielseitigste Organisationsform für Projekte.

Es können auch bestimmte Bestandteile in andere Formen übernommen werden. Beispielsweise wird die reine Projektorganisation unter Umständen in dem Sinn geändert, dass gewisse Spezialisten nicht vollkommen in das Projekt einbezogen werden, sondern ihre Mitarbeit über Vereinbarungen gesichert wird.

Eine Projektkoordinatorin wird ebenfalls versuchen, das Ausmass der Mitarbeit von Personen aus unterschiedlichen Fachabteilungen über einen gemeinsamen Konsens mit den jeweiligen Linienvorgesetzten sicherzustellen.

15.3 Rollen und Aufgabenträger in Projekten

Bei der Projektorganisation gibt es unterschiedliche Aufgabenträger, die bestimmte Rollen haben.

[15-6] Typische Rollen und Aufgabenträger in einem Projekt

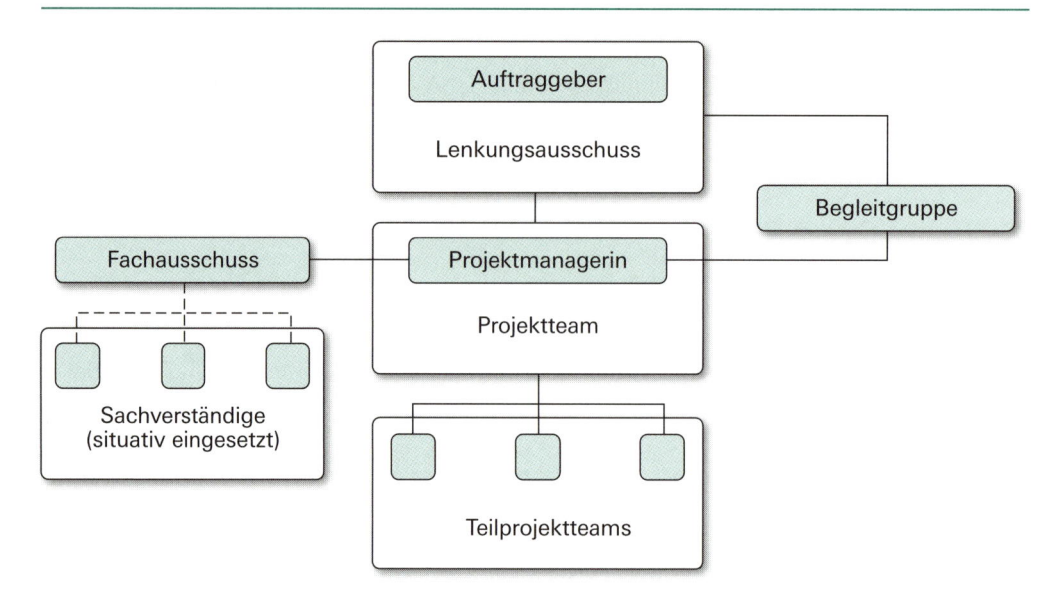

```
                    ┌──────────────────┐
                    │   Auftraggeber   │
                    │ Lenkungsausschuss│──────┐
                    └──────────────────┘      │
                                       ┌──────────────┐
                                       │ Begleitgruppe│
┌──────────────┐    ┌──────────────────┐└──────────────┘
│Fachausschuss │────│ Projektmanagerin │──────┘
└──────────────┘    │   Projektteam    │
      │             └──────────────────┘
   ┌──┼──┐                   │
   □  □  □              ┌────┼────┐
Sachverständige         □    □    □
(situativ eingesetzt)    Teilprojektteams
```

Die wichtigsten Rollen und Gremien und ihre Aufgaben werden im Folgenden erläutert.

15.3.1 Auftraggeber

Eine Projektorganisation funktioniert oft nur dann zufriedenstellend, wenn sich die Geschäftsleitung beziehungsweise der Auftraggeber in das Projektmanagement einschalten und ihre Aufgaben wahrnehmen. Die Hauptaufgaben der Geschäftsleitung beziehungsweise des Auftraggebers bestehen vorwiegend in den folgenden Punkten:

- **Projektauftrag** mit Grobziel und eventuell notwendigen oder gewünschten Randbedingungen sowie Auflagen für die Projektdurchführung formulieren (möglichst schriftlich).
- Auf Strategiebezug achten.
- Projektleiterin ernennen und geeignete Projektorganisation festlegen
- Kompetenzregelung in Bezug auf die Projektleiterin und die bestehende Linienhierarchie erstellen. Das **Funktionen-Diagramm** ist dafür eine zweckmässige Form. Die Geschäftsleitung beziehungsweise der Auftraggeber müssen dafür sorgen, dass diese Regelungen den Instanzen der Linie bekannt sind und von ihr respektiert werden.
- Gewünschte Projektphasen und Meilensteinentscheide zwischen den einzelnen Phasen definieren.
- Meilensteinentscheide fällen. Das geschieht am besten in einer Sitzung, an der Auftraggeber, Projektleitung und Projektteam gemeinsam teilnehmen.
- Projektprioritäten setzen, um Kollisionen bei Kapazitätsengpässen zu vermeiden.
- Die Projektleiterin gegenüber dem Linienkader unterstützen. Das ist besonders wichtig, wenn eine Projektleiterin als Linienangehörige hierarchisch niedriger eingestuft ist als die Linienchefs, die nur ihren eigenen Bereich sehen und eigene Interessen vertreten.
- Übergeordnete Unternehmensinteressen gegenüber Projektleiterin und Linienorganisation durchsetzen (besonders in der Matrix-Projektorganisation).

Das Funktionendiagramm (auch Funktionsmatrix genannt) gibt eine Übersicht über die Kompetenzregelung. In der folgenden Tabelle bringen wir ein Beispiel dazu.

[15-7] Beispiel eines Funktionendiagramms

Funktionendiagramm Projekt X	Beteiligte				
Tätigkeiten	Auftrag-geber	Projekt-leiterin	Linien-vorgesetzte	Sach-verständige	Etc.
Projektauftrag erstellen	A, E		M		
Projektorganisation aufstellen	E, A		M		
Projektleitung ernennen	E		M		
Projektziele herausarbeiten	E	A	M		
Etc.					

Legende: A = Ausführung, E = Entscheid, M = Mitsprache.

Hinweis Je besser der Auftraggeber beziehungsweise die Geschäftsleitung diese Aufgaben wahrnimmt, desto geringer ist die Gefahr eines Projektmisserfolgs.

15.3.2 Projektportfoliomanagerin

Ist in der Organisation ein Projektportfolio etabliert, dann spielt auch der Projektportfoliomanager eine wichtige Rolle. Das Portfoliomanagement sorgt für den Strategiebezug und die Wirtschaftlichkeit der Projekte.

Hinweis Lesen Sie dazu die Ausführungen im Kapitel über Portfolioorientierung.

15.3.3 Programmmanager

Ist das Projekt integraler Teil eines Programms, dann ist das zuständige Programmmanagement eine wichtige Instanz.

Hinweis Lesen Sie dazu die Ausführungen im Kapitel über Programmorientierung.

15.3.4 Lenkungsausschuss

Der Lenkungsausschuss (auch Projektausschuss oder Steuergruppe genannt) ist die vorgesetzte Instanz von Projektleiter und Projektteam (Berichtsinstanz). Für jedes grössere Projekt gibt es einen entsprechenden Lenkungsausschuss, der seine Arbeit nach Abschluss der Projektaufgabe wieder beendet. Der Lenkungsausschuss ist also ein temporäres, das Projekt ein begleitendes Gremium.

Im Lenkungsausschuss sind die **Entscheidungs- und Verantwortungsträger für das Projekt** zusammengefasst. Neben dem Auftraggeber sind vor allem das obere Management sowie relevante Interessengruppen vertreten. Gemeinsam treffen sie die für die Durchführung des Projekts notwendigen Entscheidungen. Ist ein Beratungsunternehmen beauftragt, dann ist oft ein entsprechender Entscheidungsträger beteiligt.

Die Projektaktivitäten werden vom Lenkungsausschuss geleitet und überwacht, der für das Ergebnis verantwortlich ist. Die Ergebnisverantwortung bezieht sich auf Zielerfüllung, Leistungen, Kosten und Termine des Projekts.

Die **Hauptaufgaben** des Lenkungsausschusses sind:

- Definition von Projektziel und Projektaufgabe (zusammen mit der Projektleiterin)
- Festlegung und Beauftragung von Mitgliedern der Beratergruppe
- Kontrolle und Genehmigung der Projektplanung
- Prüfung und Genehmigung der erarbeiteten Phasenergebnisse
- Prüfung und Genehmigung der vom Projektleiter erstellten Statusberichte
- Unterstützung und Beratung der Projektleiterin bei allen auftretenden Problemen grösseren Umfangs
- Entscheidungen fällen, die die Kompetenzen des Projektleiters übersteigen
- Schlichtung von auftretenden Problemen zwischen allen am Projekt beteiligten Organisationseinheiten

Um diese Aufgaben erfüllen zu können, sollte der Lenkungsausschuss jeden Monat an im Voraus festgesetzten Terminen zusammentreten. Abgesehen von dieser allgemeinen Regel sollte das Gremium auf Anforderung der Projektleiterin auch kurzfristig zu ausserordentlichen Sitzungen bereit sein. Die Mitglieder können sich nicht vertreten lassen, weil sonst die Beschlussfähigkeit durch fehlende Verantwortungs- und Entscheidungsbefugnis infrage gestellt wird. Beschlüsse sind einstimmig zu fassen, um die Koordination zwischen den beteiligten Bereichen sicherzustellen. Konflikte sollen auf dieser Ebene ausgetragen und beseitigt werden, um die Einschaltung von Schlichtungsinstanzen (Vorstand, externe Schiedsstelle) zu vermeiden. Das entspricht dem Charakter des Lenkungsausschusses als Kollegium mit kollegialer Verantwortung.

15.3.5 Fachausschuss

Der Fachausschuss soll die Projektgruppe informieren, unterstützen und beraten. Die Arbeit der Projektgruppe wird erleichtert, wenn das Projekt in den Phasen der Planung, Realisierung und Kontrolle von einem über das Projektteam hinausgehenden Kreis von Führungskräften unterstützt wird. Der Fachausschuss trägt dazu bei, Fachwissen und Fachinformationen insbesondere im Hinblick auf Auswirkungen, Risiken und Begleiterscheinungen an die Projektgruppe zu vermitteln. Andererseits soll er die Ergebnisse des Teams in die Fachbereiche hineintragen, sodass der Einführungs-, Informations- und Schulungsprozess erleichtert und verkürzt werden kann. Der Fachausschuss hilft, wichtige **Schnittstellen** zu erkennen und zu bearbeiten. Wenn die Fachbereiche, die durch Führungskräfte der operativen Ebene vertreten werden, die Lösungen der Projektgruppe mittragen, wird die Einführung und Durchsetzung der neuen Verfahren, Abläufe und Systeme günstig beeinflusst.

Die Mitglieder eines Fachausschusses werden vom Lenkungsausschuss ernannt. **Fachausschusssitzungen** werden bei Bedarf, mindestens jedoch vierteljährlich einberufen. Unterschiedliche Meinungen im Fachausschuss werden protokolliert. Der Lenkungsausschuss wird über das Protokoll informiert. Der Fachausschuss hat ein Vetorecht in Bezug auf Lösungsvorschläge der Projektgruppe, das er gegenüber dem Lenkungsausschuss vertreten muss. Das Vetorecht dient vor allem dazu, Schaden abzuwenden, wenn eine Lösung aus Sicht der Fachbereiche den angestrebten Zweck nicht oder nur unzulänglich erreicht. Dies entspricht dem Charakter des Fachausschusses als Kollegium mit beratender und unterstützender Funktion ohne Entscheidungsbefugnis.

15.3.6 Sachverständige

Viele Projekte benötigen zur Bearbeitung von spezifischen Fragen Sachverständige, die punktuell oder situativ eingesetzt werden. Das können beispielsweise Juristen, Datenschutzfachleute oder Medienexpertinnen sein. Sie führen dem Projekt spezifisches Knowhow zu oder helfen, ein Projektergebnis zu begutachten.

15.3.7 Resonanzgruppe

Die Resonanzgruppe wird auch Sounding Board oder Begleitgruppe genannt. Eine Resonanzgruppe ist vor allem dann sinnvoll, wenn ein Projekt viele Interessengruppen hat, die sehr unterschiedliche Erwartungen an das Projektergebnis haben. In der Begleitgruppe sind dann die verschiedenen Interessengruppen vertreten. Die Begleitgruppe setzt sich mit dem Projekt auseinander und gibt Feedback. Sie bringt Erwartungen einschliesslich Befürchtungen vor und hilft, mögliche Akzeptanzprobleme frühzeitig zu erkennen und zu bearbeiten. Sie sorgt für eine angemessene Berücksichtigung der Stakeholder und fördert damit die Integration und Nutzung der Projektergebnisse.

Hinweis Lesen Sie dazu auch die Ausführungen im Kapitel Interessengruppen.

15.3.8 Projektmanagerin

Die Projektmanager oder -leiterinnen sind die Hauptverantwortlichen für das Projektmanagement. Zu ihren wichtigsten Aufgaben gehören Planung, Koordination, Steuerung, Organisation sowie das Controlling des jeweiligen Projekts. Oft vertritt der Projektleiter auch das Projekt nach aussen.

In vielen Fällen ist die fachliche Expertin eines Projektthemas auch die Projektleiterin. Diese Situation ist aber oft kontraproduktiv, da die Projektleiterin dadurch primär in die fachliche Lösung des Problems involviert ist und dann ihre Projektmanagementfunktion vernachlässigt. Grundsätzlich sollte eine Projektleiterin ein gewisses fachliches Verständnis haben, aber keine Fachexpertin sein. Es geht vielmehr darum, die für die Bewältigung eines Projekts erforderliche Fachkompetenz zusammenzuführen und zu koordinieren (statt zu dominieren). Die Projektleitung kann auch von **zwei Personen** oder von einem kleinen Team wahrgenommen werden. Das kann hilfreich sein, da mehrere Sichtweisen in der Projektleitung vertreten sind. Das erfordert aber eine gute und konstruktive Zusammenarbeit.

Grosse Projekte werden in Teilprojekte aufgeteilt und von Teilprojektleitern gemanagt.

15.3.9 Projektmitarbeitende

Das Projektteam ist einer der wichtigsten Aufgabenträger im Projektmanagement. Einzelpersonen spielen in kleinen Projekten als Aufgabenträger eine wichtige Rolle. In mittleren und grossen Projekten erfordert das anfallende Aufgabenvolumen in den meisten Fällen den Einsatz von Personengruppen zur Durchführung der Projektaufgaben. Die Projektmitarbeitenden sollten über die fachliche Kompetenz verfügen, um die Projektzielsetzung zu realisieren. Projektmitarbeitende können intern oder extern rekrutiert sein. Grundsätzlich sind die Projektmitarbeitenden im Rahmen und für die Dauer eines Projekts der Projektleiterin hierarchisch unterstellt. Im Einzelfall hängt dies aber von der unternehmensspezifischen Projektmanagementorganisation ab.

15.3.10 Projektassistenz

Bei grossen Projekten wird häufig auch die Rolle der Projektassistenz besetzt. Es werden auch die Begriffe Project Office oder Projektbüro dafür verwendet. Die Projektassistenz unterstützt den Projektleiter und ist in der Regel für Teilaufgaben des Projektmanagements zuständig (z. B. Terminkoordination, Reporting, Protokolle etc.).

Die Projektorganisation ist die auf das Projekt zugeschnittene Organisation.

Sie hat folgende **Aufgaben:**
- Ergebnis- und sachorientierte Festlegung der Funktionsstruktur des Projekts
- Klare Zuordnung von Aufgaben, Verantwortung und Kompetenzen
- Effektive Zusammenarbeit und Abstimmung der am Projekt Beteiligten
- Schnelle Anpassung der Projektorganisation an geänderte Ziele und Randbedingungen

Sie haben folgende drei Projektorganisationsformen kennengelernt:
- Reine Projektorganisation
- Einfluss-Projektorganisation
- Matrix-Projektorganisation

Bei der **reinen Projektorganisation** wird für ein Projekt eine eigene, zeitlich befristete Organisation gebildet. Bei der **Einfluss-Projektorganisation** bleibt die Primärorganisation bestehen; sie wird nur durch eine projektbezogene Stabsstelle ergänzt. Bei der **Matrix-Projektorganisation** verläuft die Projektorganisation quer (horizontal) zu der vertikal, nach Funktionen gegliederten Organisationsstruktur. Jede Organisationseinheit ist dann zwei Instanzen unterstellt: der Fachabteilung und der Projektleitung.

Es gibt in der Projektorganisation vor allem folgende **Rollen und Aufgaben:**
- Auftraggeber
- Projekt- oder Lenkungsausschuss
- Fachausschuss
- Resonanzgruppe
- Projektmanager
- Projektmitarbeitende
- Projektassistenz

Der **Auftraggeber** ist die für den Projektauftrag und für die Projektorganisation zuständige Instanz.

Der **Projekt- oder Lenkungsausschuss** besteht aus den Entscheidungs- und Verantwortungsträgern für das Projekt. Der **Fachausschuss** informiert, berät und unterstützt die Projektgruppe auf der fachlichen Ebene, hat aber keine Entscheidungsbefugnis. Falls erforderlich werden situativ **Sachverständige** beauftragt und eingesetzt. Die **Resonanzgruppe** besteht aus Vertretern der relevanten Interessengruppen und sorgt mittels Feedback für die frühzeitige Berücksichtigung der Interessengruppen. Der **Projektmanager** ist für das Projektmanagement verantwortlich. Die **Projektmitarbeitenden** führen das Projekt aus. Bei grossen Projekten gibt es eine **Projektassistenz** (Projektbüro). Sie unterstützt die Projektleiterin und ist für Teilaufgaben des Projektmanagements zuständig.

Repetitionsfragen

39

Warum ist eine Projektorganisation erforderlich?

40

Nennen Sie zwei Voraussetzungen, die erfüllt sein müssen, damit eine reibungslose Zusammenarbeit zwischen Stammorganisation und Projektorganisation möglich wird.

41

Sie haben verschiedene Formen der Projektorganisation kennengelernt. Notieren Sie in der Tabelle je einen Vor- und Nachteil der einzelnen Formen.

Projektorganisationsform	Vorteile	Nachteile

42

Nennen Sie drei Hauptaufgaben des Auftraggebers im Projektmanagement.

43

Ordnen Sie die folgenden Begriffe den Erklärungen in der Tabelle zu. Notieren Sie nur den entsprechenden Buchstaben.

A] Fachausschuss

B] Reine Projektorganisation

C] Steuerungsausschuss

D] Einfluss-Projektorganisation

E] Projektassistenz

F] Matrix-Projektorganisation

Erklärung	
Organisationsform mit eigenständiger Organisation für ein Projekt.	
Organisationsform, bei der die Stammorganisation bestehen bleibt und nur durch eine Stabsstelle ergänzt wird.	
Organisationsform, bei der sowohl eine vertikal, nach Funktionen gegliederte Organisationsstruktur als auch eine horizontal wirkende und projektbezogene Organisationsstruktur besteht.	
Gremium, das informiert, berät und die Projektgruppe unterstützt, aber keine Entscheidungsbefugnisse hat.	
Temporär gebildetes Gremium, das aus den Entscheidungs- und Verantwortungsträgern für das Projekt besteht.	
Stelle oder Organisationseinheit, die bei grossen Projekten den Projektleiter unterstützt und für Teilaufgaben des Projektmanagements zuständig ist.	

16 Teamarbeit

> **Lernziele:** Nach der Bearbeitung dieses Kapitels können Sie ...
>
> - wichtige Schritte und Ergebnisse bei der Teamarbeit nennen.
> - den Begriff und die Vorteile von Projektteams erklären.
> - die Aufgaben eines Teams beschreiben.
> - die einzelnen Phasen der Teambildung erläutern.
>
> **Schlüsselbegriffe:** Aufgaben, Auflösungsphase, Konfrontationsphase, Leistungsphase, Organisationsphase, Orientierungsphase, Projektteam, Teamarbeit, Teambildungsphase, Teamentwicklung, Teamvielfalt, virtuelle Projektteams

Bei Projekten fällt eine Vielzahl von unterschiedlichen Aufgaben und Tätigkeiten an, deren Erfüllung die Fähigkeiten einzelner Personen überschreitet. Darum gilt: Projektarbeit ist Teamarbeit (Teamwork), denn die Teamarbeit bringt die notwendigen Synergien. Unter Umständen sind die Aufgaben in komplexen Projekten nur mit intensiver Teamarbeit zu bewältigen.

PM-Kompetenzelement	Taxonomie: Wissen										
Fachkompetenz	0	1	2	3	4	5	6	7	8	9	10
Teamarbeit						D	CB	A			

Hochleistungsfähige Teams fallen nicht vom Himmel, sie müssen gefördert werden. In diesem Prozess sind mehrere Faktoren zu berücksichtigen: das einzelne Teammitglied und die Zusammenarbeit in der Gruppe, die auf ein gemeinsames Projektergebnis gerichtet ist, sowie die Rahmenbedingungen im Kontext.

Die folgende Tabelle zeigt wichtige Schritte und Ergebnisse bei der Teamarbeit auf.

[16-1] Wichtige Schritte und Ergebnisse bei der Teamarbeit

Wichtige Prozessschritte	Wichtige Ergebnisse	Querverweise
Team zusammenstellen, Anforderungen aus der Vielfalt im Team und ggf. Virtualität bei der Teamentwicklung berücksichtigen	Liste der Teammitglieder	- Projektanforderungen und -ziele - Projektplan - Ressourcen - Personalmanagement - Projektorganisation
Entwicklung des Teams fördern und steuern, Phasen der Teamentwicklung beobachten	(Hoch)leistungsfähiges Team	Personalmanagement
Team bei Projektende wieder auflösen und ggf. wieder in die Linie integrieren	Formale Entlastung der Teammitglieder	- Projektabschluss - Stammorganisation
Lehren aus der Teamarbeit dokumentieren und ihre Übertragbarkeit auf die weitere Projekt- bzw. Programmarbeit bzw. auf das Portfolio prüfen	Lessons Learned	PPP-Management

16.1 Was ist ein Projektteam?

Als Team wird eine Gruppe weniger Personen bezeichnet, deren Fähigkeiten einander ergänzen und die sich für einen gemeinsamen Zweck, gemeinsame Leistungsziele und einen gemeinsamen Arbeitsansatz engagieren und gegenseitig zur Verantwortung ziehen. Teamarbeit im Projekt ist eine Art von themenzentrierter Interaktion. Themenzentrierte Interaktion (TZI) in einem Projekt kann mit der folgenden Grafik verdeutlicht werden.

[16-2]   Die Zusammenarbeit im Team hat vier Aspekte

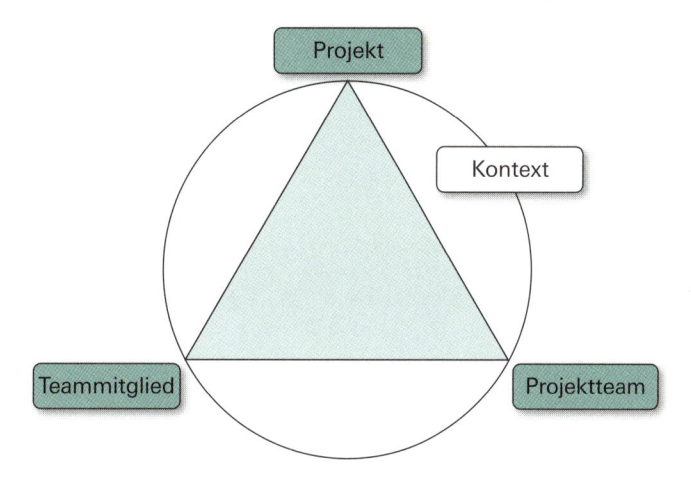

Die vier Aspekte der Zusammenarbeit sind:

- Das gemeinsame Projekt bzw. Teilprojekt oder Arbeitspaket
- Das Projektteam und seine Entwicklung und Dynamik
- Das einzelne Teammitglied und seine Interessen
- Der Kontext, in dem das Projekt erfolgt

Projektteams bestehen während eines begrenzten Zeitraums analog zum Projektlebenszyklus. In grossen Projekten kann sich aber phasenbezogen die Zusammensetzung des Teams ändern.

Für das Projektmanagement sind oft zwei Herausforderungen der Teamarbeit zu meistern: Vielfalt und Virtualität.

16.1.1 Vielfalt im Projektteam

Die meisten Projektteams zeichnen sich durch eine besondere Vielfalt aus. Diese Vielfalt ist die Grundlage für leistungsfähige Teams, sie stellt aber auch eine Herausforderung dar.

In der folgenden Übersicht werden wichtige Aspekte der Teamvielfalt erläutert und wesentliche Herausforderungen des Projektmanagements genannt.

[16-3] Aspekte der Teamvielfalt

Aspekte der Teamvielfalt	Erläuterung	Herausforderung
Projekterfahrung	Die Teammitglieder unterscheiden sich durch ihre Projekterfahrung. Manche haben bereits viele Erfahrungen gesammelt, andere haben noch keine Projekterfahrung.	Erfahrungen nutzen, aber einen Lernprozess aller Teammitglieder fördern.
Fachlicher Hintergrund	In vielen Fällen fordern Projekte eine interdisziplinäre Zusammenarbeit, d. h., Experten mit verschiedenen fachlichen Hintergründen arbeiten an einem Ergebnis, das ohne die verschiedenen Fachperspektiven nicht möglich wäre	Verschiedene fachliche Perspektiven anerkennen und Expertisen miteinander synergetisch verknüpfen.
Hierarchiestufen	In Projektteams arbeiten oft Personen zusammen, die aus Sicht der Linie verschiedenen Hierarchiestufen angehören.	Projektbezogene Leistung geht vor Position.
Kulturelle Unterschiede	In grossen Projekten stammen die Teammitglieder aus verschiedenen Organisationseinheiten einer Organisation oder gar aus verschiedenen Organisationen oder auch aus verschiedenen Ländern.	Kulturelle Unterschiede auf der Ebene von Organisationen und auch Regionen können zu Missverständnissen führen und fordern interkulturelle Kompetenz im Team.
Individuelle Interessen	Jedes Teammitglied verbindet auch eigene Interessen mit dem Projekt. So kann es sein, dass ein Teammitglied eine grosse Karrierechance in der Projektarbeit sieht, während ein anderes Teammitglied kein Entwicklungspotenzial wahrnimmt. Das kann sich auf das Engagement für das Projekt auswirken.	Individuelle Interessen berücksichtigen, keine überzogenen Karriereerwartungen schüren.

16.1.2 Virtuelle Projektteams

Immer öfter arbeiten Projektteams ganz oder zum Teil virtuell, d. h. **geografisch getrennt.** Virtuelle Projektarbeit bedeutet, dass die Mitglieder eines Projektteams nicht physisch präsent an einem Ort sind und dort zusammen arbeiten. Das ist durch moderne Kommunikationstechnik und entsprechende Anwendungen möglich. Virtuelle Zusammenarbeit ist vor allem in Organisationen erforderlich, deren Organisationseinheiten in einem überregionalen oder gar internationalen Radius angesiedelt sind.

Die **virtuelle Zusammenarbeit** im Team hat viele Vorteile. So wird beispielsweise der zeitliche und finanzielle Aufwand für Reisen erheblich reduziert. Das kann die Reaktionsgeschwindigkeit erhöhen, da die Mitarbeitenden weniger durch nicht wertschöpfende Tätigkeiten aufgehalten werden. Für neue Teammitglieder ist die Arbeit einfacher, da das Projektteam in einem geringeren Mass eine spezifische Gruppendynamik entwickelt.

Um die Vorteile der virtuellen Zusammenarbeit nutzen zu können, müssen einige wichtige Vorbereitungen getroffen und **Rahmenbedingungen** geschaffen sein. Dazu gehören:

- Die Teammitglieder müssen angemessen mit der erforderlichen Technik und Software ausgestattet sein.
- Die Arbeitsteilung muss besonders unmissverständlich definiert und aufeinander abgestimmt sein.
- Konventionen für die Zusammenarbeit müssen vereinbart sein und eingehalten werden. Zu den Konventionen gehören Regelungen hinsichtlich des Sprachgebrauchs einschliesslich spezifischer Fachbegriffe sowie Projektstandards und -methoden.

Virtuelle Teamarbeit fordert sowohl von den Teammitgliedern als auch vom Projektmanagement besondere Fähigkeiten. Die Teammitglieder müssen sich unter Berücksichtigung der Anforderungen und Konventionen reibungsfrei in das Team integrieren, gleichzeitig sind sie sehr selbstständig und müssen ihre Arbeit selbst organisieren können. Vom Projektmanagement wird erwartet, dass klare Bedingungen für die Zusammenarbeit geschaffen werden.

Um eine Identifikation der einzelnen Teammitglieder mit dem Projekt zu fördern und auch um das intellektuelle Kapital wirklich nutzen zu können, ist eine Kombination aus virtueller Zusammenarbeit und physischer Präsenz empfehlenswert. Die Häufigkeit der physischen Treffen hängt von den Anforderungen an das Team und vom Projektverlauf ab. Dabei bietet sich etwa das Kick-off-Meeting oder auch auf Meilensteine bezogene Events an.

16.2 Aufgaben eines Teams

Das Projektteam hat im Allgemeinen folgende Aufgaben:

- Ausführen der Arbeiten laut Projektplan
- Mit der Projektleitung die Lösungswege abstimmen, um die Ziele zu erreichen
- Wöchentlich Rückmeldungen über den Stand der Arbeiten an die Projektleitung geben
- Die sachlichen Ergebnisse, die in eigener Verantwortung erzielt wurden, den Beteiligten kommunizieren und mit ihnen abstimmen
- Informationen an alle Betroffenen weitergeben
- Konstruktive und kreative Lösungen für Probleme, die das ganze Team betreffen, finden
- Aktiv zur Teamentwicklung beitragen
- An Teamsitzungen teilnehmen
- Sich in Schulungen weiterbilden
- Das Projektmanagement unterstützen

Die Ergebnisse, die ein Team im Rahmen eines Projekts erbringen muss, müssen vom Projektmanager spezifiziert werden.

16.3 Teamentwicklung

Teams entstehen nicht einfach so. Sie müssen gebildet und entwickelt werden. Jeder Teambildungsprozess verläuft nach einem Muster. Die Aufgabe der Projektleiterin oder besser eines professionellen Teamentwicklers oder Teamcoach besteht darin, die Gruppe so zu steuern, dass sie diese Phasen bewusst durchläuft. Im Folgenden betrachten wir die Aufgaben der Teamentwicklung in den einzelnen Phasen.

16.3.1 Teambildungsphase

In der Teambildungsphase (Forming) wird die Gruppe zusammengestellt. Die einzelnen Teammitglieder werden dabei primär anhand ihrer beruflichen Qualifikation ausgewählt. Es müssen aber alle Fragen bezüglich der Teambildung geklärt werden. Dazu gehören etwa Konventionen für die Zusammenarbeit. Des Weiteren müssen unrealistische Erwartungen, die die Mitglieder hinsichtlich der Arbeit in der Gruppe haben, erkannt und ausgeräumt werden.

16.3.2 Orientierungsphase

Die Orientierungsphase **(Warming)** besteht im Wesentlichen aus gegenseitigem Abtasten der Teammitglieder. Während dieser Phase informieren Mitglieder, z. B. aus welcher Organisation oder aus welcher Kultur sie kommen. Die Teamentwicklerin muss dafür sorgen, dass den Teammitgliedern genügend Zeit zur Verfügung steht, um sich miteinander vertraut zu machen.

16.3.3 Konfrontationsphase

Während der Konfrontationsphase **(Storming)** ermitteln die einzelnen Teammitglieder ihren künftigen Platz in der Gruppe. Sie testen die Toleranz der anderen Mitglieder, um herauszufinden, was sie in der Gruppe machen dürfen und was nicht. Dabei kommt es oft auch zu Meinungsverschiedenheiten. Die Teamentwickler müssen in dieser Phase beim Auftreten gegensätzlicher Interessen zwischen den Teammitgliedern vermitteln. Die Auseinandersetzungen ermöglichen dem einzelnen Mitglied, einen Platz in der Gruppe zu finden.

16.3.4 Organisationsphase

In der Organisationsphase **(Norming)** legt die Gruppe ihre **Arbeitsregeln** fest. Die Aufgabe des Teamentwicklers besteht dabei darin, die Gruppe zu unterstützen. Er muss ihr an dieser Stelle Angebote unterbreiten, die der Gruppe ermöglichen, über ihre Normen und Werte einig zu werden und zu ermitteln, welche hilfreich und welche hinderlich sind. Darüber hinaus kann er der Gruppe Vorschläge über die Definition und Dokumentation von Regeln machen. Ausserdem baut der Teamentwickler zusammen mit der Gruppe ein **Feedbacksystem** auf. Dieses besteht in Arbeitsformen, durch die sich die Mitglieder über ihr Verhalten und ihre Arbeitsweisen Rückmeldungen geben. Durch das **Feedbacksystem** hat die Gruppe die Möglichkeit, sich über sich selbst auszutauschen. Jedes Mitglied soll Gewissheit haben, dass es Probleme ansprechen kann. Es erfährt auch, wie sein Verhalten von den anderen gesehen wird.

16.3.5 Leistungsphase

In der Leistungs- oder Arbeitsphase **(Performing)** wird die Arbeit von der Gruppe aufgenommen und die Leistung erbracht. Erst jetzt kann sie sich ganz auf die eigentliche Aufgabe konzentrieren. In dieser Phase kann die Teamentwicklerin die Gruppe beraten, wie sie ihre Arbeit besser ausführen kann, und den Zufriedenheitsgrad der Gruppe rückmelden. Wurden die vorausgehenden Phasen gut durchlaufen, dann schaffen es Teams auch zur **Hochleistung.**

16.3.6 Auflösungsphase

In der Auflösungsphase **(Adjourning)** schliesslich wird die Gruppe, wie der Name schon sagt, aufgelöst. Hier ist ein Abschied aus der Gruppe zu organisieren und ein Feedback über den gesamten Teamprozess zu ermöglichen. Falls die Teamzusammensetzung geändert wird, muss sich die Gruppe neu formieren **(Re-Forming)** und die Phasen wieder von Beginn an durchlaufen.

Das **Team** ist eine Gruppe von wenigen Personen, deren Fähigkeiten einander ergänzen und die sich für einen gemeinsamen Zweck, gemeinsame Leistungsziele und einen gemeinsamen Arbeitsansatz engagieren und gegenseitig zur Verantwortung ziehen.

Projektteams können eine besondere **Vielfalt** aufweisen. Diese Vielfalt ist oft die Voraussetzung für leistungsfähige Teams, sie stellt aber auch Teammitglieder und Projektmanager vor Herausforderungen.

Zunehmend wird Projektarbeit von **virtuellen Teams** geleistet. Für die virtuelle Teamarbeit müssen Voraussetzungen geschaffen werden, die über die technische Ausstattung hinausgehen. Virtuelle Teams brauchen eine klare Aufgabenteilung und eindeutige Projektkonventionen.

Bei der Teamentwicklung müssen folgende **Phasen** berücksichtigt werden:

- Teambildungsphase – Forming
- Orientierungsphase – Warming
- Konfrontationsphase – Storming
- Organisationsphase – Norming
- Arbeitsphase – Performing
- Auflösungsphase – Adjourning

Teams, die diese Phasen für ihre Entwicklung nutzen, erhöhen die Chance, Hochleistungen miteinander zu erreichen.

Repetitionsfragen

44

Warum eignet sich die Teamarbeit für die Projektarbeit?

45

Sie haben die Phasen der Teamentwicklung kennengelernt. Bitte formulieren Sie in Stichworten, welche Tätigkeiten dabei anfallen.

Phase	Tätigkeiten
Teambildung	
Orientierung	
Konfrontation	
Organisation	
Leistung	
Auflösung	

17 Problemlösung

> **Lernziele:** Nach der Bearbeitung dieses Kapitels können Sie ...
>
> - wichtige Schritte und Ergebnisse bei der Problemlösung nennen.
> - Probleme erkennen und bewerten.
> - das Fischgrät-Diagramm, die Sechs-Denkhüte-Methode und die Nutzwertanalyse beschreiben.
> - Probleme dokumentieren und kommunizieren.
> - Symptome bekämpfen oder Lösungen erzeugen.
>
> **Schlüsselbegriffe:** Fischgrät-Diagramm, Nutzwertanalyse, Problembericht, Problemmanagement, Sechs-Denkhüte-Methode, Symptombekämpfung

Probleme lassen sich auch in gut geführten Projekten kaum vermeiden und müssen systematisch angegangen werden, sobald sie ein **Ausmass** erreichen, das den Projektprozess beeinträchtigt oder gar das Projekt gefährdet. Die Frage, wann ein projektgefährdendes Ausmass erreicht ist, kann nicht allgemein gültig beantwortet werden. Generell kann aber gesagt werden, dass mindestens ein Projektziel akut gefährdet sein muss.

Das **Problemmanagement** umfasst sämtliche Aktivitäten der Erkennung, Bewertung und Kommunikation eines Problems sowie Massnahmen zu dessen Lösung oder Minderung. Das primäre Ziel eines systematischen Problemmanagements besteht darin, die Ursachen eines Problems zu ermitteln und unwirksam zu machen.

PM-Kompetenzelement	Taxonomie: Wissen										
Fachkompetenz	0	1	2	3	4	5	6	7	8	9	10
Problemlösung							CD	B	A		

Nachfolgend sollen wichtige Aspekte eines systematischen Problemmanagements näher beleuchtet werden.

Die folgende Tabelle führt wichtige Schritte und Ergebnisse der Problemlösung auf:

[17-1] Wichtige Schritte und Ergebnisse der Problemlösung

Wichtige Prozessschritte	Wichtige Ergebnisse	Querverweise
Probleme erkennen und analysieren	Problemanalyse (Ursache-Wirkungs-Diagramm)	Risiken und Chancen
Probleme bzw. Lösungsalternativen bewerten	Nutzwertanalyse	Projektmanagementerfolg Projektanforderungen und -ziele
Problembericht erstellen	Problembericht	Projektorganisation Information und Dokumentation
Ausgewählte Lösung umsetzen, Effektivität bewerten und notwendige Anpassungen durchführen	Lösung	Ergebnisorientierung
Lehren aus dem Problemlösungsprozess dokumentieren und ihre Übertragbarkeit auf die weitere Projekt- bzw. Programmarbeit bzw. auf das Portfolio prüfen	Lessons Learned	PPP-Management

17.1 Probleme erkennen und bewerten

Bevor ein Problem angegangen und gelöst werden kann, muss es zuerst einmal als Problem **wahrgenommen** werden. Ob ein Problem als solches wahrgenommen wird, ist einerseits von der individuell ausgeprägten Wahrnehmung und andererseits vom Wissensstand der jeweiligen Person abhängig. Was dem Teilprojektleiter als grosses Problem erscheinen mag, ist für die Projektleiterin vielleicht von untergeordneter Bedeutung.

Beispiel

Ein Teilprojektleiter hat nach eigener Auffassung ein Problem, weil er mit einem bestimmten Arbeitspaket aufgrund technischer Probleme in Verzug geraten ist. Die Projektleiterin hat bereits mit Verzögerungen in diesem Teilprojekt gerechnet und weitere Ressourcen angefordert. Da ihr diese bewilligt wurden, hat sich die Situation für das Gesamtprojekt nach ihrem Empfinden entschärft.

Es gibt viele Methoden und Techniken, die sich für die Analyse von Problemen eignen. Das Fischgrät-Diagramm und die «Sechs Denkhüte» sind zwei davon. Für die Bewertung von Problemen, aber auch von Lösungsmöglichkeiten bietet sich die Nutzwertanalyse an.

17.1.1 Fischgrät-Diagramm

Das Fischgrät-Diagramm (auch nach seinem Erfinder Ishikawa-Diagramm genannt) dient der systematischen Ermittlung von Problemursachen und zeigt typische Problembereiche auf. Das hilft, vereinfachte Problemzuschreibungen und oberflächliche Problemlösungen zu vermeiden. Es handelt sich um ein vorstrukturiertes **Ursache-Wirkungs-Diagramm,** das aufgrund seiner optischen Aufbereitung als Fischgrät-Diagramm bezeichnet wird. Die folgende Abbildung zeigt seine Struktur:

[17-2] Fischgrät-Diagramm

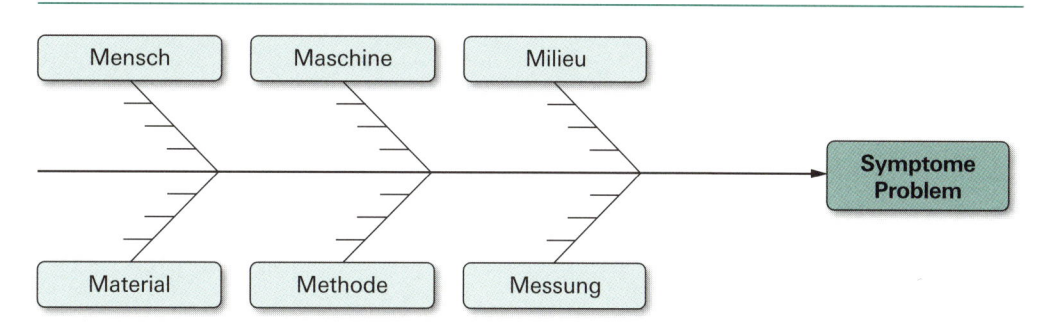

In der folgenden Übersicht werden die im Fischgrät-Diagramm genannten Problembereiche erläutert.

[17-3] Mögliche Problembereiche im Fischgrät-Diagramm

Mögliche Problembereiche	Erläuterung
Mensch	In einem Projekt sind das vor allem die Projektmitarbeitenden, die Beteiligten der Projektorganisation sowie spätere Nutzergruppen und Stakeholder. Probleme können beispielsweise durch Anwendungsfehler einer Software oder einer Maschine oder auch durch die verschiedenen Sichtweisen der Beteiligten auf das Projekt entstehen.
Maschine	Unter Maschine werden die Hilfsmittel und die Infrastruktur des Projekts verstanden. So kann beispielsweise eine schlechte Ausstattung die Arbeit im Projektteam behindern oder gar lähmen.
Milieu	Unter Milieu versteht man den Kontext des Projekts, z. B. die Stammorganisation oder die kulturellen Unterschiede, die beispielsweise in einem internationalen Projekt offensichtlich werden. Eine unzureichende Abstimmung der Schnittstellen zwischen Projekt und Linie kann zu Konflikten führen.

Mögliche Problem-bereiche	Erläuterung
Material	Das Material eines Projekts sind die Ressourcen, die benötigt werden, um das Projekt durchzuführen. Dazu gehört die Ausstattung mit Finanzen. Bleiben diese aus, kann das Projekt schnell gefährdet sein.
Methode	Die Methode eines Projekts umfasst die Art des Projektmanagements sowie spezifische Methoden und Techniken auf der Fachebene. So kann beispielsweise eine mangelhafte Methodenkompetenz im Projektmanagement zu unklaren Projektbedingungen und unzureichenden Projektergebnissen führen.
Messung	Die Messung ist stark von der eingesetzten Methode abhängig und bezieht sich auf die Kennzahlen und die Messkriterien sowie auf das Gewinnen von Daten und Fakten. In einem Projekt kann beispielsweise die Abnahme der Projektergebnisse erschwert sein, weil die Anforderungen an die Ergebnisse nur unzureichend eindeutig geklärt wurden.

Die Vorstrukturierung und Visualisierung des Fischgrät-Diagramms haben Vorteile. Sie erlauben ein zügiges «Abklopfen» typischer Problembereiche und eine leicht verständliche Darstellung der Ergebnisse etwa gegenüber Entscheidungsträgern. Die genannten Problembereiche und ihre eher linear verlaufende Ursache-Wirkungs-Beziehung können allerdings dazu führen, dass Lösungen direkt aus den wahrgenommenen Problemen abgeleitet werden, ohne dass die Wechselwirkung zwischen den Problembereichen oder die Art und Weise der Problembetrachtung ausreichend bedacht werden. Mit der Sechs-Denkhüte-Methode können diese Nachteile vermieden werden.

17.1.2 Sechs Denkhüte

Die Methode der «Sechs Denkhüte» ist eine Problemlösungsmethode, die von Edward De Bono entwickelt wurde. Sie eignet sich auch für die Bearbeitung eines Problems in einer Gruppe. Ziel ist es, den verschiedenen Betrachtungsweisen hinsichtlich eines Problems oder einer Problemlösung einen gebührenden Platz einzuräumen, um einseitige und wenig nachhaltige Problemlösungen vermeiden zu können. Jeder «Hut» steht für eine spezifische Betrachtungsweise, die durch eine Farbe repräsentiert werden. Die folgende Abbildung gibt einen Überblick über die «Sechs Hüte» und die Bedeutung ihrer Farbe.

[17-4]   Die «Sechs Denkhüte» im Überblick

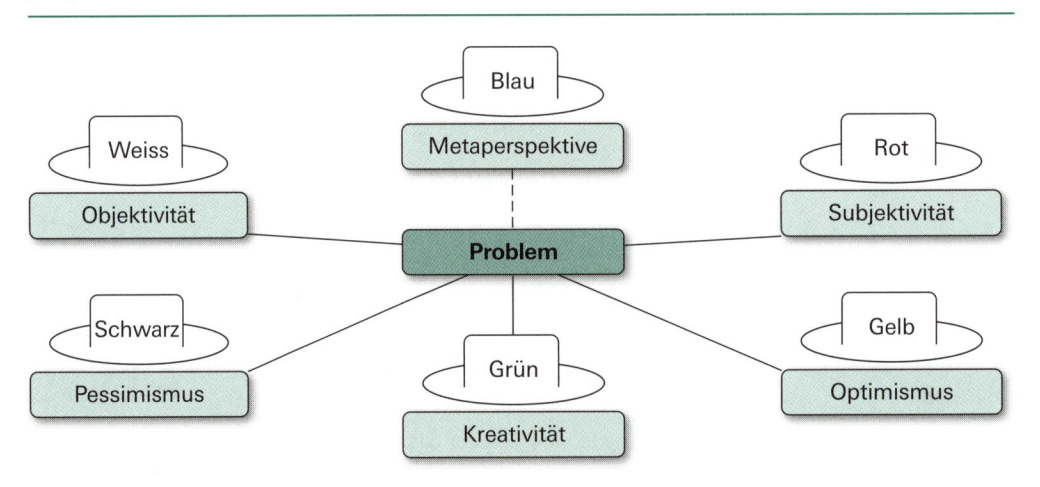

In der folgenden Tabelle finden Sie kurze Erläuterungen zur Bedeutung der einzelnen Hüte.

[17-5] Die «Sechs Denkhüte» und ihre Bedeutung

Die Hüte	repräsentieren:
Der weisse Hut	Sachlichkeit, d. h., Daten und Fakten werden ohne Interpretation geliefert.
Der rote Hut	Subjektivität, d. h., Erfahrungen, Emotionen und Meinungen der Beteiligten sind gefragt.
Der schwarze Hut	Pessimismus, d. h., Risiken, Gefahren, Schwierigkeiten werden aufgezeigt.
Der gelbe Hut	Optimismus, d. h., Chancen und Stärken werden in den Mittelpunkt gerückt.
Der grüne Hut	Kreativität, d. h., Ideen und Assoziationen bringen alternative Sichtweisen hervor.
Der blaue Hut	Metaperspektive, d. h., Distanz wird eingenommen und das Problem bzw. der Problemlösungsprozess wird von der Vogelperspektive aus betrachtet, um einseitige und wenig nachhaltige Problemlösungen ausschliessen zu können.

Die Denkhüte-Methode hilft, mehr Ausgewogenheit in eine Problembetrachtung bzw. Lösungsgenerierung zu bringen. Sie verbindet die Problemanalyse mit der Frage nach der Perspektive, aus der ein Problem betrachtet wird.

17.1.3 Nutzwertanalyse

Sind Probleme bzw. mögliche Problemlösungen definiert und umrissen, stellt sich die Frage, wie **bewertet** werden soll. Die Bewertung soll einen Anhaltspunkt liefern, wie viel in die Lösung des Problems investiert bzw. welche Lösungsalternative gewählt werden soll. Auch dazu gibt es keine allgemeingültigen Rezepte.

Für die Bewertung eines Problems sind folgende Fragen nützlich:

- Verstärkt sich das Problem, bleibt es konstant oder verringert es sich von selbst?
- In welchem Zeitraum muss das Problem gelöst werden?
- Welche Projektziele sind primär, welche sekundär betroffen bzw. gefährdet?
- Wie hoch sind die Kosten der Problemlösung im Verhältnis zum Schadenpotenzial?
- Kann die Ursache des Problems behoben werden oder müssen die Symptome bekämpft werden?

Für die Bewertung und Auswahl von Lösungsalternativen kann die Nutzwertanalyse eingesetzt werden. Die Nutzwertanalyse wird auch **Scoring-Methode** genannt, da auf der Grundlage eines gewichteten Kriterienkatalogs die Lösungsvorschläge einen Punktwert erhalten. Die Option mit dem höchsten Gesamtwert ist dann die Lösung mit dem grössten Nutzen für das Projekt.

[17-6] Beispiel einer Nutzwertanalyse

Kriterien	Gewichtung der Kriterien (G)	Option A		Option B		Option C	
		Punkte (P) max. 10	Bewertung (G x P)	Punkte (P) max. 10	Bewertung (G x P)	Punkte (P) max. 10	Bewertung (G x P)
Kosten der Problemlösung	15	6	90	3	45	2	30
Nachhaltigkeit der Problemlösung	25	2	50	4	100	6	150
Umsetzungsgeschwindigkeit	20	7	140	4	80	3	60
...	...	...	...	...	...	...	..
Gesamtbewertung	100		270		225		240

Die Nutzwertanalyse eignet sich besonders für die Bewertung von Lösungen, wenn viele zum Teil widersprüchliche Erwartungen (z. B. wenig Kosten, aber grosse Nachhaltigkeit) an eine gute Lösung gestellt werden. Sie gibt den vielen möglichen Bewertungskriterien einen Stellenwert. Die Kunst liegt vor allem darin, die Kriterien zu definieren und die Gewichtung der einzelnen Kriterien vorzunehmen.

17.2 Probleme dokumentieren und kommunizieren

Nicht gelöste Probleme sollten in einem **Problembericht** dokumentiert und dem Auftraggeber gegenüber kommuniziert werden. Auf diese Weise wird sichergestellt, dass die betreffenden Probleme von der höheren Stelle bzw. Instanz wahrgenommen werden. Gleichzeitig werden die Voraussetzungen dafür geschaffen, dass geeignete Massnahmen bzw. notwendige Entscheidungen getroffen werden. Generell kann gesagt werden, dass der Projektleiter immer dann einen **Problembericht** erstellen muss, wenn ein oder mehrere Projektziele gefährdet sind und Entscheidungen anstehen, die seine Kompetenz bzw. seine eigenen Möglichkeiten übersteigen. Ein Problembericht beinhaltet nicht nur eine möglichst genaue Beschreibung des Problems, sondern auch konkrete Massnahmenvorschläge.

Die folgende Tabelle fasst die **Inhalte** und **Ziele** eines Problemberichts zusammen:

Inhalt	Erläuterung	Ziel
Beschreibung	Die Beschreibung gibt dem Leser Aufschluss über die wesentlichen Merkmale des Problems.	Leser mit dem Problem vertraut machen.
Ursache	Hier wird die Ursache beschrieben, die am Anfang der Ursache-Wirkungs-Kette steht (Auslöser).	Hauptsächliche Ursache des Problems identifizieren.
Auswirkungen	Das Problem wirkt sich auf die Termine, Kosten, Leistungen bzw. Qualität eines Projekts aus. Hier wird beschrieben, welche Ziele wie tangiert werden.	Auswirkungen abklären, falls keine Massnahmen ergriffen werden.
Bewertung	Beurteilung der Relevanz des Problems für das Projekt.	Hinweise zur Wichtigkeit und Dringlichkeit einer Lösung geben.
Massnahmen	Konkrete Massnahmenvorschläge sind für die spätere Entscheidungsfindung unerlässlich. Die Massnahmen müssen detailliert beschrieben werden. Dazu gehören: konkrete Aktivitäten, Ziel der Aktivitäten (erhoffte Wirkung), Konsequenzen für das Projekt und die Projektziele, zusätzliche Aufwände bzw. Kosten, Rahmenbedingungen.	Basis für die Entscheidungsfindung zur Auswahl geeigneter Massnahmen schaffen.
Weiteres Vorgehen	Vorschlag für das weitere Vorgehen bezüglich des beschriebenen Problems bzw. der Problemlösung.	Die weiteren Aufgaben und Aktivitäten konkretisieren (inkl. Verantwortung).

17.3 Symptome bekämpfen oder Lösungen erzeugen

Manchmal hängt die Lösung eines Problems bei Projekten nur davon ab, ob der Projektleiterin genügend Ressourcen (Mitarbeitende, Zeit, finanzielle Mittel, Sachmittel) zur Verfügung stehen. Oft liegen aber auch zwischenmenschliche Probleme vor, die mit solchen Massnahmen nicht zu lösen sind. Die Dynamik und das Gefahrenpotenzial von Problemen zwischenmenschlicher Natur sind für die Projektleiterin deshalb die gefährlichsten Probleme und dürfen nicht unterschätzt werden, da sie ansonsten gut laufende Projekte zum Scheitern bringen können. Massnahmen zur Lösung von Problemen lassen sich grundsätzlich in Massnahmen zur Beseitigung der Ursachen sowie in Massnahmen zur Bekämpfung der Symptome unterteilen.

Beispiel   Ursachen beseitigen

Ein neu in eine Versicherungsfirma eingetretener Teilprojektleiter wird vom Projektteam nicht akzeptiert, weil er mit seinen bankfachorientierten Erfahrungen versicherungsfachliche Mängel hat. Sowohl der Teilprojektleiter als auch die Mitglieder des Projektteams arbeiten deshalb ziemlich lustlos. Entsprechend ist das Teilprojekt im Rückstand. Eine rasche Beseitigung der Ursache ist nicht möglich, da sich der Teilprojektleiter nicht «über Nacht» zum Versicherungsexperten wandeln kann. Als Projektleiterin haben Sie in dieser Situation u. a. folgende Möglichkeiten, um die Ursachen des Problems zu beseitigen:

- Sie ersetzen den Teilprojektleiter durch eine Person mit mehr Branchenkompetenz und versuchen, den bisherigen Teilprojektleiter so einzusetzen, dass seine vermeintlichen Schwächen nicht so sehr ins Gewicht fallen.
- Sie unterstützen den Teilprojektleiter im Team, indem Sie den Mitarbeitenden erklären, dass der Teilprojektleiter seine Aufgabe aufgrund seiner Managementfähigkeiten innehat und nicht wegen seiner Branchenerfahrung.

Beispiel   Symptome bekämpfen

In einem erstmalig durchgeführten, grossen Ausstellungsmesseprojekt ist eine Kostenüberschreitung von ca. 25 Prozent absehbar, weil der Aufwand für die Vorbereitungsarbeiten unterschätzt und auch die Investitionskosten zu tief angesetzt wurden. Da sich die Ursachen für diese Kostenüberschreitung nicht mehr ändern lassen, muss sich der Projektleiter auf die Bekämpfung der Symptome konzentrieren. Er hat folgende Möglichkeiten:

- Er schildert der Marketingleiterin das Problem und beantragt eine Budgeterhöhung von 25 Prozent.
- Er reduziert die Arbeiten so, dass die Aufwandschätzung eingehalten werden kann. Das funktioniert aber nicht ohne gleichzeitige Anpassung der Projektziele (Verringerung der Präsentationen und der eigens für die Messe herzustellenden Präsentationsobjekte). Der Projektleiter muss also auch hier mit einem entsprechenden Änderungsantrag vor die Marketingleiterin treten.

Wichtig ist: Eine Symptombekämpfung kann kurzfristig hilfreich sein. Sie kann aber dazu führen, dass im Lauf der Zeit viele Folgeprobleme offensichtlich werden, die von der Projektleitung bearbeitet werden müssen, die Aufmerksamkeit bannen und Ressourcen verzehren. Deshalb ist im Allgemeinen eine grundlegende Lösung zu bevorzugen, die die Ursache für Probleme beseitigt oder unwirksam macht.

> Das **Problemmanagement** im Rahmen von Projekten umfasst Aktivitäten zur systematischen Erkennung, Bewertung, Dokumentation, Kommunikation und Lösung von Problemen bzw. zur Minderung ihrer Auswirkungen. Bei der **Problemanalyse** können beispielsweise das **Fischgrät-Diagramm** und die **Sechs-Denkhüte-Methode** unterstützen. Für die Bewertung von Problemen und von Lösungsalternativen kann die **Nutzwertanalyse** eingesetzt werden. Probleme, die die Projektziele nicht gefährden, können vom Projektleiter selbstständig gelöst werden. Gefährdet ein Problem ein oder mehrere Projektziele, so hat der Projektleiter einen **Problembericht** zu erstellen. Probleme können durch die **Beseitigung der Ursachen** oder durch das **Bekämpfen der Symptome** gelöst werden. Im Allgemeinen ist die Beseitigung von Ursachen zu bevorzugen, da die Symptombekämpfung viele Folgeprobleme nach sich ziehen kann.

Repetitionsfragen

46

Welche zwei Aspekte sind wesentlich für einen Problembericht?

47

Nennen Sie drei Kriterien für die Bewertung eines Problems.

18 Projektstrukturen

> **Lernziele:** Nach der Bearbeitung dieses Kapitels können Sie ...
>
> - wichtige Schritte und Ergebnisse bei den Problemstrukturen nennen.
> - den Projektstrukturplan erklären.
> - die drei Formen des Projektstrukturplans unterscheiden.
> - das Arbeitspaket beschreiben.
>
> **Schlüsselbegriffe:** Arbeitspaket, aufgabenorientierter Projektstrukturplan, gemischtorientierter Projektstrukturplan, objektorientierter Projektstrukturplan, Projektstrukturen, Projektstrukturplan, Strukturform

Es ist die zentrale Aufgabe der Projektplanung, die sach-, termin-, aufwand- und kostengerechte Abwicklung des Projekts möglichst exakt vorzubestimmen. Dazu muss das Projekt zunächst in überschaubare Teile aufgeteilt und gegliedert werden. Das ist die wichtigste, aber auch schwierigste Aufgabe im Planungsprozess.

Projektstrukturen verleihen dem Projekt eine Ordnung und zeigen relevante Beziehungen zwischen den Elementen eines Projekts auf. Wesentliches Instrument dafür ist der **Projektstrukturplan (PSP)**.

PM-Kompetenzelement	Taxonomie: Wissen										
Fachkompetenz	0	1	2	3	4	5	6	7	8	9	10
Projektstrukturen						CD		AB			

Der Projektstrukturplan ist die Basis für die weitere Arbeit in der Planungsphase. Er wird deshalb auch «**Plan aller Pläne**» genannt. Des Weiteren dient der Projektstrukturplan der Identifizierung von Problemen (z. B. durch Terminüberschreitungen der Arbeitspakete) und der Ermittlung möglicher **Wirkketten** (d. h. Projektleiter können leichter feststellen, welche Folgeprobleme sich ergeben, wenn Lieferschwierigkeiten auftreten). Er ist darüber hinaus **Kommunikationsmittel** in Projektsitzungen und schafft **Überblick** und erlaubt ein strukturiertes Vorgehen beispielsweise bei der Ermittlung des Projektfortschritts.

Die folgende Tabelle zeigt wichtige Prozessschritte und Ergebnisse bei den Projektstrukturen.

[18-1] Wichtige Prozessschritte und Ergebnisse bei den Projektstrukturen

Wichtige Prozessschritte	Wichtige Ergebnisse	Querverweise
Ggf. klären, ob relevante Vorgaben oder Standards vom Programm- bzw. Portfoliomanagement einzuhalten sind	Relevante Vorgaben zur Projektstruktur	PPP-Management
Projekt analysieren und wesentliche Projektstrukturen herausarbeiten und definieren	• Projektstrukturplan • Arbeitspakete	• Projektanforderungen und -ziele • Leistungsumfang und Projektergebnisse
Weitere für den Projektplan wichtige Pläne erstellen	Projektplan	• Projektphasen, Ablauf und Termine • Ressourcen • Kosten und Finanzmittel

Wichtige Prozessschritte	Wichtige Ergebnisse	Querverweise
Projektstrukturen kommunizieren, kontrollieren und ggf. anpassen und aktualisieren	Aktuelle Projektstrukturen	Änderungen
Lehren aus den Projektstrukturen dokumentieren und ihre Übertragbarkeit auf die weitere Projekt- bzw. Programmarbeit bzw. auf das Portfolio prüfen	Lessons Learned	PPP-Management

Bei der Planung der Projektstrukturen sind vor allem folgende Aspekte wichtig: die Gliederung in Ebenen, die Gestaltung der Form, die Auswahlkriterien für Ebenen und Form und die Definition von Arbeitspaketen.

18.1 Der Plan der Pläne

Der **Projektstrukturplan** wird auch **Plan der Pläne** genannt. Er schafft Übersicht und gibt dem Projekt eine Ordnungsstruktur. Er ist die Grundlage für alle relevanten weiteren Projektpläne. Die folgende Abbildung weist auf wichtige Zusammenhänge hin.

[18-2]   Der Projektstrukturplan als Plan der Pläne

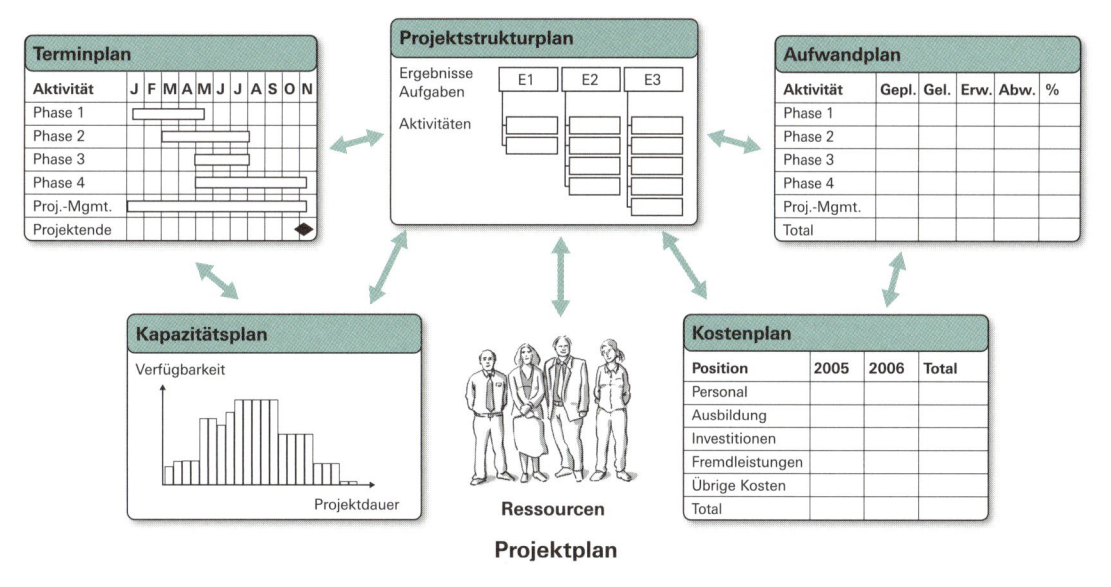

Ändert sich eine Planungsgrösse (wenn z. B. neue Anforderungen dazukommen oder ein Arbeitspaket wegen fehlender Personalressourcen nicht termingerecht fertiggestellt werden kann), dann müssen alle Pläne des Projektplans geprüft und aktualisiert werden.

18.2 Die Ebenen des Projektstrukturplans

Der Projektstrukturplan (PSP) erlaubt eine Aufteilung bzw. Gruppierung auf bis zu vier Ebenen, deren Beziehungen zueinander dargestellt werden können:

- Projekt
- Teilaufgaben
- Arbeitspakete

Vom Groben zum Detail

Bei der Aufteilung eines Projekts in die oben genannten Bereiche gilt: «Vom Groben zum Detail!» Man geht von der obersten Ebene eines Projekts aus und erarbeitet die Details Schritt für Schritt.

Beispiel

Der Wald ist die oberste Ebene. Er besteht aus Boden, Pflanzen, Tieren als zweite Stufe. Pflanzenarten: Bäume, Sträucher, Blumen als dritte Ebene. Ein Baum besteht aus Wurzeln, Stamm und Blättern als vierte Ebene usw.

Immer zuerst in die Breite

Das ist die zweite Regel, die berücksichtigt werden muss. Jede Ebene muss zunächst vollständig ausgearbeitet werden, bevor man zur nächsten Ebene gelangt. Wenn man anders vorgeht und diese Regeln nicht beachtet, läuft man Gefahr, wichtige Arbeitspakete zu vergessen oder die Übersicht zu verlieren.

[18-3] Aufbau des Projektstrukturplans

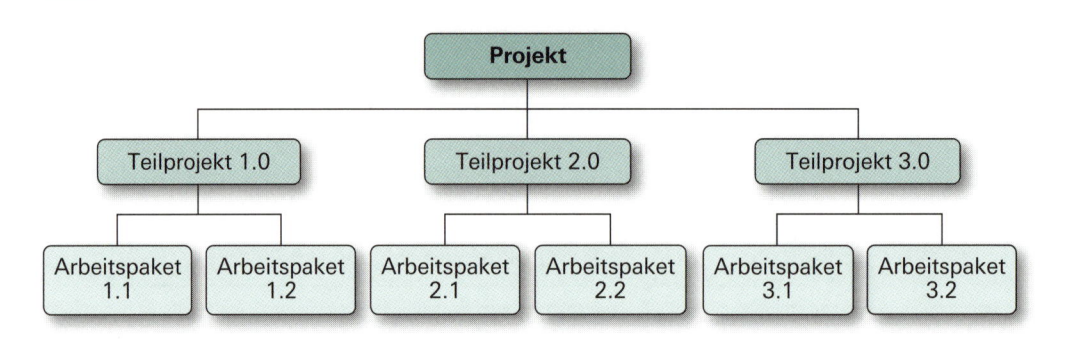

```
                          Projekt
            ┌────────────────┼────────────────┐
      Teilprojekt 1.0   Teilprojekt 2.0   Teilprojekt 3.0
        ┌──────┴──┐       ┌──────┴──┐       ┌──────┴──┐
   Arbeits-  Arbeits-  Arbeits-  Arbeits-  Arbeits-  Arbeits-
   paket     paket     paket     paket     paket     paket
   1.1       1.2       2.1       2.2       3.1       3.2
```

Für die Aufbereitung des Projektstrukturplans benötigen Sie genaue Angaben zum Leistungsumfang und zu den erwarteten Projektergebnissen.

Hinweis

Lesen Sie dazu auch die Ausführungen zum Kompetenzelement Leistungsumfang und Projektergebnisse.

18.3 Die Formen des Projektstrukturplans

Bei der Gestaltung des Projektstrukturplans kann von drei Grundformen ausgegangen werden:

- Objektorientierter Projektstrukturplan
- Aufgabenorientierter Projektstrukturplan
- Gemischter Projektstrukturplan

18.3.1 Der objektorientierte Projektstrukturplan

Beim objektorientierten Projektstrukturplan werden die Arbeitspakete nach Bestandteilen des Systems ausgerichtet.

Als Ergebnis erhält man eine Antwort auf die Frage: **«Was muss alles geschaffen werden?»**

Das Projekt wird in seine einzelnen technischen Bestandteile zerlegt. Das Ergebnis ist somit produkt- oder objektorientiert. Im objektorientierten Projektstrukturplan werden alle Objekte genannt, die geschaffen werden müssen.

Beispiel

Die Objekte sollen renoviert oder erneuert werden.

[18-4] Objektorientierter Projektstrukturplan

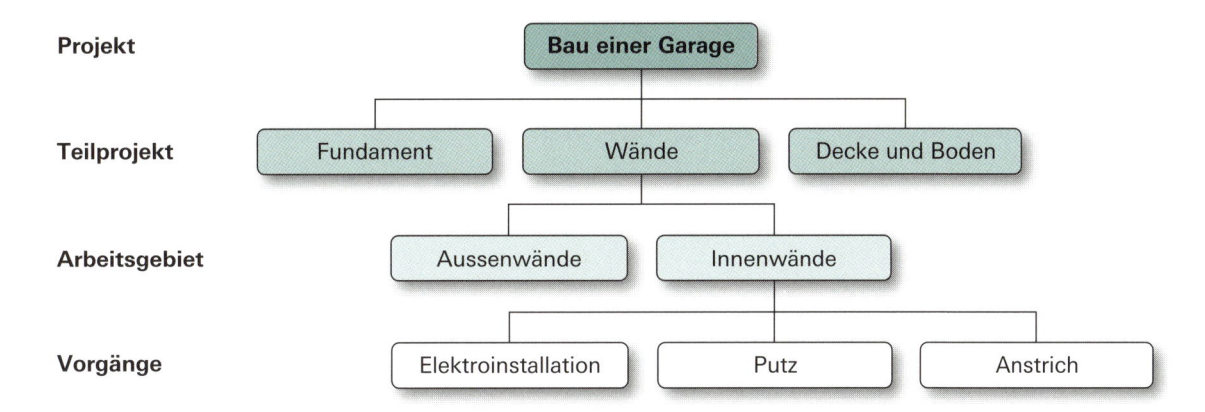

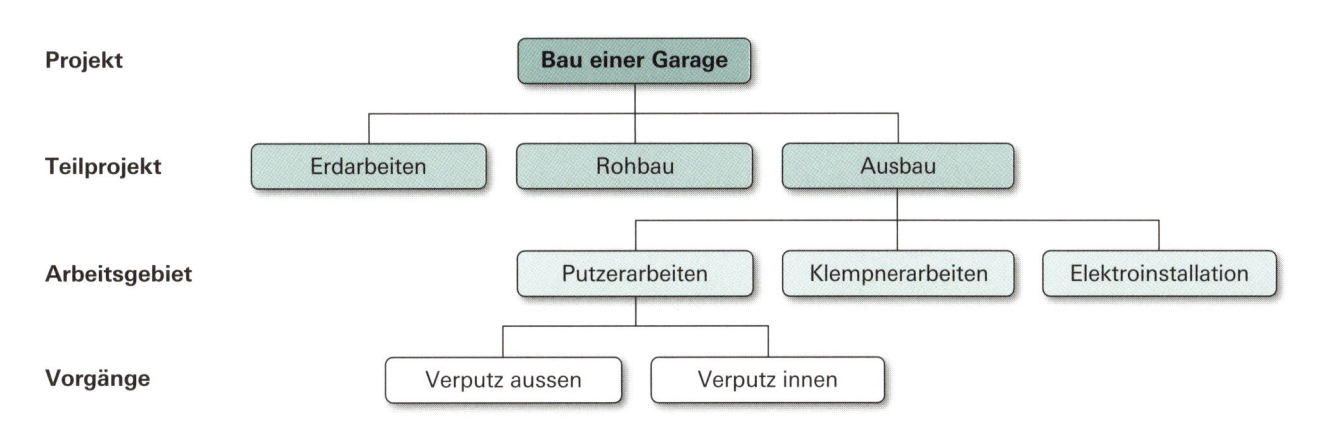

Ebene	Struktur
Projekt	Bau einer Garage
Teilprojekt	Fundament — Wände — Decke und Boden
Arbeitsgebiet	Aussenwände — Innenwände (unter Wände)
Vorgänge	Elektroinstallation — Putz — Anstrich

Vorgehensweise

Zunächst suchen wir eine grobe Aufteilung des Objekts «Garage». Eine mögliche Aufteilung sind die Elemente der Garage (Fundament, Wände, Decken usw.). Nachdem alle Elemente erfasst worden sind, beschäftigen wir uns mit den einzelnen Objekten, die am Element von den Bauarbeiten betroffen sein werden. Sind alle Objekte genannt, werden diese geordnet, falls eine Ordnung Sinn macht.

18.3.2 Der aufgabenorientierte Projektstrukturplan

Beim aufgaben- oder funktionsorientierten Projektstrukturplan werden die Arbeitspakete nach Aufgaben aufgeteilt.

Als Ergebnis erhält man eine Antwort auf die Frage: **«Was muss alles getan werden?»**

Im funktionsorientierten Projektstrukturplan wird das gesamte Projekt in Funktionen aufgeteilt, die dann den jeweils zuständigen Personen oder Bereichen zugeordnet werden.

Beispiel Wir gehen vom gleichen Beispiel wie beim objektorientierten PSP aus. Zunächst werden alle durch das Projekt betroffenen Personen oder Bereiche zusammengestellt. Nachdem wir alle betroffenen Bereiche erfasst haben, stellen wir fest, welche Funktionen diese im Zusammenhang mit dem Projekt haben werden. Sind alle Funktionen der Bereiche genannt, werden diese geordnet.

[18-5] Aufgabenorientierter Projektstrukturplan

Ebene	Struktur
Projekt	Bau einer Garage
Teilprojekt	Erdarbeiten — Rohbau — Ausbau
Arbeitsgebiet	Putzerarbeiten — Klempnerarbeiten — Elektroinstallation (unter Ausbau)
Vorgänge	Verputz aussen — Verputz innen

18.3.3 Der gemischtorientierte Projektstrukturplan

Ein Projekt kann nach Objekten und dann nach Funktionen aufgeteilt werden – oder zunächst nach Funktionen und dann nach Objekten. Wenn beide Formen der Aufteilung in einen Projektstrukturplan aufgenommen werden, spricht man von einem gemischtorientierten Projektplan. Im gemischtorientierten Projektstrukturplan wird das gesamte Projekt zunächst in Objekte aufgeteilt. Jedes Objekt wird wieder in die Funktionen aufgeteilt, die dann den jeweils zuständigen Personen oder Bereichen zugeordnet werden.

18.4 Die Wahl der Strukturform

Welche Strukturform letztendlich für das Projekt gewählt wird, hängt von der Zweckmässigkeit des jeweiligen Strukturplans und von der Zielsetzung des Projekts ab. In der Praxis werden viele Mischformen verwendet.

Hinweis

Grundsätzlich können Projekte frei strukturiert werden. In der Praxis gibt es auch Strukturierungen nach Phasen, Prozessen oder vordefinierten Vorgehensmodellen (zumindest auf der obersten Strukturebene). Dabei muss man Folgendes beachten: Die Art des Projektstrukturplans sollte zu Beginn der Planungsphase festgelegt werden. Eine Änderung dieser grundsätzlichen Entscheidung ist später mit sehr viel Aufwand verbunden. Deshalb soll aufgrund der im Projektauftrag beschriebenen Ziele zunächst bestimmt werden, welche Form des Projektstrukturplans verwendet werden soll.

Zwei Faktoren sollten bei der Arbeit mit dem Projektstrukturplan immer gedanklich präsent sein:

- **Vollständigkeit,** d. h., als Plan der Pläne muss der Projektstrukturplan eine umfassende Ansicht auf das ganze Projekt ermöglichen.
- **Klare Abgrenzung zwischen den Einheiten,** d. h., jedes Objekt, jede Funktion oder jedes Arbeitspaket müssen eindeutig von allen anderen abgegrenzt werden können. Ist das nicht der Fall, dann können folgende Fragen helfen:

Fragen bei Abgrenzungsproblemen einzelner Einheiten:

- Lassen sich diese Einheiten weiter aufteilen?
- Gehören sie zu bereits genannten Einheiten?
- Liegt das Abgrenzungsproblem auf der nächsthöheren Ebene (Abgrenzung der Teilaufgabe)?

18.5 Das Arbeitspaket

Die kleinste Einheit des Projektstrukturplans ist das Arbeitspaket (AP). Dabei handelt es sich um eine Aufgabe, die klar abgrenzbar ist und einer organisatorischen Einheit zugeordnet werden kann (einer Person, einer Abteilung, einem Bereich oder einer externen Stelle). Das Arbeitspaket ist eine Aktivität der untersten Ebene im Projektstrukturplan. Die unterste Ebene ist dann erreicht, wenn das Arbeitspaket genau einem Verantwortlichen zugeordnet werden kann, der für die Einhaltung der geplanten Termine, Kosten und die Erbringung der vereinbarten Leistung verantwortlich ist.

Das bedeutet jedoch nicht, dass das Arbeitspaket von einer Person ausgeführt werden muss.

[18-6] Beispiel eines Arbeitspakets

Arbeitspaketbeschreibung

AP-Nr.:	1.2	Phase: Analyse und Planungsphase

Bezeichnung:	Projektplanung	
Verantwortliche:	Bettina Müller	
Start Soll:	10.1.xx	Start Ist: _____
Termin Soll:	28.1.xx	Termin Ist: _____
Aufwand Soll:	10 Pt	Aufwand Ist: _____

Voraussetzungen (Vorgänger, Bedingungen etc.)
Voraussetzung ist zunächst eine auf Plausibilität geprüfte Geschäftsidee und das Vorliegen konkreter Ziele. Das Arbeitspaket «Zielfestlegung» muss abgeschlossen sein.

Leistungsbeschreibung
- Projektstrukturplanung
- Ablauf- und Terminplanung
- Ressourcenplanung
- Kosten- und Finanzmittelplanung

AP-Ergebnisse
Ergebnis dieses Arbeitspakets ist eine Projektplanung, die für Verhandlungen mit Kapitalgebern herangezogen werden kann und als solide Basis für die Steuerung und Kontrolle dient.

Erforderliche Ressourcen
Unternehmensgründer, PC, Papier, Raum

Eigenschaften von Arbeitspaketen: Sie sind klar gegenüber anderen Arbeitspaketen abgegrenzt. Sie sind in sich geschlossen. Sie sind die Basis für die Projektplanung. Sie können einem Verantwortlichen zugeordnet werden.

Die Planung eines Projekts erfolgt in mehreren Schritten. In einem ersten Schritt wird der **Projektstrukturplan (PSP)** erstellt. Der Projektstrukturplan ist der **Plan der Pläne.** Er gibt Überblick und schafft Ordnung. Er dient als Grundlage beim Erstellen von weiteren für die Projektplanung relevanten Plänen. Dazu gehören die Aufwandschätzung sowie der Einsatzmittel-, Kosten-, Termin-, und Kapazitätsplan. Wir haben drei **Strukturformen** behandelt: den objektorientierten, aufgabenorientierten und gemischten Projektstrukturplan. Beim **objektorientierten** Projektstrukturplan wird das Projekt in seine einzelnen technischen Bestandteile gegliedert. Beim **aufgabenorientierten** Projektstrukturplan werden die Arbeitspakete in Aufgaben aufgeteilt. Beim **gemischten** Projektstrukturplan werden beide Formen der Aufteilung in einen Projektstrukturplan aufgenommen. Das **Arbeitspaket** ist die kleinste Einheit des Projektstrukturplans. Es ist klar von anderen Arbeitspaketen abgegrenzt.

Repetitionsfragen

48

Bei der Behandlung des Projektstrukturplans haben wir zwei Regeln kennengelernt. Notieren Sie in der Tabelle, was man darunter versteht.

Regel	Erklärung
Vom Groben zum Detail	
Immer zuerst in die Breite	

49

Worin unterscheiden sich der objekt- und der aufgabenorientiere Projektstrukturplan?

19 Leistungsumfang und Projektergebnisse

Lernziele: Nach der Bearbeitung dieses Kapitels können Sie ...

- wichtige Schritte und Ergebnisse bei der Definition des Leistungsumfangs nennen.
- die Begriffe Projektumfang und Projektinhalt erklären.
- die verschiedenen Verfahren zur Aufwandschätzung unterscheiden.
- das Arbeitspaket beschreiben.

Schlüsselbegriffe: Analogieverfahren, Aufwandschätzung, Gewichtungsmethode, Leistungsinhalt, Leistungsumfang, Lieferobjekte, Multiplikatormethode, parametrische Schätzgleichungen, Projektgrenze, Prozentsatzmethode, Relationsmethode, Schätzfehler

Die genaue Klärung des Leistungsumfangs und der Projektergebnisse hilft, unrealistische Erwartungen auszuschliessen, und schafft die Grundlage für die Aufwandschätzung.

PM-Kompetenzelement	Taxonomie: Wissen										
Fachkompetenz	0	1	2	3	4	5	6	7	8	9	10
Leistungsumfang und Projektergebnisse						CD		AB			

Die Aufwandschätzung ist Voraussetzung für eine realistische Planung mit Blick auf Termine und Kosten sowie auf die erwartete Ergebnisqualität.

Zur Definition des Leistungsumfangs und der Projektergebnisse gehören die in der folgenden Tabelle aufgeführten Schritte.

[19-1] Wichtige Prozessschritte und Ergebnisse bei der Definition des Leistungsumfangs

Wichtige Prozessschritte	Wichtige Ergebnisse	Querverweise
Zielsetzungen der Interessengruppen und die damit verbundenen Anforderungen festlegen	Projektziele und Anforderungen	• Interessengruppen • Projektanforderungen und -ziele
Klärung der Projektgrenze und des Leistungsinhalts	• Projektgrenze • Leistungsbeschreibung	Projektanforderungen und -ziele
Einigung mit den betroffenen Interessengruppen über geeignete Lieferobjekte und deren Abnahmekriterien	Lieferobjekte	Änderungen
Leistungsumfang und Lieferobjekte steuern und aktualisieren, wenn Änderungen vereinbart werden	Aktueller Leistungsumfang und Projektergebnisse	Änderungen
Lieferobjekte an die betroffenen Interessengruppen formell übergeben	Abnahmeprotokoll	Projektabschluss
Werden die Lieferobjekte nicht abgenommen: Qualitätsmängel identifizieren und Nacharbeit veranlassen	Mängelliste und Termine	Projektabschluss
Lehren aus Leistungsumfang und Projektergebnisse dokumentieren und ihre Übertragbarkeit auf die weitere Projekt- bzw. Programmarbeit bzw. auf das Portfolio prüfen	Lessons Learned	PPP-Management

19.1 Leistungsumfang und -inhalt

Um ein Projekt ergebnisbezogen managen zu können, müssen zunächst Leistungsumfang und -inhalt definiert werden.

19.1.1 Projektgrenze festlegen

Ein Projekt hat einen bestimmten Umfang. Um Enttäuschungen und Missverständnissen vorzubeugen, ist es empfehlenswert, die Projektgrenze herauszuarbeiten und mit dem Auftraggeber zu klären. Es geht also darum, zu definieren, was im Projekt bearbeitet und erarbeitet wird und was nicht.

Beispiel

In einem Projekt soll ein E-Learning-Programm zum Projektmanagement erstellt werden. Nun wird geklärt, ob der Auftraggeber die methodisch-didaktisch aufbereiteten Materialien wünscht oder auch die Durchführung und Auswertung von Lerntests einschliesslich Ermittlung des Lernfortschritts im Lauf der nächsten drei Jahre.

Zur Projektgrenze gehören ggf. auch Überlegungen über die geografische Ausdehnung eines Projekts, denn diese fordert ggf. Mehrsprachigkeit und auch interkulturelle Projektkompetenz.

19.1.2 Ergebnisse definieren

Sind die Projektgrenzen klar abgesteckt, können die erwarteten Ergebnisse spezifiziert und konkrete Lieferobjekte herausgearbeitet werden.

Hinweis

Lesen Sie dazu die Ausführungen zum Kompetenzelement Projektanforderungen und -ziele.

Die Gesamtheit der Lieferobjekte stellt den **Leistungsinhalt** dar.

Werden im Lauf des Projekts Änderungen vorgeschlagen oder erforderlich, dann muss überprüft werden, welchen Einfluss die Änderungen auf den Leistungsumfang und die -inhalte haben. Das erfolgt in einem definierten Änderungsprozess.

Hinweis

Lesen Sie dazu die Ausführungen zum Kompetenzelement Änderungen.

19.2 Lieferobjekte

Lieferobjekte sind die Ergebnisse, die im Lauf des Projekts erbracht werden. Sie können materieller und immaterieller Natur sein.

Beispiel

Konstruktionspläne, Marketingkonzept und -materialien, Geschäftsprozessmodelle, Trainingsmassnahmen, Verbesserungsvorschläge, Managementinformationssystem, E-Learning-Module, Eingabemaske, Business Plan etc.

Es hängt vom Projekt ab, welche Lieferobjekte genau zu erstellen sind.

19.2.1 Lieferobjekte priorisieren

Es macht Sinn, zu Beginn eines Projekts in Absprache mit dem Projektauftraggeber die Lieferobjekte nach ihrer Priorität einzuteilen. Das bedeutet, dass die Lieferobjekte gruppiert werden in:

- «**Muss**»-Lieferobjekte bilden die Voraussetzung für ein konsistentes Ergebnis und sichern den Projekterfolg.
- «**Kann**»-Lieferobjekte tragen zur Zufriedenheit der Kunden, Nutzer und Interessengruppen bei.

Darüber hinaus können folgende Kategorien nützlich sein:

- «**Wäre schön**»-Lieferobjekte stärken die Zufriedenheit der Kunden, Nutzer und Interessengruppen.
- «**Falls noch Zeit ist**»-Lieferobjekte sind Lieferobjekte, die noch erstellt werden, wenn die zeitlichen Puffer nicht verbraucht wurden. Das Projektteam hat Gelegenheit, seine besonderen Fähigkeiten und Fertigkeiten zu zeigen.

Die Priorisierung der Lieferobjekte kann in Problemsituationen (z. B. bei Ressourcenengpässen) sehr hilfreich sein.

19.2.2 Lieferobjekte dokumentieren

Lieferobjekte müssen dokumentiert werden. Jederzeit muss ein Zugriff auf die Dokumentation möglich sein und jede Änderung muss nachvollziehbar sein. Werden die Lieferobjekte nicht dokumentiert, dann wird das Projekt schnell von einzelnen Wissensträgern abhängig.

Hinweis Lesen Sie dazu auch die Ausführungen zu den Kompetenzelementen Änderungen und Information/Dokumentation.

19.2.3 Lieferobjekte konfigurieren

Die erbrachten Ergebnisse müssen immer wieder überprüft werden. Sie müssen einen Beitrag zum Gesamtergebnis erbringen. Das Konfigurationsmanagement klärt im Projektverlauf die Konsistenz der Lieferobjekte und identifiziert Mängel.

19.2.4 Lieferobjekte abnehmen

Wichtige Ergebnisse durchlaufen einen Abnahmeprozess. Sie werden vom Auftraggeber anhand der vereinbarten Kriterien geprüft und abgenommen. In einem Abnahmeprotokoll wird die Abnahme dokumentiert. Wird die Abnahme verweigert, dann müssen die Mängel benannt und Massnahmen zur Mängelbeseitigung definiert werden.

19.3 Aufwand schätzen

Sind die erwarteten Projektergebnisse gut definiert, kann eine Aufwandschätzung erfolgen.

Schätzen ist eine notwendige Tätigkeit bei der Planung von Projekten. Schätzfehler können schwerwiegende Folgen für Termine, Kosten und Ergebnisse haben.

Im Wesentlichen muss eine zentrale Frage so genau wie möglich beantwortet werden: Wie viel Aufwand benötigt die Bearbeitung eines Lieferobjekts bzw. Arbeitspakets?

Das Schätzen ist bei Projekten äusserst schwierig, weil vieles neu ist und auf Annahmen beruht, die noch nicht in der Realität überprüft werden konnten. Darum wurden und werden immer wieder neue Schätzverfahren entwickelt, mit denen die Schätzgenauigkeit erhöht wird.

Es gibt eine Vielzahl von Verfahren. Nachfolgend werden einige praktikable Verfahren zur Aufwandsschätzung von Projekten behandelt.

Analogieverfahren

Das zu schätzende Projekt wird auf der Basis von Faktoren, die den Erstellungsaufwand wesentlich beeinflussen, mit bereits abgeschlossenen Projekten verglichen. Die Projekte müssen miteinander vergleichbar sein.

Relationsmethode

Diese Methode ist der Analogiemethode ähnlich. Der Unterschied liegt in der Vorgehensweise bei der Aufwandsanpassung. Während dies bei der Analogiemethode dem Schätzenden allein überlassen bleibt, ist die Relationsmethode durch einen formalisierten Ablauf gekennzeichnet. Die Faktoren liegen meist als Indizes mit Durchschnittswerten vor.

Multiplikatormethode

Sie wird oft auch als «Aufwand-pro-Einheit-Methode» bezeichnet. Das Gesamtsystem wird in Teilprodukte zerlegt, denen ein Aufwand zuordenbar ist (z. B. Anzahl der Anweisungen). Die Gesamtzahl dieser Teilprodukte wird dann mit dem Aufwand pro Teilprodukt, der bereits feststehen muss, multipliziert, um den Gesamtaufwand zu erhalten. Es werden nur einzelne, in sich geschlossene Elemente geschätzt, nicht das Zusammenführen oder das Ganze als solches.

Gewichtungsmethode

Zunächst muss ein System von Faktoren erstellt werden, die für die Abschätzung wesentlich sind. Diese Faktoren sind subjektiv (z. B. Personalqualität) oder objektiv (z. B. Vorliegen bestimmter Bedingungen) zu bewerten. Der Beurteilung sind entsprechende wertmässige Faktorausprägungen zugeordnet, die nach vorgegebener mathematischer Verknüpfung den zu erwartenden Gesamtaufwand ergeben sollen.

Parametrische Schätzgleichungen

Mithilfe von Korrelationsanalysen[1] wird versucht, Einflussfaktoren zu finden, deren Wert in engem Zusammenhang mit dem angefallenen Aufwand abgewickelter Projekte steht. Es müssen viele Projekte und Faktoren untersucht werden. Aus den Faktoren mit der höchsten Korrelation wird eine Gleichung zusammengestellt, in der der zugehörige Koeffizient die Stärke des Einflusses des jeweiligen Faktors ausdrückt.

Prozentsatzmethode

Aus realisierten Projekten wird die durchschnittliche Aufwandsverteilung auf die einzelnen Projektphasen ermittelt. Nun wird entweder eine Projektphase detailliert geschätzt und von diesem Teilaufwand auf den Gesamtaufwand geschlossen oder die erste Phase wird abgeschlossen und danach der Gesamtaufwand ermittelt.

Hinweis **Schätzfehler**

Auch mit einem noch so raffinierten System lassen sich Schätzfehler nicht vermeiden. Einige offensichtliche Fehler lassen sich aber mit einem professionellen Vorgehen, wie Sie es oben kennengelernt haben, verhindern.

---

[1] Korrelationsanalyse: Analyse der Wechselbeziehungen.

Fehler können auftreten, wenn

- zu früh geschätzt wird,
- nur einmal geschätzt wird und
- eine Schätzung falsch korrigiert wird.

Daher gilt:

- Erst schätzen, wenn genug Wissen da ist,
- eine Schätzung laufend aktualisieren und dabei richtig korrigieren, und
- mehr Gehirne schätzen besser als eines!

Ein Projekt hat einen Umfang und einen Inhalt. Der **Projektumfang** zeigt die **Projektgrenze** auf. Die Projektgrenze hilft, zu klären, was im Projekt bearbeitet und geliefert wird und was nicht.

Ist der Projektumfang vereinbart, können die Projektergebnisse definiert und konkretisiert werden. Die **Projektergebnisse** bilden den **Projektinhalt.** Projektergebnisse sind die **Lieferobjekte,** die im Lauf des Projekts zu erstellen sind.

Erst wenn der Projektinhalt spezifiziert ist, kann der Aufwand geschätzt werden. Das **Schätzen des Aufwands** bei Projekten ist eine schwierige Aufgabe. Wir haben folgende Verfahren kennengelernt:

- Analogieverfahren
- Relationsmethode
- Multiplikatormethode
- Gewichtungsmethode
- Parametrische Schätzgleichungen
- Prozentsatzmethode

Die **Aufwandschätzung** bildet eine wichtige Grundlage für verschiedene Projektpläne (z. B. Budgetplan).

Gibt es im Lauf eines Projekts eine Änderung, müssen alle Projektergebnisse und ihre **Konfiguration** geprüft und aktualisiert sowie der Aufwand neu berechnet werden.

Repetitionsfragen

50

Warum ist es wichtig, die Projektgrenze mit dem Auftraggeber zu klären?

51

Ist Projektumfang und -inhalt geklärt, kann eine Aufwandschätzung erfolgen. Welche Probleme können in der Folge von Fehleinschätzungen entstehen?

20 Projektphasen, Ablauf und Termine

> **Lernziele:** Nach der Bearbeitung dieses Kapitels können Sie …
>
> - wichtige Schritte und Ergebnisse bei den Projektphasen und -terminen nennen.
> - die vier Hauptphasen im Projektmanagement unterscheiden.
> - verschiedene Vorgehensmodelle beschreiben.
> - die Ablaufplanung mithilfe der Netzplantechnik durchführen.
> - die Terminplanung erstellen.
>
> **Schlüsselbegriffe:** Ablaufplanung, Abschlussphase, Balkendiagramm, Initialisierungsphase, iterativer Verbesserungsprozess, Kommunikationsplan, Kostenplan, kritischer Pfad, Meilenstein, Netzplan, Planungsphase, Projektphasen, Projektstrukturplan, Realisierungsphase, Ressourcenplan, Rückwärtsrechnung, sequenzielles Phasenmodell, Spiralmodell, Terminplan, V-Modell, Vorgehensmodelle, Vorprojektphase, Vorwärtsrechnung, Wasserfallmodell

Jedes System durchläuft wie ein Gebrauchsgegenstand verschiedene Phasen, die sich grob unterteilen lassen in:

- Entwicklung (Initialisieren und Planen): Anstoss zur Systemgestaltung, Vorstudie, Hauptstudie, Detailstudie
- Realisierung (Durchführen): Bereitstellung und Integration der Lieferobjekte
- Nutzung: Gebrauch des Systems, Anstoss zur Um- oder Neugestaltung
- Entsorgung: Ablösung und Ausserdienststellung des Systems

Alle Phasen zusammen werden auch **Lebens- bzw. Produktlebenszyklus** genannt.

Hinweis Die Entwicklungs- und die Realisierungsphase sind die relevanten Phasen im Projektmanagement und werden **Projektlebenszeit** genannt.

PM-Kompetenzelement	Taxonomie: Wissen										
Fachkompetenz	0	1	2	3	4	5	6	7	8	9	10
Projektphasen, Ablauf und Termine						CD		AB			

Die Projektphasen können sehr unterschiedlich aufeinander bezogen werden. Dafür gibt es **Vorgehensmodelle,** deren Vor- und Nachteile sorgfältig bedacht werden müssen, wenn man ein auf das konkrete Projekt abgestimmtes Vorgehen erzielen will. Vor diesem Hintergrund und unter Nutzung des Projektstrukturplans kann dann die detaillierte Ablauf- und Terminplanung vorgenommen werden.

Die folgende Tabelle zeigt wichtige Prozessschritte und Ergebnisse bei den Projektphasen und -terminen.

Wichtige Prozessschritte	Wichtige Ergebnisse	Querverweise
Ggf. klären, ob relevante Vorgaben vom Programm- bzw. Portfoliomanagement bestehen	Relevante Vorgaben	PPP-Management
Projektphasen und phasenbezogene Aufgaben definieren	Projektphasen und Meilensteine	Projektstrukturplan
Ein für das Projekt geeignetes Vorgehensmodell auswählen bzw. entwickeln	Projektbezogenes Vorgehensmodell	Projektanforderungen und -ziele
Ablaufplan erstellen	Ablaufplan	Projektstrukturplan

Wichtige Prozessschritte	Wichtige Ergebnisse	Querverweise
Terminplan entwickeln	Terminplan	Projektstrukturplan
Projektablaufplan und Terminplan regelmässig verbessern, anpassen und aktualisieren	Ablauf- und Terminplan aktualisiert	Projektstrukturplan
Lehren hinsichtlich des Kompetenzelements Projektphasen, Ablauf und Termine dokumentieren und ihre Übertragbarkeit auf die weitere Projekt- bzw. Programmarbeit bzw. auf das Portfolio prüfen	Lessons Learned	PPP-Management

Grundsätzlich gilt:

Es ist gut und richtig, am Anfang bereits die Details zu bedenken. Das Vorgehen im Projekt muss aber eine gewisse Flexibilität wahren, um mit kleinen und grösseren Änderungen oder Unwägbarkeiten einen angemessenen Umgang finden zu können. Hilfreich sind dabei auch Puffer.

20.1 Projektphasen

Im Projektmanagement unterscheiden wir vier Hauptphasen:

- Vorprojekt- (oder Initialisierungs-)phase
- Planungsphase
- Durchführungs- (oder Realisierungs-)phase und
- Abschlussphase

[20-1] Phasen im Projektmanagement

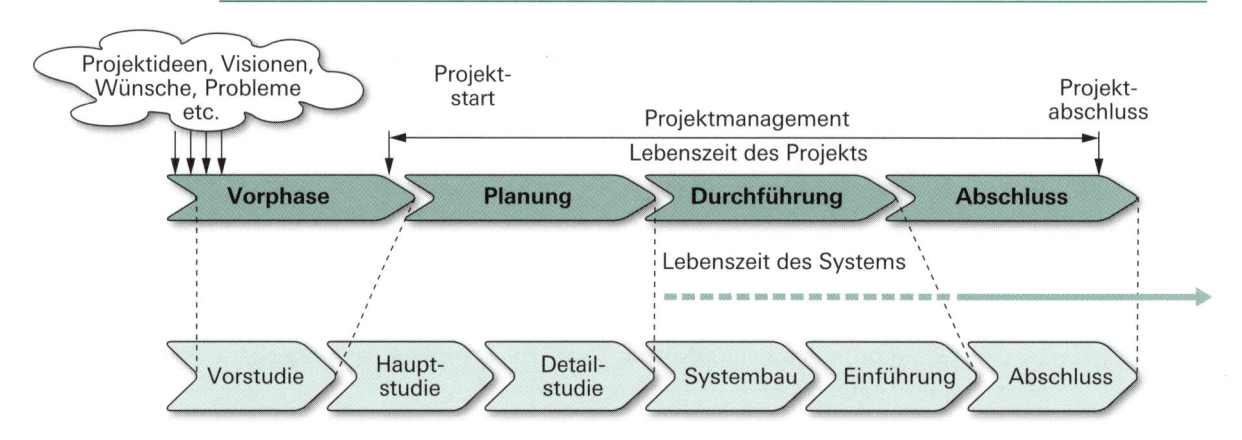

Je nach Terminologie können die Phasen auch in Vor-, Haupt-, Detailstudie, Systembau, Einführung und Abschluss unterteilt werden. Die Phasen können von Firma zu Firma oder von Branche zu Branche stark variieren. Die Inhalte und Aufgaben sind aber überall nahezu identisch.

20.1.1 Vorprojekt- oder Initialisierungsphase

Die Vorprojektphase findet – wie der Name schon sagt – vor dem tatsächlichen Projekt statt. Sie steht unter dem Motto: «Von der Idee zum Projekt.» Die Vorprojektphase beeinflusst den späteren Projekterfolg in erheblichem Mass. Fehler, die in der Vorprojektphase gemacht werden, können später nur noch schwer oder gar nicht mehr korrigiert werden.

Typische Aufgaben der Vorprojektphase sind:

- Situationsanalyse
- Stakeholderanalyse
- Projektzielsetzung

- Machbarkeitsanalyse
- Erste Aufwands- und Kostenschätzung
- Projektorganisation
- Projektantrag bzw. -auftrag

Hinweis

Nicht aus jeder Vorprojektphase muss auch zwingend ein Projekt entstehen – im Gegenteil. Es zeugt von ausgeprägter Projektkultur, wenn Projektideen kritisch durchleuchtet, mit den strategischen Zielsetzungen des jeweiligen Unternehmens abgeglichen und gegebenenfalls vom Auftraggeber/Entscheidungsträger auch abgelehnt oder auf einen späteren Zeitpunkt vertagt werden.

In der Regel werden die Aufgaben der Vorprojektphase vom späteren Projektleiter und einem kleinen Kernteam (zwei bis drei Personen) durchgeführt. Bei komplexen Grossprojekten müssen diese Aufgaben aber oft auch im Rahmen eines «Vorprojekts» (auch Machbarkeitsstudie) durchgeführt werden, da sie zu umfangreich wären, um «nebenbei» erledigt zu werden.

20.1.2 Planungsphase

Die Planungsphase dient der weiteren Konkretisierung und Detaillierung der Vorprojektphase. Ziel der Planungsphase ist ein detaillierter Projektplan, der verschiedene Detailpläne enthält (z. B. Risikoplanung, Aufwandsplanung, Termin- und Meilensteinplanung, Kosten- und Ressourcenplanung).

Typische Ergebnisse der Planungsphase sind:

- Projektstrukturplan (PSP)
- Aufwandsplan
- Termin- und Meilensteinplan
- Kosten- und Ressourcenplan
- Kommunikationsplan

Hinweis

Planung ist ein kontinuierlicher Prozess in einem Projekt. Die Planungsintensität ist in der Vorprojekt- und Planungsphase am höchsten, allerdings ist auch in den Realisierungsphasen eine rollende Planung zwingend notwendig! Man spricht von rollender Planung, wenn laufend die Ist-Werte mit den Soll-Werten verglichen werden und die Planung regelmässig angepasst und aktualisiert wird.

20.1.3 Realisierungsphase

Nach Abschluss der Planungsphase wird das Projekt realisiert. Eine Unterteilung in mehrere Realisierungsphasen (wie z. B. Systembau, Einführung, Abnahme) ist häufig. Während der Projektrealisierung fallen folgende **kontinuierlichen Projektmanagementaufgaben** an:

- Projektführung
- Steuerung (Information und Kommunikation)
- Controlling
- Dokumentation

Parallel dazu muss die Planung immer wieder überarbeitet und aktualisiert werden.

20.1.4 Abschlussphase

In der Abschlussphase werden sämtliche Massnahmen getroffen, um ein Projekt offiziell zu beenden. Diese letzte Phase eines Projekts beginnt mit der Erreichung der Projektziele und endet mit der Auflösung des Projektteams durch den Auftraggeber bzw. durch den Lenkungsausschuss.

Typische **Projektmanagementaufgaben der Abschlussphase** sind:

- Evaluierung und Reflexion
- Projektabschlussbericht
- Entlastung und Auflösung der Projektorganisation

20.2 Vorgehensmodelle

Ein Vorgehensmodell stellt Methoden und Elemente des Projektmanagements zu Prozessen und Phasen eines standardisierten Projektablaufs zusammen. Es ist eine aufeinander abgestimmte Menge von Prozessen, Standards, Mustern, Methoden und Werkzeugen.

Voraussetzung für ein sinnvolles Vorgehensmodell ist die Abstimmung auf die Projektart. Neben der Projektart sind für ein Vorgehensmodell stets auch Besonderheiten des Unternehmens zu berücksichtigen.

Grundsätzlich dienen Vorgehensmodelle dazu,

- den Systementwicklungsprozess zu strukturieren,
- Hauptaktivitäten, Zwischenergebnisse und Qualitätssicherungsmassnahmen festzulegen und
- den Beteiligten eine Orientierungshilfe zu geben, um Projekte erfolgreich zu planen, abzuwickeln, zu bewerten und aus ihnen lernen zu können.

Mittlerweile stehen diverse **Vorgehensmodelle** zur Auswahl. Je nach Problemstellung, Entwicklungsart und Projektart muss für ein bestimmtes Vorhaben ein adäquates Modell ausgewählt werden.

Bei den Vorgehensmodellen gibt es drei grundsätzliche Ausprägungen:

- den flussorientierten Ablauf (sequenzielles Modell und Wasserfallmodell) und
- den iterativen[1] Verlauf (Spiralmodell).
- das agile (leichtgewichtige) Vorgehen

Folgende Modelle werden kurz vorgestellt:

- Sequenzielles Phasenmodell
- Wasserfallmodell
- Spiralmodell
- V-Modell

20.2.1 Sequenzielles Phasenmodell

Das klassische Phasenmodell beschreibt den organisatorischen Ablauf durch die Einteilung in verschiedene sequenzielle[2] Phasen. Dieses Modell ist gekennzeichnet durch den flussorientierten Ablauf.

Die Tabelle zeigt verschiedene Modelle mit unterschiedlichen Phasen.

---

[1] Iterativ: wiederholend.
[2] Sequenziell: nacheinander.

[20-2] Modelle mit unterschiedlichen Phasen

7 Phasen	5 Phasen	3 Phasen
IT-Projekt	Produktentwicklung	Standard
1. Initialisierung	1. Vorstudie	1. Konzept
2. Vorstudie	2. Grobkonzept	2. Realisierung
3. Fachkonzept	3. Detailkonzept	3. Einführung
4. IT-Konzept (IT-Spezifikation)	4. Realisierung	
5. Realisierung	5. Einführung	
6. Test		
7. Einführung		

20.2.2 Wasserfallmodell

Das Wasserfallmodell ist zweifellos das unter theoretischen Gesichtspunkten am meisten studierte und auch das am häufigsten de facto eingesetzte Projektmodell. Ausgangspunkt ist die Zerlegung des gesamten Entwicklungsprozesses in mehrere, in sich abgeschlossene Phasen. Diese Phasen werden nacheinander durchlaufen. Mit einer neuen Phase kann erst begonnen werden, wenn die vorhergehende abgeschlossen ist. Der Phasenverlauf ist also strikt sequenziell, eine Iteration ist ausgeschlossen.

Ein Beispiel einer solchen Phaseneinteilung zeigt die folgende Abbildung.

[20-3] Das Wasserfallmodell

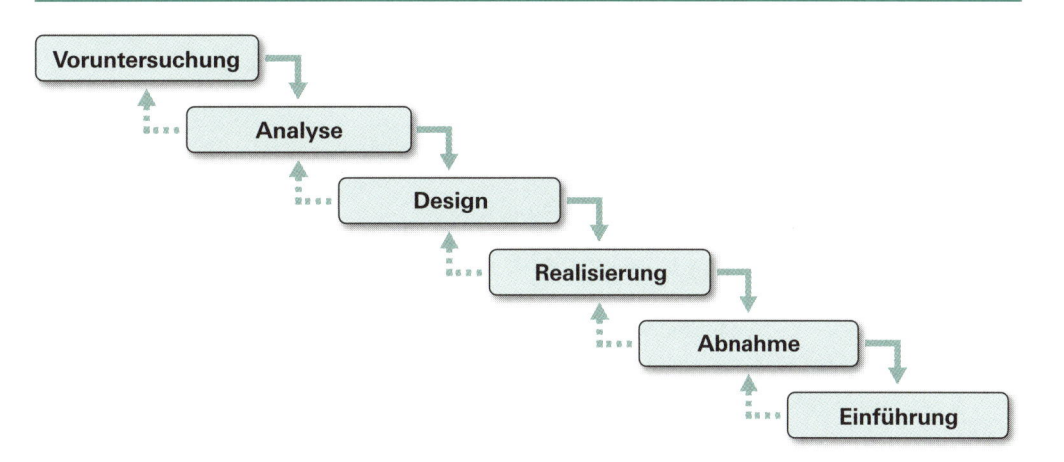

Voruntersuchung → Analyse → Design → Realisierung → Abnahme → Einführung

Am Ende der Phasen werden **Meilensteinsitzungen** abgehalten, in denen über den Projektfortschritt berichtet und über die nächste Phase entschieden wird. Es wird überprüft, ob die vereinbarten Ziele durch die Projektergebnisse erreicht wurden. Sind die Ergebnisse ungenügend, wird die jeweilige Phase fortgeführt, bis die Ziele erreicht sind. Das Ergebnis wird anschliessend «eingefroren», d. h., es wird nicht angetastet. Es kann nur durch eine formelle Änderungs-Anforderung modifiziert werden, es bildet also eine Grenzlinie.

Meilensteine

Nach DIN 69 901 ist ein Meilenstein ein «Ereignis besonderer Bedeutung». Ein Meilenstein ist ein überprüfbares Zwischenergebnis, das inhaltlich und terminlich definiert ist und eine Gesamtbeurteilung des Projekts erlaubt. Meilensteine markieren den Fortschritt eines Projekts innerhalb der Projektphasen. Deshalb müssen sie eindeutig identifizierbar sein. Sie kennzeichnen das Ende einer Abfolge von **Arbeitspaketen,** die notwendig sind, um eine nächste Phase (nicht Projektphase), an deren Ende ein weiterer Meilenstein steht, zu beginnen.

Meilensteine können zur

- Wiederholung der letzten Phase,
- Nachbesserung bei festgestellten Abweichungen bis zu einem definierten Termin,
- Genehmigung der nächsten Phase oder zum
- Abbruch des Projekts führen.

Meilensteine sind ein Instrument zur Überwachung des Projektfortschritts und ermöglichen deshalb einen leichten und schnellen Überblick über den Status des Projekts.

Hinweis Das Ziel besteht darin, ausreichend viele Meilensteine zu definieren, sodass in nicht zu grossen Abständen positive Meldungen über den Verlauf des Projekts möglich sind. Andererseits soll aber die Zahl der Meilensteine überschaubar gehalten werden, sodass ein effizientes Projektcontrolling möglich ist.

[20-4] Konzeptionelles Beispiel

Phase	Phase 1 Akquisition	Phase 2 Planung	Phase 3 Spezifikation	Phase 4 Realisierung	Phase 5 Einführung	Phase 6 Abschluss
Meilenstein	M_0 Auftrag	M_1 Projektplan	M_2 Spezifikation	M_3 (31)(32)(33) Freigabe	M_4 Abnahme	M_5 Projektabschluss M_6
Phasenziel	Auftragserteilung	Konzeptionelle Umsetzung geklärt	Technische Umsetzung geklärt	Alle Komponenten des Ergebnisses liegen getestet vor	Kunde hat das Ergebnis abgenommen	Das Ergebnis wird zufriedenstellend eingesetzt
Ergebnis	• Erstes Lastenheft	• Überarbeitetes Lastenheft • Pflichtenheft	• Technische Spezifikation	• Entwicklung, Codierung	• Produktabnahme	• Abnahme

Grenzen des Wasserfallmodells

Das Wasserfallmodell ist in der Praxis sehr beliebt, weil es sehr einfach zu verstehen ist. Es ist aber für die Strukturierung komplexer, grösserer Projekte ungeeignet.

Wesentliche **Kritikpunkte** an diesem Modell sind die folgenden:

- Es wird unterstellt, dass die Anforderungen und Ziele sich im Lauf des Projekts nicht ändern.
- Am Ende einer Phase wird unterstellt, dass die in der jeweiligen Phase zu lösenden Probleme vollständig erkannt sind.
- Reale Projekte folgen nicht notwendig diesem Phasenablauf. Das Modell wird dann nicht umgesetzt und Theorie und Praxis des Projektablaufs klaffen auseinander.
- Die Phasen sind in der Praxis schwer voneinander abzugrenzen. Das führt häufig dazu, dass das Ende einer Phase durch den geplanten Endtermin definiert wird.
- Der Kunde sieht das System erst, wenn es fertig ist.

20.2.3 Spiralmodell

Die bisher genannten Vorgehensmodelle konzentrieren sich auf den Projektlebenszyklus bzw. den Erstellungsprozess. Das Spiralmodell bezieht sich auf die **gesamte Lebensdauer des Produkts.** Durch einen **iterativen Verbesserungsprozess,** in dem sich die typischen Phasen in jedem «Lebensabschnitt» des Produkts wiederholen, wird das Produkt stetig bis zu einem definierten Zustand weiter entwickelt.

[20-5] Das Spiralmodell

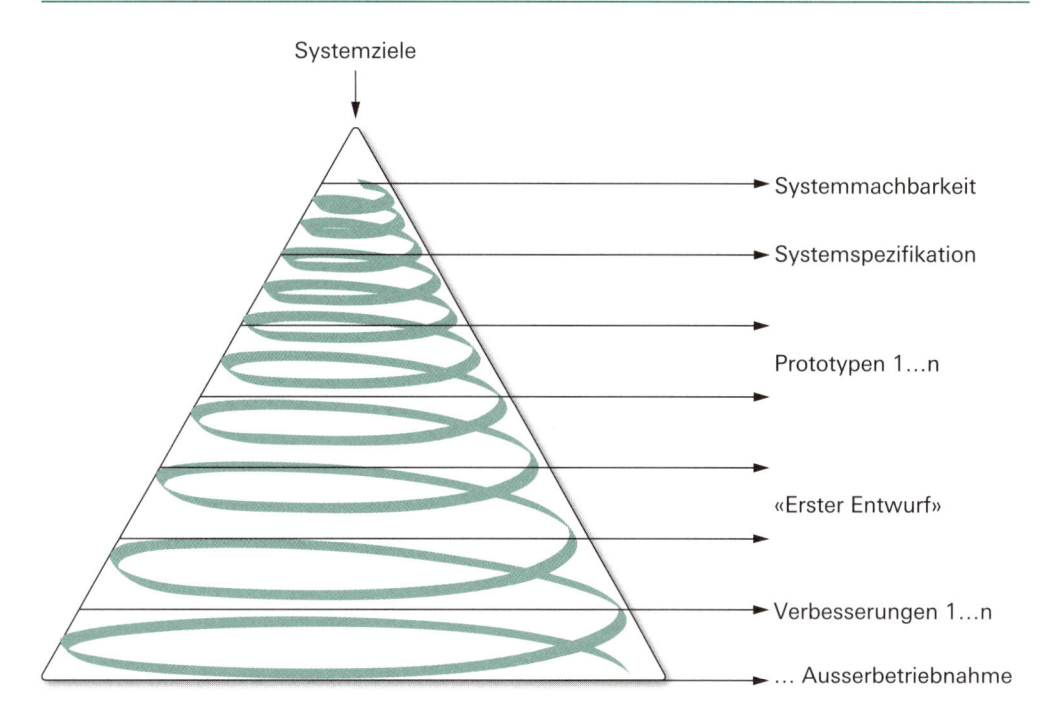

Beispiel **IT-Vorgehensmodell**

Nach dem Spiralmodell durchläuft ein Projekt mehrere Zyklen gleichartiger Tätigkeiten wie z. B. die Entwicklung einer Serie von Prototypen. Das Fortschreiten von einem Prototyp zum nächsten entspricht einem einmaligen Zyklusdurchlauf. Der Radius der Kurve stellt die bis zum jeweiligen Zeitpunkt kumulierten Kosten dar. Der Winkel gibt den Fortschritt an, der in jeder Phase erreicht wurde.

[20-6] Beispiel eines Spiralmodells

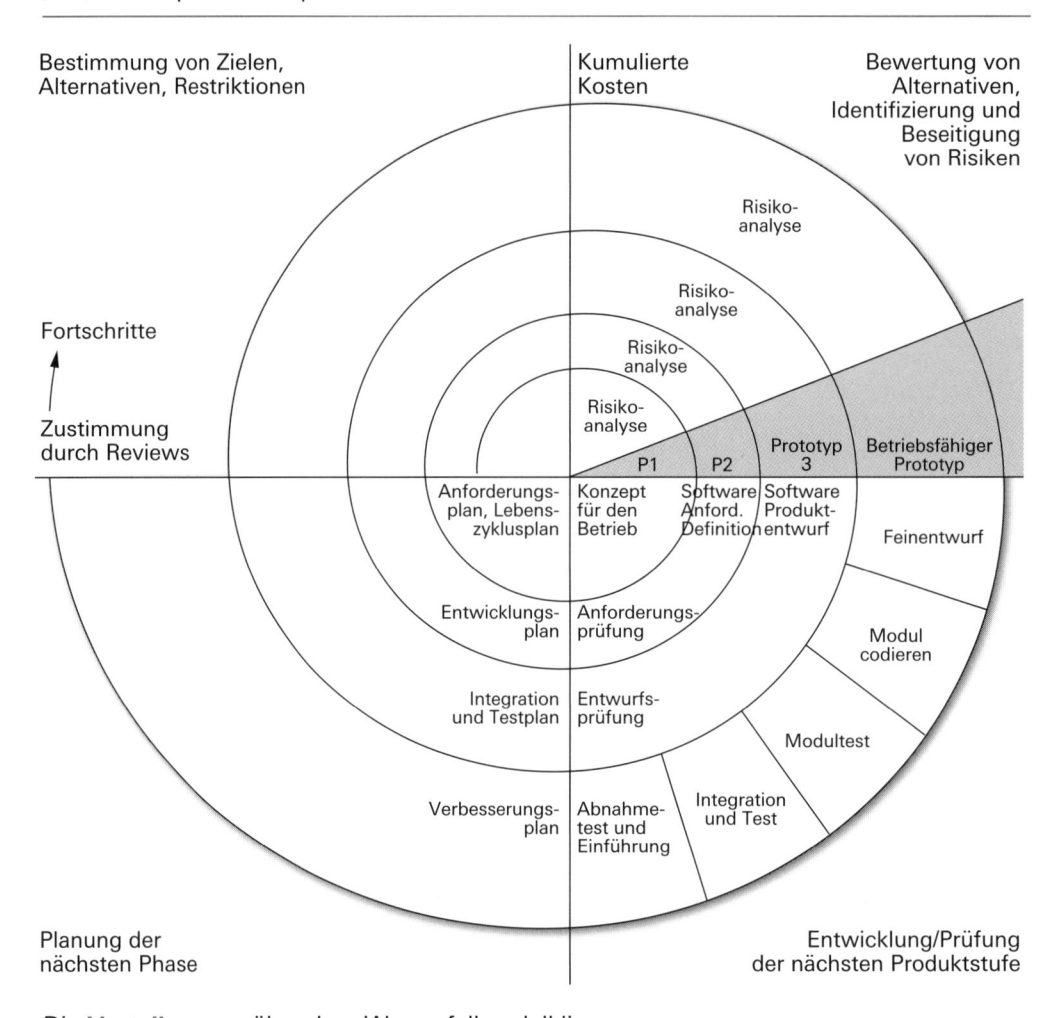

Die **Vorteile** gegenüber dem Wasserfallmodell liegen

- in der höheren Flexibilität und den schnelleren Reaktionszeiten auf Umgebungsänderungen (Zieländerungen),
- in der besseren Erkennung von Risiken durch beispielsweise praktische Erprobung des Produkts (Prototyp) und
- in der Fähigkeit, Prozessverbesserungen zu erkennen und während des Projekts durchzuführen.

Das Spiralmodell stellt **höhere methodische Ansprüche** an die Projektbeteiligten als das Wasserfallmodell. Die Qualifikation der Mitarbeitenden spielt daher eine Rolle bei der Wahl eines Modells. Darum eignet sich das Spiralmodell besonders für ein evolutionäres, d. h. organisch wachsendes Vorgehen in grösseren und komplexen Entwicklungsprojekten.

20.2.4 V-Modell

V-Modelle haben eine besondere Bedeutung in der Softwareentwicklung und für die Qualitätssicherung. Dabei werden konstruktive Aktivitäten von prüfenden Aktivitäten getrennt. Die **prüfenden Aktivitäten** sind Verifikations- und Validierungsaktivitäten. Einer Phase mit mehrheitlich konstruktiven, vorausschauenden Aktivitäten wird eine Phase mit den entsprechenden prüfenden Aktivitäten gegenübergestellt. Die so entstandene Phasenzuordnung kann bildhaft als «V» dargestellt werden, wobei die linke Achse **konstruktive Aktivitäten** (vom Groben ins Detail führende Entwicklungsaktivitäten) und die rechte Achse mehrheitlich prüfende Aktivitäten (vom Detail zum Gesamtsystem führende Integrationstätigkeiten) enthält.

[20-7] Das V-Modell (Testansatz)

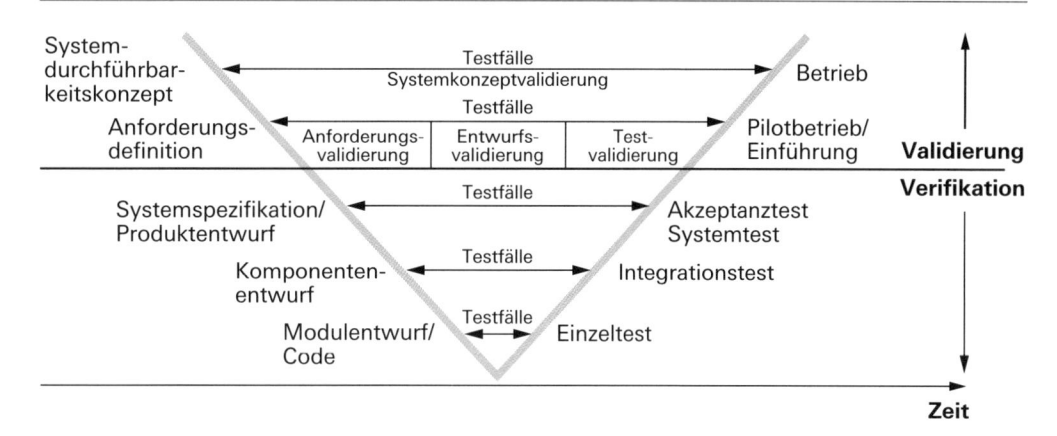

20.2.5 Auswahlkriterien

Üblicherweise sind Vorgehensmodelle in Unternehmen standardisiert. Trotzdem kommt es vor, dass ein anderes Modell ausgewählt werden muss. Die Auswahl des Vorgehensmodells hängt von vielen Faktoren ab. Nachfolgend sind einige aufgeführt:

- Projektart
- Problemart, Aufgabenstellung
- Qualifikation der Mitarbeitenden
- Zusammensetzung des Projektteams
- Kundenforderungen
- Etc.

Agiles Vorgehen oder **agiles Projektmanagement** ist ein Oberbegriff für verschiedene Vorgehensmodelle, die mit einer neuen Denkweise im Projektmanagement verbunden ist. Der Begriff agil verweist auf eine flexible und dynamische Vorgehensweise, die mit dem traditionellen, streng planungsorientierten Projektmanagement bricht. In der Softwareentwicklung sind es Ansätze wie z. B. Scrum, Extreme Programming, Crystal oder ASD, die mit einem agilen Vorgehen arbeiten.

Der Ansatz ist seit 2001 durch das «Manifesto for Agile Software Development» verbreitet. Das Manifest rückt vier Aspekte stärker in den Fokus des Projektmanagements: Personen und ihre Interaktion (nicht Prozesse und Instrumente), funktionstüchtige Ergebnisse (statt akribische Dokumentation), Zusammenarbeit mit den Kunden (nicht Verhandlungen) und Offenheit (statt Einhaltung des ursprünglichen Plans).

20.3 Ablaufplanung

Im Ablaufplan wird meist mit einer grafischen Darstellung sichergestellt, dass jede Tätigkeit im Zusammenhang mit allen weiteren Tätigkeiten des Projekts vom Anfang bis zum Ende ersichtlich ist.

Hinweis In der Praxis werden heute meist elektronische Planungswerkzeuge eingesetzt, die eine grafische Darstellung sehr vereinfachen. Dabei wird immer noch die Netzplantechnik angewendet, die hier kurz vorgestellt wird.

20.3.1 Netzplan erstellen

Es gibt mehrere Arten von Netzplänen. Wir beschreiben hier den CPM-Netzplan (CPM = Critical Path Method). In diesem Netzplan werden die Tätigkeiten mit einem Ereignis (Knoten) begonnen und mit einem Ereignis (Knoten) beendet. Dazwischen wird die Tätigkeit als Pfeil dargestellt. Man spricht deshalb auch von einem vorgangspfeilorientierten Netzplan.

[20-8] Darstellung eines Vorgangs im Netzplan

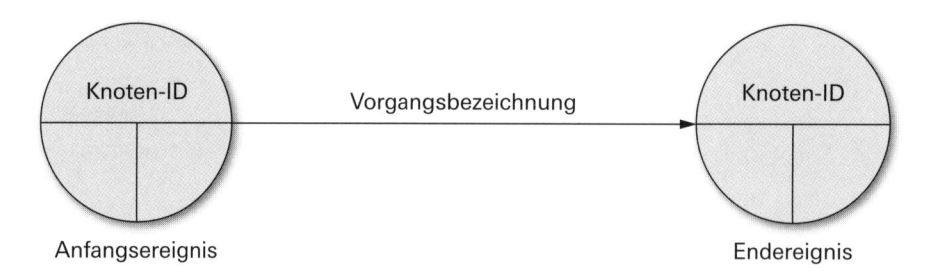

```
    Knoten-ID   Vorgangsbezeichnung    Knoten-ID
                ─────────────────►
    Anfangsereignis                    Endereignis
```

Das Aneinanderreihen solcher Knoten, die durch eine Tätigkeit verbunden sind, ergibt die Darstellung des Projektablaufs.

20.3.2 Netzplan ohne Zeitangaben

Für die Ablaufplanung wird zunächst ganz bewusst auf die Zeitangabe pro Tätigkeit verzichtet. Denn die volle Aufmerksamkeit gilt den logischen Abhängigkeiten im Ablauf. Durch die Darstellung werden evtl. zuvor falsch bezeichnete Vorgänger und Nachfolger sichtbar, die noch korrigiert werden können. Die Ablaufplanung ist abgeschlossen, wenn alle Tätigkeiten in der richtigen Reihenposition platziert sind.

[20-9] Beispiel eines Netzplans ohne Zeitangaben

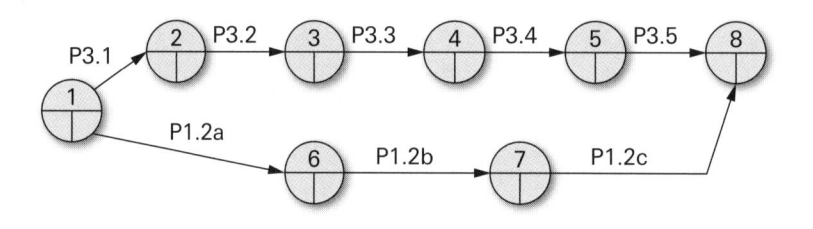

```
         P3.1   2  P3.2   3  P3.3   4  P3.4   5  P3.5   8
            ──►  ──►  ──►  ──►  ──►
         1
            ──►  6  P1.2b  7  P1.2c  ──►
         P1.2a
```

20.4 Terminplanung

Aus dem Ablaufplan kann nun der Terminplan abgeleitet werden. Dabei ist es wichtig, dass für jeden Vorgang eine geschätzte Dauer aufgeführt wird. Wurde die Dauer in der Vorgangsliste noch nicht geschätzt, muss diese Arbeit spätestens jetzt erledigt werden. Nur so können die Anfangs- und Endtermine jedes Vorgangs ermittelt werden. Als Technik wird wiederum der Netzplan eingesetzt. Zusätzlich hat sich in der Praxis auch das Balkendiagramm bewährt.

20.4.1 Ermitteln von Anfangs- und Endterminen

In der Terminplanung sind folgende Termine pro Vorgang für die Projektleitung wesentlich:

- Frühester Anfangszeitpunkt
- Spätester Anfangszeitpunkt
- Frühester Endzeitpunkt
- Spätester Endzeitpunkt

[20-10] Vollständige Vorgangsdarstellung

```
Anfangsereignis                                          Endereignis

  Knoten-ID    Vorgangs(Tätigkeits)-Bezeichnung    Knoten-ID
  ─────────    ────────────────────────────────    ─────────
  FA │ SA           Vorgangsdauer                  FE │ SE

Frühester  Spätester                          Frühestes  Spätestes
Anfang (FA) Anfang (SA)                       Ende (FE)  Ende (SE)
```

Die Berechnung dieser Zeitpunkte erfolgt meist in Anzahl Tage. Diese Tage werden in die Knoten des Netzplans eingetragen. Wir wenden dabei die Vorwärtsrechnung und die Rückwärtsrechnung an.

Die Vorwärtsrechnung

Bei dieser Berechnungsart startet der erste Vorgang mit dem frühesten Anfang = 0 (null). Mit der Rechnung FA + Vorgangsdauer = FE wird das früheste Ende des Vorgangs berechnet, das gleichzeitig der früheste Anfang für die Folgetätigkeit darstellt.

[20-11] Mehrere Vorgänge enden in einem Knoten

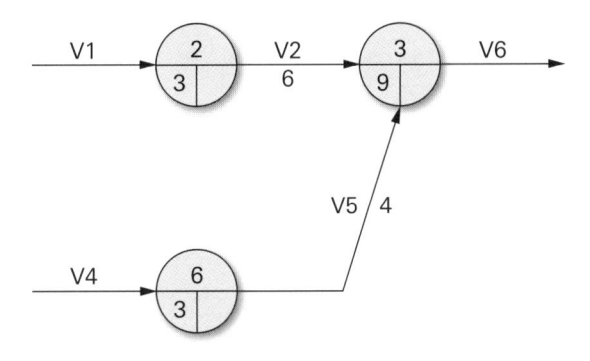

Die Rückwärtsrechnung

Bei dieser Art beginnen wir mit der Berechnung ab dem letzten Vorgang. Das früheste Ende des letzten Knotens übertragen wir dabei auf das späteste Ende des letzten Knotens. Die nun folgende Rückwärtsrechnung erfolgt gleich wie bei der Vorwärtsrechnung. Mit der Rechnung SE − Vorgangsdauer = SA wird der späteste Anfang des Vorgangs berechnet, das gleichzeitig das späteste Ende der Vorgängervorgänge ist.

[20-12] Mehrere Vorgänge enden in einem Knoten

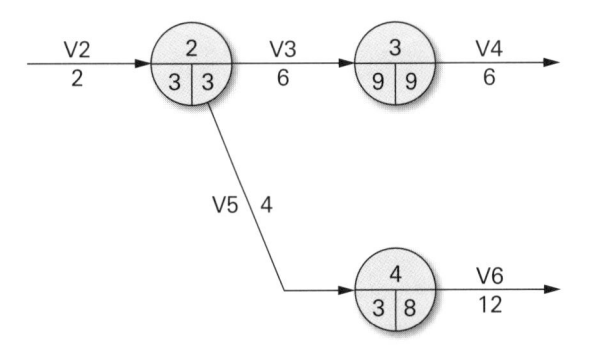

20.4.2 Der kritische Pfad

Vorgänge, bei denen sich eine Terminverschiebung direkt auf das Projektende auswirkt, liegen auf dem kritischen Pfad. Diese befinden sich dort, wo in den Knoten der früheste und späteste Anfang und auch das früheste und späteste Ende identisch sind. Eine solche Terminverschiebung kann nur wettgemacht werden, wenn in den Nachfolgevorgängen Zeit eingespart wird, was aber mit zusätzlichen Mitteln und Kosten verbunden ist. Die Praxis zeigt auch, dass Terminverschiebungen meist nicht mit einem einzelnen Vorgang zu tun haben, weshalb Aufholaktionen nicht die gewünschten Resultate bringen. Die folgende Darstellung zeigt, dass die Gesamtdauer von 28 Tagen verschoben wird, sobald die Vorgänge V1, V5, V6, V7 oder V8 länger oder weniger lange dauern. Deshalb liegen diese Vorgänge auf dem kritischen Pfad.

[20-13] Darstellung des kritischen Pfads

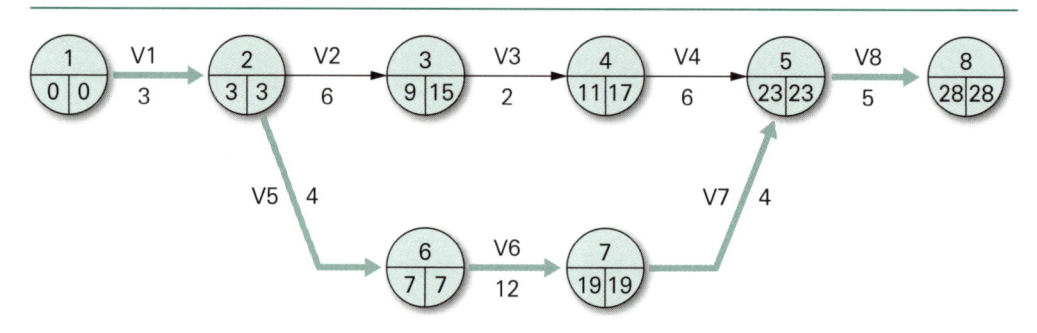

20.4.3 Terminplan erstellen

Wenn der Projektleiter genau wissen will, welchem Datum die definierten Anfangs- und Endzeitpunkte entsprechen, ist zu beachten, dass die Dauer der Vorgänge in Arbeitstagen angegeben wird und deshalb auf den Kalender Rücksicht genommen werden muss. Auch offizielle Feiertage müssen berücksichtigt werden. Sobald alle frühesten und spätesten Anfangszeitpunkte und alle frühesten und spätesten Endzeitpunkte einen Kalendertermin enthalten, ist die Terminplanung abgeschlossen.

20.4.4 Das Balkendiagramm

Das Balkendiagramm ist eine transparente Darstellung der Vorgänge auf der Zeitachse. Es ergänzt die Netzplantechnik, weil bei der Netzplantechnik die zum gleichen Zeitpunkt parallel durchzuführenden Vorgänge nicht einfach ersichtlich sind.

Beispiel

[20-14] Beispiel für ein Balkendiagramm

Nr.	Vorgangsbezeichnung	Dauer(tg)	Jul	Aug	Sep	Okt	Nov	Dez
P1	Projektmanagement	40						
P1.1	Teilprojekt initialisieren	31						
P1.1.1	Auftrag definieren	10						
P1.1.2	Teilprojekt strukturieren	7						
P1.1.3	Basisplanung erstellen	8						
P1.1.4	Teilprojektorganisation definieren	5						
P1.1.5	Startsitzung (Kick-off-Meeting)	1			♦			
P1.2	Teilprojekt planen	9						
P3	Detailspezifikation	78						
P3.1	Layout für Masken definieren	20						
P3.2	Funktionale Prozesse technisch beschreiben	30						
P3.3	Logisches Datenmodell beschreiben	15						
P3.4	Layout für Listen definieren	6						
P3.5	Schnittstellen zu Umsystem technisch beschreiben	7						

Jeder Vorgang wird mit einem Balken auf der Zeitachse angezeigt. Meilensteine werden in der Regel als schwarze Rauten dargestellt. Damit möglichst viel Platz für die Balken übrig bleibt, werden pro Vorgang nur wenige Informationen wie Vorgangsbezeichnung und Vorgangsdauer angezeigt. Das Balkendiagramm ist sehr einfach zu erstellen und zu verstehen. Der Einsatz ist deshalb sehr verbreitet. Zusätzlich ist es möglich, mit Pfeilen Abhängigkeiten zwischen den Vorgängen aufzuzeigen oder den Balken von Vorgängen auf dem kritischen Pfad mit einer auffallenden Farbe darzustellen.

Im **Projektmanagement** unterscheidet man vier Phasen:

- Vorprojektphase (Initialisierungsphase)
- Planungsphase
- Durchführungsphase (Realisierungsphase)
- Abschlussphase

Die **Vorprojektphase** findet vor dem Projekt statt. In der Planungsphase wird das Projekt konkretisiert und detailliert. Es wird ein Projektplan aufgestellt, der folgende Detailpläne enthält:

- Projektstrukturplan (PSP)
- Aufwandsplan
- Termin- und Meilensteinplan
- Kosten- und Ressourcenplan
- Kommunikationsplan

Bei der **Realisierung** wird das Projekt meist in mehrere Realisierungsphasen unterteilt. In der Abschlussphase wird das Projekt offiziell beendet. Dabei ergeben sich folgende Aufgaben: Evaluierung und Reflexion, Projektabschlussbericht, Entlastung und Auflösung der Projektorganisation.

Es gibt verschiedene **Vorgehensmodelle** im Projektmanagement. Sie umfassen aufeinander abgestimmte Prozesse, Standards, Muster, Methodiken und Werkzeuge.

Wir haben folgende vier Modelle besprochen:

Modell	Beschreibung
Sequenzielles Phasenmodell	Organisatorischer Ablauf wird in sequenzielle Phasen eingeteilt; flussorientiert.
Wasserfallmodell	Prozess wird in abgeschlossene Phasen zerlegt, die nacheinander durchlaufen werden. Am Ende jeder Phase wird eine Meilensteinsitzung abgehalten und über die nächste Phase entschieden.
Spiralmodell	Bezieht sich auf die gesamte Lebensdauer des Produkts. Projekt durchläuft mehrere Zyklen gleichartiger Tätigkeiten. In jedem Zyklus bewegt man sich von einem Prototyp zum nächsten.
V-Modell	Konstruktive und prüfende Aktivitäten werden getrennt. Einer Phase mit mehrheitlich konstruktiven Aktivitäten wird eine Phase mit den entsprechenden prüfenden Aktivitäten gegenübergestellt.

Meilensteine sind überprüfbare Zwischenergebnisse, die den Fortschritt eines Projekts innerhalb der Projektphasen markieren.

Bei der **Ablaufplanung** der Tätigkeiten in einem Projekt wird meist grafisch vorgegangen. Man wendet dabei elektronische Planungswerkzeuge an, die auf der **Netzplantechnik** basieren. Aus dem **Ablaufplan** wird der Terminplan ermittelt. Das **Balkendiagramm** bietet sich für die Visualisierung an.

Repetitionsfragen

52

Ordnen Sie die folgenden Aufgaben den einzelnen Projektphasen zu. Notieren Sie den zutreffenden Buchstaben.

A] Stakeholderanalyse

B] Erstellen eines Projektstrukturplans

C] Projektführung

D] Machbarkeitsanalyse

E] Projektabschlussbericht

F] Erstellen eines Aufwandsplans

G] Auflösung der Projektorganisation

H] Controlling

53

Nennen Sie je einen Vor- und Nachteil des Wasserfallmodells.

54

Worin unterscheiden sich das sequenzielle Modell und das Wasserfallmodell vom Spiralmodell?

55

Nennen Sie drei Kriterien für die Auswahl eines Vorgehensmodells.

56

Sie sehen in der Abbildung eine in Netzplantechnik aufbereitete grafische Darstellung eines Vorgangs. Bitte beschriften Sie die Abbildung:

21 Ressourcen, Kosten und Finanzen

Lernziele: Nach der Bearbeitung dieses Kapitels können Sie ...

- wichtige Schritte und Ergebnisse beim Ressourcenmanagement nennen.
- den Bedarf an Ressourcen ermitteln.
- Ressourcen auswählen und den Ressourceneinsatz planen.
- wichtige Schritte und Ergebnisse beim Kosten- und Finanzmanagement nennen.
- Kosten planen und Finanzen managen.

Schlüsselbegriffe: Arbeitspaket, Finanzmanagement, Infrastruktur, Kapazitätsausgleich, Kapazitätsdiagramm, Kapazitätsgruppen, Kostenmanagement, Kostenplan, Kostenplanung, Leistungswert, Personaleinsatz, Personalkosten, Personalressourcen, Pufferzeiten, Ressourcen, Ressourceneinsatz, Ressourcenmanagement, Ressourcenplanung, Sachmittel, Sachmittelkosten

21.1 Ressourcen

Der Begriff Ressource im Projektmanagement bezieht sich auf Menschen und Materialien und auf die für die Durchführung von Projektaktivitäten erforderliche Infrastruktur. Zur **Infrastruktur** gehören die Einrichtung (etwa eines Projektbüros), die Ausrüstung und die Informationstechnologie. Auch Informationen, Wissen und Geldmittel können zur Infrastruktur gezählt werden.

PM-Kompetenzelement	Taxonomie: Wissen										
Fachkompetenz	0	1	2	3	4	5	6	7	8	9	10
Ressourcen						CD		AB			

Hinweis — Lesen Sie dazu auch die Ausführung zum Kontextkompetenzelement Personalmanagement.

Ressourcenmanagement umfasst die Planung von Ressourcen, verbunden mit der Ermittlung des Ressourcenbedarfs und der Zuweisung von Ressourcen. Darüber hinaus gehört zum Ressourcenmanagement die Steuerung und Kontrolle der Ressourcen sowie das kontinuierliche Bemühen um eine optimale Nutzung der zur Verfügung stehenden Ressourcen, denn Ressourcen sind in den meisten Projekten bzw. Programmen ein knappes Gut.

Die folgende Tabelle zeigt wichtige Prozessschritte und Ergebnisse beim Ressourcenmanagement.

[21-1] Wichtige Prozessschritte und Ergebnisse beim Ressourcenmanagement

Wichtige Prozessschritte	Wichtige Ergebnisse	Querverweise
Alle für das Projekt bzw. Programm erforderlichen Ressourcen einschliesslich der von den Mitarbeitenden und vom Projektmanagement erwarteten Kompetenzen erfassen	Vorgangsbezogener Ressourcenplan Ressourcenbedarfsübersicht	• Leistungsumfang und Projektergebnisse • Projektstrukturen • Personalmanagement
Ressourceneinsatz planen, Puffer berücksichtigen	Kapazitätsdiagramm	• Programmmanagement • Portfoliomanagement • Stammorganisation • Terminplanung
Zustimmung des Linienmanagements und ggf. des Programm- und Portfoliomanagements einholen zur Zuteilung von Ressourcen für das Projekt	Zustimmung	• Stammorganisation • PPP-Management • Kosten und Finanzen
Im Fall einer Über- oder Unterschätzung von Ressourcen: (Neu-)Verteilung von Ressourcen ggf. auf Programm- oder Portfolioebene	Kapazitätsausgleich	• Programmmanagement • Portfoliomanagement
Lehren aus dem Ressourcenmanagement dokumentieren und ihre Übertragbarkeit auf die weitere Projekt- bzw. Programmarbeit bzw. auf das Portfolio prüfen	Lessons Learned	PPP-Management

Es sind vor allem die Personalressourcen, die im Rahmen eines Projekts bzw. Programms einen kritischen Erfolgsfaktor bilden. Das Projektmanagement ist deshalb gefordert, dafür zu sorgen, dass die Mitarbeitenden sowohl über die erforderlichen fachlichen Qualifikationen verfügen als auch die notwendigen Projektmanagementkompetenzen (fachlich, kontext- und verhaltensbezogen) haben, um im Projekt ihre Aufgabe erfolgreich erfüllen zu können. In vielen Fällen ist eine gezielte Projektpersonalentwicklung als Teil des Personalmanagements erforderlich.

21.1.1 Bedarf an Ressourcen ermitteln

Bei der Ermittlung des Ressourcenbedarfs werden die Arbeitspakete bezüglich der zu entwickelnden Teilergebnisse oder der einzelnen Aktivitäten analysiert. Wichtige Grundlage dafür ist die Vorgangsliste. In der Vorgangsliste werden zwei Spalten für Personalressourcen und Sachmittel angefügt.

[21-2] Vorgangsbezogene Ressourcenplanung (Beispiele)

Aktivitäten	Personal	Sachmittel
• Bestehende Masken analysieren • Bestehende Masken mit Benutzer besprechen • Anpassungsvorschläge beschliessen • Anpassungsvorschläge dokumentieren	1 WI, 2 BV	Keine

Legende: WI1 = Wirtschaftsinformatikerin 1, BV = Benutzervertreter.

Nr.	Vorgangsname	Dauer	Verantwortlich	Personal	Sachmittel
P3	Detailspezifikation				
P3.1	Masken-Layouts definieren	20	P. Edel	1 WI, 2 BV	Keine

Diese Vorgehensweise bei der Ressourcenbedarfsermittlung geht vom Detail aus. Das schützt vor groben Fehleinschätzungen. In einem nächsten Schritt wird die Detailbetrachtung aggregiert, um eine Übersicht zu gewinnen.

21.1.2 Bedarfsübersicht erstellen

Für die Beschaffung bzw. Rekrutierung der erforderlichen Ressourcen wird eine zusammenfassende Übersicht benötigt. Dazu wird die benötigte Kapazität aller gleichartigen Ressourcen durch Addition ermittelt. Wir addieren dabei die benötigte Kapazität aller gleichartigen Einsatzmittel wie z. B. «Benutzervertreter Verkauf». Daraus ergeben sich **Kapazitätsgruppen.** Wichtig ist, dass die Personalressourcen und die Sachmittel auf der Grundlage ihrer spezifischen Anforderungen und Leistungen sauber getrennt werden. Benutzervertreter für den Verkauf sind nicht gleich Benutzervertreter für Prozesse. Es macht aber auch wenig Sinn, jede Personalressource einzeln zu bezeichnen. Die folgende Abbildung zeigt eine mögliche Darstellung des zusammengefassten Einsatzmittelbedarfs.

[21-3] Ressourcenbedarfsübersicht (Beispiel)

Art der Ressource	Bezeichnung der Ressource	Arbeitspakete	Kapazität
Personal	Wirtschaftsinformatikerin	P3-1, P3-2, P3-4	30
	Benutzervertreter Verkauf	P3-1, P3-4	15
	Benutzervertreter Prozesse	P3-3	8
Sachmittel	Planungssoftware	Alle	
	Präsentationssoftware		
	Prozessmodellierungssoftware	P3-3	
	Notebook für Testing	P5-2	

Damit die anschliessende Beschaffung bzw. Rekrutierung der Ressourcen strukturiert ablaufen kann, empfiehlt sich besonders bei grösseren Projekten, dass die Projektleitung für jedes Einsatzmittel ein **Pflichtenheft** erstellt. Im Pflichtenheft werden die Anforderungen genau beschrieben. Bei Personalressourcen nennt man dieses Pflichtenheft in der Praxis auch **Stellenbeschreibung** oder **Anforderungsprofil.**

21.1.3 Ressourcen auswählen

Die sorgfältige Auswahl der Ressourcen ist eine wichtige Aufgabe. Grundlage für die Auswahl ist die genaue Beschreibung der Anforderungen an die Ressourcen mit eindeutigen Kriterien hinsichtlich Qualität und Quantität.

Bei der Bewertung und Selektion der Projektressourcen muss zwischen Personal und Sachmitteln unterschieden werden. Nach diesem Schritt sollen die benötigten Personalressourcen namentlich und die Sachmittel produktgenau aufgeführt sein.

A Personalressourcen

Bei der Auswahl von Personal für das Projekt ist es erforderlich, nicht nur die Anforderungen hinsichtlich der fachlichen Expertise zu beschreiben, sondern auch die Erwartungen in Bezug auf Projektmanagementkompetenzen.

Das Anforderungsprofil beinhaltet folgende Punkte:

- Ausbildung/Qualifikation (z. B. Wirtschaftsinformatik)
- Fortbildungen (z. B. Geschäftsprozessmodellierung mit einer bestimmten Software)
- Spezifische Erfahrungen (z. B. Auslandstätigkeit)

Und auch spezifische Ausprägungen hinsichtlich der Projektmanagementkompetenzen:

- Fachlich-methodische Projektmanagementkompetenzen
- Kontextbezogene Projektmanagementkompetenzen
- Verhaltensbezogene Projektmanagementkompetenzen

Darüber hinaus gehören zu den Anforderungen auch der zeitliche Rahmen des Einsatzes und die prozentuale Auslastung des Mitarbeiters in der vorgesehenen Zeit.

Bei der Bewertung und bei der Auswahl der Personalressourcen ist oft eine Zusammenarbeit mit der Personalabteilung, der Linienorganisation und ggf. mit dem Programm- oder Portfoliomanagement sinnvoll und wichtig.

Es gilt folgendes Vorgehen für die **Bewertung und Auswahl:**

- Anforderungen genau beschreiben
- Geeignete interne Projektmitarbeitende auswählen und Freistellung aushandeln
- Angebote für externe Personalressourcen einholen und vergleichen
- Externe Projektmitarbeitende auswählen und Vertrag erstellen

B Sachmittel

Wurde bei der Bedarfsermittlung noch kein **Pflichtenheft** oder **Anforderungskatalog** für die Sachmittel erstellt, muss dieser Schritt nun zuerst erfüllt werden. Dabei ist es besonders für einfachere Sachmittel nicht nötig, ein dickes Buch zu schreiben. Ziel, Funktionalität, Leistungen und Einsatzdauer sollten aber in jedem Pflichtenheft stehen.

Bei der Bewertung und Auswahl sind folgende Arbeitsschritte erforderlich:

- Pflichtenheft erstellen
- Angebote einholen
- Angebote vergleichen und bewerten
- Passendes Angebot auswählen
- Sachmittel einführen

Und ggf.:

- Benutzer informieren und schulen
- Benutzerunterstützung aufbauen und unterhalten

21.1.4 Ressourceneinsatz planen

In der Einsatzmittelplanung wird definiert, welche Ressourcen zu welchem Zeitpunkt erforderlich sind und deshalb zur Verfügung stehen müssen. Die Planung sollte so früh wie möglich erfolgen, um Engpässen vorzubeugen.

Wer den Einsatz seiner Ressourcen zu spät plant, muss damit rechnen, dass

- aufgrund langer Lieferzeiten keine Sachmittel zur Verfügung stehen und
- das gewünschte Personal in anderen Projekten gebunden ist.

Die Folgen sind: Verzögerungen und Verschleppungen des Projektverlaufs.

Für die Planung des Personalressourceneinsatzes ist das **Ressourcen-Kapazitätsdiagramm** ein hilfreiches Instrument. Das Diagramm basiert auf einer Zeitschiene und zeigt, welche Personalressourcen genau für welches Arbeitspaket in welchem Zeitraum benötigt werden.

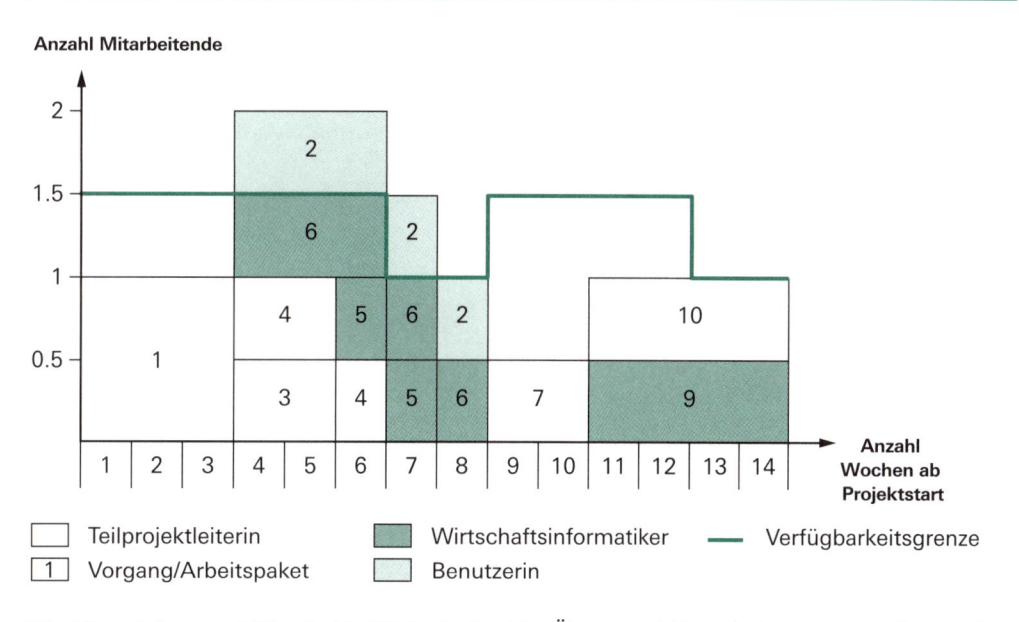

[21-4]   Kapazitätsdiagramm

Die Visualisierung hilft, die Verfügbarkeit, d. h. Über- und Unterbelastung, rasch zu erfassen, zu kontrollieren und ausgleichende Massnahmen zu entwickeln.

21.1.5   Personaleinsatz ausgleichen

Das obige Kapazitätsdiagramm zeigt, dass Arbeitspakete nicht erledigt werden können, weil die nötigen Personalressourcen nicht zur Verfügung stehen. Gleichzeitig haben wir bei der Terminplanung festgestellt, dass nicht alle Arbeitspakete auf dem **kritischen Pfad** sind, sondern noch Pufferzeiten frei haben. Im Rahmen der **Pufferzeiten** kann der Projektleiter nun versuchen, die Arbeitspakete auf der Zeitachse zu verschieben, ohne den Zeitpunkt des Projektendes zu gefährden. Diesen Vorgang nennen wir dann **Kapazitätsausgleich.** Für diese Arbeit ist es jedoch nötig, pro Kapazitätsgruppe ein separates **Belastungsdiagramm** zu erstellen.

Bei den ausgleichenden Massnahmen muss das Projektmanagement klären, ob die Linienorganisation, das Programm- bzw. Portfoliomanagement oder externe Personalressourcen betroffen sind. Wenn ja, sind sofort Gespräche mit den entsprechenden Verantwortlichen in den Organisationseinheiten zu führen, um ungünstige Folgeeffekte abzuwenden.

21.2 Kosten und Finanzen

Projektkosten- und Finanzmanagement befassen sich mit den Massnahmen zur Planung, Ermittlung, Steuerung und auch Kontrolle der Kosten und finanziellen Mittel im Projektlebenszyklus.

PM-Kompetenzelement	Taxonomie: Wissen										
Fachkompetenz	0	1	2	3	4	5	6	7	8	9	10
Kosten und Finanzen						D	C	B	A		

Hinweis: Lesen Sie dazu auch die Ausführungen zum Kontextkompetenzelement Finanzierung.

Das projektbezogene Kosten- und Finanzmanagement schafft grundlegende Voraussetzungen für die Realisierung des Projekts und muss deshalb mit entsprechender Sorgfalt praktiziert werden. Die folgende Tabelle weist auf wichtige Schritte und Ergebnisse des projektbezogenen Kosten- und Finanzmanagements hin.

[21-5] Wichtige Schritte und Ergebnisse des projektbezogenen Kosten- und Finanzmanagements

Wichtige Prozessschritte	Wichtige Ergebnisse	Querverweise
Relevante Vorgaben und Rahmenbedingungen zum Management von Kosten und Finanzen klären	Vorgaben zum projektbezogenen Kosten- und Finanzmanagement	• Stammorganisation • PPP-Management • Finanzierung
Kosten der einzelnen Arbeitspakete unter Berücksichtigung der Gemeinkosten ermitteln und bewerten	• Mengengerüst • Kosten pro Arbeitspaket	• Projektstruktur • Ressourcen • Personalmanagement
Kostenplan für das Gesamtprojekt erstellen	Projektkostenplan	Projektstruktur
Zufluss von Finanzmitteln sichern	Zahlungsvereinbarungen	Finanzierung
Kostenentwicklung analysieren, Leistungswert ermitteln	Leistungswert	• Risiken und Chancen • Projektstruktur • Leistungsumfang und Projektergebnisse • Ressourcen
Falls erforderlich: Korrekturmassnahmen erarbeiten und umsetzen	Massnahmenkatalog	Problemlösung
Regelmässig Berichte zum Kosten- und Finanzmanagement erstellen	Kosten- und Finanzbericht	Controlling und Berichtswesen
Lehren aus dem Management von Kosten und Finanzen dokumentieren und ihre Übertragbarkeit auf die weitere Projekt- bzw. Programmarbeit bzw. auf das Portfolio prüfen	Lessons Learned	PPP-Management

21.2.1 Kosten planen

Nachdem alle Informationen vorliegen, kann zum Schluss mithilfe der Kostenplanung das Projektbudget erstellt oder überarbeitet werden. Häufig gibt es dazu schon festgelegte Raster in Form von Formularen oder Excel-Mappen.

Im Projektbudget laufen alle projektrelevanten Kosten zusammen. Mithilfe der finanziellen Mittel können die für das Projekt benötigte Ausrüstung, Werkzeuge und Materialien beschafft werden. Sie sind eine wichtige Voraussetzung dafür, dass wir die richtigen Mitarbeitenden mit den erforderlichen Fähigkeiten und Möglichkeiten im richtigen Zeitpunkt einsetzen können.

A Inhalt der Kostenplanung

Voraussetzung für eine korrekte Kostenplanung ist ein Terminplan und eine Einsatzmittelplanung.

Häufig werden in Projekten folgende Kostenarten unterschieden:

- Personalkosten
- Sachmittelkosten

Personalkosten

Personalkosten sind alle Kosten, die durch den Einsatz von Menschen in Projekten entstehen. Sie werden in interne (indirekte) und externe (direkte) Kosten aufgeteilt und errechnen sich beide aus dem Betrag pro Zeiteinheit. Die Zeiteinheit kann von Stunden bis hin zu Jahren reichen.

Der Unterschied zwischen den beiden Kostenarten besteht einzig in der Verrechnungsart: Externe Mitarbeitende stellen am Monatsende eine Rechnung, interne Mitarbeitende erhalten Lohn.

Sachmittelkosten

Die meisten Materialkosten sind direkte Kosten, die das Projekt direkt belasten. Es ist wichtig, die benötigten Sachmittel möglichst auf der Ebene des entsprechenden Arbeitspakets zu berechnen.

Einige Beispiele für Sachmittelkosten:

- Für die Arbeit in Workshops benötigt man Moderationsmaterial wie Karten, Papier, Pinnwände und Stifte und evtl. sogar einen separaten Raum.
- Neue Softwareprodukte werden eingesetzt: Schulungshardware, Netzwerkinstallationen, spezielle Räume, Moderationsmaterial, Stromkabel werden benötigt.

B Vorgehen bei der Kostenplanung

Wie zu Beginn dieses Kapitels erwähnt wurde, ist eine Kostenplanung sehr wichtig. Optimal für den Start ist eine Vorgehensliste, die mit der Kostenspalte, evtl. pro Kostenart, erweitert werden kann.

Das Vorgehen teilt sich in die zwei Schritte:

- Kosten den Vorgängen zuweisen
- Kostenplan erstellen

Kosten den Vorgängen zuweisen

In der Regel werden pro Vorgang die Personalkosten und die Sachmittelkosten separat als Spalte in die Vorgangsliste eingefügt. Die Aufführung weiterer Kosten in separaten Spalten ist jederzeit möglich. Die Kosten werden normalerweise aufgrund eines Mengengerüsts ermittelt. Dieses Mengengerüst kann z. B. Anzahl Mitarbeitende, Anzahl Sachmittel, Anzahl zu erstellende Programme usw. sein. Das ermittelte Mengengerüst wird mit dem Preis pro Einheit multipliziert und dem entsprechenden Vorgang beigefügt.

[21-6] Kostenzuweisung im Arbeitspaket

Arbeitspaket

Aktivitäten	Personalkosten	Sachmittelkosten
• Bestehende Masken analysieren • Bestehende Masken mit Benutzer besprechen • Anpassungsvorschläge beschliessen • Anpassungsvorschläge dokumentieren	CHF 32 000.–	CHF 4 600.–

↓

Vorgangsliste

Nr.	Vorgangsname	Dauer in Tagen	Verantwortlich	Personalkosten	Sachmittelkosten
P3	Detailspezifikation				
P3.1	Layout für Masken definieren	20	P. Edel	CHF 32 000.–	CHF 4 600.–
...	...	...	...	...	...

Kostenplan erstellen

Der Kostenplan wird nach Kostenarten und nach Zeiteinheiten aufgeteilt. Damit kann eine Kontrolle vereinfacht sichergestellt werden. Pro Kostenart werden die Kosten aller Arbeitspakete addiert und in den Kostenplan übertragen. Diese Planung wird der Projektleitung übergeben. Die Soll-Ist-Kontrolle wird in die regelmässige Rapportierung übernommen. Bei Abweichungen müssen sofort Massnahmen getroffen werden, die mit der Projektleitung abgestimmt sind.

[21-7] Beispiel Kostenplan

Kostenart	August	September	Oktober	November	Dezember	Total/Jahr
Personal intern	8 000.–	7 000.–	3 000.–	8 000.–	4 000.–	30 000.–
Personal extern	2 000.–	1 500.–	1 000.–	3 000.–	2 500.–	10 000.–
Hardware	–	15 000.–	6 500.–	2 000.–	–	23 500.–
Software	–	1 500.–	–	12 000.–	–	13 500.–
Verbrauchsmaterial	1 100.–	1 100.–	1 100.–	1 100.–	1 100.–	5 500.–
Total	11 100.–	26 100.–	11 600.–	26 100.–	7 600.–	82 500.–

21.2.2 Finanzen managen

Ausgehend von der Kostenplanung müssen die Projektfinanzen kontinuierlich gemanagt werden. Das Projektfinanzmanagement hat dabei folgende Aufgaben:

- Zahlungsbedingungen mit Projektkunden und Lieferanten klären und vereinbaren
- Zahlungseingänge und -ausgänge prüfen
- Abweichungen vom Kostenplan feststellen (Plan-Kosten vs. Ist-Kosten)
- Leistungswert regelmässig ermitteln
- Kostenentwicklung analysieren und prognostizieren
- Abweichungen und Entwicklungen bewerten
- Reserven und ihren Verbrauch beobachten
- Risiken identifizieren und bewerten
- Massnahmen zur Korrektur entwickeln und bewerten
- Bericht erstellen in angemessenen Perioden

Im Projekt geht es beim Projektfinanzmanagement nicht nur um den Vergleich zwischen geplanten und tatsächlichen Kosten. Es geht vor allem um den **Leistungswert.**

Beispiel

In einem Projekt müssen 10 Schulungen durchgeführt werden. Die Schulungen sind mit CHF 50 000.– budgetiert. Das umfasst die Personal- und Sachkosten. Bis zum Tag X wurden bereits 3 Schulungen durchgeführt. Der Leistungswert beträgt damit CHF 15 000.–.

Der Leistungswert ist die wesentliche Kennzahl des projektbezogenen Finanzmanagements. Es ist die im Projektverlauf bisher erbrachte Leistung (z. B. eine Projektstudie, Durchführung von X Qualitätsprüfungen), die als monetärer Wert ausgedrückt wird. Der Leistungswert ist eine Antwort auf die Frage: «Was wurde für den Kunden bereits erbracht und wie viele Finanzmittel wurden dafür geplant?» Der Leistungswert kann nur ermittelt werden, wenn die Lieferobjekte klar definiert sind und Kosten eindeutig zugeordnet wurden.

Ressourcen sind Einsatzmittel. Im Projekt wird zwischen zwei Arten von Ressourcen unterschieden: Personalressourcen (Projektmitarbeitende) und Sachmittel (Materialien, Maschinen, Software etc.). Die erforderlichen Ressourcen müssen genau ermittelt, vorausschauend geplant und zugewiesen, kontrolliert und Abweichungen ausgeglichen werden. Sind die vorgesehenen Puffer ausgereizt, kann sich das Projekt verzögern. Verzögerungen können sich wiederum auf die Linienorganisation auswirken. Projektbezogenes **Kosten- und Finanzmanagement** befasst sich mit der Planung, Ermittlung, Steuerung und Kontrolle der Kosten und finanziellen Mittel unter Berücksichtigung des Projektlebenszyklus. Bei der Kostenplanung werden die für die Realisierung des Projekts erforderlichen finanziellen Mittel für Personal und Sachmittel kalkuliert. Sind die Kosten für die Vorgänge bzw. Arbeitspakete ermittelt, dann kann ein Kostenplan für das ganze Projekt erstellt werden. Der Kostenplan informiert über wesentliche Kostenarten und wann sie im Projektverlauf anfallen werden. Er schafft eine Grundlage für das **projektbezogene Finanzmanagement.**

Repetitionsfragen

57

Was wird im Projekt unter Infrastruktur verstanden? Nennen Sie zwei Beispiele.

58

Nennen Sie die wichtigen Punkte, die in einem Anforderungsprofil für Projektmitarbeitende beschrieben werden sollten.

59

Nennen Sie zwei mögliche Folgen einer verspäteten Ressourceneinsatzplanung.

60

Warum wird bei der Kostenplanung vom Detail (Vorgang, Arbeitspaket) aus vorgegangen?

61

Was versteht man unter Leistungswert?

22 Beschaffung und Verträge

> **Lernziele:** Nach der Bearbeitung dieses Kapitels können Sie ...
> - wichtige Schritte und Ergebnisse beim Beschaffungs- und Vertragsmanagement nennen.
> - wichtige Fragen im Beschaffungsprozess aufzählen.
> - Werk- und Dienstvertrag voneinander unterscheiden.
>
> **Schlüsselbegriffe:** Auftraggeber, Auftragnehmer, Beschaffung, Beschaffungsmanagement, Dienstvertrag, Make-or-Buy-Entscheidung, Subauftragnehmer, Vertrag, Werkvertrag

Das Kompetenzelement Beschaffung und Verträge (engl. procurement and contract) befasst sich mit dem projektbezogenen Beschaffungsmanagement und den damit verbundenen Vertragsfragen.

PM-Kompetenzelement	Taxonomie: Wissen										
Fachkompetenz	0	1	2	3	4	5	6	7	8	9	10
Beschaffung und Verträge						CD		AB			

Hinweis Lesen Sie dazu auch die Ausführungen zum Kontextkompetenzelement Rechtliche Aspekte.

Projekte sind oft angewiesen auf externe Lieferanten und Dienstleister. Viele Lieferanten und Dienstleister können zur Komplexität im Projektmanagement beitragen und ein Risiko darstellen. In manchen Branchen (z. B. in der Bauwirtschaft) werden deshalb auch oft Generalunternehmen mit einem Projekt beauftragt. Die Generalunternehmen tragen dann die Verantwortung für die koordinierte Beschaffung. In vielen Projekten werden die Beschaffung und die Verträge vom Projektleiter gemanagt.

Die folgende Übersicht weist auf wichtige Schritte und Ergebnisse hin.

[22-1] Wichtige Schritte und Ergebnisse beim Beschaffungs- und Vertragsmanagement

Wichtige Prozessschritte	Wichtige Ergebnisse	Querverweise
Erforderliche externe Leistungen und Produkte identifizieren und konkretisieren	Make-or-Buy-Entscheidung	- PPP-Management - Kosten und Finanzen
Anforderungen an die externe Erbringung von Leistungen und Werken eindeutig definieren	Anforderungskatalog	Leistungsumfang und Lieferobjekte
Potenzielle Auftragnehmer identifizieren und anhand definierter Kriterien auswählen	- Ausschreibung - Auftragnehmerliste	- Ressourcen - Personalmanagement
Vertragsart bestimmen und die Vertragsbedingungen aushandeln	Vertrag	Rechtliche Aspekte
Vertragserfüllung prüfen und Werk abnehmen bzw. bei Nicht-Erfüllung angemessene Massnahmen ergreifen	Abnahme	- Qualität - Controlling und Berichtswesen - Rechtliche Aspekte
Lehren aus projektbezogenem Beschaffungs- und Vertragsmanagement dokumentieren und ihre Übertragbarkeit auf die weitere Projekt- bzw. Programmarbeit bzw. auf das Portfolio prüfen	Lessons Learned	PPP-Management

22.1 Beschaffung

Projekte können nur geplant und realisiert werden, wenn die dafür erforderlichen Produkte bereitgestellt und die notwendigen Dienstleistungen erbracht werden. In vielen Fällen muss dabei auf externe Lieferanten und Dienstleister zurückgegriffen werden.

Beispiel
- Für ein geplantes Projekt werden Materialien und Maschinen benötigt, die im Haus nicht zur Verfügung stehen.
- Ein laufendes Projekt wird immer wieder verzögert, weil das interne Projektteam zeitlich überlastet ist. Externe Mitarbeitende werden gesucht, die tatkräftig helfen, die Arbeitspakete zu bewältigen.
- In einem Projekt zeigen sich immer mehr Widerstände bei der Umsetzung. Das zuständige Projektteam möchte Projektcoaching nutzen, um einen angemessenen Umgang mit der neuen Herausforderung finden zu können.
- Aus Kostengründen werden für die Bearbeitung von Arbeitspaketen externe Unternehmen beauftragt.
- Interessengruppen erwarten ein von autorisierten Sachverständigen durchgeführtes Gutachten.

Oft werden Aufträge unter Zeitnot erteilt. Besser ist es, wenn bereits in der Planungsphase differenzierte Make-or-Buy-Betrachtungen erfolgen, d. h. die jeweiligen Vor- und Nachteile von Eigenleistung und Fremdbezug bereits herausgearbeitet wurden.

Bei der Beschaffung für ein Projekt kann oft auf das Know-how in der Stammorganisation gebaut werden. Die Stammorganisation verfügt über professionelle Prozesse für die Beschaffung.

Vor und während des Beschaffungsprozesses müssen allerdings viele Fragen geklärt werden. Wichtige Fragen dazu sind:

- Was genau wird vom externen Lieferanten bzw. Dienstleister erwartet (Leistungsbeschreibung)?
- Was muss der Lieferant bzw. Dienstleister über das Projekt wissen (z. B. Internationalität)?
- Welche Qualitätskriterien sind an das Produkt bzw. die Dienstleistung geknüpft? Wie erfolgen die Qualitätssicherung und die Abnahme?
- Wann bzw. in welchem Zeitraum wird das Produkt bzw. die Dienstleistung zwingend erwartet? Mit welchen Folgen muss im Projekt gerechnet werden, wenn das vereinbarte Werk nicht oder nur mangelhaft geliefert wird?
- Welche Kriterien müssen das anbietende Unternehmen und seine Mitarbeitenden erfüllen (z. B. Referenzen, Zertifizierung)?
- Wer kommt als Lieferant bzw. Dienstleister infrage? Wie werden potenzielle Lieferanten bzw. Dienstleister informiert (z. B. öffentliche Ausschreibung)?
- Was ist bei der Auswahl der Lieferanten bzw. Dienstleister wichtig (z. B. eher Qualität oder eher Preis)?
- Wie wird bei der Auswahl vorgegangen, wer wirkt mit und wer trifft die Entscheidung?
- Was muss wie detailliert vertraglich geregelt werden (z. B. Mitwirkungspflicht des Auftraggebers, Strafen bei Nicht-Erfüllung)?

Ist der Auftrag erteilt, dann liegt das Controlling in den Händen der Projektleitung.

22.2 Verträge

Ein Vertrag ist eine rechtsverbindliche, zwischen zwei oder mehreren Parteien geschlossene Vereinbarung. Vertrag und «Vertragen» hängen eng miteinander zusammen. Ein Vertrag schafft die Grundlage für die gute Zusammenarbeit und dient der Risikoprävention für alle Beteiligten. Der Vertrag kann mündlich und schriftlich sein. Im Projektmanagement ist die schriftliche Form zu bevorzugen und anzustreben. Grössere Unternehmen haben eine Rechtsabteilung bzw. Experten des Vertragsrechts und können die Projektleitung mit Fachwissen unterstützen.

Bereits in mittleren Projekten kann sich eine Projektleiterin schnell in einem Netzwerk aus Auftragnehmern und Auftraggebern befinden. Die Projektleiterin ist selbst Auftragnehmerin, sie ist aber auch Auftraggeberin für externe Lieferanten und Dienstleister mit entsprechender Verantwortung. Die folgende Abbildung zeigt wichtige Beziehungen auf.

[22-2] Komplexe Beziehungen zwischen Auftragnehmer und Auftraggeber in Projekten

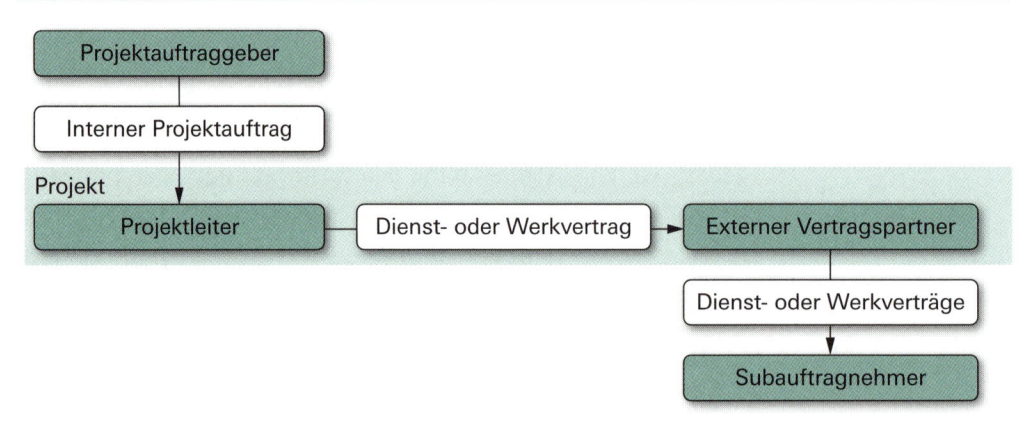

```
          Projektauftraggeber
                 │
          Interner Projektauftrag
                 │
    ┌────────────▼──────────────────────────────────────────┐
    │ Projekt                                               │
    │  Projektleiter ── Dienst- oder Werkvertrag ── Externer Vertragspartner │
    └───────────────────────────────────────────────────────┘
                                                    │
                                         Dienst- oder Werkverträge
                                                    │
                                             Subauftragnehmer
```

In einem Projekt kann es also interne Auftragsbeziehungen sowie Vertragsbeziehungen mit externen Lieferanten geben. Der Projektleiter koordiniert und verantwortet die Ergebnisse.

Bei der Erteilung externer Aufträge kommen üblicherweise folgende zwei Vertragsarten zum Einsatz:

- Dienstvertrag
- Werkvertrag

Für das Vertragsmanagement ist es wichtig, die geeignete Vertragsart anzuwenden.

22.2.1 Dienstvertrag

Beim Dienstvertrag verpflichtet sich der Vertragspartner, die ihm übertragenen Geschäfte oder Dienste zu erfüllen. Die Beauftragten stellen kein Werk bereit, sie stellen Zeit und ihr spezifisches Wissen zur Verfügung und erhalten dafür eine bestimmte Vergütung (Honorar). Bei einem Dienstvertrag ist die Kündigung relativ einfach. Die Schadenersatzpflicht ist sehr beschränkt, vor allem weil der Leistungsnehmer die Verantwortung dafür trägt, wie er die Leistungen definiert und nutzt. So kann beispielsweise eine Beraterin einen Projektleiter nicht zwingen, etwas so oder so zu tun, die Entscheidung bleibt beim Projektleiter.

Beispiel

- Im Rahmen einer Wohnblocküberbauung beauftragt das projektleitende Unternehmen eine Architektin mit der Überwachung der Arbeitsausführungen.
- Ein Beratungsunternehmen wird beauftragt, die Projektleitung zu coachen.

22.2.2 Werkvertrag

Beim Werkvertrag verpflichtet sich der Lieferant zur Herstellung eines Werks und der Auftraggeber zur Leistung der Vergütung. Das Werk ist ein vereinbartes Arbeitsergebnis, das zu einem bestimmten Termin geliefert werden muss. Das bestellte Werk erfüllt konkrete Anforderungen, die in einem Abnahmeprozess geprüft werden. Entspricht das Werk nicht den Anforderungen oder weist es Mängel auf, dann kann die Abnahme verweigert und der Werkvertragsnehmer zum Schadenersatz herangezogen werden.

Beispiel
- Eine Architektin wird von einem projektleitenden Unternehmen beauftragt, Grob- und Detailpläne sowie die Kostenschätzung auszuführen.
- Ein Marketingunternehmen wird beauftragt, eine Imagebroschüre für das Projekt zu erstellen.

Projekte erfordern oft **externe Lieferanten und Dienstleister**. In diesem Zusammenhang stellt das Beschaffungs- und Vertragsmanagement die Projektleitung vor grosse Herausforderungen.

Für eine effiziente und effektive Beschaffung müssen folgende Aspekte geklärt sein:

- Leistungen, die zu erbringen sind
- Qualitätskriterien und Abnahmeverfahren
- Liefertermin
- Folgen bei Nicht-Erfüllung
- Muss-Kriterien für die Auswahl des Vertragspartners
- Ausschreibung und Auswahlverfahren
- Vertragliche Bedingungen
- Controlling der Vertragserfüllung

Im Allgemeinen kommen zwei Vertragsarten infrage: der **Dienstvertrag** oder der **Werkvertrag**.

Repetitionsfragen

62

Worin liegen die wesentlichen Unterschiede zwischen dem Werkvertrag und dem Dienstvertrag? Nennen Sie zwei Unterschiede.

63

Nennen Sie drei wichtige Prozessschritte und ihre Ergebnisse beim Beschaffungsmanagement.

Prozessschritte	Ergebnisse

23 Änderungen

> **Lernziele:** Nach der Bearbeitung dieses Kapitels können Sie …
>
> - wichtige Schritte und Ergebnisse beim Änderungsmanagement nennen.
> - Änderungen managen.
> - den Prozess des Änderungsmanagements beschreiben.
> - die Organe des Änderungsmanagements aufzählen.
> - Konfigurationen managen.
>
> **Schlüsselbegriffe:** Änderungen, Änderungsantrag, Änderungsmanagement, Change Control Board, Change Management, Change Manager, Change-Managementprozess, Change-Request-Formulare, Deadline, Konfiguration, Konfigurationsmanagement, Projektleitung, Release, Version, Versionsmanagement, zeitliche Begrenzung

Im Lauf eines Projekts sind immer wieder Anpassungen und auch Änderungen erforderlich. Das Änderungsmanagement stellt sicher, dass Änderungen, die die Projektergebnisse betreffen, so bearbeitet werden, dass das Projekt kontinuierlich in einer kontrollierten Entwicklung erfolgt. Das Konfigurationsmanagement stellt die Konsistenz zwischen den Teilergebnissen eines komplexen Projekts sicher, d. h., es wird geklärt, ob die Projektergebnisse widerspruchsfrei sind und ob die Beziehungen zwischen den Teilen logisch sind und ein gutes, aufeinander abgestimmtes Gefüge bilden. Sonst laufen Sie Gefahr, vielleicht ein Flugzeug gebaut zu haben, das nicht fliegt.

PM-Kompetenzelement	Taxonomie: Wissen										
Fachkompetenz	0	1	2	3	4	5	6	7	8	9	10
Änderungen						CD		AB			

Hinweis

Änderungsmanagement wird auch als Change Management bezeichnet. **Change Management** hat **zwei Bedeutungen:**

- Change Management als koordinierter Prozess zur Bearbeitung von **Anforderungsänderungen,** die das vereinbarte Projektziel tangieren, erweitern oder infrage stellen.
- Change Management als koordinierter Prozess, der die erfolgreiche Veränderung einer Organisation zum Ziel hat. Es handelt sich dann um ein **Organisationsprojekt.**

Das Kompetenzelement Änderungen bezieht sich auf die **Änderungen von Anforderungen.** Um Verwechslungen auszuschliessen, wird in den folgenden Ausführungen nur der Begriff Änderungsmanagement genutzt.

Die folgende Übersicht zeigt wichtige Schritte und Ergebnisse des Änderungsmanagements auf.

[23-1] Wichtige Schritte und Ergebnisse des Änderungsmanagements

Wichtige Prozessschritte	Wichtige Ergebnisse	Querverweise
Änderungsmanagementprozess entwickeln und mit dem Projektauftraggeber vereinbaren	Änderungsmanagementprozess	- Projektanforderungen und -ziele - Leistungsumfang und Projektergebnisse
Zuständigkeit für Änderungsmanagement klären	Zuständigkeit für Änderungen	Projektorganisation
Projektteam über Änderungsmanagementprozess und Zuständigkeit informieren	Änderungsmanagementinformation	Information und Dokumentation

Wichtige Prozessschritte	Wichtige Ergebnisse	Querverweise
Bewilligte Änderungen planen und umsetzen	Änderungsergebnisse	• Leistungsumfang und Projektergebnisse • Projektstrukturen • Projektphasen, Ablauf und Termine
Änderungen dokumentieren (bewilligte und durchgeführte sowie abgelehnte und zurückgestellte)	Änderungsdokumentation	Information und Dokumentation
Konfiguration nach erfolgten Änderungen prüfen	Konsistenz der Ergebnisse	Leistungsumfang und Lieferobjekte
Lehren aus dem Änderungsmanagement dokumentieren und ihre Übertragbarkeit auf die weitere Projekt- bzw. Programmarbeit bzw. auf das Portfolio prüfen	Lessons Learned	PPP-Management

23.1 Änderungen managen

Der Nutzen eines Änderungsmanagements wird oft unterschätzt. Ein geordnetes Änderungsmanagement gilt als Eingriff in die «Freiheiten» der Kunden und des Managements, Projektziele und Zusatzwünsche ohne weitere Formalitäten in das Projekt einzubringen. Die Praxis zeigt, dass Projekte an zu vielen Zusatzwünschen und Zieländerungen scheitern können. Änderungen können aber aus verschiedenen Gründen nicht ausgeschlossen werden.

23.1.1 Anlässe für das Änderungsmanagement

Ein Projekt befindet sich grundsätzlich in einem kontinuierlichen **Änderungs- und Anpassungsprozess**. Das liegt daran, dass im Rahmen eines Projekts mit begrenzten Ressourcen bestimmte Ergebnisse erbracht werden müssen und im Projektverlauf der Ressourceneinsatz immer wieder im Detail auf die aktuellen Anforderungen abgestimmt werden muss.

Dieser Änderungsprozess darf nicht mit dem eigentlichen Änderungsmanagement verwechselt werden.

Beispiel

Durch die wöchentlichen Rückmeldungen der geleisteten Stunden und der Reststunden unterliegt die Projektplanung einem stetigen Änderungsprozess und wird regelmässig angepasst. Dieser Vorgang ist nicht Teil des Change Managements, allenfalls eine Folge, wenn die Planung aufgrund einer Änderung zu überarbeiten ist.

Änderungen dieser Art sind **nicht** Teil des Änderungsmanagements, sie gehören zum allgemeinen Projektmanagementprozess.

Änderungsmanagement befasst sich vor allem mit Änderungen, die sich auf den Leistungsumfang auswirken, diesen erweitern (etwa durch Kundenwünsche) oder auch einschränken (etwa durch neue Rahmenbedingungen).

Projektänderungen werden also in unterschiedlichen Prozessen bearbeitet. Die folgende Tabelle zeigt die wesentlichen Unterschiede auf.

[23-2] Änderungen im Projekt- und im Änderungsmanagement

Welche Änderungen werden in welchem Prozess bearbeitet?		
Bearbeitungsprozess	Anlässe für Änderungen	Betroffene Elemente
Projektmanagement	• Ein extern erstelltes Ergebnis verspätet sich. • Eine Problemstellung erweist sich als komplexer als angenommen. • Aufwände wurden unterschätzt	Termine, Kosten
	Aus Krankheitsgründen fällt eine Ressource für längere Zeit aus.	Termine, Kosten, Projektorganisation
Änderungsmanagement	Der Leistungsumfang des Projekts ändert sich.	Bisherige und zukünftige Fachergebnisse und davon abhängige Termine, Kosten, Projektorganisation
	Rahmenbedingungen ändern sich.	

Beispiel

Für das Projekt «Entwicklung eines neuen Auftragsbearbeitungssystems» hat die Konzernleitung bestimmt, dass die Verfolgung des Auftragsstatus durch den Kunden über das Internet nicht realisiert werden darf, da die eindeutige Identifikation des Kunden noch nicht gewährleistet werden kann. Durch die nun verfügbaren Sicherheitszertifikate fällt diese Einschränkung weg. Die Konzernleitung wünscht, dass diese Funktionalität doch realisiert wird. Damit ändert sie eine Rahmenbedingung für das Projekt.

23.1.2 Warum ist Änderungsmanagement wichtig?

Unternehmerische Aufgabenstellungen werden vor allem in Form von Projekten bearbeitet, weil Wege, Ziele und die nötigen Lösungen noch nicht in allen Details bekannt sind oder erst erarbeitet werden müssen. Es ändern sich daher bei Projekten im Lauf der Projektarbeit häufig die Vorgaben (Projektzielsetzungen, Grobanforderungen) und damit bereits erarbeitete Teilergebnisse.

Beispiel

Während der Anforderungsspezifikation realisiert eine Fachabteilung A, dass durch eine zusätzliche Schnittstelle ihres neu zu entwickelnden IT-Systems 1 mit einem schon bestehenden IT-System 2 für die Fachabteilung B ein schon lang bestehendes Informationsmanko beseitigt werden könnte. Als neue Anforderung werden daher das Erstellen einer Schnittstelle, die Anpassungen am IT-System der Fachabteilung B sowie die neuen Anforderungen der Fachabteilung B erkannt.

Ohne kontrollierten Umgang mit Änderungen steigt die Gefahr eines Misserfolgs, vor allem die Gefahr, dass das Projekt nicht termingerecht fertig wird. Ein definiertes Änderungsmanagement stellt diesen kontrollierten Umgang sicher. Die Bestimmungen des Änderungsmanagements müssen die folgenden Fragen beantworten:

- Welche Arten von Änderungen müssen wie behandelt werden?
- Welche Änderungen dürfen bis zu welchem Stand des Projekts überhaupt eingebracht werden?
- Wie viele Änderungen dürfen eingebracht werden?
- Wer kann über welche Änderungen entscheiden?

Gutes Änderungsmanagement ist nicht eine Frage von EDV-Werkzeugen, sondern in erster Linie eine Frage der Organisation und einer guten Projektkultur.

23.1.3 Änderungen können Probleme schaffen

Änderungen sind in aller Regel Erweiterungen und machen das Projekt grundsätzlich aufwendiger und die Lösung umfangreicher. Wenn das Projektteam neue Anforderungen, Wünsche oder Rahmenbedingungen ungefiltert annimmt, entstehen folgende Probleme:

Terminprobleme

Die Bearbeitung der Zusatzwünsche verzögert die Teilprojekte und schlussendlich das Gesamtprojekt. Die Folgeaufgaben wie Tests etc. dauern meistens auch länger, wenn der Funktionsumfang erweitert wird.

Kostenüberschreitungen

Die Änderungen verursachen Zusatzkosten in der Analyse, der Entwicklung und der Realisierung und auch bei der Integration in die Stammorganisation.

Fachliche Probleme

Geänderte Rahmenbedingungen können erarbeitete Lösungen obsolet machen. Abklärungen zur Machbarkeit müssen wiederholt werden. Im schlimmsten Fall ist das Projekt komplett neu aufzusetzen.

Frustration im Projektteam

Ein Projektteam arbeitet am besten, wenn es die Rahmenbedingungen und die Zielsetzungen genau kennt. Dauernde Änderungen führen zu Zweifeln daran, ob sich der Einsatz noch lohnt, da ganze Ergebnisse und damit viel Arbeit möglicherweise unbrauchbar werden.

Jede Projektleiterin kann sich auch selber die Frage stellen: «Wie viele Änderungen erträgt mein Projekt?»

23.1.4 Zweck des Änderungsmanagements

Änderungsmanagement ist ein Teilprozess des Projektmanagements und hat damit eine organisatorische Ebene (Instanzen, die in diesem Prozess wirken) und eine instrumentelle Ebene (Mittel wie Formulare und Tools).

Es soll sicherstellen, dass

- Änderungen und ihre Auswirkungen gut dokumentiert sind,
- die Umsetzung (oder Ablehnung) von Änderungen nachvollziehbar entschieden wird und
- Änderungen an den Vorgaben und Teilergebnissen in kontrollierter und geplanter Form in die weitere Projektarbeit einfliessen.

Die Bearbeitung von Änderungen tangiert möglicherweise alle bereits erstellten Fach- und Projektmanagementdokumente!

Bei Projekten im Auftragsverhältnis mit einem externen Kunden ist das Änderungsmanagement einer der zentralen Mechanismen, um Änderungen an Terminen und Kosten vertraglich geordnet abzuwickeln. Speziell wenn mit Fixpreisen oder einem Kostendach gearbeitet wird, ist eine Änderungsanfrage (Change Request) die einzige Möglichkeit, um den Termin- oder Budgetrahmen zu erweitern.

Beispiel

Ein IT-Unternehmen entwickelt für einen Kunden ein neues Auftragsabwicklungssystem. Das Pflichtenheft wurde vom Kunden abgenommen, und es wurde ein Fixpreis vereinbart. Stellt der Kunde während der Realisierung fest, dass er auch noch eine Schnittstelle zum Buchhaltungssystem möchte, gilt dies als Ausweitung des vereinbarten Leistungsumfangs mit Termin- und Kostenfolgen. Es handelt sich dabei klar um eine Änderung, die durch das Change Management abzuwickeln ist.

23.1.5 Auswirkungen von Änderungen

Die Auswirkungen von Änderungen müssen vor einer Entscheidung bekannt sein. Die folgende Aufstellung zeigt potenzielle Auswirkungen, die nötigen Aufgaben sowie die betroffenen Objekte bei einer Änderung des Funktions- und Leistungsumfangs.

[23-3] Auswirkungen von Änderungen

Auswirkung	Aufgaben	Betroffenes Objekt
Anpassungen an Fachergebnissen	Machbarkeit überprüfen	Terminplanung, Pendenzen
	Anpassungen an den bisherigen Fachergebnissen	Fachergebnisse
	Auswirkungen auf die zukünftigen Fachergebnisse ermitteln	Fachergebnisse
	Änderungsaktivitäten planen	Terminplanung
Mehr-/Minderaufwand	Aufwandsschätzung der Änderungsaktivitäten	Aufwandsplan
	Aufwandsschätzung abhängiger zukünftiger Aktivitäten	Aufwandsplan
Mehr-/Minderkosten	Überprüfung des Projektbudgets (Mehr-/Minderaufwand, Investitionen, Sachmittel)	Projektbudget
Terminverkürzung/-verlängerung	Terminschätzung (oder Berechnung) der Änderungsaktivitäten	Terminplanung
	Terminschätzung (oder Berechnung) abhängiger zukünftiger Aktivitäten	Terminplanung
Veränderung des Ressourcenbedarfs	Ermittlung des veränderten Ressourcenbedarfs	Ressourcenplanung
Veränderung der Aufbauorganisation	Ermittlung allfälliger organisatorischer Veränderungen im Projektteam (neue Skills)	Projektplan (Organisation)
Veränderung der Ablauforganisation	Ermittlung allfälliger organisatorischer Veränderungen im Ablauf (Sitzungen, Koordination)	Projektplan (Organisation)
Veränderung des Projektmarketings	Ermittlung allfälliger kommunikativer Veränderungen (neue Zielgruppen, neue Informationen)	Projektmarketingplan (Projektkommunikationsplan), Stakeholdermap

Nicht vergessen werden darf, dass sich aus den Änderungen auch neue Anforderungen an den Integrationsprozess der Projektergebnisse in der Stammorganisation ergeben können.

Beispiel

Bei der Entwicklung eines neuen Auftragsbearbeitungssystems muss als Erweiterung des Funktionsumfangs eine Schnittstelle zum Buchhaltungssystem realisiert werden. Der Projektleiter wird sich die folgenden Auswirkungen überlegen:

- **Fachergebnisse:** Die genauen Anforderungen sind in das Dokument «Anforderungsspezifikation» zu integrieren. Die Schnittstelle ist im Dokument «IT-Spezifikation» zu ergänzen.
- **Mehraufwand:** Die Aufwände für die Einarbeitung der Änderung in die bestehenden Dokumente werden auf 10PT[1] (Anforderungsspezifikation) und 8PT (Schnittstellen-Spezifikation) geschätzt.
- Die Aufwände für die Detailspezifikation, die Programmierung und den Test werden um 2 Prozent erhöht. Das Projektbudget muss entsprechend erhöht werden.

[1] PT: Personentage.

- **Terminverlängerung:** Der Termin muss gehalten werden, der Mehraufwand ist durch erhöhten Ressourceneinsatz zu kompensieren.
- **Ressourcenbedarf:** Der Mehraufwand erfordert entsprechend dem Zeitrahmen eine zusätzliche Softwareentwicklerin.
- **Aufbauorganisation:** Die grundsätzliche Organisation bleibt bestehen.
- **Ablauforganisation:** Für die Abstimmung mit der Buchhaltungsabteilung werden während der nächsten zwei Monate regelmässige Sitzungen festgelegt.
- **Projektmarketing:** Die Buchhaltungsabteilung ist ein neuer Stakeholder und wird in das Kommunikationskonzept als Zielgruppe aufgenommen.

23.1.6 Zeitliche Begrenzung für Änderungen

Änderungen am Funktionsumfang sollen nur bis zu einem definierten Zeitpunkt in das Projekt eingebracht werden können. Je später in der Entwicklung eine Änderung zu berücksichtigen ist, desto teurer wird die Umsetzung. Der Grund liegt darin, dass alle bereits erbrachten Zwischenergebnisse geprüft und geändert werden müssten.

Eine mögliche Begrenzung zeigt die folgende Abbildung.

[23-4] Veränderung der Änderungskosten am Beispiel IT-Projekte

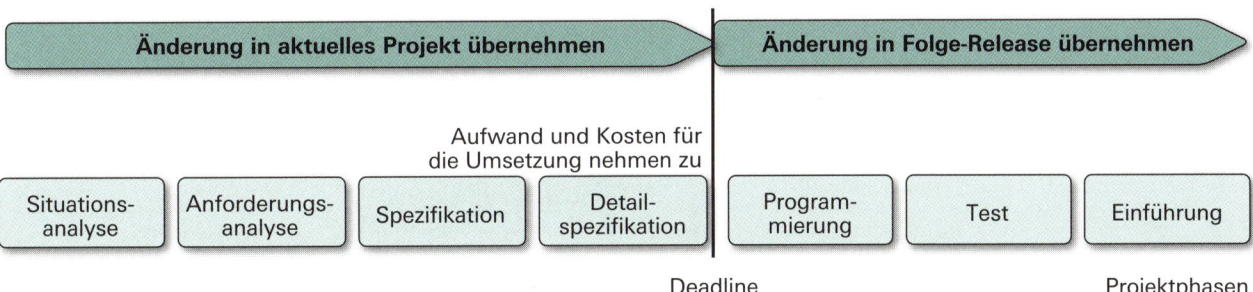

Die **Deadline** markiert den Zeitpunkt, ab dem Änderungen nicht mehr in das aktuelle Projekt übernommen werden. Allerdings können sie auch nicht ignoriert werden, denn hinter den Änderungswünschen stehen konkrete Bedürfnisse. Es ist daher nötig, diese Änderungen für eine Zusatzentwicklung oder die Wartung (Folge-Releases des Produkts) vorzumerken.

Unter **Release** versteht man im IT-Bereich eine konsistente Menge von Softwareelementen, die als Ganzes die spezifizierten Anforderungen erfüllen.

23.1.7 Änderungsmanagement als Prozess

Änderungen müssen einen definierten Prozess durchlaufen. Dadurch werden die Dokumentation und der Einbezug der Entscheidungsträger gewährleistet.

Die Hauptschritte darin sind:

- Änderung erfassen
- Auswirkungen abschätzen
- Änderung beurteilen (Ablaufvariante für interne und Kundenprojekte)
- Über die Durchführung entscheiden
- Umsetzung planen
- Änderung archivieren

Die folgende Grafik zeigt einen möglichen Änderungsmanagementprozess.

[23-5] **Schematischer Change-Management-Prozess**

```
Änderung erfassen
        ↓
Auswirkung abschätzen
    ↙           ↘
Interne Projekte    Kundenprojekte
    ↓                   ↓
Änderung beurteilen   Änderung intern beurteilen
                        ↓
                  Nicht dem Kunden vorlegen ◇ Dem Kunden vorlegen
                                              ↓
                                    Änderung durch Kunden
                                    beurteilen lassen
        ↓
Über die Durchführung entscheiden
    ↓
Zurückstellen bis Datum  ◇  Abgelehnt
    ↓                        ↓
Pendente Änderungen      
Akzeptiert ↓             ↓
Umsetzung planen    Änderung archivieren
    ↓
Änderung umsetzen
```

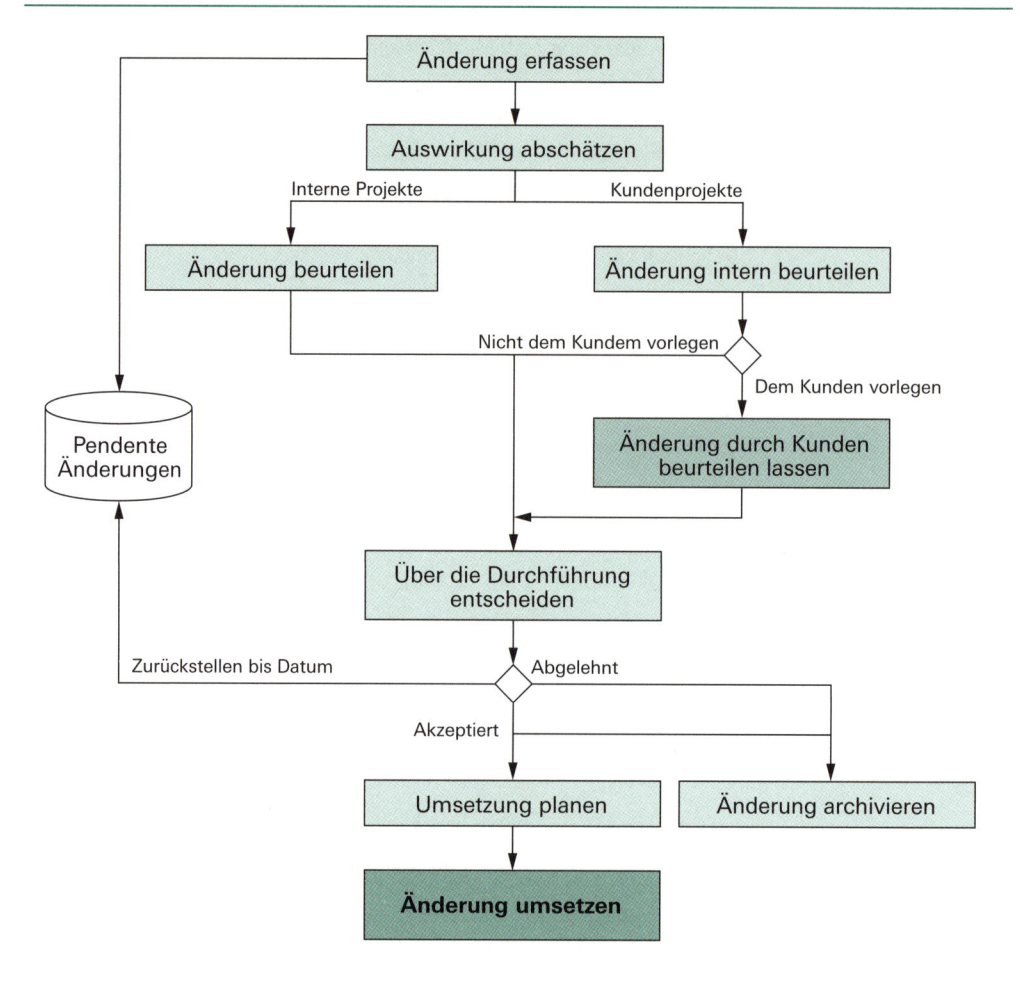

A Änderung erfassen

Mit dem Erfassen wird die Änderung dokumentiert. In der Regel erfasst die Person eine Änderung, die sie beantragt. Häufig ist diese Person eher dem Kundenbereich zugeordnet. Es sind folgende Informationen zu erfassen:

- Initiator der Änderung
- Beschreibung des Sachverhalts
- Grund der Änderung
- Generierte Nutzen für wen (wenn möglich quantifizierbar)
- Dringlichkeit

Dazu gehören auch administrative Informationen wie Datum der Erfassung, Datum der Weiterleitung. Solche Informationen werden von einem Änderungsmanagementsystem automatisch gepflegt.

B Auswirkungen abschätzen

In einem weiteren Schritt werden die Auswirkungen genau abgeschätzt und dokumentiert. In der Regel ist dies Aufgabe des Projektleiters. Es sind folgende Informationen zu erfassen:

- Allgemeine fachliche Beurteilung, insbesondere Zielgefährdung der bereits bestehenden Lösungen
- Betroffene bereits erarbeitete Fachergebnisse

- Anpassungen an zukünftigen Fachergebnissen (Erweiterungen)
- Auswirkungen auf die Termine
- Auswirkungen auf die Kosten
- Auswirkung auf die Projektorganisation (Aufbau- und Ablauforganisation)
- Auswirkungen auf das Projektmarketing
- Auswirkungen auf die Integration der Projektergebnisse

Die Auswirkungen stellen dem erwarteten Nutzen einen Aufwand entgegen. Häufig ist aber der Nutzen nicht oder nur sehr vage quantifizierbar, da er erst nach Abschluss des Projekts in der Zukunft eintritt.

C Variante Internes Projekt

Die Beurteilung stellt sicher, dass dem Entscheidungsgremium alle Meinungen der Betroffenen bekannt sind. Deshalb braucht es mindestens zwei Beurteilungen:

- Vom Initiator der Änderung
- Von der Projektleiterin

Die Beurteilung muss eine Empfehlung wie Annahme (unter Voraussetzung), Ablehnung oder Zurückstellung beinhalten.

D Variante Kundenprojekt

Bei Kundenprojekten ist eine zusätzliche Beurteilungsdimension nötig: die Auswirkung auf die vertraglichen Vereinbarungen. Dabei geht es in erster Linie um die Frage, was genau die Ursache der Änderung ist und ob die Kosten auf den Kunden überwälzt werden können. Die Beurteilung muss eine Empfehlung wie «Dem Kunden eine Grobofferte vorlegen» oder «Änderung durchführen ohne Kostenfolge für den Kunden» beinhalten.

E Über die Durchführung entscheiden

Die Entscheidung über eine Änderung wird häufig in einem speziellen Gremium getroffen (Change Control Board[1]). Es setzt sich je nach Projekt aus Vertretern der Fachbereiche (Kunden) und des Lieferanten (Projekt) zusammen. Jeder Entscheid ist zu begründen und zu dokumentieren. In der Regel kann es drei Ergebnisse geben:

- **Annahme:** Die Änderung wird umgesetzt und ist mit allen Auswirkungen bewilligt.
- **Abgelehnt:** Die Änderung wird definitiv nicht umgesetzt.
- **Zurückgestellt** (bis Datum): Über die Änderung wird zu einem späteren Zeitpunkt nochmals diskutiert, wenn allenfalls weitere relevante Informationen benötigt werden.

Mit der Annahme einer Änderung werden automatisch alle beschriebenen Auswirkungen (Projektverzögerung, Budgeterhöhung) bewilligt.

F Umsetzung planen

Im Fall einer Annahme ist es die Aufgabe des Projektleiters, die Auswirkungen der Änderung in den Plänen und Fachergebnissen zu ermitteln und die Umsetzung der Änderung zu planen. In der Regel ergeben sich:

---

[1] Change Control Board: die Stelle im Unternehmen, die die Organisation, Verwaltung und Abwicklung von Änderungsanforderungen während des Projektablaufs steuert, s. Glossar.

- Neue Aktivitäten (im Plan) für die Umsetzung der Änderung
- Ein neuer Terminplan
- Ein neues Projektbudget

Nach diesen Schritten hat das Projekt wieder einen aktuellen und konsistenten Planungsstand.

G Änderung umsetzen

Die Umsetzung der Änderung ist in der Regel nicht mehr Teil des eigentlichen Änderungsmanagements. Es handelt sich dabei wieder um reguläre Projektarbeit.

H Hilfsmittel

Je grösser ein Projekt ist, desto mächtigere Mittel sollten für das Änderungsmanagement eingesetzt werden. Während in einem Kleinprojekt mit einem einfachen Änderungsformular, das sämtliche Informationen aufnimmt, gearbeitet werden kann, sollte in Grossprojekten mit einem IT-unterstützten Hilfsmittel gearbeitet werden.

Für die Abwicklung des Änderungsmanagementprozesses sind Mittel für die Dokumentation und Prozesssteuerung nötig. Dabei kann es sich um elektronische Hilfsmittel oder um solche in Form von Papier handeln.

I Change-Request-Formulare (Änderungsantragsformulare)

Change-Request-Formulare sind eine Möglichkeit, die Dokumentation einer Änderung von der Erzeugung bis zur Planung durchzuführen. Die folgende Abbildung zeigt ein Beispiel.

[23-6] Beispiel für einen Änderungsantrag

Änderungsantrag Nr. NN

Identifikation

Nr.	Erstellt am	Ersteller	Änderung betrifft
<Nr.>	<Datum>	<Ersteller>	☐ Funktionsumfang gemäss <Spezifikation> ☐ Technologie gemäss <Spezifikation> ☐ <Anderes>

Beschreibung

Ursache der Abweichung
<Ursache>

Betroffene Entwicklungsergebnisse (Objekte/Dokumente)
<Ergebnis> <Version>

Auswirkungen
[Auswirkungen]

Entscheid

Änderung	Bemerkungen	Visum (AG/PA)
☐ bewilligt ☐ abgelehnt ☐ zurückgestellt	<Bemerkungen>	Name: <Name> Visum: ....

Umsetzung und Kontrolle

Aktivität	Zuständig	Aufwand	Erledigt
<Aktivität>	<Name>	<PT>	....

Änderung abgeschlossen am:	Visum Projektleiter/in
<Datum>	<Name>

Vorteile

- Die Handhabung ist einfach (als Word-Formular ausgestaltet).
- Alle Informationen zu einer Änderung sind an einem Ort zusammengefasst.
- Keine teuren Investitionen und Spezialisten für die Konfiguration und den Betrieb.

Nachteile

- Es ist schwierig, die Übersicht über alle Änderungen in einem Projekt zu haben.
- Keine Arbeitsablauf(Workflow)-Unterstützung (Formular muss per Post oder Mail an die nächste zuständige Stelle weitergereicht werden).
- Keine übergeordnete Transparenz darüber, in welchem Prozessschritt sich eine Änderung befindet.
- Keine elektronischen Auswertungen über mehrere Projekte.

J   IT-Tools

IT-Tools können den Änderungsmanagementprozess unterstützen. Sie erlauben, Änderungen zu erfassen und die jeweiligen Personen durch die Arbeitsablaufunterstützung zu involvieren.

Vorteile

- Änderungen sind elektronisch erfasst und können ausgewertet werden.
- Der aktuelle Zustand jeder Änderung ist ersichtlich. (Wo im Prozess steht die Änderung und was sind die bisherigen Informationen?)

Nachteile

- Hohe Investitionen
- Aufwendige Arbeitsablauf- und Formularkonfiguration
- Dauernde Betreuung nötig
- Der Einsatz spezifischer Change-Management-Tools macht in der Regel nur Sinn, wenn es auch eine spezialisierte Funktion in Form eines «Change Managers» gibt.

K   Änderung archivieren

Alle Änderungen – egal ob abgelehnt oder nicht – müssen archiviert werden. Nur so ist eine lückenlose Änderungsgeschichte des Projekts gewährleistet.

23.1.8   Organe

Innerhalb des Änderungsmanagements sind die Organe mit ihren Zuständigkeiten, Aufgaben, Verantwortungen und Kompetenzen zu definieren. Die Organe sind stark von der Grösse des Unternehmens und von der Projektgrösse abhängig. Für ein Änderungsmanagement sollten die folgenden Aufgaben organisatorisch zugewiesen werden:

- Erstellen von Änderungen (wer darf zu welchem Zeitpunkt Änderungen einbringen?)
- Prozesssteuerung (wer ist für die Steuerung der Änderungsmanagementprozesse innerhalb des Projekts zuständig?)
- Entscheidung (wer entscheidet über welche Änderungen?)

Dabei können die folgenden Organe involviert sein: Change Control Board (oder Steuerungsausschuss für Änderungen), Change Manager, Projektleitung.

A Change Control Board

Das Change Control Board ist ein Organ, das für die Behandlung von Anforderungsänderungen aufgestellt wird. Es hat folgende Aufgaben:

- Eingebrachte Änderungen beurteilen
- Änderungen entscheiden
- Auswirkungen (Termin- und Kostenfolgen) aushandeln und vereinbaren, wenn ein explizites Kunden-Lieferanten-Verhältnis besteht.

Die Aufgaben des Change Control Boards können auch durch den regulären Steuerungsausschuss wahrgenommen werden. Zur Vorbereitung einer Entscheidungsgrundlage müssen ggf. Expertinnen hinzugezogen werden.

Beispiel

Bei einem Grossprojekt für einen externen Kunden kann das Change Control Board folgendermassen zusammengesetzt werden:

- Gesamtprojektleiter Lieferant
- Gesamtprojektleiterin Kunde
- Fachvertreter des Kunden
- Change Manager, Projektcontrollerin

B Change Manager

Ein spezialisierter Änderungsmanager (auch Change Manager genannt) ist im Wesentlichen für die Prozesssteuerung zuständig. Seine **Aufgaben** im Detail sind:

- Pflege der Verfahrensbeschreibungen und Hilfsmittel für das Änderungsmanagement
- Formelle Prüfung der eingehenden Änderungsanträge
- Steuerung des Arbeitsauflaufs (Weiterleitung an die zuständigen Personen)
- Informationsfluss zwischen allen Beteiligten sicherstellen
- Auswertungen und Statistiken herstellen

Falls es keinen spezialisierten Change Manager gibt, sind diese Aufgaben durch die Projektleitung auszuführen.

C Projektleitung

Ihre **Aufgaben** im Detail sind:

- Erfassung von Change Requests
- Abschätzen aller Auswirkungen
- Erstellen einer Empfehlung
- Planen der Änderungsaktivitäten
- Umsetzen der Änderung, falls sie bewilligt wird

Änderungsprozess und Zuständigkeiten für Änderungen sollten zu Projektbeginn geklärt und etabliert werden.

23.2 Konfiguration managen

Da Projekte relativ komplexe Gebilde sind, können Teilergebnisse und Änderungen weitreichende Folgen haben, d. h., sie können das ganze System betreffen. Deshalb ist ein Konfigurationsmanagement erforderlich. Eine Konfiguration ist ein Gebilde (z. B. ein Haus, ein Computer), dessen Teile (z. B. Räume, Türen, Fenster) auf eine Art und Weise zusammengefügt sind, um einen bestimmten Zweck (z. B. Wohnmöglichkeit für eine vierköpfige Familie) gut erfüllen zu können. Das Konfigurationsmanagement stellt sicher, dass die Ergebnisse konsistent und funktionstüchtig sind.

In IT-Projekten wird die Bedeutung des Konfigurationsmanagements besonders deutlich, da nahezu jedes Teilergebnis mit anderen Teilergebnissen zusammenhängt.

Beispiel Ein Projektmitarbeiter fügt in einem Programm auf einer Eingabemaske ein neues Feld hinzu. Nun passen die Benutzerdokumentation und die Testfälle nicht mehr.

Daraus ergeben sich folgende Aufgaben für das Management der Konfiguration:

- Den Zusammenhang aus vielen Ergebnissen aufzeigen (Konfiguration) und Arbeitsteilung ermöglichen
- Versionen und Releases erstellen und managen, um sie vergleichen und ggf. reproduzieren zu können
- Informationen über alle Erweiterungen, Korrekturen und Änderungen erstellen und sichern, um Probleme und ihre Ursachen rasch identifizieren zu können
- Parallel bearbeitete Ergebnisse zusammenführen bzw. verhindern, dass aus Parallelarbeiten Probleme erwachsen
- Die Konsistenz der neuen Konfiguration sicherstellen

Konfigurationsmanagement ist also verantwortlich für das Ganze und die Beziehungen seiner Elemente. Es ist abhängig von transparenten und nachvollziehbaren Informationen und Dokumentationen zu Ergebnissen und zu Änderungen. Diese Informationen zum Stand der Entwicklungen müssen mittels **Versionsmanagement** verwaltet werden, um einen schnellen Zugriff zu ermöglichen. Eine **Version** ist eine Fassung oder eine Variante.

Beispiel Sie machen eine Skizze für ein Haus. Nachdem Sie sich die Häuser Ihrer Freunde angesehen haben, machen Sie eine verbesserte Skizze mit zwei Varianten (z. B. Variante A beschreibt das Haus mit zwei Stockwerken, Variante B mit drei Stockwerken).

In grossen bzw. komplexen Projekten kann es sinnvoll und wichtig sein, die Aufgaben des Konfigurationsmanagements einer Spezialistin anzuvertrauen.

Im Projektverlauf sind immer wieder Änderungen erforderlich. Das Projektmanagement befasst sich beispielsweise ständig mit Verbesserungsmöglichkeiten oder auch Anpassungen der Projektplanung, um die Effizienz der Projektabwicklung zu erhöhen und um die vereinbarte Qualität der Projektergebnisse innerhalb des Budgets und des Endtermins erreichen zu können. Diese Änderungen gehören zum Alltag des Projektmanagements.

Es kann aber sein, dass neue, nicht vorgesehene Anforderungen an das Projekt gestellt werden, die sich auf das Projekt auswirken. Dann ist ein Änderungsmanagement gefragt.

Mit dem **Änderungsmanagement** werden sich ändernde funktionale Anforderungen oder Rahmenbedingungen auf geordnete Weise in das Projekt übernommen. Änderungen an terminlichen Zielsetzungen oder der Kosten werden dann im Projektmanagement bearbeitet.

Kern des Änderungsmanagements ist der **Änderungsmanagementprozess**. Er stellt sicher, dass Änderungen dokumentiert und die Auswirkungen auf das Projekt bekannt sind und dass eine für den späteren Projektverlauf nachvollziehbare Entscheidung erfolgt. Die Bearbeitung von Änderungen unterscheidet sich bei Kundenprojekten durch einen zweistufigen Entscheidungsprozess.

Der Änderungsprozess wird durch den **Änderungsantrag** (Change Request) eingeleitet. Entschieden wird über die Änderungen im Projektausschuss oder in einem dafür aufgestellten **Gremium** (Change Control Board).

Ein Projekt bildet oft ein komplexes Gefüge. Teilergebnisse einschliesslich Ergebnisse aus Änderungen müssen immer wieder auf ihre Konsistenz überprüft werden. Diese Aufgabe leistet das **Konfigurationsmanagement.**

Repetitionsfragen

64

Welchen Zweck hat ein geordnetes Änderungsmanagement für ein Projekt? Nennen Sie zwei Zwecke.

65

Welche Probleme können wegen eines unkontrollierten (ungefilterten) Einwirkens von Änderungen entstehen?

66

Warum ist es erforderlich, den Zeitpunkt, bis zu dem in einem Projekt Änderungen berücksichtigt werden, zu begrenzen?

24 Controlling und Berichtswesen

> **Lernziele:** Nach der Bearbeitung dieses Kapitels können Sie ...
> - wichtige Schritte und Ergebnisse beim Controlling und Berichtswesen nennen.
> - die Aufgaben und Ebenen des Projektcontrollings beschreiben.
> - die Gestaltung des Projektberichts darstellen.
> - das Vorgehen bei der Erstellung des Projektberichts erklären.
> - die drei Planungsstrategien unterscheiden.
>
> **Schlüsselbegriffe:** Abweichungstabelle, Ampel-Methode, Berichtswesen, Controlling, kapazitätstreue Planung, Konsolidierung, Planungsgrössen, Planungsstrategien, Projektbericht, Projektcontrolling, Projektfortschritt, Projektstatus, Projektziele, puffertreue Planung, termintreue Planung, Verlaufsgrafik

Projektcontrolling unterstützt das Projektmanagement in vielerlei Hinsicht. Es schafft Transparenz als Grundlage für wichtige Entscheidungen. Für diesen Zweck liefert das Projektcontrolling regelmässig projektrelevante Daten für das Projektreporting. Wichtiger Bestandteil des Projektreportings ist der Projekt(-Status)bericht.

PM-Kompetenzelement	Taxonomie: Wissen										
Fachkompetenz	0	1	2	3	4	5	6	7	8	9	10
Controlling und Berichtswesen						D	C	B	A		

Der Projektstatus dient nicht nur der allgemeinen Information der Beteiligten, er dient vor allem dazu, Probleme und Risiken zu identifizieren und Handlungsbedarf frühzeitig zu erkennen. Das macht ihn zu einem wichtigen Instrument des Projektmanagements.

Die folgende Tabelle zeigt wichtige Prozessschritte und Ergebnisse beim Controlling und Berichtswesen.

[24-1] Steuerung und Berichtswesen im Projekt, Programm bzw. Portfolio

Wichtige Prozessschritte	Ergebnisse	Querverweise
Projektbezogenes Controlling unter Berücksichtigung möglicher bestehender Vorgaben und Standards sowie des Projektplans und der Projektstrategie entwickeln	Controllingkonzept	- Stammorganisation - Programmorientierung - Portfolioorientierung
Projektstatus zu festgelegten Zeitpunkten ermitteln	Projektstatus	- Projektanforderungen und -ziele - Projektorganisation - Projektstruktur
Abweichungen von der Planung identifizieren und prognostizieren	Abweichungen	- Projektstruktur - Ressourcen - Projektphasen, Ablauf und Termine
Projektinterne Massnahmen herausarbeiten und einleiten	Ausgleichende Massnahmen	Problemlösung
Problematische Abweichungen des Gesamtprojekts beschreiben, Risikopotenzial ermitteln	- Problembeschreibung - Risikobewertung	Risiken und Chancen
Massnahmen für den Umgang mit projektweiten Abweichungen herausarbeiten	Lösungsoptionen	Problemlösung

Wichtige Prozessschritte	Ergebnisse	Querverweise
Relevante Gremien, Projektauftraggeber und Interessengruppen informieren und Lösungsoptionen vorschlagen	Projektbericht	• Projektorganisation • Interessengruppen
Entscheidungen bezüglich der Lösungsoptionen herbeiführen und Umsetzung veranlassen	Entscheidung für eine Lösung	Projektorganisation
Projektpläne aktualisieren, Controlling und Berichtswesen ggf. anpassen	Projektplan aktualisiert	Projektstruktur
Lehren aus dem Controlling und Berichtswesen dokumentieren und ihre Übertragbarkeit auf die weitere Projekt- bzw. Programmarbeit bzw. auf das Portfolio prüfen	Lessons Learned	PPP-Management

24.1 Projektcontrolling

Projektcontrolling erfüllt eine wichtige unterstützende Funktion im Projekt sowie in Bezug auf das strategiebezogene Portfolio und die Stammorganisation.

24.1.1 Aufgaben im Projektcontrolling

Das projektbezogene Controlling befasst sich mit der Auswahl, Beschaffung, Aufbereitung und Analyse von projektbezogenen Daten. Projektbezogenes Controlling erfüllt für das Projektmanagement eine wichtige **unterstützende Funktion.** Es sorgt für angemessene **Transparenz** im Projekt. Diese schafft Voraussetzungen für **Entscheidungen** des Projektmanagements.

Projektcontrolling ist mit folgenden Tätigkeiten verbunden:

- Relevante Daten auswählen und aufbereiten
- Soll-Ist-Vergleich durchführen
- Abweichungen identifizieren
- Entwicklungen prognostizieren
- Abweichungen und Entwicklungen bewerten
- Korrekturmassnahmen vorschlagen
- Entscheidungen des Projektmanagements im Controlling berücksichtigen
- Durchführung der Korrekturmassnahmen kontrollieren

Anhand des PDCA-Modells lassen sich die Aufgaben des Projektcontrollings veranschaulichen und in Beziehung zur Planung und Ausführung sowie zur Steuerung des Projekts setzen.

[24-2] Aufgaben des Controllings – dargestellt anhand des PDCA-Modells

(Abbildung: PDCA-Zyklus mit Plan – Projektplanung u. a.: Projektstrukturplan, Kostenplan, Terminplan; Do – Arbeitsvergabe, Arbeitsausführung; Check u. a. – Soll-Ist-Vergleich, Fortschrittskontrolle, Trendanalyse; Act – Korrekturmassnahmen gemäss Planungsstrategie; Projekt-(status)bericht; Projektcontrolling)

Das Projektcontrolling hat zu allen Phasen eine Beziehung:

- **Plan:** Das Projektcontrolling selektiert wesentliche Plan-Daten und schafft so Referenzen für den Soll-Ist-Vergleich.
- **Do:** Das Projektcontrolling erhält aktuelle Statusinformationen aus den Teilprojekten bzw. Arbeitspaketen.
- **Check:** Das Projektcontrolling bereitet die Daten auf, vergleicht Plan-Daten mit Ist-Daten und stellt Abweichungen gegenüber dem Soll-Zustand (geplanter Status) fest. Auf dieser Grundlage werden Risiken und bestehende Probleme identifiziert und Handlungsoptionen formuliert.
- **Act:** Das Projektmanagement wägt die Optionen zur Korrektur der Abweichungen ab und ergreift die erfolgversprechendste Massnahme. Ist eine Korrektur nicht möglich, dann kann auch eine Anpassung des Projektziels ins Auge gefasst werden.

24.1.2 Ebenen des Projektcontrollings

Das regelmässige Projektcontrolling schärft den Blick der Projektleitung für Effizienz auf der Arbeitsebene und Effektivität hinsichtlich der Projektziele. Projektcontrolling stellt damit eine Verbindung zwischen der operativen und der strategischen Ebene des Projekts her.

Ist das Projekt Teil eines Programms oder Portfolios, dann wird dieser Zusammenhang noch deutlicher. Projekt- bzw. Portfolio-Controlling liefert Daten zur Bewertung ihrer strategischen Relevanz für das Unternehmen.

Die folgende Abbildung zeigt die Ebenen des Projektcontrollings.

[24-3] Ebenen des Projektcontrollings

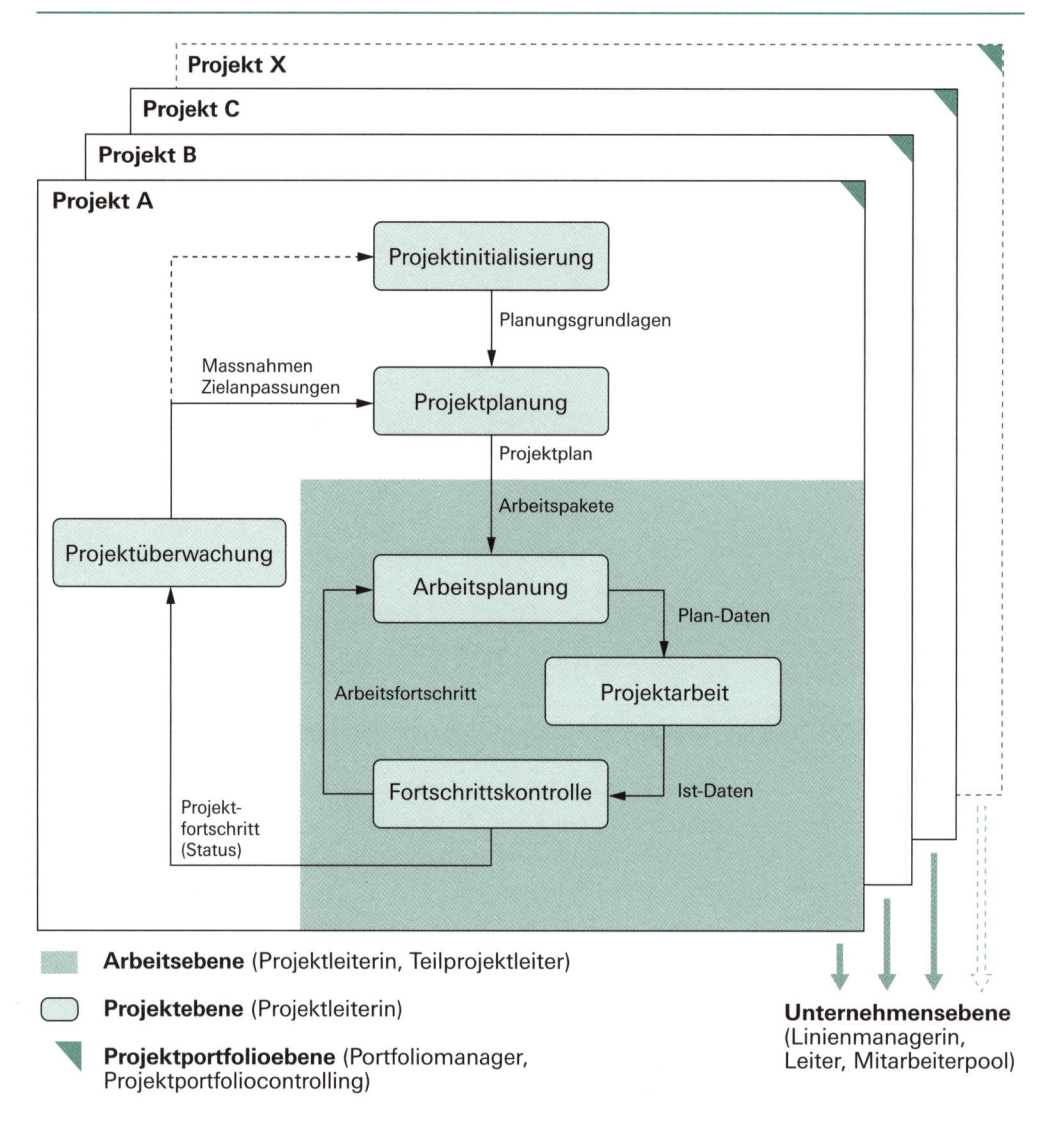

Arbeitsebene (Projektleiterin, Teilprojektleiter)

Projektebene (Projektleiterin)

Projektportfolioebene (Portfoliomanager, Projektportfoliocontrolling)

Unternehmensebene (Linienmanagerin, Leiter, Mitarbeiterpool)

Das kann weitreichende Konsequenzen für das einzelne Projekt haben, z. B. hinsichtlich der Ressourcenzuteilung.

Beispiel

In einem Unternehmen der Pharmabranche bricht der Umsatz unerwartet ein. Die für Projekte vorgesehenen Ressourcen werden halbiert. Auf Portfolio-Ebene wird entschieden, dass die Ressourcen nur den besonders strategiebezogenen Projekten zur Verfügung gestellt werden. Projekte mit einem geringeren Strategiebezug werden gestoppt.

Der Projektcontrollingprozess kann in einer Organisation standardisiert sein, sodass die Projektmanager sich von Vornherein darauf einstellen müssen.

Hinweis

Lesen Sie dazu auch die Ausführungen zum Kompetenzelement Portfolioorientierung.

24.1.3 Intensität des Controllings

Es hängt stark vom Projekt und auch vom Auftragnehmer ab, wie intensiv und extensiv die Aufgaben des Controllings wahrgenommen werden sollten.

Bei externen Partnern und Lieferanten gelten ganz besonders folgende Kriterien:

- Strategische Bedeutung, Risiko und Termindruck des Projekts
- Art und Umfang der Leistung bzw. des Werks
- Grad der Einbindung in die Stammorganisation und Portfolio
- Qualitätsfähigkeit des Partners

24.1.4 Projektfortschritt kontrollieren

Die Kontrolle des Projektfortschritts in einem Projekt hängt vom zu erzielenden Ergebnis bzw. vom Auftrag ab. Grundsätzlich unterscheidet man zwei verschiedene Arten von Fortschrittskontrollen:

- **Ergebnisbezogene Fortschrittskontrolle:** Die Kontrolle bezieht sich auf den Fortschritt in der Sache, d. h. das Ergebnis. Kontrolliert wird, ob die vereinbarten Werke im fraglichen Zeitpunkt in der angeforderten Qualität vorliegen. Das bedeutet, dass der **Gestehungsgrad** betrachtet wird, der laut Planung vorliegen sollte. Der Gestehungsgrad ist ein Mass für zu erbringende konkrete Werke.
- **Arbeitsbezogene Fortschrittskontrolle:** Hier bezieht sich die Fragestellung auf den Fortschritt bzw. den Status der ausgeführten Arbeiten. Diese Art der Kontrolle erfolgt primär bei Arbeiten, die immaterieller Natur sind und sich indirekt auf ein Ergebnis auswirken. Kontrolliert werden die Eckdaten (z. B. Arbeitsaufwand/-kosten, Abschlusstermin, Endergebnis), wie sie im Rahmen der Arbeitsvergabe vereinbart wurden.

24.2 Gestalten des Projektberichts

Besonders bei grösseren, komplexen Projekten ist ein systematisches Berichtswesen (Reporting) für die zielgerichtete Projektarbeit von grosser Bedeutung. Nicht nur die im Projekt involvierten Personen, auch die von den Projektergebnissen betroffenen Personen wollen regelmässig über den **aktuellen Projektstand** (auch: Projektstatus) informiert werden.

Der Projekt(-status)bericht ist deshalb ein wichtiger Bestandteil des Projektreportings. Mit dem Projektbericht werden nicht nur Informationsbedürfnisse wichtiger Stakeholder aus dem Projektumfeld befriedigt. Durch die Offenlegung des aktuellen Projektstands und der bestehenden Probleme schafft die Projektleiterin auch die Voraussetzungen für ihre eigene «Entlastung» gegenüber dem Steuerungsausschuss bzw. dem Auftraggeber. Mit der Verabschiedung des Projektberichts werden die bisherigen (Zwischen-)Ergebnisse sichergestellt.

Anders gesagt: Die Erstellung des Projektberichts lohnt sich aus Gründen der Transparenz und Akzeptanz sowohl für das Unternehmen als auch für die Projektleitung.

24.2.1 An wen richtet sich der Projektbericht?

Die üblichen Empfänger des Projektberichts sind:

- Projektbezogene Gremien (z. B. Projektteam, Steuerungsausschuss, Auftraggeber, Portfoliomanagement, Programmmanagement, Unternehmensleitung etc.)
- Projektkunden (sofern sie nicht Mitglieder eines projektbezogenen Gremiums sind)
- Ggf. Interessengruppen

24.2.2 Der Projektstatus fokussiert auf Abweichungen

Für die Berichterstattung des Projektstatus hat sich eine Aufbereitung der erhobenen Werte bzw. der ermittelten Informationen in Form einer Soll-Ist-Abweichung als zweckmässig herausgestellt.

Folgende Ansätze finden in der Praxis breite Verwendung:

- **Abweichung gegenüber geplantem Zustand:** Der Projektstatus wird als Differenz zwischen dem Soll-Zustand (gemäss Planung bzw. Budget oder Prognose) und dem aktuellen Ist-Zustand angegeben.
- **Abweichung gegenüber Vorperiode:** Der Projektstatus wird als Differenz zwischen der aktuellen und der vorangegangenen Berichtsperiode angegeben. Ist innerhalb einer Periode keine Abweichung festzustellen, so wird auf eine Angabe im Projektbericht meist verzichtet.
- **Abweichung gegenüber geplanter Entwicklung:** Der Projektstatus wird als Differenz zwischen der Soll-Entwicklung (gemäss Planung bzw. Budget oder Prognose) und dem aktuellen Ist-Verlauf angegeben.

24.2.3 Wie wird der Projektstatus dargestellt?

Ein Projektbericht sollte alle Informationen enthalten, die gemäss seinem Zweck und entsprechend den Anforderungen des Empfängers zu kommunizieren sind.

Üblicherweise umfasst der Bericht folgende Bestandteile:

- Terminstatus
- Kostenstatus
- Projektfortschritt
- Einschätzung des Projektleiters

Je nach Situation sind zusätzliche Bestandteile möglich:

- Fertigstellungsgrad der Lieferobjekte
- Prozess- bzw. Ergebnisqualität
- Probleme
- Risiken
- Personal
- Änderungs- bzw. Beschlussanträge

Für die Visualisierung des Projektstatus haben sich in der Praxis die Abweichungstabelle und die Verlaufsgrafik (auch: Liniengrafik) als prägnante und aussagekräftige Darstellungstechniken bewährt.

Abweichungstabelle

Die Abweichungstabelle eignet sich für die Darstellung von **Abweichungen gegenüber dem geplanten Zustand** sowie für Abweichungen gegenüber der Vorperiode, wobei die Abweichung als Differenz in absoluten oder in relativen Werten angegeben werden kann.

Nachfolgend sehen Sie beispielhaft eine Abweichungstabelle für Meilensteine unter Angabe des Soll-Zustands (Spalte «Referenzplan»), der Ist-Situation (Spalte «Ist») und der absoluten Abweichung (in Tagen).

[24-4] Beispiel für eine Abweichungstabelle für Meilensteine

Meilensteine	Referenzplan	Ist	Abweichung	Prognose
Anschluss Vorstudie	10.10.2008	20.10.2008	+ 10 T	
Abschluss Konzept	15.01.2009	10.01.2009	– 5 T	
Beginn Einführung	31.08.2009	20.09.2009	+ 20 T	
...	...	...	...	...
Projektabschluss	01.12.2009			15.12.2009

Verlaufsgrafik

Die Verlaufsgrafik bietet sich zur Visualisierung von **Abweichungen gegenüber einer geplanten Entwicklung** an. Eine Verlaufsgrafik setzt das Vorhandensein mehrerer Werte in unterschiedlichen Zeitpunkten (Berichtsperioden) voraus, wobei die zusammengehörigen Werte jeweils auf einer Zeitachse aufgetragen und miteinander zu einer Linie bzw. Kurve verbunden werden. Die Verlaufsgrafik ist besonders für die Analyse und Interpretation von Verläufen und Trends über einen bestimmten Zeitraum hinweg zu empfehlen. Der Nachteil dieser Darstellungstechnik liegt darin, dass sie schnell unübersichtlich wird, wenn mehr als drei bis vier Linien bzw. Kurven vorliegen. Nachfolgend sehen Sie ein Beispiel einer Verlaufsgrafik mit einem Soll-Ist-Vergleich.

[24-5] Beispiel für eine Verlaufsgrafik

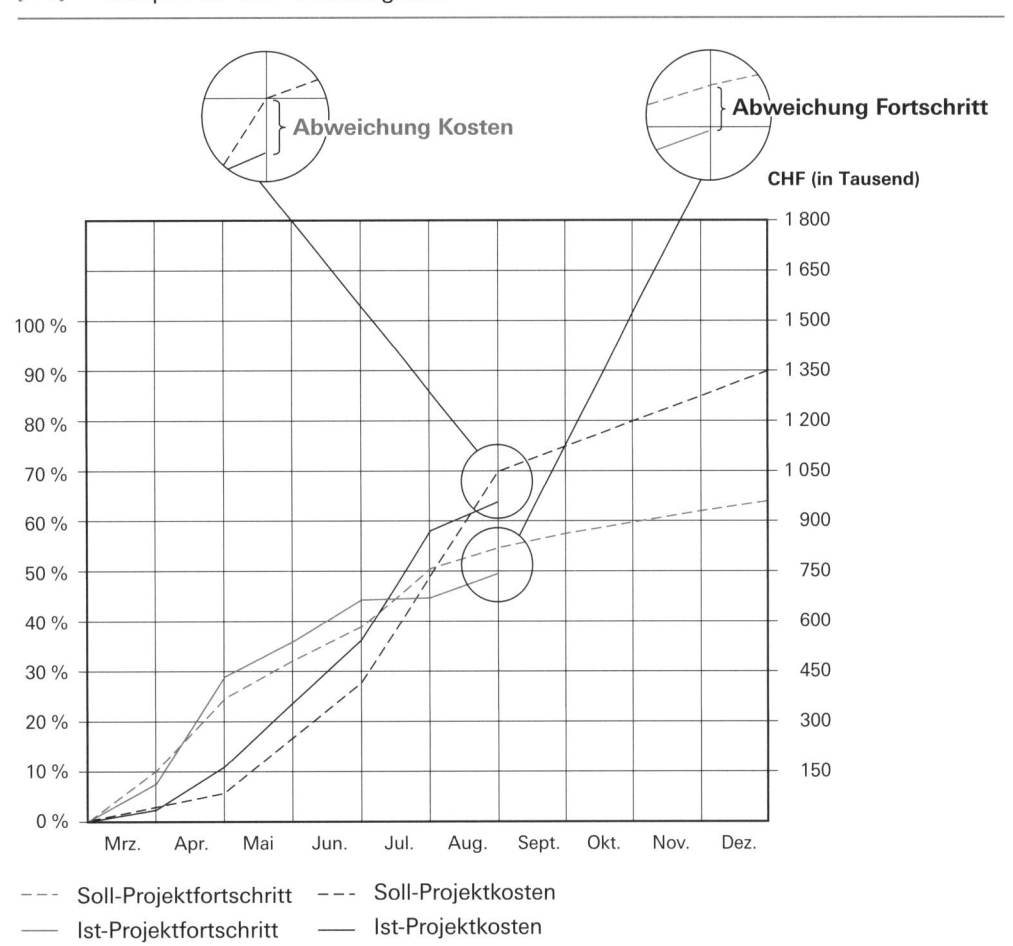

--- Soll-Projektfortschritt   --- Soll-Projektkosten
— Ist-Projektfortschritt   — Ist-Projektkosten

Die Verlaufsgrafik erfüllt viele Zwecke in einem Projekt. Sie ist auch anwendbar für die Darstellung von Trends und Prognosen, z. B. bei der **Meilenstein-Trendanalyse**. Die Meilenstein-Trendanalyse informiert über die voraussichtliche Entwicklung der wichtigsten Projekttermine. Die Visualisierung hilft, mögliche Wechselwirkungen bei Verschiebungen leichter zu identifizieren und Handlungsbedarf zu erkennen.

Die folgende Abbildung zeigt das Prinzip der Meilenstein-Trendanalyse.

[24-6] Die Meilenstein-Trendanalyse

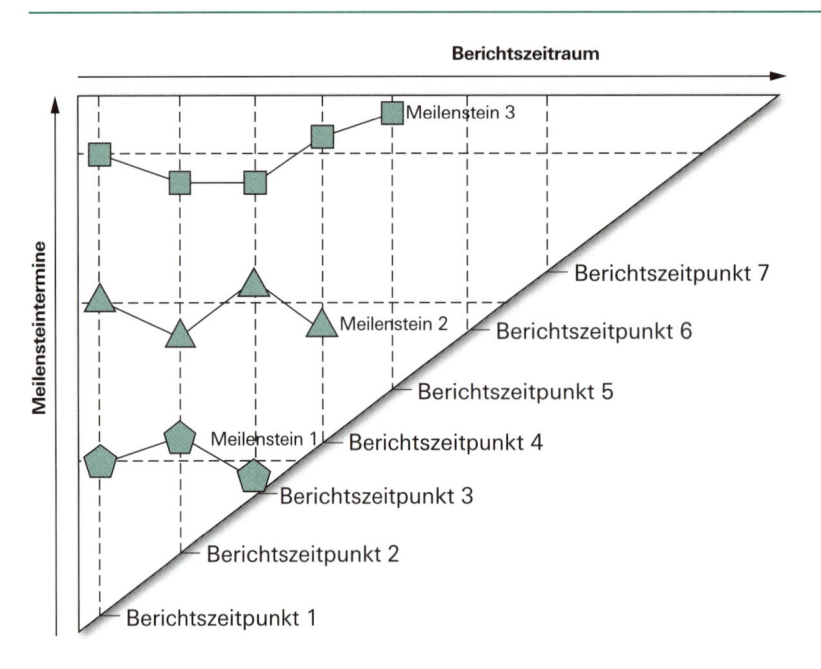

Earned Value-Methode

Der Earned Value (dt. erzielte Wertschöpfung oder nach DIN 69903: Fertigstellungswert) gibt den Projektfortschritt anhand der abgeschlossenen Arbeiten bezogen auf die Planwerte an. Die erzielte Wertschöpfung bestimmt sich also aus der Kumulation der geplanten Aufwände aller abgeschlossenen Arbeiten. Der Fertigstellungswert wird bottom-up durch Aufsummierung der Daten der einzelnen Arbeitspakete ermittelt.

Beispiel Der Aufwand für ein AP wurde mit 20 Personentage (PT) geplant. Effektiver sind bei Abschluss des AP 23 PT aufgelaufen. Der Earned Value erhöht sich jedoch nur um die geplanten 20 PT.

Die Earned Value-Methode ist ergebnisorientiert und hat einige Vorteile - vor allem für Kunden:

- Halbfertige Arbeiten zählen nicht, da noch keine echte Wertschöpfung erzielt worden ist. Der Projektfortschritt wird also vorsichtig betrachtet und damit in den meisten Fällen realistischer.
- Schätzfehler etwa beim Planaufwand der Arbeiten fallen nicht ins Gewicht. Schätzfehler ergeben sich in jeder Planung. Für die Wertschöpfung im Projekt, das heisst den erzielten Projektfortschritt zu einem bestimmten Zeitpunkt, ist es jedoch nicht relevant, mit welchem IST-Aufwand dieser erzielt worden ist.

Ampel-Methode

Um einen raschen Überblick etwa über den Stand der Dinge in den Arbeitspaketen zu schaffen, bietet sich auch die Ampel-Methode an. Es handelt sich um eine einfache Darstellung des Status. Analog zur Bedeutung der Farben der Verkehrsampel werden die drei Zustände angezeigt:

- Rot: Es bestehen ernsthafte Probleme, das Projekt ist gefährdet.
- Gelb: Es bestehen Probleme. Eine Gefährdung der Projektziele liegt nicht vor.
- Grün: Das Projekt ist auf Kurs. Alle Probleme können gelöst werden.

24.2.4 In welchen Zeitabständen soll ein Projektbericht erstellt werden?

Der Rhythmus der Berichterstattung orientiert sich in der Praxis an der Verfügbarkeit von aktuellen Daten und Informationen. Generell kann gesagt werden, dass die Berichtsperiode der Bedeutung und Laufzeit des Projekts sowie den Anforderungen des Projektcontrollings gerecht werden muss. Auch der Aufwand für die Erstellung und Besprechung des Projektberichts ist angemessen zu berücksichtigen. Bei **grösseren Projekten** wird der Projektbericht in der Regel am **Ende des Monats** erstellt, wenn die entsprechenden Daten und Informationen vorliegen. Er sollte auf jeden Fall aktuell zu relevanten Projektsitzungen zur Verfügung stehen. Eine **«Berichterstattung in Ausnahmefällen»** kann nur für ausgewählte Projekte mit sehr erfahrenen Projektleitenden empfohlen werden.

24.2.5 Sollen Varianten des Projektberichts erstellt werden?

Aus Kostengründen und aus Gründen der Vergleichbarkeit sollte man vermeiden, unterschiedliche Varianten des gleichen Projektberichts zu erstellen. Bei verschiedenen Empfängern können allerdings unterschiedliche Varianten sinnvoll oder sogar notwendig sein.

Nachfolgend sind mögliche Konstellationen angeführt:

- **Variante ohne Projektkosten:** Ein Projekt wird für einen externen Kunden realisiert. Sind die Projektkosten fest vereinbart, dann werden im Projektbericht für den Kunden keine effektiven Projektkosten aufgeführt. Unter dieser Bedingung wird auch über Risiken und Probleme nur beschränkt berichtet.
- **Variante mit abweichenden Projektkosten:** Wurde mit einem externen Kunden die Realisierung eines Projekts mit einem bestimmten Kostenrahmen vereinbart, dann werden im Projektbericht für den Kunden nur die effektiv aufgelaufenen Projektkosten angeführt. Für interne Zwecke können andere Kostenansätze gelten.
- **Variante mit Antrag:** Dient der Projektbericht auch als Entscheidungsgrundlage, dann wird für den Empfänger ein entsprechender Änderungs- bzw. Beschlussantrag beigefügt.

24.3 Vorgehen beim Projektbericht

Ein Projektbericht kann nicht nur viele Adressaten, sondern auch viele Quellen haben. Er muss sorgfältig vorbereitet werden, um als zuverlässiges Instrument dienen zu können.

24.3.1 Zeitplan erstellen

Da die Projektberichte in der Regel an vordefinierten Terminen erstellt werden müssen, ist der Zeitplan vorgegeben. Die Projektleiterin kann basierend auf diesem Termin die notwendigen Aktivitäten rückwärts terminieren. Dabei müssen bestehende Abhängigkeiten etwa zur Stammorganisation bedacht werden. Die folgende Grafik zeigt ein Beispiel.

[24-7] Beispiel einer Zeitplanung

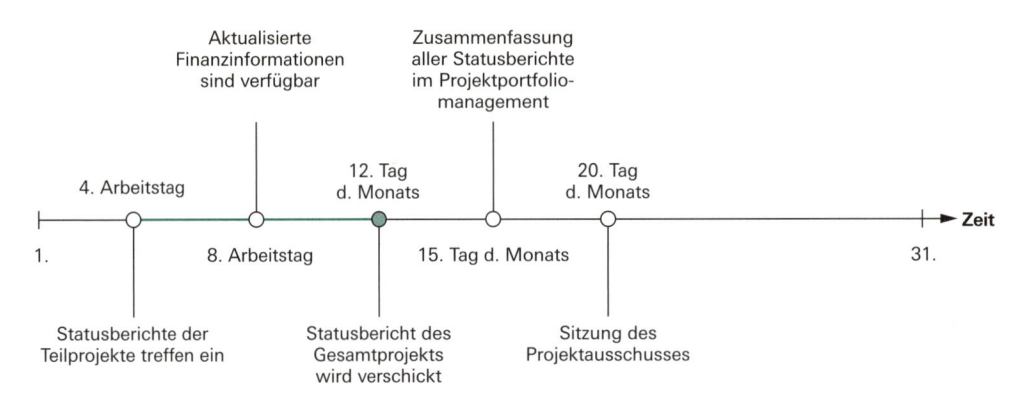

- Zeitraum für die Erstellung des Berichts
- ● Wichtiger Termin (Meilenstein) für den Projektleiter

24.3.2 Teilprojekte konsolidieren und bewerten

Der Gesamtprojektstatus beruht auf einer **Konsolidierung** und Bewertung der Teilprojektstände. In vielen Fällen können die einzelnen Teilprojektstände dabei nicht eins zu eins übernommen werden. Meldet z. B. der Leiter eines Teilprojekts einen Terminverzug, so ist nicht automatisch auch das Gesamtprojekt im Hintertreffen. In solchen Fällen ist zunächst zu prüfen, ob eventuell noch Zeitpuffer zur Verfügung stehen. Möglicherweise kann die Projektleiterin den Rückstand mithilfe projektinterner Massnahmen wieder wettmachen und muss für das Gesamtprojekt (noch) keinen Terminverzug melden. Die folgende Grafik zeigt eine mögliche Vorgehensweise im Rahmen der Konsolidierung.

[24-8] Vorgehensweise bei der Konsolidierung

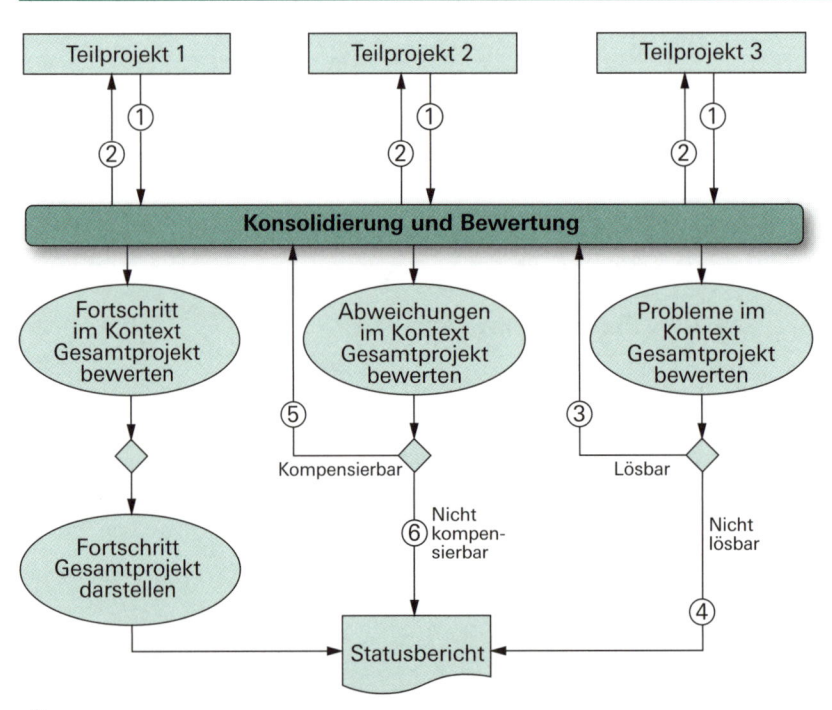

① Fortschritt, Abweichungen und Probleme des Teilprojekts
② Projektplanung anpassen, Massnahmen ergreifen
③ Projektinterne Massnahmen definieren
④ Problem des Gesamtprojekts beschreiben, Massnahmen vorschlagen
⑤ Projektplanung anpassen
⑥ Restliche Abweichungen für Gesamtprojekt beschreiben

24.3.3 Abhängigkeiten und Probleme aufdecken

Teilprojekte sind voneinander abhängig. Durch diese Abhängigkeiten beeinflussen sie sich gegenseitig und wirken auch auf den Status des Gesamtprojekts ein. Abweichungen in einem Teilprojekt können somit Auswirkungen auf andere Teilprojekte bzw. das Gesamtprojekt haben. Die folgenden Abhängigkeiten können häufig beobachtet werden:

- Ein Fachergebnis eines ersten Teilprojekts ist die Grundlage für ein zweites Teilprojekt (Fachabhängigkeit).
- Ein Fachergebnis wird durch zwei Teilprojekte erstellt. Es kann erst abgeschlossen werden, wenn beide Teilprojekte fertig sind.
- Die personellen Ressourcen eines Teilprojekts werden nach Abschluss in einem zweiten Teilprojekt benötigt.
- Ein Teilprojekt befindet sich auf dem kritischen Pfad. Ein Terminverzug führt zu einer Verzögerung des Gesamtprojekts.

Bei grösseren Projekten bieten sich dem Gesamtprojektleiter diverse Möglichkeiten an, um Probleme in Teilprojekten abzufangen, bevor sie sich auf das Gesamtprojekt auswirken.

24.4 Strategien und Massnahmen

Projekte laufen nie ganz nach Plan, sie und auch das Geschehen im Projektkontext sind komplex. Der Umgang mit Abweichungen gehört zum Projektmanagementalltag. Wenn aber ein **Projektbericht** auf eine deutliche Abweichung von der Planung hinweist, die nicht durch eine projektinterne Korrekturmassnahme ausgeglichen werden kann, dann ist schnell einer der drei Eckpfeiler der Projektziele gefährdet: Ergebnisse, Kosten oder Zeit. Das folgende Schaubild zeigt das Spannungsfeld auf.

[24-9] Das Dreieck der Projektziele

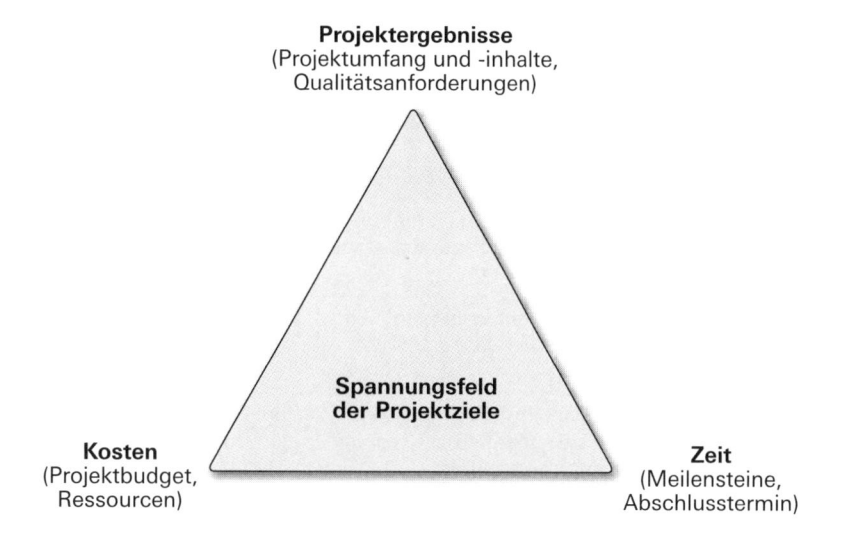

24.4.1 Handlungsbedarf erkennen

Stellt ein Projektleiter Abweichungen zwischen dem Soll- und dem Ist-Zustand in einem Projekt fest, so gilt es, grundsätzlich zwei Dimensionen zu unterscheiden:

- **Ausmass der Abweichung:** Eine Abweichung von etwa zehn Prozent ist in einem Projekt normal. Befindet sie sich ausserhalb des Toleranzbereichs, ist Handlungsbedarf angesagt.
- **Trend und Wechselwirkung der Abweichung:** Zeichnet sich eine wachsende Abweichung ab, die laufend mehr Projektmessgrössen betrifft, so ist ein weiteres Indiz für Handlungsbedarf gegeben.

Bei einer starken Abweichung und bei einer Abweichung mit Wirkeffekten müssen sofort Risikobewertungen vorgenommen und Problemlösungsmöglichkeiten ausgelotet werden.

Hinweis Lesen Sie dazu die Ausführungen zu den Kompetenzelementen Risiken und Chancen sowie Problemlösung.

24.4.2 Planungsstrategien zur Orientierung

Ist eine Massnahme auf Projektebene erforderlich, dann stehen die meisten Projektmanager vor einer schwer entscheidbaren Frage:

«Welche Planungsgrössen sind fest vorgegeben, welche sind variabel?»

Um die richtige Massnahme treffen bzw. vorschlagen zu können, empfiehlt es sich, bereits bei der Projektinitialisierung die möglichen Planungsstrategien mit Entscheidungsträgern zu besprechen. Es können drei Planungsstrategien unterschieden werden.

[24-10] Planungsstrategien im Überblick

Planungs-strategie	Planungsziel	Planungsgrössen			Fokus der Anpassung bei Abweichungen von der Planung
		Ergebnisse	Ressourcen	Endtermin	
Kapazitäts-treue Planung	Realisiere den ganzen Projektumfang mit den gegebenen Ressourcen möglichst schnell.	Fix	Fix	Variabel	Terminzielsetzungen anpassen
Puffertreue Planung	Realisiere das Projekt vollumfänglich und setze so wenig Ressourcen wie möglich ein.	Fix	Variabel	Fix	Fehlende Ressourcen ergänzen, nicht erforderliche Ressourcen abziehen
Termintreue Planung	Realisiere so viel Projektumfang wie möglich mit den gegebenen Ressourcen zum fixierten Zeitpunkt.	Variabel	Fix	Fix	Funktions-/Leistungsziele anpassen

Hinweis Die drei Planungsgrössen sind abhängig voneinander. Die variable Planungsgrösse ergibt sich aus der Berechnung der beiden anderen Planungsgrössen.

Die wechselseitige Abhängigkeit hat Konsequenzen für die Reihenfolge der Vorgehensschritte. Das zeigt die folgende Übersicht.

[24-11] **Strategiebezogene Schritte zur Anpassung bei Abweichungen von der Planung**

Planungs-strategie	1. Schritt	2. Schritt	3. Schritt	4. Schritt	5. Schritt
Kapazitäts-treue Planung	Kapazität pro Ressource definieren (Kapazitätsplan)	Aufwand pro Aktivität schätzen (Aufwandsplan), Abhängigkeiten eruieren, Ressourcen zuweisen	Erforderliche Dauer berechnen (Terminplan)	**Terminziele anpassen**	Kostenplan erstellen
Puffertreue Planung	Aufwand pro Aktivität schätzen (Aufwandsplan)	Abhängigkeiten eruieren, Aktivitäten terminlich planen (Terminplan), Ressourcen zuweisen	Kapazitätsbedarf berechnen (Kapazitätsplan)	**Fehlende Ressourcen ergänzen, nicht erforderliche Ressourcen abziehen**	Kostenplan erstellen
Termintreue Planung	Kapazität pro Ressource definieren (Kapazitätsplan)	Abhängigkeiten eruieren, Aktivitäten terminlich planen (Terminplan), Ressourcen zuweisen	Aufwände berechnen (Aufwandsplan)	**Funktions-/Leistungsziele anpassen**	Kostenplan erstellen

Sie sehen, dass nach einem Eingriff in die bestehende Projektplanung viele Planungsgrundlagen überprüft und aktualisiert werden müssen.

Das **projektbezogene Controlling** befasst sich mit der Auswahl, Beschaffung, Aufbereitung und Analyse von projektbezogenen Daten. Projektbezogenes Controlling erfüllt für das Projektmanagement eine wichtige **unterstützende Funktion**. Es sorgt für angemessene **Transparenz** im Projekt. Diese bildet die Grundlage für Entscheidungen des Projektmanagements.

Controllingaufgaben werden auf unterschiedlichen Ebenen von unterschiedlichen Stellen bzw. Instanzen und mit unterschiedlichem Fokus wahrgenommen. Wir haben auf folgende drei Ebenen hingewiesen: Arbeits- und Projektebene, Projektebene und Projektportfolioebene. Vor allem bei externen Auftragnehmern muss die erforderliche **Intensität des Controllings** bestimmt werden.

Der **Fortschritt** in einem Projekt kann festgestellt werden durch eine ergebnisbezogene und/oder arbeitsbezogene Fortschrittskontrolle.

Der **Projektbericht** richtet sich meist an die Projektüberwachungsgremien oder an externe Projektkunden, sofern diese nicht Mitglieder des Überwachungsgremiums sind. Für die Berichterstattung des Projektstatus ist die Aufbereitung der erhobenen Werte bzw. der ermittelten Informationen in Form einer **Soll-Ist-Abweichung** zweckmässig. Für die Darstellung der Soll-Ist-Abweichungen kommen in der Praxis meist Abweichungstabellen und Verlaufsgrafiken zum Einsatz. Mit der Ampel-Methode kann auf kritische Aspekte hingewiesen werden.

Üblicherweise umfasst der Projektbericht folgende **Bestandteile:** Einschätzung des Projektleiters, Terminstatus, Kostenstatus und Projektfortschritt.

Bei erforderlichen Anpassungen auf Projektebene gibt die **Planungsstrategie** Orientierung. Diese sollte bereits in der Initialisierungsphase mit dem Auftraggeber festgelegt worden sein.

Wir haben drei verschiedene Planungsstrategien behandelt:

- Termintreue Planung, d. h., die variable Planungsgrösse ist der Projektumfang.
- Puffertreue Planung, d. h., die variable Planungsgrösse sind die Ressourcen.
- Kapazitätstreue Planung, d. h., die variable Planungsgrösse ist der Endtermin.

Repetitionsfragen

67

Worin unterscheiden sich Projektcontrolling und Projektmanagement?

68

A] Welche Stellen bzw. Instanzen betreiben innerhalb des Projekts Controlling?

B] Welche Stellen bzw. Instanzen betreiben ausserhalb des Projekts Controlling?

69

A] Welche Messgrössen sind mindestens erforderlich, um den Projektstand zu bestimmen?

B] Woraus können die Informationen für die Messgrössen bezogen werden, die den Projektstand bestimmen lassen?

70

Begründen Sie kurz, weshalb der Statusbericht für die Projektleiterin wichtig ist.

71

Für welche Art von Statusinformationen eignen sich eher Abweichungstabellen, für welche Verlaufsgrafiken?

72

Sie haben drei Planungsstrategien kennengelernt, die eine Orientierung bei notwendigen Projektanpassungen geben. Bitte kreuzen Sie in der Tabelle die fixen Planungsgrössen bei den drei Planungsstrategien an.

Planungsstrategien	Planungsgrössen		
	Projektumfang	Ressourcen	Endtermin
Kapazitätstreue Planung	☐	☐	☐
Puffertreue Planung	☐	☐	☐
Termintreue Planung	☐	☐	☐

25 Information und Dokumentation

> **Lernziele:** Nach der Bearbeitung dieses Kapitels können Sie ...
> - wichtige Schritte und Ergebnisse beim Management von Information und Dokumentation nennen.
> - den Begriff «Information» erklären und Informationen managen.
> - die Aufgaben des Informationsmanagements und der Dokumentation beschreiben.
> - Versionen managen.
>
> **Schlüsselbegriffe:** Dokumentation, Information, Informationsangebot, Informationsbedarf, Informationsfluss, Verfügbarkeit von Informationen, Versionen, Versionsmanagement, Versionsstände

Bevor ein Projekt Ergebnisse erzielt, besteht es vorwiegend aus Informationen, die gesammelt, ausgewählt, gestaltet, abgefragt und aktualisiert werden. Informationen tragen zum Projektwissen bei. Dokumentation sichert den strukturierten Zugang zu relevanten Projektinformationen. Informationen und Dokumentation müssen gemanagt werden, um das Projektwissen zu unterstützen und um Desinformation im Projekt zu verhindern.

PM-Kompetenzelement	Taxonomie: Wissen										
Fachkompetenz	0	1	2	3	4	5	6	7	8	9	10
Information und Dokumentation						D	C	B	A		

Hinweis

Lesen Sie bitte auch die Ausführungen zu den Kompetenzelementen Kommunikation und Interessengruppen.

Die folgende Übersicht zeigt wichtige Schritte und Ergebnisse zum projektbezogenen Management von Information und Dokumentation auf.

[25-1] Information und Dokumentation im Projekt managen

Wichtige Prozessschritte	Ergebnisse	Querverweise
Informations- und Dokumentationssystem für das Management des Projekts bzw. Programms oder Portfolios entwickeln und Übereinstimmung mit der Informationspolitik des Unternehmens und den gesetzlichen Bestimmungen sicherstellen	Projektinformations- und -dokumentationssystem	• PPP-Management • Stammorganisation
Informationen aufbereiten, versionieren und aktualisieren	Informationen	• Interessengruppen • Projektorganisation • Kommunikation
Dokumentation sicherstellen, Zugriff gewährleisten	• Dokumentation • Zugriffsrechte	• Änderungen • Projektanforderungen und -ziele
Lehren aus der projektbezogenen Information und Dokumentation dokumentieren und ihre Übertragbarkeit auf die weitere Projekt- bzw. Programmarbeit bzw. auf das Portfolio prüfen	Lessons Learned	PPP-Management

25.1 Information

Informationen und das Management von Informationen tragen zum projektbezogenen Wissen bei. Die Entscheidung, wem welche Informationen zur Verfügung gestellt werden, muss allerdings sorgfältig bedacht werden. Es gibt die Tendenz, die Leute mit zu vielen Informationen zu überschütten. Die Interessengruppen sollten nur die für sie notwendigen Informationen erhalten, und zwar in der für sie passenden Form.

25.1.1 Was ist Information?

Information kann viele Formen haben. Es kann sich beispielsweise um eine Nachricht, einen Hinweis oder eine Mitteilung handeln. Information ist Wissen, das in einer bestimmten Situation (z. B. Projekt) Bedeutung hat.

Beispiel

Zum Ferienbeginn sind die Verkehrsnachrichten für alle, die unterwegs sein wollen oder müssen, interessant. Die aktuellen Staumeldungen und -warnungen können helfen, weitere Verkehrsbehinderungen zu vermeiden.

In einem Projekt sind die aktuellen Statusberichte aus den Arbeitspaketen von Bedeutung. Sie bilden den Hintergrund für korrigierende Massnahmen.

Informationen helfen, die Ungewissheit im Projekt zu verringern. Damit Information diese Funktion erfüllen kann, muss sie mindestens drei Merkmale haben:

- **Übertragbarkeit:** Eine Information muss übermittelbar sein.
- **Erkennbarkeit:** Eine Information muss beim Empfänger als Information erkennbar sein.
- **Neuigkeitsgehalt:** Eine Information muss einen Wissensgewinn darstellen.

Erfüllt eine Information diese drei Merkmale, dann besteht die Chance, dass sie Einfluss auf das Denken und Handeln des Empfängers nimmt.

Wichtig ist: Eine Information ist zunächst unidirektional, d. h., sie hat eine Richtung und beruht auf der Annahme, dass der Empfänger die Information richtig interpretiert. Erst im Kommunikationsprozess kann ermittelt werden, ob die Information beim Empfänger angekommen ist.

Hinweis

Lesen Sie dazu auch die Ausführungen zum Kompetenzelement Kommunikation.

Daten sind das Rohmaterial der Information. Eine Information besteht aus selektierten Daten. Informationen bilden das Wissen eines Systems (z. B. Projekt). Die folgende Abbildung zeigt diesen Zusammenhang.

[25-2] Daten, Informationen, Wissen

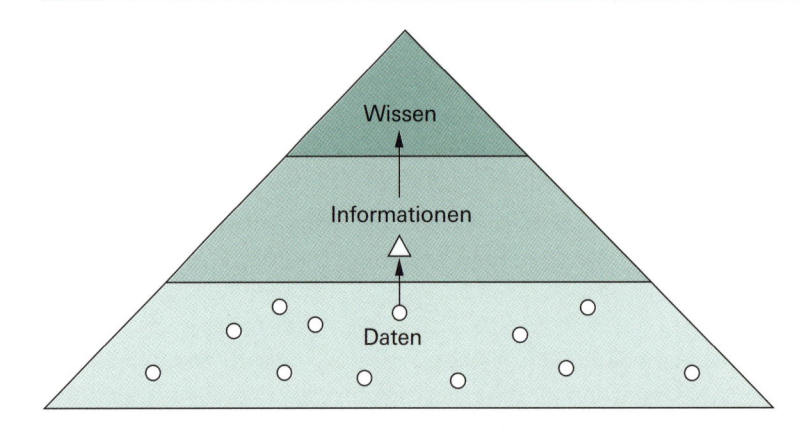

25.1.2 Informationen managen

Die Selektion und Aufbereitung von Daten zu Informationen und die Anreicherung des projektspezifischen Wissens ist ein Prozess, der Informationen zu einem Produktionsfaktor im Projekt macht. Dieser Produktionsfaktor muss gepflegt werden.

Das Management von Informationen umfasst:

- **Informationsbedarf erfassen,** d. h. alle zur optimalen Bearbeitung des Projekts erforderlichen Informationen identifizieren sowie den Inhalt und die Form der Information und den Zeitpunkt des Informationsbedarfs präzisieren.
- **Informationsangebot planen,** d. h. Informationsquellen und Informationsbestände erfassen.
- **Informationen verfügbar machen,** d. h., der Zugriff auf Informationsquellen muss technisch gewährleistet und rechtlich gesichert sein.
- **Informationsfluss organisieren,** d. h., Informationen müssen den Projektbeteiligten zugeordnet werden und die Zuständigkeit für Pflege und Aktualisierung der Datenbestände muss geklärt sein.

Beispiel

In einem Projekt benötigen Projektmitarbeitende spezifische Informationen über die Anforderungen des Kunden, während Entscheidungsträger regelmässig einen Überblick z. B. zum Projektfortschritt oder situativ zu aktuellen Risiken erwarten. Ausserdem wird in den Teilprojekten spezifisches Wissen benötigt, das von entsprechenden Anbietern in der Form etwa von Gutachten eingekauft werden muss. Die Projektmitarbeitenden benötigen einen kontinuierlichen Zugang zu einer bestimmten Projektdatenbank, die Entscheidungsträger wünschen wöchentlich einen redundanzfreien Kurzbericht und Interessengruppen fordern leicht verständliche Projektinformationen.

Information und Dokumentation sind oft ein fester Bestandteil des Unternehmens. Die Projekt- bzw. Programm- und Portfoliomanagerin sollte einen Mitarbeiter zur Zusammenarbeit mit diesem Team der Information und Dokumentation ernennen und/oder Prozesse zur Sicherung der Übereinstimmung mit der Informations- und Dokumentationspolitik der Organisation und den gesetzlichen Anforderungen einrichten.

25.1.3 Vertraulichkeitsregelung

Zur Information in einem Projekt gehört auch das Identifizieren von vertraulichen und sensiblen Daten. Allen Projektmitarbeitenden muss klar sein, welche Informationen gegenüber Dritten geschützt bleiben müssen. Entsprechende Vorkehrungen sind zu treffen.

25.2 Dokumentation

Ein Projekt kann eine Vielzahl an Dokumenten nutzen und auch erzeugen. Dokumentation beinhaltet alle Daten und Informationen sowie das Wissen und die Einsichten, die im Projektverlauf gewonnen werden, besonders bezüglich Projektkonfiguration und Änderungen, sowie die gesamten Managementunterlagen.

Beispiel

Pflichtenheft, Machbarkeitsstudie, Vorgehensmodelle, Pläne (Projektstrukturplan, Meilensteinplan etc.), Grafiken (z. B. Projektorganisation), Protokolle (z. B. Sitzungsprotokolle, Abnahmeprotokolle), Anträge und Genehmigungen (z. B. Projektantrag, Änderungsantrag), Projektzeitung, Presseerklärungen, Präsentationen, Informationen für Interessengruppen, Kostenvoranschläge, Angebote von Lieferanten, Auswertungen zur Kundenzufriedenheit, Gutachten etc.

Die Dokumentation stellt sicher, dass relevante Informationen zugänglich sind, und bildet die Voraussetzung für die Ergebnissicherung und ermöglicht damit das Managen der Konfiguration. Die Dokumentation eines Projekts muss auf die Grösse, die Komplexität und auch die Laufzeit des Projekts abgestimmt werden.

25.2.1 Wozu Dokumentation?

Die Dokumentation gehört zur Ergebnissicherung und hat viele Aufgaben:

- Übersicht über Projektergebnisse schaffen
- Verwalten aller Projektergebnisse
- Sicherstellen, dass jede Änderung nachvollziehbar ist
- Sicherstellen, dass Standards oder auch gesetzliche Anforderungen erfüllt werden

Die Dokumentation hält also nicht nur den aktuellsten Ergebnisstand fest, sie gewährleistet auch Transparenz über den Prozess. In diesem Zusammenhang hat das Versionsmanagement eine grosse Bedeutung.

25.2.2 Versionen managen

Projekte haben einen Entwicklungsprozess. Es gibt verschiedene Ergebnisstände und auch Versionen. Die verschiedenen Versionen haben mehrere Anlässe:

- Neue Erkenntnisse werden eingearbeitet (z. B. bei der Konzeptentwicklung).
- Mit dem Projekt nimmt der Detaillierungsgrad zu, d. h., aus dem Grobkonzept wird ein Feinkonzept).
- Genehmigte und durchgeführte Änderungen erhöhen die Variation.

Das Versionsmanagement stellt sicher, dass jede Änderung an den Ergebnissen nachvollzogen werden kann. Damit sind folgende Tätigkeiten verbunden:

- Zugriffe auf die Projektergebnisse regeln und kontrollieren
- Änderungen an den Projektergebnissen dokumentieren
- Sicherstellen, dass alte Versionsstände jederzeit wieder herstellbar sind
- Datenschutz und Datensicherheit gewährleisten

In einem Projekt müssen klare **Richtlinien** für den Umgang mit Versionen formuliert werden. Ein einfaches Versionsmanagement kann mittels Verzeichnissen und Dateinamen realisiert werden.

Für die Identifikation von Versionsständen gibt die folgende Tabelle wesentliche Hinweise.

Status des Ergebnisses	Version	Bemerkungen
Dokument in Bearbeitung	0.1–0.9	Arbeitsversionen
Dokument projektintern begutachtet	1.0	Erste Version, bereit zur Prüfung
Dokument nach Änderungen	1.X	Änderungen eingearbeitet
Dokument nach substanzieller Überarbeitung	2.0	Stelle vor dem Komma zeigt die Anzahl

Das folgende Beispiel zeigt, das die Versionsnummer eine gute Übersicht schafft.

Beispiel

- ...
- Anforderungsspezifikation_0.4.doc
- Anforderungsspezifikation_0.5.doc
- Anforderungsspezifikation_0.6.doc
- ...

Bevor Projekte Ergebnisse erbringen, bestehen sie aus Informationen. Diese Informationen tragen zum **Projektwissen** bei, das Ergebnisse möglich macht.

Eine Information hat **drei Merkmale:**

- Sie ist übertragbar.
- Sie ist als Information erkennbar.
- Sie hat einen Neuigkeitsgehalt.

Mit diesen drei Merkmalen trägt eine Information zum Wissensbestand eines Projekts bei. Die Rohmaterialien für Informationen sind **Daten,** die sorgfältig selektiert und aufbereitet werden müssen.

Das **Informationsmanagement** in einem Projekt hat folgende Aufgaben:

- Informationsbedarf erfassen
- Informationsangebot planen
- Informationen verfügbar machen
- Informationsfluss organisieren

In einem Projekt wird eine Vielzahl an Dokumenten erzeugt und genutzt. Die **Dokumentation** stellt sicher, dass relevante Informationen zugänglich und Ergebnisse gesichert sind. Da ein Projekt einen Prozess durchläuft, der mit einem Zuwachs an Wissen und auch mit Änderungen verbunden ist, ist ein angemessenes **Versionsmanagement** erforderlich.

Repetitionsfragen

73

Was ist das «Rohmaterial» der Information? Kreuzen Sie die richtige Antwort an.

☐ Daten

☐ Dokumente

74

Sie haben vier wichtige Aufgaben des Informationsmanagements kennengelernt. Bitte beschreiben Sie die Aufgaben kurz.

Aufgaben des Informationsmanagements	Beschreibung
Informationen erfassen	
Informationsangebot planen	
Informationen verfügbar machen	
Informationsfluss organisieren	

26 Kommunikation

> **Lernziele:** Nach der Bearbeitung dieses Kapitels können Sie ...
> - den Ablauf des Kommunikationsprozesses erklären.
> - die vier Seiten einer Nachricht beschreiben.
> - Projektsitzungen vorbereiten, durchführen und nachbereiten.
> - Workshops vorbereiten, durchführen und nachbereiten.
> - einen Kommunikationsplan aufstellen.
>
> **Schlüsselbegriffe:** Appell, Beziehung, Beziehungsebene, explizite Botschaften, Feedback, implizite Botschaften, Inhaltsebene, Kommunikation, Kommunikationsplan, Kommunikationsstörungen, Projektsitzungen, Sachinhalt, Selbstkundgabe, Sitzungskultur, vier Ohren einer Nachricht, vier Schnäbel einer Nachricht, vier Seiten einer Nachricht, Workshops

«Man kann nicht nicht kommunizieren», sagte Paul Watzlawick, ein Begründer der modernen Kommunikationstheorie. Das heisst nichts anderes, als dass Menschen neben den Worten auch noch andere Signale senden und empfangen sowie interpretieren.

PM-Kompetenzelement	Taxonomie: Wissen										
Fachkompetenz	0	1	2	3	4	5	6	7	8	9	10
Kommunikation						D	C	B	A		

Kommunikation in einem Projekt, Programm oder Portfolio zielt auf den wirksamen Austausch von **Informationen.** Es handelt sich um einen **Prozess,** der auf Verständigung zwischen den Personen bzw. **Interessengruppen** gerichtet ist. Diese **Interaktion** ist sehr wichtig für den Erfolg von Projekten, Programmen und Portfolios.

Kommunikation kann in einem Projekt sehr komplex sein, denn es müssen nicht nur die verschiedenen Interessengruppen und ihre Erwartungen berücksichtigt werden, sondern auch verschiedene Facetten der Kommunikation. Kommunikation ist deshalb oft und schnell mit Missverständnissen behaftet. Diese können den Projektprozess beeinträchtigen.

Beispiel

- Der Begriff Peanuts ist der englische Ausdruck für Erdnüsse oder Spanische Nüsse. Umgangssprachlich wird der Begriff genutzt, um unbedeutende Kleinigkeiten zu bezeichnen. 1994 erklärte Hilmar Kopper, der damalige Vorstandsvorsitzende der Deutschen Bank AG, die millionenschwere Summe aus offenen Rechnungen im Rahmen der spektakulären Insolvenz des Immobilienunternehmens von Jürgen Schneider zu «Peanuts». Hilmar Kopper erregte damit eine für ihn unerwartete Empörung, denn aus Sicht der vielen betroffenen kleineren und mittleren Unternehmen waren unbezahlte Rechnungen ganz und gar keine «Peanuts», sondern existenzbedrohend. Der Begriff Peanuts wurde das Unwort des Jahres.
- Der Bau des Airbus A380 verlief nicht reibungsfrei. Es kam immer wieder zu erheblichen Budgetüberschreitungen, Qualitätsmängeln und Verzögerungen. Im Rahmen einer wissenschaftlichen Studie wurde ermittelt, dass es vor allem die vernachlässigte oder unterlassene Kommunikation war, die zu den Problemen führte (vgl. Sosa, Eppinger, Rowles 2007).

Im Projektprozess spielt Kommunikation eine grosse Rolle. Sie muss gezielt geplant werden, um optimale Bedingungen für die projektbezogene Verständigung gewinnen zu können. Die Planungsergebnisse werden in einem **Kommunikationsplan** festgehalten.

Besonders wichtige Formen der Kommunikation sind die Projektsitzung und der Workshop. Projektsitzungen und Workshops bringen das Projekt voran und erhöhen die Akzeptanz. Sie müssen gut vorbereitet und durchgeführt werden.

Die folgende Übersicht zeigt wichtige Schritte und Ergebnisse für eine gelingende Kommunikation im Projekt auf.

[26-1] Kommunikation im Projekt, Programm oder Portfolio

Wichtige Prozessschritte	Ergebnisse	Querverweise
Kommunikationsplan für das Projekt erstellen und kontinuierlich verbessern	Kommunikationsplan	• Interessengruppen • Projektorganisation • Stammorganisation
Regeln für eine förderliche Sitzungskultur aufstellen und vereinbaren	Regeln Sitzungskultur	Projektorganisation
Projektsitzungen differenziert vorbereiten, durchführen und nachbereiten	• Projektsitzungsplan • Protokoll	• Projektorganisation • Interessengruppen • Information und Dokumentation
Workshops vorbereiten, durchführen und nachbereiten	• Workshop-Konzept und Workshop-Dramaturgie • Protokoll	• Projektorganisation • Interessengruppen • Information und Dokumentation
Feedback einholen und Wirksamkeit der Kommunikation prüfen	Feedback	Konflikte und Krisen
Kommunikationsstörungen wahrnehmen, diagnostizieren (Kommunikationsmodelle dafür nutzen) und klären	Typische Missverständnisse	Konflikte und Krisen
Lehren aus der Kommunikation im Projekt dokumentieren und ihre Übertragbarkeit auf die weitere Projekt- bzw. Programmarbeit bzw. auf das Portfolio prüfen	Lessons Learned	PPP-Management

26.1 Was ist Kommunikation?

Kommunikation bezeichnet den Austausch von Informationen zwischen zwei oder mehreren Personen. Es handelt sich um einen Prozess, in dem Informationen gesendet, empfangen und interpretiert werden.

[26-2] Kommunikation ist nicht einfach

Im Idealfall erfolgt ein gemeinsames Verständnis. Dass dieses Ideal nicht leicht zu erreichen ist, zeigen die folgenden Ausführungen.

26.1.1 Wie funktioniert Kommunikation?

Zwischenmenschliche Kommunikation ist eine Interaktion zwischen einem Sender und einem Empfänger. Der Sender codiert eine Nachricht und der Sender decodiert eine Nachricht. Das bedeutet, eine Nachricht wird verschlüsselt übermittelt und dann wieder entschlüsselt, vorausgesetzt sie wird überhaupt als relevante Nachricht erkannt.

Die folgende Abbildung zeigt schematisch den Ablauf der Kommunikation.

[26-3]   Der Ablauf der Kommunikation

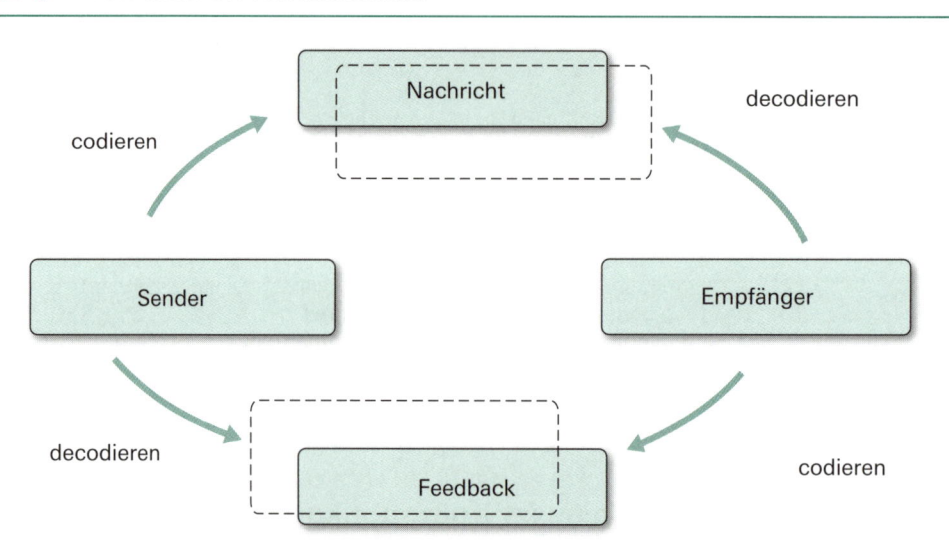

Die strichlierten Linien in der Abbildung deuten darauf hin, dass eine Nachricht zwischen zwei Personen nicht eins zu eins übertragen bzw. empfangen wird.

Erfolgreiche Kommunikation setzt also voraus, dass Sender und Empfänger ein und denselben Code nutzen. Ein Sender im Projektgeschäft muss die Erwartungen seiner Empfänger kennen, um das Anliegen angemessen in verbale und auch nonverbale Kommunikation verschlüsseln zu können. Es ist aber auch die Aufgabe des Empfängers, die Nachricht zu entschlüsseln. Stimmt die gesendete mit der empfangenen Nachricht eins zu eins überein, dann ist es Sender und Empfänger gelungen, sich zu verständigen.

Meldet der Empfänger dem Sender das Ergebnis seiner Entschlüsselung zurück, so wird diese Rückmeldung als **Feedback** bezeichnet. Feedback ist wichtig, es hilft, die Kommunikation zu verbessern und Missverständnisse auszuräumen.

26.1.2 Die Ebenen der Kommunikation

Zwischenmenschliche Kommunikation findet immer auf zwei Ebenen statt:

- **Inhaltsebene:** Nachrichten und Themen werden ausgetauscht (z. B. Projektanforderungen, Qualitätskriterien, Terminverschiebungen)
- **Beziehungsebene:** Die Beziehungsebene (z. B. Kollegin zu Kollegin, Vorgesetzter zu Mitarbeiter, Projektleiterin zu Projektkundin) sorgt dafür, dass bestimmte Themen in einer bestimmten Art und Weise ausgetauscht werden (müssen).

Kommunikation spielt sich zu etwa drei Vierteln auf der Beziehungsebene und «nur» zu einem Viertel auf der Inhaltsebene statt. Wir zeigen das an einem Beispiel:

Beispiel

Stellen Sie sich vor, Sie haben einen guten Freund. Sie arbeiten seit mehreren Jahren zusammen, haben schon manche Herausforderung gemeistert und Sie wissen, Sie können ihm vertrauen. Im Projekt herrscht Hochbetrieb, in Ihrem Arbeitspaket werden folgenreiche Probleme sichtbar, weil eine Anforderung missachtet wurde. Sie teilen es Ihrem Freund mit, der ein abhängiges Arbeitspaket bearbeitet, und er sagt: «Donnerwetter, das gibt Ärger.» Der neue Projektleiter erfährt bei der Statussitzung von den Problemen im Arbeitspaket und sagt ebenfalls: «Donnerwetter, das gibt Ärger.» Sie sind nun auf den Projektleiter wütend, aber nicht auf den Kollegen. Es ist die Beziehung, die über die Nachricht dominiert.

Auf der Beziehungsebene wirken viele Komponenten (Ausstrahlung, Mimik, Gestik, Körpersprache u. a.), die nur zusammen wahrgenommen werden. In der Projektarbeit sind auch die Position und die damit möglicherweise verbundene Hierarchie wichtige Komponenten der Beziehungsebene. So macht es einen Unterschied, ob ein Mitglied der Projektsteuerungsgruppe oder eine Projektmitarbeiterin sich über das Projekt äussert.

Eine gelingende Kommunikation setzt voraus, dass die Beziehungsebene gestaltet wird. Kommunikation ist deshalb immer auch Beziehungsmanagement. Jeder, der in Kommunikation tritt, ist also zuallererst Beziehungsmanager.

26.1.3 Die vier Seiten einer Nachricht

Eine Nachricht hat nach Schulz von Thun vier Seiten.

Sie enthält

- den **Sachinhalt** mit Daten und Fakten einer Nachricht (z. B. «Das Projekt gerät in Verzug … die Ergebnisse werden aufgrund von Qualitätsmängeln nicht abgenommen»),
- die **Selbstkundgabe,** d. h., der Sender informiert über sein Selbstverständnis (z. B. «Ich als Projektleiter …»),
- die **Beziehung,** d. h., die Nachricht sagt etwas über die Beziehung zum Empfänger aus (z. B. «Ihr als Projektmitarbeitende …»),
- den **Appell,** d. h., die Nachricht will beim Empfänger etwas bewirken (z. B. «Ich möchte, dass die Qualitätsanforderungen konsequent bei der Arbeit berücksichtigt werden …»).

Die folgende Abbildung veranschaulicht die vier Seiten einer Nachricht aus der Sicht des Senders.

[26-4] Die vier Seiten einer Nachricht

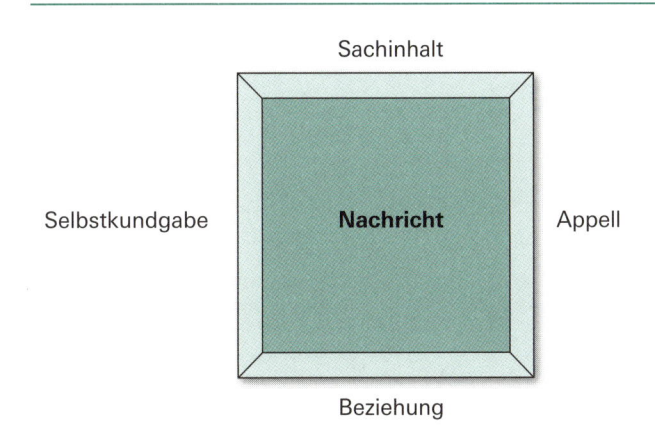

Wann immer Sie sich jemandem mitteilen, sind die vier Seiten einer Nachricht in Ihrer Äusserung enthalten. Für die Kommunikation im Projekt ist folgende Übersicht mit Schlüsselfragen hilfreich:

Der Sender und die vier Seiten oder «Schnäbel» der Nachricht		
Die vier Seiten der Nachricht	Schlüsselfragen	Teilaussage
Sachinhalt	Worüber informiere ich?	«Es ist …»
Selbstkundgabe	Was gebe ich von mir preis?	«Ich bin …»
Beziehung	• Was halte ich von dir? • Wie stehe ich zu dir?	«Du bist …»
Appell	Wozu will ich dich veranlassen?	«Ich möchte, dass du …»

Die «vier Ohren» einer Nachricht

Kommunikation findet zwischen einem Sender und einem Empfänger statt. Deshalb bezeichnet Schulz von Thun vier Seiten einer Nachricht aus der Sicht des Senders als die «vier Schnäbel» und auf der Seite des Empfängers als die «vier Ohren» einer Nachricht.

Beispiel

Eine Vorgesetzte äussert sich gegenüber ihrem Mitarbeiter: «Ihr Schreibtisch sieht ja aus, als hätte eine Bombe eingeschlagen!» Der Mitarbeiter hat nun vier Möglichkeiten, zu «hören»:

- Der Mitarbeiter hört mit dem Sachohr und stellt nüchtern fest, dass seine Vorgesetzte recht hat und er mal wieder aufräumen könnte.
- Mit dem Selbstkundgabeohr könnte der Mitarbeiter feststellen, dass die Chefin wieder einmal extrem schlecht gelaunt ist und alles nach ihrem Massstab bewertet.
- Mit dem Beziehungsohr stellt der Mitarbeiter fest, dass seine Vorgesetzte nicht das Recht hat, sich in seine Arbeitsorganisation einzumischen, solange das Ergebnis stimmt.
- Hört der Mitarbeiter bevorzugt mit dem Appellohr, nimmt er in erster Linie eine Aufforderung zum Aufräumen wahr.

Kommunikation ist viel mehr als die Übermittlung von Daten und Fakten zwischen Sender und Empfänger. Kommunikation erfolgt zwischen einem Sender und einem Empfänger. Der Sender bereitet die Nachricht mit vier «Schnäbeln» auf und der Empfänger nimmt die Nachricht mit vier «Ohren» auf.

Es liegt am Sender, die Nachricht unter Berücksichtigung der vier Seiten adressatengerecht aufzubereiten, und es liegt am Empfänger, die Nachricht unter Berücksichtigung der vier «Ohren» zu entschlüsseln.

Folgende Schlüsselfragen helfen beim Hören mit vier «Ohren»:

Der Empfänger und die vier Seiten oder «Ohren» der Nachricht		
Die vier Seiten der Nachricht	Schlüsselfragen	Teilaussage
Sachinhalt	Wie ist der Sachverhalt zu verstehen?	«Es ist …»
Selbstkundgabe	• Was ist das für einer? • Wie beschreibt er sich?	«Er zeigt sich als …»
Beziehung	• Wie steht er zu mir? • Wen glaubt er, vor sich zu haben?	«Wir …»
Appell	«Was soll ich aufgrund dieser Mitteilung tun, denken, fühlen? Was erwartet er von mir?»	«Er erwartet von mir …»

Die vier «Ohren» helfen beim «aktiven Zuhören». «Aktives Zuhören» bedeutet auch, dass bei Unklarheiten Verständnisfragen gestellt werden. Verständnisfragen helfen, möglichen Fehlinterpretationen vorzubeugen.

26.1.4 Explizite und implizite Botschaften

Ein und dieselbe Nachricht kann viele Botschaften gleichzeitig enthalten. In aller Regel wird bei einer Nachricht **nur eine Seite direkt ausgesprochen.** Die übrigen drei zeigen sich nur zwischen den Zeilen. Die Botschaften einer Nachricht haben somit einen expliziten und einen impliziten Anteil. **Explizit** heisst, deutlich, in Worten und Zahlen formuliert. **Implizit** bedeutet, dass eine Nachricht gemeint, aber nicht ausdrücklich gesagt wird.

Explizite und implizite Botschaften können auf allen vier Seiten der Nachricht gesendet werden. Aber eine der vier Seiten steht immer im Vordergrund. Die anderen wirken im Hintergrund. Während des Gesprächs kann sich die «quadratische Nachricht» drehen, sodass eine andere Seite auftaucht. Dann bestimmen die übrigen drei Aspekte die Atmosphäre.

Menschen unterscheiden sich in ihrer Kommunikation darin, welche Seite von Botschaften sie in den Vordergrund stellen. So zeigen manche Personen sofort und unmissverständlich, dass sie eine bestimmte berufliche Position innehaben. Andere wiederum stellen ihre Sachlichkeit und Expertise in den Vordergrund. Es ist zum Teil eine Frage der Persönlichkeit und auch der Kultur.

26.1.5 Kommunikationsstörungen

Kommunikation ist ein wechselseitiger Prozess mit vielen Quellen für Missverständnisse und Kommunikationsstörungen. Diese gründen vor allem auf drei Umständen:

- Der Sender will dem Empfänger etwas anderes mitteilen als das, was er sagt.
- Der Empfänger hört etwas anderes, als der Sender mitteilt.
- Eine Kombination aus beidem.

Kommunikation ist selektiv. Der Sender wählt Inhalt und Form und der Empfänger interpretiert die verbalen und non-verbalen Zeichen. Die Selektion erfolgt vor mehreren Hintergründen. Zu den Hintergründen zählen beispielsweise kulturelle Unterschiede, verschiedene sprachliche Codes, aber auch Erfahrungen aus der Vergangenheit oder spezifische Interessen.

Beispiel

- Fachsprache: In einem Projekt gibt es immer wieder Irritationen, wenn der Begriff Prozess fällt. Es handelt sich um ein Projekt zur Geschäftsprozessoptimierung in einer Organisation, deren Kerngeschäft die Vorbereitung und Durchführung von juristischen Verfahren und Prozessen ist.
- Kultur: In einem internationalen Projekt gibt es einen neuen Projektleiter. Er zeigt sich den Projektmitarbeitenden eher bescheiden und formuliert Kritik indirekt. Herr Y ist aus einem asiatischen Land und verfügt über eine beeindruckende berufliche Biografie, aber er wird von den amerikanischen und auch europäischen Projektmitarbeitenden nicht anerkannt. Diese akzeptieren nur «Klartext».
- Erfahrung und Interessen: In einer Organisation werden immer wieder Reorganisationsprojekte gestartet. Bei einer neuen Projektpräsentation verspätete sich die Projektleiterin aufgrund einer unvorhersehbaren Verkehrssituation um wenige Minuten. Sie eilt zum Vortragssaal, den Laptop unter den Arm geklemmt, sie entschuldigt sich und hält ihren Vortrag. Viele Mitarbeitende interessieren sich nicht für die Inhalte. Sie hofften nur, «dass auch dieser Kelch an ihnen vorbeigehen möge». Die Projektleiterin war nur noch «die mit dem Stechschritt», der man Arroganz unterstellte.

Menschliche Kommunikation ist selten eindeutig, Kommunikation ist ein vieldeutiges Geschäft. Projektarbeit ist besonders anfällig für Kommunikationsstörungen, da nicht nur ein grosser Teil der Inhalte neu ist, sondern auch die Zusammensetzung der am Kommunikationsprozess Beteiligten.

26.2 Formen der Kommunikation im Projekt

In einem Projekt können alle möglichen Formen der Kommunikation vorkommen und gefordert sein, z. B. persönliche Gespräche, Pressekonferenzen, Bewerbergespräche, Vertragsverhandlungen.

Besonders wichtig für den Projektprozess sind Projektsitzungen und Workshops. Deshalb wird in den folgenden Abschnitten auf sie besonders eingegangen.

26.2.1 Projektsitzungen

Projektsitzungen sind feste Bestandteile eines Projekts. Sie sind offizielle Zusammenkünfte von Personen aus dem Projektkern und dem Projektumfeld, bei denen projektbezogene Informationen ausgetauscht, Probleme erörtert oder Entscheidungen gefällt werden. Voraussetzungen für erfolgreiche Projektsitzungen sind die gelebte Sitzungskultur und ein strukturiertes Vorgehen in der Vorbereitung, Durchführung und Auswertung.

A Gute Sitzungskultur

Eine allgemein akzeptierte und auch «gelebte» Sitzungskultur ist die Voraussetzung für effiziente Projektsitzungen.

Folgende Regeln können z. B. Bestandteile einer guten Sitzungskultur sein:

- Für offizielle, formelle Sitzungen gibt es eine Einladung.
- Bei Verhinderung wird ein Stellvertreter geschickt, der sich auf die Sitzung vorbereitet.
- Bei kurzfristiger Verhinderung wird die Sitzungsleiterin informiert.
- Sitzungen beginnen immer pünktlich.
- Jeder Teilnehmer bereitet sich auf die Sitzung vor.
- Meinungen zum Thema werden während der Sitzung geäussert (und nicht in einem anderen Rahmen bzw. anderen Personen gegenüber).
- Wichtige Ergebnisse und Entscheidungen werden in einem Protokoll festgehalten.
- Sitzungen dauern nicht länger als auf der Einladung vermerkt.

B Sitzung vorbereiten

Der Aufwand für eine sorgfältige Vorbereitung der Sitzung darf nicht unterschätzt werden. Besonders die Sitzungsleitung benötigt genügend Zeit für die thematische und organisatorische Vorbereitung. Dabei sind u. a. folgende Aufgaben zu erledigen:

- Notwendigkeit beurteilen
- Themen und Ziele festlegen
- Teilnehmenden bestimmen
- Methoden und Arbeitstechniken auswählen
- Zeitplan aufstellen
- Einladung erstellen und verschicken
- Räume und Sachmittel vorbereiten

C Sitzung durchführen

Die Sitzungsleitung muss im Verlauf der Projektsitzung unterschiedliche Aufgaben erfüllen. Sitzungen sollten immer in drei klar abgegrenzten Phasen ablaufen:

- Eröffnung
- Hauptteil
- Abschluss

Für die Aufbereitung des Ablaufs einer Projektsitzung kann folgende Checkliste herangezogen werden.

[26-5] Ablauf einer Projektsitzung – eine Checkliste

Phase	Aspekte	Aufgaben/Fragen
Eröffnung	Begrüssung	• Begrüssung der Teilnehmenden
	Vorstellung	• Sitzungsleiter und (neue) Teilnehmende vorstellen (lassen)
	Absenzen	• Absenzen und Einfluss auf Sitzungsverlauf abklären
	Einführung in das Thema	• Grund der Projektsitzung erläutern
	Abgrenzung des Themas	• Was gehört zum Thema? • Was gehört nicht zum Thema? • Welches sind die Schnittstellen zu anderen Projekten?
	Zielsetzung	• Welche Ziele sollen erreicht werden?
	Ablauf und Zeitplan	• Ablauf und Zeitplan der Projektsitzung aufzeigen
	Funktionen	• Wer beantwortet ggf. methodische Fragen? • Wer beantwortet ggf. fachliche Fragen? • Wer leitet die Diskussion?
	Regelungen	• Welche Umgangs- bzw. Spielregeln gelten? • Was ist ausdrücklich erlaubt bzw. erwünscht? • Was ist ausdrücklich nicht erlaubt bzw. nicht erwünscht?
	Protokoll	• Wer protokolliert die Sitzung? • Wer redigiert und verteilt das Sitzungsprotokoll bis wann?
	Fragen	• Feedback der Teilnehmenden abholen
Hauptteil	Methode	• Mit welcher Methode wird das Thema behandelt?
	Arbeitstechniken	• Welche Arbeitstechniken werden eingesetzt?
	Bearbeitung	• Themen im Plenum oder in Gruppen bearbeiten • Alle Sichtweisen bzw. erarbeiteten Aspekte zusammentragen
	Präsentation der Zwischenergebnisse	• Zwischenergebnisse aufzeigen • Zwischenergebnisse visualisieren
	Fragen	• Feedback der Teilnehmenden abholen
Abschluss	Zusammenfassung der Ergebnisse	• Welche Ergebnisse wurden erzielt? • Welche Erkenntnisse werden daraus gezogen?
	Entscheidung(en)	• Welche Beschlüsse werden gefasst?
	Fazit	• Welche Ziele wurden erreicht? • Welche Ziele wurden nicht erreicht?
	Fragen	• Feedback der Teilnehmenden abholen
	Ausblick	• Nächste Projektsitzung vereinbaren
	Verabschiedung	• Dank oder Anregung an die Teilnehmenden

D Sitzung nachbereiten

Die Sitzungsleitung kann einen grossen Lerneffekt erzielen, wenn sie die Sitzung unmittelbar nach dem Abschluss selbstkritisch auswertet. Die folgende Tabelle beinhaltet Schlüsselfragen für die Nachbereitung einer Sitzung.

[26-6] Sitzung nachbereiten – Schlüsselfragen

Aspekt	Fragen
Vorbereitung	• War ich ausreichend vorbereitet? • Worauf war ich nicht vorbereitet?
Durchführung	• Wie schätze ich meine Leistung als Sitzungsleiterin ein? • Wie verlief die Sitzung aus Sicht der Teilnehmenden? • Wie verlief die Sitzung aus Sicht der Leitung? • Gab es methodische Probleme bei der Durchführung? • Gab es technische Probleme bei der Durchführung? • Gab es organisatorische Probleme bei der Durchführung? • Gab es zwischenmenschliche Probleme bei der Durchführung?
Teilnehmende	• Waren die «richtigen» Teilnehmenden anwesend? • Waren die Teilnehmenden zu Beginn motiviert? • Wie verhielten sich die Teilnehmenden im Verlauf der Sitzung?
Ziele	• Welche Ziele wurden erreicht und welche nicht? • Warum wurden bestimmte Ziele nicht erreicht? • Was könnte anders gemacht werden?
Fazit	• War die Sitzung ein Erfolg oder Misserfolg? • Welches waren die Gründe für einen Erfolg oder Misserfolg? • Wo besteht am meisten Verbesserungspotenzial?
Erkenntnis	• Was nehme ich für die nächste Sitzung mit? • Was mache ich anders und wie?

26.2.2 Workshops in Projekten

Bei Projekten sind Workshops ein sehr gutes Instrument. Sie eignen sich für eine Vielzahl von Aufgabenstellungen. Bei folgenden Rahmenbedingungen sind Workshops die richtige Wahl:

- **Themen von hoher Komplexität:** Je komplexer ein Thema ist, desto eher verlangt die Lösung interdisziplinäres Arbeiten. Ein richtig zusammengestelltes Workshopteam liefert im Vergleich zur Einzelarbeit fundiertere Ergebnisse.
- **Viele Ergebnisse in kurzer Zeit:** Workshops sind angezeigt, wenn innerhalb von kurzer Zeit viele Ergebnisse zu leisten sind. Parallel arbeitende Kleingruppen innerhalb des Workshops können – bei guter Moderation und Koordination – sehr schnell gute Arbeitsfortschritte erzielen.
- **Breite Akzeptanz der Ergebnisse:** Workshops eignen sich, wenn verschiedene Parteien an den Ergebnissen interessiert sind. Die Beteiligung dieser Parteien und das gemeinsame Arbeiten bringen neben besseren Lösungen auch eine höhere Akzeptanz in der Umsetzung.
- **Gemeinsames Verständnis oder Know-how-Aufbau:** Das Arbeiten in der Gruppe erzeugt ein gemeinsames Verständnis für Zielsetzungen oder Lösungen, das für die zukünftigen Aufgaben von grossem Nutzen sein kann. Der in einem Workshop automatisch stattfindende Wissenstransfer macht sich mittel- und langfristig bezahlt.

A Rollen im Workshop

Workshops basieren auf definierten Rollen, die den Beteiligten bekannt und natürlich auch entsprechend wahrgenommen werden müssen:

- Der **Auftraggeber** muss wissen, was er will. In Projekten kann der Auftraggeber sowohl der Projektleiter als auch eine andere Person sein.
- Eine gut ausgebildete und neutrale **Moderatorin** muss verfügbar sein.
- Die **Teilnehmenden** des Workshopteams müssen richtig ausgewählt und motiviert sein.

Daraus ergeben sich die **spezifischen Aufgaben:**

Rolle	Verantwortung ...	Aufgabe	Wichtig
Auftraggeber	... für die **Definition** der **Ziele**	• Erteilt dem Workshopteam die nötigen Kompetenzen • Stellt die erforderlichen Mittel zur Verfügung	Akzeptiert die Workshopergebnisse
Moderatorin	... für das **Erreichen** der definierten Ergebnisse	• Bereitet den Workshop vor (Konzept) • Führt die Gruppe methodisch und didaktisch durch den Workshop • Greift Störungen auf und klärt diese mit der Gruppe • Ergreift Massnahmen bei Abweichungen vom Workshopziel • Sorgt für die Nachbearbeitung des Workshops	• Muss in Moderationstechnik ausgebildet sein • Verhält sich zum Thema und zum Team neutral
Teilnehmenden	... für den **Inhalt** der Ergebnisse	• Arbeiten konstruktiv und lösungsorientiert mit • Erstellen die Workshopergebnisse	• Müssen richtig ausgewählt sein • Haben ein Interesse an den Ergebnissen

B Workshop vorbereiten

Jeder gute Film hat ein gutes Drehbuch, jeder gute Workshop ein durchdachtes Konzept. Das Konzept zeigt neben den organisatorischen Aspekten (Zeit, Ort) im Minimum,

- welches Ziel verfolgt wird,
- welche Personen idealerweise am Workshop teilnehmen,
- wie vorgegangen wird,
- welche Infrastruktur zur Verfügung stehen muss,
- welche Vorbereitung durch die Workshopteilnehmenden nötig ist.

Ein Beispiel sehen Sie in der folgenden Abbildung.

[26-7] Beispiel für ein Workshopkonzept

Workshopkonzept Teamentwicklung Projekt XY

Ziel
- Verständnis für Zusammenarbeit im Projektteam schaffen
- Massnahmen beschliessen, um die Zusammenarbeit zu verbessern, mit dem Ziel:
  - Vermeiden von Fehlern
  - Vermeiden von Problemsituationen

Vorbereitung

Was	Wer	Termin
Vorinformation Projektteam	PL	15.5.
Einladung verschickt	VG	20.5.
Rollenanalyse ausgefüllt	MA	8.5.

Teilnehmende
- 1 Projektleiter
- 1 Systemarchitektin
- 7 Systementwickler
- 3 Testerinnen
- 1 Moderator

Infrastruktur
- 1 Hauptraum
- 2 Gruppenräume
- 6 Pinnwände
- 2 Flipcharts
- 1 grosser Moderationskoffer

Vorgehen

Was	Ziel	Dauer
Begrüssung	WS Ziel klar	15 min.
Einstieg	Warm-up	15 min.
	Probleme klar	45 min.
	Mittag	60 min.
Bearbeitung	Lösungen	60 min.
Präsentation	Informationen	45 min.
	Pause	15 min.
Auswahl der Massnahmen	Massnahmen klar	45 min.
Abschluss	Feedback	30 min.
		5.5 Std.

C Workshop durchführen

«Wie habe ich die Zusammenarbeit zwischen Projektteam und Umfeld empfunden?» Diese Frage kann beispielsweise einen Workshop zum Thema Zusammenarbeit im Projektteam eröffnen. Sie weckt Betroffenheit und erzeugt die nötige Spannung. Mit einem geglückten Einstieg kann das Workshopteam bereits auf Erfolgskurs gebracht werden.

Eine wohlüberlegte **Dramaturgie** macht aus dem im Konzept definierten Ablauf erst einen Workshop. Sie entsteht durch passende Fragestellungen, die Anwendung von verschiedenen Moderationstechniken, wechselnde Teamzusammensetzungen und idealerweise auch durch unterschiedliche Örtlichkeiten. Eine gute Dramaturgie bringt Abwechslung, hält die Spannung aufrecht und motiviert zur Mitarbeit.

[26-8] Der Ablauf eines Workshops

		Technik	Zusammensetzung	Ort
Einführung	Einstieg: Betroffenheit wecken	Skalenabfrage	Alle	Halbkreis
	Thematik ausleuchten	Erwartungsabfrage	Einzelperson	Halbkreis
	Erläuterung der Nennungen	Themenkatalog	Alle	Halbkreis
Bearbeitung der Thematik	Thematik bearbeiten / Präsentation der Ergebnisse (Bei Bedarf oder neuen Problemstellungen wiederholen, Zeitraster beachten)	Problemlösungszyklus	Kleingruppen	Gruppentische
		Vorträge	Alle	Halbkreis
Beschlussfassung	Entscheid: weitere Bearbeitung nötig / Massnahmen priorisieren	Mehrpunktabfrage	Einzelperson	Halbkreis
	Feedback, Workshop abschliessen	Feedbackrunde	Alle	Halbkreis

D Workshop nachbereiten

Workshops liefern meistens keine fertigen Lösungen. Vielfach sind die Workshops der Ausgangspunkt von umfangreichen Folgearbeiten. Diese Arbeiten müssen im Sinn der Workshopergebnisse strukturiert, geplant und ausgeführt werden. Allenfalls sind die daraus entstehenden Folgearbeiten dann wieder der Einstiegspunkt für nachfolgende Workshops.

26.3 Kommunikationsplan

In komplexen, veränderungsintensiven Projekten mit vielen Interessengruppen ist es wichtige, bereits in der Planungsphase einen Kommunikationsplan zu entwickeln. Dieser enthält Überlegungen zur Projektkommunikation mit den internen und externen Interessengruppen.

Es ist das primäre Ziel, durch eine gezielte und professionelle Kommunikationspolitik, die Akzeptanz des Umfeldes, der Betroffenen, der beteiligten Mitarbeitenden sowie der Entscheidungsträger für ein Projekt und dessen Ergebnisse zu gewährleisten.

In einem Kommunikationsplan werden folgende Fragen beantwortet:

[26-9] Kommunikationsplan

Schlüsselfragen		Beispiele
Wer?	Wer sind die Sender der Information?	Entscheidungsträger, Interessengruppen, Gremien, Mitarbeitende, Projektkunden
Wen?	An wen sind die Informationen adressiert?	Entscheidungsträger, Interessengruppen, Gremien, Mitarbeitende, Projektkunden
Was?	Worüber wird informiert, welcher Effekt wird damit beabsichtigt und welche Ziele sollen damit erreicht werden?	Umfang, Detaillierungsgrad, stufengerechte Abfassung
	Was müssen die Interessengruppen über Geheimhaltung im Projekt wissen?	Datenschutz
Wann?	Wann wird eine Information erteilt?	Zeitpunkt, Periodizität, Ankündigung
Wie?	Welche Medien und Instrumente werden eingesetzt, und welcher Effekt wird erwartet?	Schriftlich, mündlich, visuell, E-Mail, Papier, Broschüre, Schwarzes Brett, Projektzeitung, Projektblog, Hauszeitung, Website, Projektplattform usw.
Wo?	Wo sollen die Informationen vermittelt werden? Welcher Rahmen und welches Umfeld sind für sie sinnvoll und notwendig?	Sitzung, Medienkonferenz, Podiumsgespräch, Fachtagung, Restaurant

Im Zusammenhang mit der Kommunikation ist auch die projektspezifische Anforderung an **Geheimhaltung** zu klären. Typische Beispiele vertraulicher Informationen sind Industriegeheimnisse und Marketinginformationen. Wenn vertrauliche Informationen direkt oder indirekt an Unbefugte weitergegeben werden, kann das nachteilige Auswirkungen auf das Projekt und die Stammorganisation haben. Man muss in einem Projekt auch klären, ob **geistiges Eigentum** gefährdet ist und welche Vorkehrungen zum Schutz des geistigen Eigentums getroffen werden müssen.

Der Begriff **Kommunikation** umfasst alle Vorgänge, in denen eine bestimmte Information gesendet und empfangen wird. Kommunikation ist ein komplexer Prozess mit vielen Facetten und Komponenten. Bei der zwischenmenschlichen Kommunikation gibt es nicht nur **verbale Nachrichten,** sondern auch **nonverbale** (z. B. Gestik, Mimik).

Zwischenmenschliche Kommunikation findet auf der **Inhaltsebene** statt, die aber stark von der **Beziehungsebene** abhängt und beeinflusst wird.

Das Nachrichtenquadrat zeigt sogar **vier Seiten der Nachricht** auf:

- Sachinhalt
- Selbstkundgabe
- Appell
- Beziehung

Die vier Seiten einer Nachricht sind sowohl für den Sender als auch für den Empfänger wichtig: Für den Sender sind die vier Seiten die vier «Schnäbel» Der Empfänger interpretiert die Nachricht mit vier «Ohren».

Die Botschaften einer Nachricht haben einen **expliziten** und einen **impliziten** Anteil. Der implizite Anteil ist das, was der Sendende nicht ausdrücklich formuliert.

Aufgrund der Komplexität der Kommunikationsprozesse gibt es immer wieder Störungen und Missverständnisse.

Für den Projektprozess haben Projektsitzungen und auch Workshops eine besonders grosse Bedeutung.

Für die Effizienz und Effektivität von **Projektsitzungen** müssen folgende Voraussetzungen bestehen: etablierte Sitzungskultur und strukturiertes Vorgehen.

Als strukturierte Vorgehensweise wird eine sorgfältige Vorbereitung, Durchführung und Nachbereitung der Projektsitzungen vorgeschlagen.

Gut organisierte **Workshops** zeichnen sich durch eine klare Struktur aus. Diese wird durch das Workshopkonzept und die Workshopdramaturgie hergestellt.

Repetitionsfragen

75

Worin unterscheiden sich Information und Kommunikation?

76

Tragen Sie die folgenden Fragestellungen in den entsprechenden Feldern in der Abbildung ein:

- Was soll ich aufgrund seiner Mitteilung tun?
- Wie ist das zu verstehen?
- Was ist das für einer? Was ist mit ihm?
- Was redet er eigentlich mit mir? Wen glaubt er, vor sich zu haben?

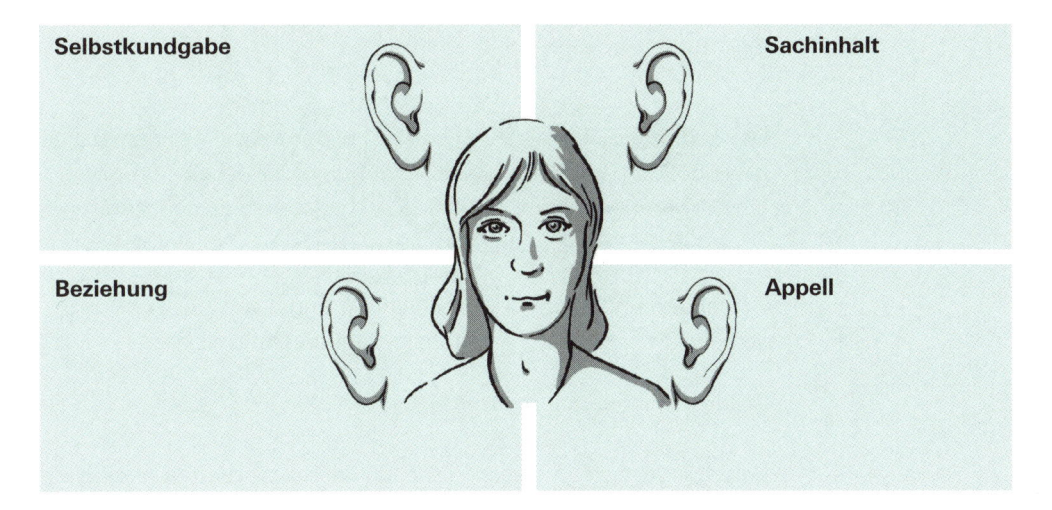

Selbstkundgabe	Sachinhalt
Beziehung	**Appell**

77

Nennen Sie zwei Umstände, die zu Kommunikationsstörungen führen.

78

Nennen Sie mindestens fünf Regeln für eine Sitzungskultur.

79

Für welche Zwecke sind Workshops besonders geeignet?

27 Projektstart

Lernziele: Nach der Bearbeitung dieses Kapitels können Sie ...

- wichtige Schritte und Ergebnisse bei der Projektinitialisierung nennen.
- Anlässe für das Entstehen eines Projekts aufführen.
- die wichtigsten Inhalte eines Projektantrags aufzählen.
- ein Kick-off-Meeting durchführen.

Schlüsselbegriffe: Kick-off-Meeting, Projektantrag, Projektinitialisierung, Projektstart

Der Projektstart schafft die Grundlage eines erfolgreichen Projekts oder Programms. Häufig ist der Projektbeginn durch eine gewisse Unsicherheit gekennzeichnet, da Informationen noch nicht oder nur grob vorhanden sind.

PM-Kompetenzelement	Taxonomie: Wissen										
Fachkompetenz	0	1	2	3	4	5	6	7	8	9	10
Projektstart						D	C	B	A		

Bei der Projektinitialisierung werden die Eckdaten des bevorstehenden Vorhabens so gut wie möglich erarbeitet und verankert, obwohl die Informationslage meist noch nicht optimal bzw. die Beurteilungsbasis noch sehr unsicher ist.

Einerseits müsste man eigentlich erst in die Planung einsteigen, aber andererseits kann diese erst begonnen werden, wenn ein Projektantrag bzw. -auftrag vorliegt. Beide verlangen zwingend möglichst fundierte Angaben zu den wesentlichen Projektparametern.

Darum ist gerade in dieser Phase ein seriöses Arbeiten unerlässlich für den Projekterfolg. Neben der Projektgenehmigung ist die Durchführung eines **Kick-off-Meetings** wichtig. So werden die Grundlagen für das weitere Vorgehen geschaffen.

Die folgende Übersicht zeigt wichtige Schritte und Ergebnisse der Projektinitialisierungsphase.

[27-1] Wichtige Schritte und Ergebnisse der Projektinitialisierungsphase

Wichtige Prozessschritte	Ergebnisse	Querverweise
Anlass und seine Wichtigkeit und Dringlichkeit für die Organisation klären, ggf. Kriterien des Portfoliomanagements berücksichtigen	Business Case	• Stammorganisation • PPP-Management
Projektantrag erarbeiten und der entscheidenden Stelle unterbreiten	Projektantrag	• Stammorganisation • Portfoliomanagement
Projekt prüfen und Genehmigung erteilen bzw. nicht erteilen	Projektgenehmigung	• Stammorganisation • Portfoliomanagement
Kick-off vorbereiten und durchführen	Kick-off-Meeting	• Projektorganisation • Interessengruppen • Kommunikation
Lehren aus dem Projektstart dokumentieren und ihre Übertragbarkeit auf die weitere Projekt- bzw. Programmarbeit bzw. auf das Portfolio prüfen	Lessons Learned	PPP-Management

27.1 Wozu ein Projekt?

Die Initiative für ein Projekt kann von allen möglichen verschiedenen Stellen und Situationen ausgehen.

Typische Anlässe, durch die Projekte entstehen können, sind

- (Ungelöste) **Probleme** bzw. allgemeine Aufgabenstellungen:
  - Der Auftragsabwicklungsprozess funktioniert nicht optimal, Kundenreklamationen nehmen zu.
  - Die Platzverhältnisse im Betrieb sind zu knapp.
- **Wünsche** der Fachabteilung:
  - Ein Mitarbeiter einer Fachabteilung macht einen Verbesserungsvorschlag, der die Produktionskosten verringern würde. Das Einführen dieser Verbesserungen würde umfangreiche Änderungen mit sich bringen.
- **Situationsanalyse:**
  - Eine Abteilung in einem Unternehmen führt eine Situationsanalyse durch und stösst dabei auf ein Problem, das nur durch einen umfangreichen Eingriff in den derzeitigen Arbeitsablauf gelöst werden kann.
- Neue oder veränderte **Unternehmensziele und -strategien:**
  - Eine neue Strategie soll entwickelt werden, um einen weiteren Kundenkreis anzusprechen.
  - In bestimmten zeitlichen Abständen werden neue Unternehmensziele (beispielsweise die Entwicklung eines neuen Produkts) gesetzt. Um diese Ziele erreichen zu können, werden neue Ideen, verbesserte Arbeitsprozesse, eine neue Software usw. benötigt.
  - Ein Unternehmen wird von einem anderen Unternehmen aufgekauft und erhält nun völlig neue Unternehmensziele und eine neue Organisationsstruktur.
  - Ein Unternehmen wird zur Aktiengesellschaft.
  - PPP-Management soll eingeführt werden, um die effiziente und effektive Ausrichtung auf die Organisationsstrategie zu sichern.

- Umfassende **Qualitätsziele und Leistungsziele:**
  - Ein Unternehmen führt ein Qualitätsmanagementsystem nach ISO ein, um sich von Konkurrenzunternehmen abzuheben oder in gehobene Kundenkreise einsteigen zu können.
  - Ein Unternehmen will am Anerkennungsprogramm für Business Excellence teilnehmen, um sich nachhaltig mit Spitzenleistungen profilieren zu können.
- **Gesetzliche Anforderungen:**
  - Die Landeswährung wird umgestellt. Daraus resultieren umfangreiche Änderungen der Arbeitsabläufe eines Unternehmens.
  - Ein Unternehmen will international tätig werden und ist gefordert, relevante Gesetze und Standards zu erfüllen.
- Spezielle **Aufträge:**
  - Ein grosser Auftrag eines Kunden wird über ein Projekt abgewickelt.
  - Alle Grossaufträge werden über eigenständige Projekte abgewickelt.

Grob kann unterschieden werden zwischen Kann- und Muss-Projekten. **Muss-Projekte** sind beispielsweise Projekte, die zur Erfüllung gesetzlicher Auflagen dienen. **Kann-Projekte** sind Projekte, die eine Verbesserung des Bestehenden bewirken wollen. Es sind vor allem Kann-Projekte, die einen gut vorbereiteten und differenzierten Projektantrag brauchen, um eine Chance zur Durchführung zu erlangen.

27.2 Projekt beantragen bzw. beauftragen

Mit der Projektbeantragung bzw. -beauftragung wird die Initialisierungsphase abgeschlossen. Der **Projektantrag** (PA) ist ein Dokument, das alle Ergebnisse der vorangegangenen Schritte enthält.

Häufig wird die Bearbeitung eines Projektantrags an die Erfüllung inhaltlicher und formaler Mindestanforderungen geknüpft.

Zu den wichtigsten Inhalten eines Projektantrags gehören:
- Anlass zum Projekt
- Das Projektziel oder der Zielkatalog mit dem angestrebten Nutzen
- Der Anforderungskatalog bzw. das Pflichtenheft
- Ergebnisse der Machbarkeitsprüfung (Risiken, Erfolgsfaktoren)
- Erste Termin- und Kostenabschätzungen

Der Projektantrag wird einer Entscheidungsinstanz, z. B. der Geschäfts- oder Bereichsleitung, vorgelegt. Mit der **Genehmigung** des Projektantrags durch Visierung oder Beschlussprotokoll wird dieser Antrag zum Projektauftrag.

In der folgenden Tabelle wird eine mögliche Grobgliederung eines Projektantrags aufgezeigt.

[27-2] Grobgliederung des Projektantrags

Projektantrag/Projektauftrag	Projektbeschreibung	Projektbewertung	Organisation/Planung
• Projektname • Klassifikation • Status	• Ausgangslage • Beschreibung • Grund/Problemstellung • Zweck und Zielsetzungen • Nutzenerwartung • Lösungsideen • Abgrenzung und Schnittstellen • Rahmenbedingungen, Einflüsse, Abhängigkeiten	• Strategische Bedeutung • Dringlichkeit • Wirtschaftlichkeit • Machbarkeit • Organisatorische Auswirkungen • Risiken, Komplexität, Intensität • Nicht-Realisierung	• Projektorganisation • Fachunterstützung und Controlling • Betroffene Geschäftsbereiche / Prozesse • Projektvorgehen und -ergebnisse • Termine, Meilensteine • Beantragte Mittel (Projektbudget)

27.3 Kick-off-Meeting durchführen

Das Kick-off-Meeting soll den offiziellen Beginn der Projektarbeit für alle markieren. Auch wenn im Vorfeld viel über das ganze Projekt diskutiert wird, so gibt es immer Personen (Ansprechpartner, Informationsempfänger), die nicht alle Details kennen.

Das Kick-off-Meeting dient der

- **Vorstellung der einzelnen Teammitglieder:**
  Um später auch die direkte Kommunikation im Projektteam sicherzustellen, muss jedem Teammitglied klar sein, wer welche Erfahrungen und Know-how-Schwerpunkte hat. Das ist insbesondere auch für Themen wichtig, die nicht im unmittelbaren Zusammenhang mit dem eigentlichen Projektthema stehen, da häufig Wissen aus anderen, angrenzenden Bereichen nützlich für die Lösung von Problemen ist. Ausserdem ist dies der geeignete Zeitpunkt, um die Erwartungen, Hoffnungen und Wünsche der Teammitglieder zu erfragen und gegebenenfalls zu korrigieren.
- **Klärung der Rollen der einzelnen Teammitglieder:**
  Für jedes Teammitglied gibt es bereits zu Beginn eines Projekts eine oder mehrere zugedachte Rollen (fachlich und/oder organisatorisch). Diese sollten während des Projekt-Kick-offs angesprochen und eventuell korrigiert bzw. ergänzt werden.
- **Herstellen eines gemeinsamen Informationsstands** für alle Projektbeteiligten.
  Da im Vorfeld bis zu einem offiziellen Projektauftrag meist schon Gerüchte über das neue Projekt entstehen, sollten die Teammitglieder ganz am Anfang über alle projektrelevanten Inhalte, insbesondere das genaue Projektziel, Vorgehen, die Bedeutung für das Unternehmen, Termine, Meilensteine, Rahmenbedingungen usw. informiert werden.
- **Festlegen von Spielregeln** für die Teamarbeit:
  Die Zusammenarbeit im Projektteam kann mit der Vereinbarung von Spielregeln konfliktfreier gestaltet werden. Sie sollten von allen Teammitgliedern gemeinsam erarbeitet werden, damit von Beginn an eine hohe Akzeptanz vorhanden ist.

Folgende Themenbereiche können in die Spielregeln mit einbezogen werden:
- Organisation (Protokoll, Raumreservierung, Beschlussfindung, Moderation etc.)
- Kommunikation innerhalb des Teams und mit Interessengruppen
- Verhaltenskodex (Vorbereitung von Sitzungen, Pünktlichkeit, maximale Redezeit etc.)
- Sanktionen bei Nichteinhalten der Spielregeln («Mannschaftskasse», ...)

Für den Projektleiter ist das Kick-off-Meeting eine Gelegenheit, nicht offen ausgesprochene Erwartungshaltungen (seitens des Projektteams, des Kunden, der Linienorganisation usw.) herauszuhören. Ein Kick-off-Meeting ist auf jeden Fall zu empfehlen, da es gleichzeitig eine sehr gute Marketingmassnahme ist. Der eingeladene Kreis darf gross sein.

Am Kick-off sollten teilnehmen:

- Vertreter der Auftraggeberseite (bei wichtigen Projekten die Geschäftsführerin des auftraggebenden Unternehmens),
- Vertreter der Geschäftsführung der Auftragnehmerseite (ebenfalls in Abhängigkeit von der Bedeutung des Projekts),
- Projektleiter,
- Projektteam und
- weitere Projektbeteiligte (z. B. Repräsentanten von Interessengruppen).

Die Projektleiterin lädt alle Projektbeteiligten und alle interessierten Kreise ein.

Folgende **Traktanden** könnten behandelt werden:

- Vorstellung des Projektteams
- Vorstellung des Projekts (Anlass, strategische Relevanz, Ziele usw.)
- Vorstellung der Pläne (Vorgehen, Termine, Meilensteine)
- Projektspezifische Richtlinien
- Fragen, Diskussion

Die **Initiative** für ein Projekt kann von verschiedenen Stellen oder Situationen kommen. Typische Anlässe für Projekte sind: interne Problemsituationen, Verbesserungsvorschläge und strategische Neuausrichtung oder auch Anforderungen, die aus dem Umfeld der Organisation herangetragen werden, z. B. Gesetzesänderungen, Kundenbedingungen.

Der **Projektantrag** bzw. -auftrag ist eine wichtige Entscheidungsgrundlage. Wesentliche Informationen zum Projektanlass und Ziel sowie zum Management des Vorhabens liegen dem Projektantrag bei.

Das **Kick-off-Meeting** markiert den offiziellen Start der Projektarbeit. Es hat folgende Ziele:

- Vorstellung der Teammitglieder
- Klärung der Rollen der Teammitglieder
- Herstellen eines gemeinsamen Informationsstands für alle Beteiligten
- Festlegen von Spielregeln für die Teamarbeit

Repetitionsfragen

80

Nennen Sie zwei Anlässe für Projektinitiativen.

81

Nennen Sie die drei wichtigsten Inhalte eines Projektantrags.

82

Was sind die zwei wichtigsten Ziele eines Kick-off-Meetings?

28 Projektabschluss

> **Lernziele:** Nach der Bearbeitung dieses Kapitels können Sie ...
>
> - wichtige Schritte und Ergebnisse beim Projektabschluss nennen.
> - die Nutzung sicherstellen und den Abschluss vorbereiten.
> - ein Projekt auswerten.
> - einen Projektabschlussbericht erstellen.
>
> **Schlüsselbegriffe:** Abweichungen, Entlastung, Ergebnisqualität, Formalitäten, Nutzergruppen, Projektabschluss, Projektabschlussbericht, Projektauswertung, Projekterfolg, Prozessqualität, Zielerreichung, Zufriedenheit

Im Gegensatz zur Arbeit in der Linie ist die Projekt- bzw. Programmarbeit begrenzt, d. h. ein definiertes Ziel, das sich durch Einmaligkeit und Neuartigkeit auszeichnet, soll innerhalb einer bestimmten Zeit mit den dafür vorgesehenen Ressourcen erreicht werden.

Vor diesem Hintergrund ist der Projektabschluss wie der Projektstart eine Schlüsselphase im **Projektlebenszyklus.** Das gilt übrigens auch und besonders für Projekte, die abgebrochen wurden.

PM-Kompetenzelement	Taxonomie: Wissen										
Fachkompetenz	0	1	2	3	4	5	6	7	8	9	10
Projektabschluss						D	C	B	A		

Unter Projektabschluss wird die Beendigung eines Projekts oder Programms oder einer bestimmten Projektphase nach dem Abliefern der Ergebnisse des Projekts oder Programms bzw. der Projektphase verstanden. Der Projektabschluss kann sehr arbeitsintensiv sein, da viele Aufgaben zu einem guten Ende zu bringen sind. Dazu gehören:

- Nutzung der Ergebnisse sicherstellen
- Projektteam entlasten
- Formalitäten erledigen

Da der **Projekterfolg** sich nicht nur an der Lieferung definierter Ergebnisse ablesen lässt, sondern sich vielmehr an der Bewertung der Projektergebnisse durch die **Interessengruppen** orientiert, gehört auch die Evaluation der **Zufriedenheit** der Stakeholder zum Projektabschluss.

In einem **Abschlussbericht** werden wesentliche Ergebnisse aus der Projektarbeit festgehalten.

Die folgende Übersicht zeigt wichtige Schritte und Ergebnisse beim Projektabschluss auf.

[28-1] Wichtige Schritte und Ergebnisse beim Projektabschluss

Wichtige Prozessschritte	Wichtige Ergebnisse	Querverweise
Offene Punkte erfassen und klare Vereinbarung zur Bearbeitung treffen	Liste mit offenen Punkten	Projektanforderungen und -ziele
Nutzergruppen für den Umgang mit den Projektergebnissen vorbereiten	Nutzung der Projektergebnisse	Projektanforderungen und -ziele
Projektteam entlasten und entsprechend ihrer gewonnenen Erfahrungen und Kompetenzen einsetzen	Neuer Projekteinsatz	• Stammorganisation • Personalmanagement
Formalitäten erledigen (u. a. Abnahme der Ergebnisse)	Formaler Abschluss	Rechtliche Aspekte

Wichtige Prozessschritte	Wichtige Ergebnisse	Querverweise
Zusammenfassende Auswertung wichtiger Projektdokumente vornehmen	Grad der Abweichung (Zeit, Kosten, Aufwand)	Information und Dokumentation
Zusammenfassende Bewertung der Ergebnisqualität	Ergebnisqualität	• Projektanforderungen und -ziele • Qualität
Zusammenfassende Bewertung der Prozessqualität	Prozessqualität	• Projektmanagementerfolg • Qualität
Zufriedenheit relevanter Interessengruppen und der Projektmitarbeitenden ermitteln	Feedback zur Zufriedenheit	• Interessengruppen • Projektorganisation • Teamarbeit
Projektabschlussbericht erstellen	Projektabschlussbericht	Information und Dokumentation
Projektabschlussbericht genehmigen lassen	Genehmigung	Projektorganisation
Lehren aus dem Projektabschluss dokumentieren und ihre Übertragbarkeit auf die weitere Projekt- bzw. Programmarbeit bzw. auf das Portfolio prüfen	Lessons Learned	PPP-Management

28.1 Nutzung sicherstellen und Abschluss vorbereiten

Der Projektabschluss ist eine kritische Übergangssituation. Es geht darum, alle erwarteten Ergebnisse in der vereinbarten Qualität termingerecht zu erbringen und den Projekterfolg zu sichern. Der Projektabschluss muss gut vorbereitet werden.

Dazu gehören nicht nur die Ermittlung **offener Punkte** und eine klare und verbindliche Vereinbarung, wie damit verfahren wird. Es müssen auch die zukünftigen Nutzergruppen vorbereitet, das Projektteam entlastet und Formalitäten erledigt werden.

28.1.1 Nutzergruppen vorbereiten

Projekte wollen erfolgreich sein, d.h. einen Nutzen schaffen, und zwar aus Sicht der direkten Nutzergruppen und auch aus Sicht relevanter Interessengruppen. In vielen Projekten müssen die Nutzergruppen auf das Neue vorbereitet sein.

Beispiel

Bei einem Projekt zur Entwicklung und Implementierung einer Software müssen die verschiedenen Anwendergruppen über den neuen Prozess und den richtigen Einsatz der Software informiert und geschult werden. Unsicherheiten im Umgang mit den Veränderungen müssen ausgeschlossen sein. Es muss den Anwendern auch der Zweck des neuen Instruments klar und der Bedarf an einer Umstellung verständlich sein.

Die Nutzung der Projektergebnisse ist Voraussetzung dafür, dass ein Nutzen entsteht (z.B. zufriedenere Kunden aufgrund verkürzter Lieferzeiten nach der Optimierung der Abläufe oder der Einführung einer bestimmten Software). Nur wenn diese Voraussetzung geschaffen wird, kann sich das Projekt als lohnenswert erweisen.

Die Art und Weise sowie der damit verbundene Aufwand für die Vorbereitung der Nutzergruppen hängt vom Projekt ab. Bei der Einführung einer neuen Software in einem internationalen Unternehmen mit vielen Tausend Mitarbeitenden kann die Vorbereitung Wochen oder gar Monate dauern.

28.1.2 Projektteam entlasten

Zum Projektabschluss gehört auch die Entlastung des Projektteams. Es geht dabei zunächst um die formelle Entlastung von projektbezogenen Aufgaben und Verantwortlichkeiten.

Mit der formellen Entlastung des Projektteams wird eine Reihe von Fragen aufgeworfen.

- Wo werden die Projektmitarbeitenden nach Projektabschluss arbeiten? Können und wollen sie wieder in die Linie integriert werden oder ist ein neues Projekt vorgesehen?
- Ist nach einer langen Projektarbeit und dem damit verbundenen Lernprozess die Aufnahme der früheren Linientätigkeit noch möglich oder müssen angemessene Herausforderungen für die Projektmitarbeitenden gefunden werden?
- Wie kann der Übergang optimal gestaltet werden, ohne dass Doppelarbeit oder Leerlauf entsteht?
- Welche Erwartungen haben die Projektmitarbeitenden bei Projektabschluss? Wird davon ausgegangen bzw. wurde in Aussicht gestellt, dass die erfolgreiche Projektarbeit mit einem Karrieresprung verbunden ist?
- In welcher Form und von wem wird den Projektmitarbeitenden für ihren Einsatz gedankt und ist das auch eine Botschaft für den weiteren Kollegenkreis, dass sich der Einsatz für ein Projekt lohnt?

Zu diesen Fragen müssen bereits zu Projektbeginn Optionen geklärt sein. Eine Zusammenarbeit mit der Personalabteilung und dem Linienvorgesetzten ist sinnvoll und wichtig.

Sind diese Fragen nicht oder unbefriedigend geklärt, können Probleme aus der unklaren Übergangssituation entstehen.

Beispiel

- Die Projektmitarbeitenden suchen sich eine neue Herausforderung und verlassen das Projekt abrupt, d. h., wichtiges Know-how wird vom Projekt abgezogen, bevor das Projekt abgeschlossen ist.
- Die Projektmitarbeitenden und auch der Kollegenkreis in den Linien «lernen», dass sich der Einsatz für ein Projekt nicht lohnt, d. h., ihre Motivation für zukünftige Projektmitarbeit sinkt.

28.1.3 Formalitäten erledigen

Projekte können mit vielen Formalitäten verbunden sein. Zum Abschluss von Projektphasen bzw. Projekten und Programmen ist es wichtig, möglicherweise offene Punkte zu klären und speditiv zu bearbeiten.

Die folgende Übersicht enthält wichtige Beispiele.

[28-2]   Formalitäten zum Projektabschluss

Formsachen – Beispiele	Was ist bei Projektabschluss zu tun?	Querverweise
Projektvertrag	Einhaltung durch die Vertragspartner prüfen; offene Punkte identifizieren	Rechtliche Aspekte
Projektauftrag	Einhaltung prüfen; offene Punkte identifizieren	Projektanforderungen und -ziele
Anforderungskatalog	Erfüllungsgrad bestimmen; offene Punkte für die Abnahme klären	• Projektanforderungen und -ziele • Qualität
Garantieerklärungen	Umfang, Zeitrahmen, Ansprechpartner benennen	• Rechtliche Aspekte • Beschaffung und Verträge
Änderungsaufträge	Durchgeführte Änderungen und ihr Einfluss auf die Garantie	• Änderungen • Rechtliche Aspekte

Formsachen – Beispiele	Was ist bei Projektabschluss zu tun?	Querverweise
Lizenzen	Lizenzen für die Nutzung bereitstellen	• Rechtliche Aspekte • Beschaffung und Verträge
Lieferantenverträge	Einhaltung durch die Vertragspartner prüfen; Lieferantenverträge kündigen	Beschaffung und Verträge
Abnahmeerklärungen	Abnahme der Lieferobjekte prüfen	Qualität
Geistiges Eigentum	Eigentumsrechte klären und sichern	Rechtliche Aspekte
Geheimhaltung	Geheimhaltung sensibler Daten sicherstellen	Rechtliche Aspekte
Rechnungen	Abschlussrechnung erstellen und Zahlungseingang prüfen	Finanzen
Projektabschlussbericht	Abschlussbericht konzipieren, erstellen und genehmigen lassen	Projektabschluss

Die noch offenen Punkte werden in einen **Massnahmenplan** eingetragen und abgearbeitet. In vielen Fällen ist die Bearbeitung der offenen Punkte Voraussetzung für die Abschlussrechnung und für die entsprechende Zahlung durch den Kunden.

28.2 Projekt auswerten

Bei der **Projektauswertung** wird das Projekt zusammenfassend betrachtet und bewertet.

Im Grunde genommen müssten alle relevanten Informationen dafür bereits vorliegen. Folgende Dokumente sind die Quellen dafür:

- Sitzungsprotokolle
- Beschlussprotokolle
- Referenzpläne (Projektstrukturplan, Ablaufplan, Terminplan, Kostenplan etc.)

Stehen diese Dokumente lückenlos zur Verfügung, wird die Projektauswertung erheblich vereinfacht.

Bei der abschliessenden Projektauswertung stehen einige Aspekte im Vordergrund:

- Einhaltung der Termine, Kosten und Aufwände
- Ergebnis- und Prozessqualität
- Zufriedenheit der Projektbeteiligten

Die Auswertung zum Projektabschluss schafft wichtige Ergebnisse für den Projektabschlussbericht.

28.2.1 Einhaltung der Termine, Kosten und Aufwände

Bei einem Projekt ist die Einhaltung der Termine, Kosten und Aufwände ein wichtiger Erfolgsfaktor. Jede Verzögerung kann den Budgetrahmen sprengen und jeder unterschätzte Aufwand kann wiederum zu Verzögerungen führen.

Nicht selten stehen Projekte zum Projektabschlusstermin auch unter dem Druck von empfindlichen Vertragsstrafen.

Beispiel
- Bei der Einführung der LKW-Maut in Deutschland kam es zu erheblichen Verzögerungen. Die Verzögerungen hatten zur Folge, dass die Mauteinnahmen nicht zu einem bestimmten Zeitpunkt realisiert werden konnten. Das Konsortium Toll Collect musste eine mehrere Millionen schwere Vertragsstrafe entrichten.
- Beim Bau des Gotthardbasistunnels wurde zu Projektbeginn von einer Investition in der Höhe von etwa 7.7 Milliarden CHF ausgegangen. Mittlerweile wird damit gerechnet, dass das Projekt etwa 12 Milliarden CHF

kosten wird. Kostentreiber sind beispielsweise die ungeahnten geologischen Herausforderungen und auch neue Sicherheitsstandards und Technologien.

Abweichungen von Terminen, Kosten und Aufwänden werden in einer vergleichenden Übersicht in Tabellenform zusammenfassend dargestellt. Ein Beispiel dafür ist die folgende Tabelle.

[28-3] Beispiel einer Abweichungstabelle

Phase	Soll-Aufwand (Std.)	Ist-Aufwand (Std.)	Abweichung (Std.)	Abweichung (%)
Vorstudie	570	630	+60	+11
Konzept	980	980	0	0
Realisierung	1 260	1 860	+600	+48
Einführung	840	650	–190	–26
Prüfungen, Tests	250	270	+20	+8
Projektmanagement	400	800	+400	+100
Summe	**4 300**	**5 190**	**+890**	**21**

Kann das Projekt die gesetzten Vorgaben nicht einhalten, dann erwarten Entscheidungsträger oder auch Interessengruppen eine Erklärung dafür.

Es gibt viele **Ursachen für Abweichungen** von den Termin-, Kosten- und Aufwandplänen.

Beispiel

- Die Lieferanten unterbieten sich, um einen Auftrag zu erhalten, d. h., Leistungen werden möglicherweise nicht ausreichend abgedeckt (z. B. Service) und zusätzliche Kosten entstehen.
- Der Projektleiter verfügt nicht über genug Erfahrung oder überträgt unreflektiert Erfahrungen und Vorgehensweise aus einem anderen Projekt, d. h. mangelhafte Projektmanagementkompetenz.
- Die methodische Unterstützung durch die Verantwortlichen für das Projektmanagement ist unzureichend.
- Die Hilfsmittel (Tools) werden falsch eingesetzt.
- Die Komplexität wird unterschätzt, d. h. der Aufwand für Kommunikation (z. B. mit Interessengruppen) und für die Schnittstellenarbeit (z. B. zwischen den Arbeitspaketen) oder gar Anforderungen an einen Kulturwandel.
- Viele Änderungen werden z. T. ohne definierten und etablierten Änderungsprozess vorgenommen.
- Rahmenbedingungen ändern sich, z. B. neue Gesetze fordern umfangreiche Änderungen.
- Personalressourcen stehen nicht ausreichend zur Verfügung.

Aus den Abweichungen können Konsequenzen für Folgeprojekte gezogen werden.

28.2.2 Ergebnis- und Prozessqualität

Grundsätzlich gilt: Die Frage nach der Qualität eines Projekts steht nicht am Ende eines Projekts, sondern am Anfang. Qualitätsmanagement ist projektbegleitend.

Hinweis

Lesen Sie dazu auch die Ausführungen zum Kompetenzelement Qualität.

Zum Projektabschluss ist eine zusammenfassende Bewertung der Qualität der Ergebnisse und auch des Projektprozesses erforderlich.

Ergebnisqualität

Im Rahmen der Ergebnisqualität werden zusammen die Fachergebnisse eines Projekts im Hinblick auf den Leistungsumfang und ihre Produktqualität betrachtet. Das setzt voraus, dass

- messbare (quantifizierte und qualifizierte) Ziele vorliegen,
- die Ziele bei Projektabschluss tatsächlich erreicht werden und
- Prüf- und Abnahmeprotokolle zu den Ergebnissen vorliegen.

Nachfolgend sehen Sie ein Beispiel einer Auswertung für eine Softwareapplikation unter Berücksichtigung der Projektziele bzw. Anforderungen.

[28-4] Beispiel für eine Auswertung der Ergebnisqualität

Projektziel/Anforderungen[1]	Erreichungsgrad	Begründung	Ursache
Funktionale Ziele			
Die Applikation kann automatisch Lohnausweise erstellen.	95 %	Die zurzeit verlangte Form wird zu 100 % automatisch erstellt. Die neue Form war zum Zeitpunkt der Implementation von den Behörden noch nicht offiziell freigegeben.	Einsprachen haben die angekündigte neue Form des Lohnausweises verzögert (Ursache ausserhalb des Projekts und des Unternehmens).
Die aktuellen Devisenkurse werden tagesgenau automatisch geladen und angewendet.	100 %	–	–
...	...	...	...
Nicht-funktionale Ziele			
Die Buchhaltungsapplikation ist nach fünf Sekunden betriebsbereit.	100 %	Die Startzeit der Applikation beträgt durchschnittlich 3.6 Sekunden.	Erstmals wurde eine neue Technologie eingesetzt, die ein «Preload» grundlegender Bibliotheken durchführt.
...	...	...	...

[1] Projektziele gemäss Projektauftrag bzw. Anforderungen gemäss Anforderungsspezifikation.

Das obige Beispiel lässt die Aussage zu, dass sich der Einsatz der neuen «Preload-Technologie» für die Applikation lohnt. Anhand der Auswertung der Ergebnisqualität können auch Erkenntnisse für ähnliche Projekte oder Folgeaktivitäten gewonnen werden.

Prozessqualität

Prozessqualität befasst sich mit dem Projektprozess und dem Projektmanagement. Die Bewertung der Prozessqualität setzt voraus, dass

- die Struktur- und Ablaufpläne als Referenzplanungen vorliegen,
- das Verfahren für das Projektmanagement dokumentiert ist und
- evtl. Ergebnisse von Prozess-Audits[1] zur Verfügung stehen.

Auch die Auswertung der Prozessqualität kann wertvolle Hinweise für die Bearbeitung ähnlicher Prozesse und Projekte ergeben.

Beispiel

Das Projektcontrolling konnte aufgrund der unpräzisen und sich mehrmals ändernden Projektziele nicht effizient durchgeführt werden. Die damit verbundenen Anpassungsarbeiten haben zudem zu massiven Zeitverzögerungen geführt. Es ist zu prüfen, ob vor der Konzeptionsphase jeweils ein Workshop zur Konsolidierung der Ziele durchgeführt werden soll.

[1] Bewertung der Abläufe.

28.2.3 Zufriedenheit der Projektbeteiligten

Projekterfolg zeigt sich vor allem in der Zufriedenheit der Projektbeteiligten. Zum Projektabschluss sollten folgende Beteiligte besonders beachtet werden:

- Kunden
- Interessengruppen
- Projektmitarbeitende

Hinweis Lesen Sie dazu auch die Ausführung zu Project Excellence.

Interessengruppen

Persönliche Befragungen der Stakeholder sind in der Regel am besten geeignet, um den «Grad der Zufriedenheit» zu messen. Der Zufriedenheitsgrad kann aber auch mithilfe eines geeigneten Fragebogens ermittelt werden.

Hinweis Eine Fragebogenerhebung muss sorgfältig geplant, durchgeführt und ausgewertet werden. Sie fordert nicht nur Zeit, sondern auch Methodenkompetenz. Sind diese Bedingungen nicht gegeben, können methodische Fehler rasch die Zielgruppe verärgern.

Nachfolgend ein Beispiel, wie der Zufriedenheitsgrad unterschiedlicher Stakeholder zusammengefasst werden kann.

[28-5] Beispiel für eine einfache Darstellung der Zufriedenheit der Interessengruppen

Stakeholder	Einbezug in das Projekt (Informationsfluss)	Projektergebnisse	Gesamtbeurteilung
Projektkunden	☺	☺	☺
Lieferanten	☹	☺	☺
…			

Legende

☺ = Sehr zufrieden
☺ = Mässig zufrieden
☹ = Nicht zufrieden

Projektteam

Ob und inwieweit die Projektmitarbeitenden mit dem Verlauf und den Ergebnissen des Projekts zufrieden sind, kann im Rahmen persönlicher Gespräche, Feedback-Runden oder auch mithilfe eines geeigneten Fragebogens ermittelt werden.

Nachfolgend finden Sie einen Fragenkatalog für die Ermittlung der Zufriedenheit der Mitglieder des Projektteams.

[28-6] Fragenkatalog zur Projektmitarbeiterzufriedenheit

Aspekt	Fragen
Führung	• Hat Ihre Vorgesetzte (der Linienorganisation) dafür gesorgt, dass Sie so arbeiten konnten, wie es für das Projekt notwendig war? • Hat Ihr (Teil-)Projektleiter dafür gesorgt, dass Sie so arbeiten konnten, wie es für das Projekt notwendig war? • Wurden Sie methodisch und technisch gut unterstützt? • Wurden Probleme schnell aufgegriffen und gelöst?

Aspekt	Fragen
Zusammenarbeit	• Hat sich Ihr Vorgesetzter (der Linienorganisation) kritisch mit dem Projekt auseinandergesetzt? • Hat Ihnen die (Teil-)Projektleiterin regelmässig Rückmeldungen über den Verlauf und die (Zwischen-)Ergebnisse des Projekts gegeben? • Hatten Sie Kontakt mit Teammitgliedern aus anderen Teilprojekten? Falls ja: Wie verlief die Zusammenarbeit? • Hatten Sie Kontakt mit dem Projektkunden (oder seinen Vertretern)? Falls ja: Wie verlief die Zusammenarbeit? • Hatten Sie Kontakt mit dem Steuerungsausschuss (oder seinen Vertretern)? Falls ja: Wie verlief die Zusammenarbeit?
Aufgaben und Projektergebnis	• Wie beurteilen Sie Ihre Aufgabe(n) im Verlauf des Projekts? • Wurden Ihre persönlichen Fähigkeiten bei der Arbeitszuteilung berücksichtigt? • Welche Aufgaben/Arbeiten würden Sie heute anders bearbeiten bzw. lösen? • Ist die Qualität des (Zwischen-)Ergebnisses Ihrer Meinung nach gut? • Was würden Sie an diesem Produkt jetzt schon ändern?
Gesamtbeurteilung	• Waren Sie mit der Projektführung insgesamt zufrieden? • Waren Sie mit der Zusammenarbeit insgesamt zufrieden? • Hat Ihnen die Mitarbeit am Projekt insgesamt Spass gemacht? • Würden Sie sich wieder für ein solches oder ähnliches Projekt engagieren?

Die Ergebnisse liefern wertvolle Hinweise vor allem für das Projekt- und Linienmanagement.

28.3 Projektabschlussbericht erstellen

Ein Projektabschlussbericht enthält alle Informationen, die gemäss seinem Zweck und entsprechend den Erwartungen der Zielgruppen zu kommunizieren sind.

In einem ersten Schritt ist zu klären, wer die Empfänger des Abschlussberichts sind. Folgende Zielgruppen kommen als Empfänger in Betracht:

- Auftraggeber und Führungskräfte der Linienorganisation
- Verantwortliche für das Projektmanagement
- Projektkunden
- Projektteam

Hinweis

In Abhängigkeit vom Projekt und von den Empfängern des Abschlussberichts kann es durchaus erforderlich sein, dass der Bericht in mehreren Sprachen verfasst werden muss.

Der Abschlussbericht muss u. U. verschiedene Erwartungen erfüllen. Es ist wichtig, die Empfänger und ihre Erwartungen frühzeitig zu ermitteln, um den Abschlussbericht angemessen vorbereiten zu können. Das bedeutet, dass die Schwerpunkte klar sein müssen und die damit verbundenen Daten und Fakten in einem angemessenen Detaillierungsgrad zur Verfügung stehen müssen.

Abschlussberichte zu Projektphasen oder Projekten können zwei verschiedene Perspektiven haben:

- Konzentration auf die **Abweichungen** gegenüber der Planung und Erklärungen zu den Ursachen für die Abweichungen sowie durchgeführte, eingeleitete oder empfohlene Verbesserungsmassnahmen
- Konzentration auf die **Zielerreichung** und auf den für das Unternehmen und die Interessengruppen generierten Nutzen sowie Massnahmen und Empfehlungen zur Stärkung der Nutzeneffekte

Im Abschlussbericht können auch beide Perspektiven bearbeitet werden. Das schützt vor einer einseitigen Betrachtung des Projekts.

28.3.1 Inhalte

Im Projektabschlussbericht werden die wichtigsten Projektergebnisse und -erfahrungen zusammengefasst.

Üblicherweise werden im Abschlussbericht folgende Aspekte beleuchtet:

- Business Case
- Projekt- bzw. Programmziele
- Projektorganisation
- Vorgehensweise und wichtige Methoden
- Einhaltung der Termine, Kosten und Aufwände
- Ergebnisqualität
- Prozessqualität
- Zufriedenheit der Interessengruppen
- Zufriedenheit der Projektmitarbeitenden
- Empfehlungen für die Nachhaltigkeit des Nutzens
- Übertragbare Lehren aus dem Projekt
- Zusammenfassung zum Projekterfolg

In einem Anhang zum Abschlussbericht können wichtige Dokumente (z. B. Projektauftrag) oder auch Detailinformationen (z. B. Liste der Beteiligten, Chronologie des Projektverlaufs) eingefügt werden. **Umfang und Detaillierungsgrad** des Abschlussberichts hängen vom Projekt ab. Oft sind konkrete Angaben und Standards zum Projektbericht bereits im Projekthandbuch formuliert. Wichtig ist: Der Projektabschlussbericht muss vom Projektauftraggeber genehmigt werden.

28.3.2 Vorgehen

Bei der Erstellung eines Projektabschlussberichts hat sich folgendes Vorgehen bewährt:

- **Grobkonzept entwickeln:** Das Grobkonzept mit einem Gliederungsentwurf sollte so früh wie möglich erstellt werden, damit man genügend Zeit hat, um die entsprechenden **Inhalte** zusammenzustellen und aufzubereiten. Dabei müssen auch die **Methoden** bedacht werden, die möglicherweise noch genutzt werden, um relevante Daten zu erheben (z. B. Fragebogenerhebung zur Zufriedenheit der Interessengruppen, Teambesprechungen zur Projektbewertung und abschliessenden Ermittlung von Lessons Learned). Das Grobkonzept sollte mit dem Auftraggeber besprochen werden und **genehmigt** sein, bevor ein weiterer Schritt getan wird.
- **Zeitplan erstellen:** In Abhängigkeit von den Anforderungen des Berichtkonzepts ist es empfehlenswert, einen Zeitplan zu erstellen. Das ist vor allem dann besonders wichtig, wenn beispielsweise die Zufriedenheit der Stakeholder mittels Fragebogen oder Interviews ermittelt werden soll oder auch wenn der Abschlussbericht in mehrere Sprachen übersetzt werden muss. Ausserdem ist erfahrungsgemäss die Projektabschlussphase eine sehr intensive Arbeitsphase, die eine nicht geplante Tätigkeit kaum zulässt.
- **Inhalte zusammenstellen:** Werden in einem Projekt gut und kontinuierlich Berichte erstellt, dann ist die Zusammenstellung wichtiger Inhalte relativ einfach. Oft müssen aber noch Daten aggregiert, d. h. zusammengetragen und zusammengefasst werden oder auch für die Adressaten des Abschlussberichts verständlich aufbereitet werden.
- **Bericht erstellen:** Die Inhalte werden strukturiert dargestellt. **Abbildungen** können die Verständlichkeit unterstützen. Ergänzende Informationen werden in einem **Anhang** zusammengeführt. Es ist auch empfehlenswert, auf eine ansprechende Form und Gestaltung zu achten. Das fördert die Lesebereitschaft.
- **Bericht genehmigen:** Der Bericht muss durch den Projektauftraggeber genehmigt werden, bevor er an weitere Adressaten geleitet wird.

Anschliessend erhalten die Adressaten den Abschlussbericht mit einem Begleitschreiben. In vielen Projekten muss zum Abschlussbericht eine **Zusammenfassung** erstellt werden. Diese hat maximal zwei Seiten und dient der Information von breiten Interessengruppen. Das können beispielsweise die nicht direkt beteiligten Mitarbeitenden der Stammorganisation sein.

Der Projektabschluss ist eine kritische Übergangssituation. Es geht um Ergebnisse und um Projekterfolg. Dabei müssen folgende **Aufgaben** frühzeitig in Angriff genommen werden:

- Eine offene Punkteliste und klare Vereinbarungen, wie diese bearbeitet wird
- Die Nutzergruppen vorbereiten für einen sicheren Umgang mit den Projektergebnissen
- Das Projektteam entlasten und für den zukünftigen Einsatz unter Berücksichtigung der gewonnenen Erfahrungen sorgen
- Alle Formalitäten erledigen

Projektabschluss bedeutet auch eine **summarische Auswertung** des Projekts. Zu dieser Auswertung gehört die Betrachtung und Bewertung folgender Punkte: Einhaltung der Termine, Kosten und Aufwände, Ergebnis- und Prozessqualität und Zufriedenheit der Beteiligten. Im **Projektabschlussbericht** werden die wichtigsten Projektergebnisse und -erfahrungen zusammengefasst und bewertet.

Im Allgemeinen beleuchtet der Projektabschlussbericht folgende Aspekte:

- Business Case
- Projekt- bzw. Programmziele
- Projektorganisation
- Vorgehensweise und wichtige Methoden
- Einhaltung der Termine, Kosten und Aufwände
- Ergebnisqualität
- Prozessqualität
- Zufriedenheit der Interessengruppen
- Zufriedenheit der Projektmitarbeitenden
- Empfehlungen für die Nachhaltigkeit des Nutzens
- Übertragbare Lehren aus dem Projekt
- Zusammenfassung zum Projekterfolg

Der Umgang und der Detaillierungsgrad sollten auf die Adressaten abgestimmt werden. Als **Empfänger** kommen in Betracht: Auftraggeber und Manager der Linienorganisation, Verantwortliche für das Projektmanagement, Projektkunden, Interessengruppen und das Projektteam. Für den Abschlussbericht sollte so früh wie möglich ein Konzept erstellt werden, das mit dem Projektauftraggeber abgesprochen wird.

Repetitionsfragen

83

Nennen Sie vier Punkte, die im Projektabschlussbericht vorkommen sollten.

84

Welche Dokumente muss ein Projektleiter im Verlauf des Projekts systematisch sammeln, um einen fundierten Abschlussbericht erstellen zu können? Nennen Sie mindestens drei Dokumente.

Teil D   Verhaltenskompetenzen

Einleitung

Auch das Verhalten auf der Ebene des Projektmanagements und aller Projektmitarbeitenden trägt zum Erfolg der Projektarbeit bei.

Verhalten ist die Art, wie man mit sich selbst sowie mit Personen und Interessengruppen im Projekt umgeht. Angemessenes Verhalten im Projekt ist nicht einfach da, es muss angepasst und gepflegt werden. Verhalten ist keine Sache, die man wie einen Mantel wechseln kann. Oft ist es schwierig, das eigene Verhalten richtig einzuschätzen und einen Weg zu finden. Das **äussere Verhalten** ist abhängig von der inneren Haltung den Dingen und Menschen gegenüber. Das können Ideen und Überzeugungen sein, die von einem bestimmten Bild von der Welt und von den Menschen geprägt sind. Projektmanager sorgen für einen bewussten Umgang mit dem eigenen Verhalten und nehmen auch dadurch Einfluss auf das Verhalten im ganzen Projektteam. Aber auch jeder einzelne Projektmitarbeiter ist gefordert, sein Verhalten immer wieder zu prüfen.

Die ICB 3 hebt die Bedeutung von Verhaltenskompetenz hervor und weist in diesem Zusammenhang auf 15 Kompetenzelemente hin. Eine Übersicht über die Elemente der Verhaltenskompetenz nach ICB 3 der IPMA bietet folgende Abbildung:

In diesem Kapitel werden die Verhaltenskompetenzen vorgestellt und wichtige Methoden beschrieben.

Hinweis

Verhaltenskompetenzen sind wichtig, aber in einem Buch nur unzureichend vermittelbar. Wir haben uns deshalb für eine sehr komprimierte Darstellung entschieden, die sich auf wesentliche Aspekte und einige grundlegende Methoden beschränkt.

29 Leadership

> **Lernziele:** Nach der Bearbeitung dieses Kapitels können Sie ...
> - die Aufgaben der Projektführung nennen.
> - die Unterschiede zwischen Management und Leadership beschreiben.
> - die vier Führungsstile unterscheiden.
> - Aufgaben delegieren.
>
> **Schlüsselbegriffe:** autoritärer Stil, Beziehungsorientierung, Club-Stil, Delegieren, Führungsstile, kooperativer Stil, Laissez-faire-Stil, Leadership, Management, Projektführung, Sachorientierung, Smart-Regel

Leadership bedeutet im Allgemeinen Führung. Führung ist eine Kompetenz, die vor allem in Projekten zum Tragen kommt. Projekte werden von Menschen in Teamarbeit unter Einbezug der Interessengruppen gemacht und in einem sozialen Kontext realisiert, um dort ihren Nutzen entfalten zu können.

PM-Kompetenzelement	Taxonomie: Wissen										
Verhaltenskompetenz	0	1	2	3	4	5	6	7	8	9	10
Leadership				D	C		B	A			

Im Folgenden werden zunächst die Aufgaben der Projektführung, dann die Begriffe Management und Leadership voneinander abgegrenzt. In einem nächsten Schritt wird auf Führungsstile und im dritten Schritt auf die wichtige Aufgabe des Delegierens eingegangen.

29.1 Aufgaben der Projektführung

Projektführung beinhaltet sowohl Aufgaben der personenbezogenen wie auch der unternehmens- bzw. sachbezogenen Projektführung.

Aufgaben der Projektführung sind u. a.:

- Klären von Erwartungen der Interessengruppen und Vereinbaren von Zielen
- Informieren und Entscheiden
- Planen und Steuern des Projekts
- Controlling und Erteilen von Feedback
- Gewähren von Freiräumen und Empfehlung von Arbeitsformen
- Zuweisen entsprechender Projektteilaufgaben bzw. Arbeitsaufträge an Teammitglieder
- Mitsprache bei Urlaubs- und Abwesenheitsplanung der Mitglieder
- Förderung der Projektmanagementkompetenzen der Projektmitarbeitenden durch Aus- und Weiterbildungen
- Bearbeiten von Störungen, Widerständen und Konflikten innerhalb der Gruppe
- Motivieren der Mitarbeitenden und Teams, Förderung des Teamgefühls
- Gestalten eines kreativen und wertschätzenden Arbeitsklimas

Die zentrale Funktion der Führungsarbeit ist die Schaffung, Erhaltung und Weiterentwicklung der Arbeitsfähigkeit des Projektteams, mit der Absicht, unter Berücksichtigung der persönlichen Fähigkeiten einzelner Mitglieder eine optimale Leistung zu erbringen.

Wichtig ist: Eine Projektleiterin muss nicht das fachlich kompetenteste Mitglied des Projektteams sein. Die Aufgabe der Projektleitung fordert vielmehr Führungs- und Kontextkompetenz und die damit verbundenen Soft Skills.

Zur Erfüllung der Aufgaben ist ein ständiges Balancieren zwischen Management und Leadership erforderlich.

29.2 Was ist Leadership?

Die Begriffe Management und Leadership werden oft synonym genutzt. Bei näherer Betrachtung zeigen sich allerdings wichtige Unterschiede.

Ganz allgemein und sachlich formuliert geht es beim **Management** von Projekten primär um vereinbarte Ergebnisse, die innerhalb der vereinbarten Zeit mit den vereinbarten Ressourcen zu erbringen sind. Projektmanagement braucht dafür umfassende Fachkompetenzen. Sie haben diese und viele Methoden dazu und auch wichtige Ergebnisse (z. B. Projektstrukturplan, Kapazitätsplan, Projektstatusbericht) im Kapitel über die Fachkompetenzen kennengelernt.

Das Managen ist allerdings nur die eine Seite der Medaille der erfolgreichen Projektarbeit. Die andere Seite ist Leadership. **Leadership** befasst sich weniger mit den Sachfragen, es bewegt sich auf der Beziehungsebene. Das ist wichtig, denn in Projekten wird mit Personen und Gruppen in mehrerer Hinsicht gearbeitet (z. B. mit Mitarbeitenden im Projektteam, mit Repräsentanten von Interessengruppen in der Begleitgruppe, mit Mitarbeitenden in der Stammorganisation oder im Portfoliomanagement). Leadership kann man als Führung von Menschen oder besser als Management von Beziehungen bezeichnen. Es ist ein Stück weit visionär, fördert die Vernetzung im Projekt und das Engagement der Beteiligten sowie die Akzeptanz im Projektumfeld.

Management und Leadership schliessen sich nicht wechselseitig aus. Sie bilden vielmehr ein Kontinuum, das in Abhängigkeit von der Situation und den damit verbundenen Anforderungen einmal mehr Management und einmal mehr Leadership im Projekt fordert.

[29-1] Management und Leadership – ein Kontinuum

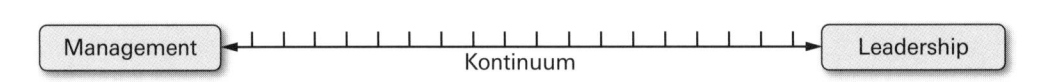

Management ←———— Kontinuum ————→ Leadership

Zum besseren Verständnis werden in den folgenden Abschnitten fünf wichtige Aspekte in ihrer extremen Ausprägung skizziert.

Position

Die Position des Projektmanagers ist eine formale Position. Ein Projektmanager wird also formal beauftragt, ein bestimmtes Projekt zu planen und durchzuführen. Es werden zunächst ausgeprägte Kenntnisse und Fähigkeiten auf der Sachebene gefordert. Leadership spricht mehr die Fähigkeit an, die erforderlich ist, um ein Projekt auch auf der Beziehungsebene voranzubringen. Leadership setzt weniger auf Fachwissen, sondern vielmehr auf Beziehungskapital und Überzeugungskraft. Das ist notwendig im Projekt, um einen für das Projekt förderlichen Umgang mit den Projektmitarbeitenden und mit den Interessengruppen finden zu können.

Beispiel

Für die Durchführung eines Projekts wird Herr M eingesetzt. Er erstellt den Projektplan mit allen dazu gehörigen Teilplänen wie Zeitplan, Kostenplan usw. Es ist ein komplexes Projekt mit vielen Interessengruppen, die viele Einwände vorbringen. Obwohl Herr X formal alles richtig macht, kommt er im Projekt nicht wirklich voran. Er merkt, dass er zu wenig von den Beteiligten akzeptiert wird. Ganz anders ist das bei der Linienmanagerin Frau L. Sie ist gut vernetzt und schafft es, einen grossen Teil der Interessengruppen für das Projekt zu gewinnen.

Strukturen

Die Projektmanagerin hat die Aufgabe, Strukturen für das Projekt zu schaffen. Sie finden beispielsweise im Projektstrukturplan und in der Projektorganisation ihren Ausdruck. Darüber hinaus berücksichtigt das Projektmanagement die in der Stammorganisation bestehenden Strukturen und definiert die Schnittstellen dazu (z. B. zu den Linien). Es gibt aber Vorhaben, die mehr brauchen. Es kann sein, dass ein Projekt andere Strukturen braucht, um den Nutzen entfalten zu können. Das ist beispielsweise der Fall, wenn eine Organisation nicht nur eine Verbesserung der bestehenden Strukturen benötigt, um wettbewerbsfähig zu bleiben, sondern vielmehr eine grundlegende Veränderung. Dann ist das Arbeit an den bestehenden Strukturen. Das Hinterfragen bestehender Strukturen und die Arbeit daran fordern Leadership.

Ressourcen

Projektmanagement heisst, die für das Projekt zur Verfügung stehenden Ressourcen (Einsatzmittel und Personalressourcen) optimal zu planen, einzusetzen und zu kontrollieren. Bei den Personalressourcen gehört aber auch Führung dazu. Projektmitarbeitende verhalten sich nicht wie Bausteine, die man nach Bedarf einsetzen kann. Projekte sind sehr davon abhängig, ob Projektmitarbeitende ihre Kenntnisse, Fähigkeiten und Erfahrungen einbringen können und wollen. Projektmitarbeitende und Projektteams, die innovative Leistungen erbringen sollen, müssen auf diesem Weg gefördert werden. Die Vergabe und Kontrolle von Arbeitsaufträgen reicht nicht aus. Projektmitarbeitende wollen auch ein Motiv, das sie veranlasst, ihre fachlichen und auch organisatorischen Grenzen zu überspringen. Sie brauchen eine angemessene Führung und Feedback.

Hinweis Lesen Sie dazu auch die Ausführungen zum Kompetenzelement Teamarbeit sowie Engagement und Motivation.

Zeitbezug

Projektmanager haben den Auftrag, ein bestimmtes Ergebnis innerhalb eines bestimmten Zeitrahmens zu erbringen. Die Aufmerksamkeit liegt auf dem Endtermin, auf den Meilensteinen und den Terminen z. B. zur Berichterstattung. Leadership richtet das Augenmerk weniger auf die pünktliche Bearbeitung der Arbeitspakete auf der operativen Ebene, sondern auf der strategischen Ebene und schafft mit der **Vision** ein konkretes Bild von der Zukunft. Das Projekt wird als Beitrag eines längerfristigen Entwicklungszusammenhangs erkennbar. Das stärkt das Engagement und die Motivation der Beteiligten.

[29-2] Leadership ist visionär

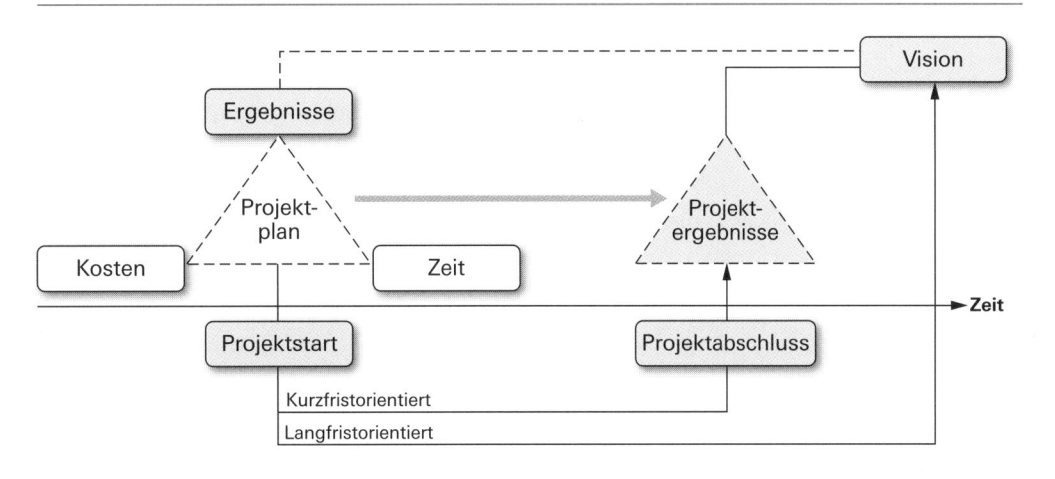

Effizienz vs. Effektivität

Projektmanagerinnen befassen sich stark damit, die vereinbarten Projektergebnisse möglichst effizient bereitzustellen. Sie setzen dafür Techniken und Methoden ein, um einen effizienten Ablauf zu planen, zu kontrollieren und auch zu verbessern. Aus der Leadership-Perspektive wird mehr auf die Ergebnisse und deren Effektivität fokussiert. Das kann auch dazu führen, dass die Wirksamkeit hinterfragt wird oder auch Bedingungen geschaffen werden, um die Wirksamkeit der Ergebnisse zu stärken. Das kann zu Änderungsvorschlägen führen, die das ganze Projekt und auch den Projektkontext betreffen.

Beispiel

In einem Projekt mit einer längeren Laufzeit ist absehbar, dass die vereinbarten Ergebnisse mit grossen Anstrengungen geliefert werden können. Aber die Dynamik in der Stammorganisation und auch das Marktgeschehen geben Anlass, darüber nachzudenken, ob die Projektergebnisse überhaupt noch den Zweck erfüllen können, für den sie ursprünglich konzipiert wurden.

Die folgende Tabelle gibt einen vergleichenden Überblick über die Merkmale des Management-Leadership-Kontinuums.

[29-3]   Merkmale von Management und Leadership

Projektführung	
Management	**Leadership**
Ist eine formale Position	Baut auf Beziehungskapital
Arbeitet innerhalb der gegebenen Strukturen	Arbeitet an den gegebenen Strukturen
Plant und kontrolliert die Projektressourcen	Erschliesst und fördert die Projektressourcen
Kurz- bis mittelfristorientiert	Langfristorientiert
Sorgt für Effizienz im Projekt	Sorgt für Effektivität des Projekts

29.3 Führungsstile

Es gibt weder für das Führen von Organisationen noch für Projekte den einzig richtigen Führungsstil. Es gibt verschiedene Führungsstile, die alle ihre Vor- und Nachteile haben und deshalb eher situativ infrage kommen.

Einen guten Überblick schafft das Managerial Grid, eine Führungsstilmatrix, die auf den Forschungen von Robert R. Blake und Jane Mouton basiert und wesentliche Ausprägungen aufzeigt.

Die Matrix basiert auf den zwei Grundorientierungen im Führungsverhalten:

- **Sachorientierung,** d.h. eine Ausrichtung an den spezifischen Fachanforderungen
- **Beziehungsorientierung,** d.h. eine Ausrichtung an den Mitarbeitenden und an Interessengruppen

Die folgende Abbildung gibt einen Überblick über vier markante Führungsstile:

[29-4]   Führungsstile im Überblick

```
Beziehungsorientiert
        ┌──────────────┬──────────────────┐
        │              │                  │
        │  Club-Stil   │ Kooperativer Stil│
        │              │                  │
        ├──────────────┼──────────────────┤
        │              │                  │
        │Laissez-faire-│ Autoritärer Stil │
        │    Stil      │                  │
        └──────────────┴──────────────────┘
                                    → Sachorientiert
```

Was bedeutet das für die Projektarbeit?

- **Laissez-faire-Stil:** Der Laissez-faire-Stil (aus dem Französischen: gewähren lassen) zeigt weder eine starke Aufgabenorientierung, noch ist die Beziehungsorientierung ausgeprägt. Er kann Mitarbeitende ermutigen, innovative Ideen auszuarbeiten, er kann aber auch eine demotivierende Unklarheit und Desorientierung in der Projektarbeit auslösen.
- **Autoritärer Stil:** Der autoritäre Führungsstil ist stark aufgaben- und wenig beziehungsorientiert. Es besteht die Annahme, dass nur auf dem hierarchischen Weg die erwarteten Arbeitsergebnisse richtig erbracht werden, zwischenmenschliche Beziehungen werden ignoriert. Der autoritäre Führungsstil schafft zwar Klarheit, aber er kann dazu führen, dass das intellektuelle Kapital der Mitarbeitenden nicht genutzt wird und die Interessengruppen ignoriert werden. Ausserdem widerspricht der autoritäre Führungsstil oft der Wertorientierung der Beteiligten und kann Widerstand erzeugen.
- **Club-Stil:** Der Club-Stil ist stark beziehungsorientiert, aber es gibt keine klare Ausrichtung auf der Aufgabenebene. Er ist förderlich für das Arbeitsklima und ermutigt auch Interessengruppen, ihre Erwartungen einzubringen. Die wenig ausgeprägte Sachorientierung kann in einem Projekt zu einer Entscheidungs- und Umsetzungsschwäche führen.
- **Kooperativer Stil:** Der kooperative Stil ist stark aufgaben- und beziehungsorientiert. Die Belange der Mitarbeitenden, Teams und Interessengruppen werden berücksichtigt und das Projekt auf der Sachebene vorangetrieben.

Im Allgemeinen wird der kooperative Stil als der wirkungsvollste Führungsstil in westlichen Industrieländern angesehen. In der Projektarbeit ist es aber sicher klug, sich nicht nur auf einen Führungsstil zu fixieren, sondern den Führungsstil situativ auf die Projektphasen und Anforderungen abzustimmen.

Die Abstimmung des Führungsstils auf die Situation wird als **situativer Führungsstil** bezeichnet. So kann beispielsweise der Club-Stil hilfreich für die Vernetzungsarbeit mit Interessengruppen zu Beginn eines Projekts sein. Der Laissez-faire-Stil schafft ggf. gute Voraussetzungen für kreative und innovative Lösungen. Eine moderate Form des autoritären Stils ist unter Umständen sinnvoll, wenn es um das Delegieren und Abarbeiten von klaren Arbeitspaketen geht.

Einschränkend muss darauf hingewiesen werden, dass Führungsstile nicht einfach wie Pullover gewechselt werden können. Es hängt auch von der **Person der Führungskraft** ab, welchen Stil sie am wirkungsvollsten einsetzen kann.

29.4 Delegieren

Projektleiter stehen häufig unter Zeitdruck. Ein Grund dafür ist, dass sie das Gefühl haben, vieles selber machen zu müssen. Sie merken dabei nicht, dass genau das die Ursache für den Zeitdruck ist.

Die Delegation hilft, mehr Zeit zu haben etwa für wichtige Gespräche mit Vertretern von Interessengruppen. Trotzdem geben viele Projektleiterinnen offen zu, dass sie weniger delegieren, als sie könnten. Entweder weil sie eine negative Einstellung zur Aufgabendelegation haben oder weil sie ganz einfach nicht wissen, wie und wann sie es tun sollten.

Mögliche Gründe dafür sind:
- Angst davor, die Kontrolle zu verlieren oder dass die Untergebenen die Aufgabe besser lösen
- Schuldgefühle, weil man unangenehme Aufgaben weiterleitet
- Enthusiasmus: die Aufgabe macht so viel Freude, dass man sie lieber selber macht

29.4.1 Was ist Delegation?

Delegation ist

- die auf Dauer angelegte oder fallweise Zuweisung von Zielen und Aufgaben
- mit übereinstimmenden Kompetenzen und Verantwortlichkeiten für das Ergebnis
- durch eine dafür zuständige Instanz an eine nachgeordnete Instanz
- zum Zweck ihrer selbstständigen Ausführung.

Es können alle Formen der Aufgabe delegiert werden ausser den effektiven Führungsaufgaben im Projekt selber.

Welche **Vorteile** bringt das Delegieren?

Durch die Delegation von Aufgaben

- können die verfügbaren Ressourcen voll ausgeschöpft werden,
- kann der fähigste bzw. geeignete Mitarbeiter für die jeweilige Aufgabe eingesetzt werden,
- erhält die Projektleiterin den Freiraum, sich mit anderen (wichtigeren) Aufgaben zu beschäftigen,
- wird die Arbeit schneller erledigt,
- kann Wissen an die Mitarbeitenden weitergegeben werden,
- können sich die Mitarbeitenden weiter entwickeln,
- wird die Motivation und Leistungsbereitschaft gesteigert,
- usw.

29.4.2 Wie wird delegiert?

Zum einen werden dem einzelnen Mitarbeiter durch seine Stelle sein Aufgabenbereich, die Kompetenzen und Verantwortlichkeiten dauerhaft zugewiesen. Diese werden meist mit einer Stellenbeschreibung dokumentiert.

Zum anderen steht aber auch die Vorgesetzte oder der Projektleiter ständig vor der Notwendigkeit, Einzelaufgaben, die ablaufbedingt auftreten und strukturell nicht erfasst oder gar nicht erfassbar sind, an Mitarbeitende ihres Bereichs zu delegieren. Dabei handelt es sich um situativ entstehende, fallweise Regelungen. Beim Delegieren einer Aufgabe ist es wichtig, die Projektmitarbeitenden zu überzeugen, damit die Aufgabe akzeptiert und später mit vollem Engagement ausgeführt wird. Am besten werden die Aufgaben in einem persönlichen Gespräch übertragen.

Das Delegationsgespräch ist am erfolgreichsten, wenn es systematisch durchgeführt und unterteilt wird in Vorbereitung, Gespräch und Abschluss. Dazu eine Anleitung:

Vorbereitung

Sorgen Sie dafür, dass Ihnen alle benötigten Informationen zur Verfügung stehen. Sie müssen erklären können, was Sie genau benötigen und bis wann. Folgende Informationen müssen deshalb vorbereitet werden:

- Aufgaben, Ziele, erwartete Ergebnisse, Kompetenzen und Abgrenzungen
- Hintergründe, (Vor-)Kenntnisse der Mitarbeitenden bzw. Weiterbildungsbedarf
- Kontrollpunkte (wann muss was erreicht sein?)

Hilfreich ist die **SMART**-Regel, d. h., die erwarteten Ergebnisse müssen

- **s**pezifisch,
- **m**essbar,
- **a**nspruchsvoll (aber erreichbar),
- **r**ealistisch und
- **z**eitgebunden sein.

Gespräch

Schaffen Sie für das Delegationsgespräch eine positive Gesprächsatmosphäre. Gliedern Sie die Besprechung in zwei Abschnitte mit einer kurzen Bedenkzeit dazwischen. Im ersten Teil informieren und instruieren Sie die Mitarbeiterin bezüglich der neuen Aufgabe.

Anschliessend bitten Sie sie um **Feedback.** Lassen Sie der Mitarbeiterin Zeit, Fragen zu stellen und stellen Sie sicher, dass sie die Aufgabe versteht. Ein Delegationsgespräch muss immer mit einer Terminvereinbarung enden: Entweder wird der Termin für die Ergebnisabgabe festgelegt, oder es wird zumindest ein Termin für die nächste Besprechung vereinbart.

Abschluss

Setzen Sie eine «virtuelle Verbindung» als Notfalllinie für den Fall ein, dass die Aufgabendelegation von Ihnen oder von Ihrem Mitarbeiter falsch eingeschätzt wurde. Offerieren Sie ihm Ihre Unterstützung, die er nach Bedarf erhalten kann, oder setzen Sie, wenn es nötig ist, regelmässige Besprechungen an.

Die Aufgabe der **Projektführung** ist die Erreichung der Projektziele, die der Projektleiterin übertragen wird. Es gibt **personen- und sachbezogene** Aufgaben der Projektführung.

Oft werden die Begriffe Management und Leadership synonym im Zusammenhang von Führung verwendet. Man kann **Management** und **Leadership** als die zwei Extreme eines Kontinuums besser verstehen. Die Tabelle gibt einen Überblick über wichtige Aspekte:

Projektführung		
Management	↔	Leadership
Ist eine formale Position	↔	Baut auf Beziehungskapital
Arbeitet innerhalb gegebener Strukturen	↔	Arbeitet an den gegebenen Strukturen
Plant und kontrolliert die Projektressourcen	↔	Erschliesst und fördert Projektressourcen
Kurz- und mittelfristorientiert	↔	Langfristorientiert
Sorgt für Effizienz im Projekt	↔	Sorgt für Effektivität des Projekts

Es gibt nicht den «richtigen» **Führungsstil.** Projektmanager müssen aber ihren Führungsstil **situativ** auf das Projekt und die konkreten Anforderungen im Projekt anpassen können. Wir haben vier markante Führungsstile kennengelernt:

- Laissez-faire-Stil
- Autoritärer Stil
- Club-Stil
- Kooperativer Stil

Projektleiter gewinnen Zeit, wenn sie Aufgaben delegieren. Unter **Delegation** versteht man die Zuweisung von Zielen und Aufgaben an eine nachgeordnete Instanz zum Zweck der selbstständigen Ausführung. Hilfreich dabei ist die **SMART-Formel,** d.h., die Ziele müssen spezifisch, messbar, anspruchsvoll (aber erreichbar), realistisch und zeitgebunden sein.

Repetitionsfragen

85

Sie haben die Führungsstilmatrix kennengelernt, bitte füllen Sie Lücken in der folgenden Abbildung entsprechend aus:

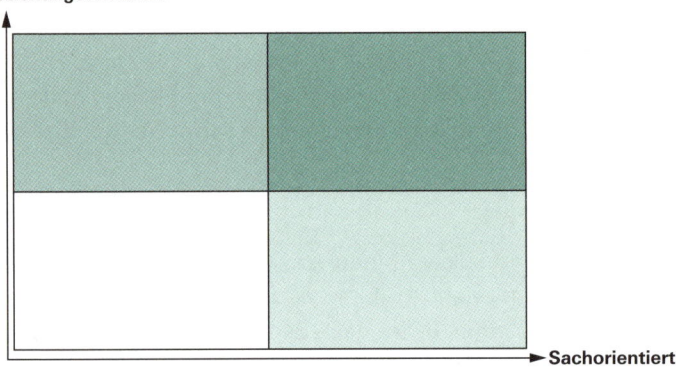

86

Warum ist es nicht unbedingt erforderlich, dass die Projektleiterin das fachlich kompetenteste Mitglied im Projektteam ist?

87

Nennen Sie vier Vorteile der Delegation.

30 Selbstmanagement

> **Lernziele:** Nach der Bearbeitung dieses Kapitels können Sie ...
> - den Begriff Wahrnehmung erklären.
> - Selbstbild und Fremdbild unterscheiden.
> - mentale Denkfallen nennen.
> - die vier Entscheidertypen beschreiben.
> - den Perfektionsgrad bestimmen und Prioritäten setzen.
>
> **Schlüsselbegriffe:** Ähnlichkeitsfehler, Ankerbildung, Ausgeglichene, blinder Fleck, Entscheiden, Entscheidertypologien, Fremdbild, Halo-Effekt, Kontrastfehler, mentale Fallen, Perfektionsgrad, Primär-Effekt, Prioritäten, Schnellentscheidende, Selbstausbeutende, Selbstbild, selbsterfüllende Prophezeiung, Selbstmanagement, Wahrscheinlichkeitsfalle, Wahrnehmen, Zerrissene

Projektmanagerinnen haben nicht nur die Aufgabe, ein Projekt zu managen, sondern auch sich selbst. Selbstmanagement ist ein kontinuierlicher Prozess, der mit Blick auf die Anforderungen einen reflektierten und bewussten Umgang mit den eigenen Ressourcen bezweckt. Es handelt sich also um eine kontrollierte Selbststeuerung.

PM-Kompetenzelement	Taxonomie: Wissen										
Verhaltenskompetenz	0	1	2	3	4	5	6	7	8	9	10
Selbstmanagement				D		C	B	A			

Das Management des Ichs ist besonders wichtig für Projektmanager, da Projekte ungewöhnliche Herausforderungen sind und Erfahrungen aus vergangenen Projekten nicht immer eine Hilfe bieten. Voraussetzung für unterstützendes Selbstmanagement ist die Bereitschaft, sich selbst besser kennenzulernen, die eigene Wahrnehmung zu prüfen, um projektbezogene Entscheidungssituationen besser meistern zu können.

30.1 Wahrnehmen

Projektmanagerinnen sind gefordert sich selbst und das Projektfeld möglichst differenziert wahrzunehmen, um angemessene Entscheidungen treffen zu können. Wahrnehmung ist allerdings schwierig. Wir können uns schnell täuschen. Das zeigen schon einfache Beispiele wie optische Täuschungen.

[30-1] Optische Täuschung

Verlaufen die Linien gerade oder gekrümmt?

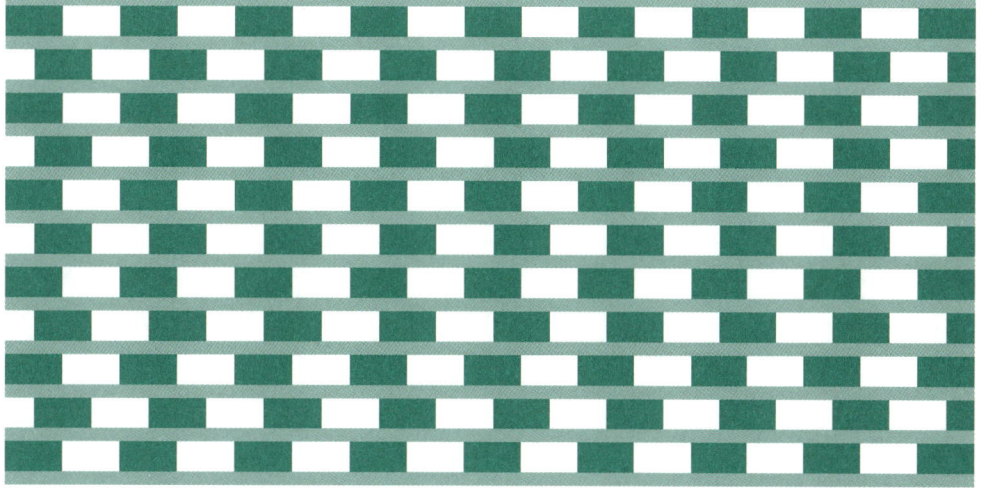

(Die Linien verlaufen gerade.)

Die Menschen befassen sich gerne mit optischen Täuschungen. Trotzdem sind die meisten Menschen davon überzeugt, dass sie sich und andere objektiv und richtig wahrnehmen. Doch viele Argumente sprechen dagegen.

Grundsätzlich kann man sagen, dass Wahrnehmung folgende Eigenschaften hat:

- Wahrnehmung ist **selektiv,** d. h., Menschen wählen, was sie sehen wollen und was nicht. Die Kriterien dafür sind ihnen oft nicht bewusst.
- Wahrnehmung ist **ungenau,** d. h., Menschen sind nicht in der Lage, alle Aspekte genau zu registrieren. Manche Dinge erscheinen beispielsweise grösser oder kleiner, als sie sind.
- Wahrnehmung ist **abhängig vom Standpunkt,** d. h., die Entfernung zu den Dingen und die Perspektive (von oben oder unten) kann grosse Unterschiede erzeugen. Das gilt beispielsweise auch für die Wahrnehmung aus verschiedenen Management-Ebenen. Das Topmanagement sieht die Dinge anders als das mittlere Management oder die Fach- und Unterstützungskräfte.
- Wahrnehmung ist **erlernt,** d. h., Menschen erwerben im Lauf ihres Lebens und in ihrer beruflichen Biografie bestimmte Wahrnehmungsmuster. So hat eine Atomphysikerin eine ganz andere Aufmerksamkeit für Detailfragen als ein Sozialpädagoge, der sich mit sozialen Herausforderungen befasst. Dazu kommen die Erfahrungen, die gemacht wurden und wie diese interpretiert und bewertet werden.
- Wahrnehmung ist **kulturbeeinflusst,** d. h., das, was Menschen als «richtig» bzw. «falsch» erachten, ist von der Kultur geprägt. So ist beispielsweise eine heftige Diskussion mit Interessengruppen aus japanischer Sicht sehr unhöflich und mit Gesichtsverlust verbunden, während das in vielen europäischen Ländern als ganz normal wahrgenommen wird.

Wahrnehmung ist also **nicht objektiv.** Das gilt besonders für die Selbstwahrnehmung, die durch den «blinden Fleck» getrübt ist.

30.1.1   Der blinde Fleck

Der blinde Fleck ist eine lokale Blindheit des Auges, die vom Gehirn kompensiert wird, d. h., wir sehen einen Teil nicht, aber unser Gehirn gleicht diesen Mangel aus, ohne dass wir es merken. Der blinde Fleck dient als Metapher für das **Nicht-Wahrgenommene,** das Ausgeblendete, das Unbekannte. Ein bisschen ist jeder Mensch sich selbst ein Fremder, da wir uns selbst nicht vollständig wahrnehmen können. Das bedeutet, dass wir ein Selbstbild entwickeln, das in keiner Weise dem Bild entsprechen muss, das andere von uns haben. Deshalb ist ein Abgleich zwischen Selbst- und Fremdbild so wichtig. Das Fremdbild hilft, den eigenen blinden Fleck zu erkennen und einen bewussten Umgang zu entwickeln.

[30-2]   Selbstbild und Fremdbild

Selbstbild:
Wie sehe ich mich?

Fremdbild:
Wie sehen mich andere?

Selbstverständlich ist auch das Fremdbild subjektiv. Deshalb ist es gut und wichtig, mehrere Fremdbilder zu nutzen.

Fragen, die man sich dazu stellen kann:

- Von wem ist mir das Fremdbild wichtig bzw. unwichtig? Warum?
- Welche Unterschiede kann ich zwischen Selbstbild und den Fremdbildern ausmachen?
- Über welche Unterschiede bin ich positiv überrascht und welche finde ich unangenehm?
- Was nehme ich gerne als Anregung an?
- Welchen Aspekten will ich mehr Aufmerksamkeit schenken?
- Welche Aspekte will ich sofort verbessern, ändern oder unterlassen? Was genau will ich dafür tun?
- Welche Aspekte will ich verstärken?

Tipp: Lassen Sie sich von einem Fremdbild nicht beunruhigen. Achten Sie darauf, dass Sie immer mehrere Fremdbilder nutzen und vergleichen. Praktizieren Sie den Vergleich regelmässig, um die Wirkung von Veränderungen besser einschätzen zu können.

30.1.2 Mentale Fallen

Auch wenn wir emotionale oder subjektive Aspekte grösstenteils ausschalten können, stolpern wir oft in mentale Fallen. Mentale Fallen sind allgemeine Denkfallen.

Achten Sie besonders auf folgende Fallen:

- **Primär-Effekt:** Informationen, die am schnellsten verfügbar sind oder besonders ins Auge fallen, bestimmen die Bewertung eines Sachverhalts oder einer Person.
- **Halo-Effekt:** Einzelne Eigenschaften überlagern die Wahrnehmung und dominieren den Gesamteindruck.
- **Ankerbildung:** Eine gefasste Meinung wird nicht aufgegeben, obwohl alle Informationen dagegensprechen.
- **Ähnlichkeits- bzw. Kontrastfehler:** Wir stellen an anderen Personen Dinge und Eigenschaften fest, die wir selbst haben oder die wir an uns vermissen.
- **Eingängigkeit:** Eine Information ist einleuchtend und passt genau in das bestehende mentale Modell, sie wird deshalb nicht hinterfragt.
- **Selbsterfüllende Prophezeiungen:** Wir sind davon überzeugt, dass sich bestimmte Dinge in der Zukunft zum Guten oder zum Schlechten entwickeln werden, und arbeiten unbewusst darauf hin, dass diese Prophezeiung auch eintreten wird.
- **Wahrscheinlichkeitsfalle:** Wir unter- oder überschätzen konsequent Wahrscheinlichkeiten.

Tipp: Überlegen Sie, welche Fallen Ihre «Lieblingsfallen» sind.

Hinweis

Es gibt im Management die Forderung nach mehr Evidenzbasierung, da zu viele Entscheidungen aufgrund unreflektierter Annahmen und unzureichender Grundlagen getroffen werden. Als Pioniere des «Evidence-based Managements» gelten die Professoren Jeffrey Pfeffer und Robert Sutton. Sie schlagen vor, dass im Management wie in der Medizin mehr hinterfragt wird. Im medizinischen Bereich wurde nämlich festgestellt, dass zu viele Fachkräfte sich auf veraltetes Wissen verlassen oder blind Informationen vertrauen und auf Verfahren setzen, deren Erfolg nie bewiesen wurde. Die Forderung nach mehr Evidenzbasierung ist mit drei Aspekten verbunden, die alle Entscheidungsträger stärker berücksichtigen müssen: (1) das eigene begrenzte Wissen und die Lernbereitschaft, (2) die aktuellen Forschungsergebnisse und (3) den Nutzen einer medizinischen Intervention bzw. eines Projekts für die Betroffenen.

30.2 Entscheiden

Entscheiden ist eine zentrale Aufgabe im Projektmanagement. Doch Entscheiden ist nicht einfach. Das gilt ganz besonders für Projektentscheidungen, denn die Bedingungen sind einmalig und Erfahrungen selten brauchbar. Erfahrungen aus Projekten in der Vergangenheit sind in vielen Fällen nicht übertragbar auf die aktuelle Projektsituation.

30.2.1 Entscheidertypologie

Projektentscheidungen sind wichtig, denn jede Entscheidung bringt das Projekt weiter. Aber in vielen Fällen sind Projektentscheidungen eigentlich **«unentscheidbar»,** d. h., sie sind nicht eindeutig, da man die Dinge so und auch so sehen kann. Das kann für Entscheider gefährlich werden oder belastende innere Konflikte verursachen.

Maja Storch hat sich dem Problem des Entscheidens gewidmet und vier Entscheidertypen herausgearbeitet. Grundlage dafür schaffen zwei Orientierungen: Die rationale und die emotionale.

Die Entscheidertypologie hilft Projektmanagern, das eigene Entscheidungsmuster besser zu durchschauen und ggf. zu verändern.

[30-3] Entscheidertypologie

	Emotionale Entscheidung niedrig	Emotionale Entscheidung hoch
Rationale Entscheidung hoch	Selbstausbeutende	Ausgeglichene
Rationale Entscheidung niedrig	Zerrissene	Schnellentscheidende

Die Entscheidertypologie zeigt **vier Entscheidertypen:**

- **«Schnellentscheidende»** verfügen über eine «Macherqualität». Das bedeutet, sie treffen Entscheidungen zügig. Das kann bei Projekten, die neue Herausforderungen darstellen, mit hohen Risiken verbunden sein, da oft zu wenig umsichtig vorgegangen wird und kontextuelle Bedingungen nicht berücksichtigt werden. Die Macherqualität kann zu gefährlichen Manövern führen und heftige Widerstände auslösen. Werden die Widerstände ignoriert, kann der «Held» schnell vom Sockel fallen.
- **«Selbstausbeutende»** versuchen, auf der rationalen Ebene eine objektive Entscheidungsgrundlage zu schaffen. Sie blenden Machtkonstellationen, Interessenkonflikte und kulturelle Unterschiede aus und versuchen, mit Expertise und Sachargumenten sich und andere zu überzeugen. Sie kommen aber mit dem Entscheiden nicht voran, weil die (besserwisserische) Sachlichkeit auf politische, soziale und emotionale Barrieren trifft.
- **«Zerrissene»** nehmen die Vielschichtigkeit und Komplexität in Projekten wahr. Sie wollen es allen Interessengruppen recht machen. Sie haben Mühe, Prioritäten zu setzen. Sie stolpern über ihre eigenen Ansprüche und arbeiten schliesslich gegen sich.
- **«Ausgeglichene»** pflegen einen konstruktiven und umsichtigen Umgang mit Entscheidungen, sie können mit Blick auf die Ziele eine angemessene Entscheidungsgrundlage schaffen und eine Entscheidung treffen. Sie meistern die Balance und können ihre eigenen Kompetenzen unter Berücksichtigung des Kontexts gut einschätzen.

Aus der Entscheidertypologie können Entscheider **Handlungsmöglichkeiten** ableiten. So kann beispielsweise der «Schnellentscheidende» eine Bremse einlegen und ein Entscheiderteam aufbauen, der «Selbstausbeutende» kann eine Stakeholderanalyse erstellen, der «Zerrissene» hat die Möglichkeit, einen Änderungsprozess zu definieren.

30.2.2 Perfektionsgrad bestimmen

Oft verlieren Projektmanager wertvolle Zeit, weil sie sich unwichtigen Details widmen und diese perfektionieren.

Beispiel

Für die Aktualisierung einer Projektpräsentation benötigt Herr Z eine halbe Stunde. Alle wichtigen Informationen sind auf dem neuesten Stand. Dann fällt ihm ein, dass es irgendwo eine schöne Grafik gibt. Er sucht in seinen Unterlagen. Nach 10 Minuten hat er die Grafik gefunden und stellt fest, dass die Farbe und die Schrift nicht stimmen. Nach 5 Minuten ist die Grafik perfekt. Auf der Suche nach der Grafik hat er noch eine Datei gefunden, die noch eine andere interessante Abbildung hat. Er überlegt, ob er diese auch noch aufnimmt. Das Telefon klingelt und ein Projektmitarbeiter weist ihn darauf hin, dass er bereits seit 10 Minuten auf ihn wartet. Herr Z schaut erstaunt auf die Uhr und muss erkennen, dass nun schon wieder Zeit verstrichen ist. Er verspricht, seinen Termin sofort wahrzunehmen, schaut nochmals auf die zwei Abbildungen und beschliesst dann unter Zeitdruck, nun doch keine Grafik aufzunehmen. Nach der Aktualisierung der Projektpräsentation hat Herr Z sich mehr als 25 Minuten mit Perfektionierung befasst.

Die 80/20-Regel kann helfen, die Zeit ökonomischer zu nutzen. Die Regel wird auch **Pareto-Prinzip** genannt, denn es war Vilfredo Pareto, der das 80/20-Prinzip aufstellte. Der 80/20-Regel liegt die Erkenntnis zugrunde, dass 80 Prozent eines bestimmten Ergebnisses in 20 Prozent der zur Verfügung gestellten Zeit erledigt werden können, dass aber die restlichen 20 Prozent für die Perfektionierung des Ergebnisses etwa 80 Prozent der Zeit fressen. In einem Projekt kann die 80/20-Regel nicht stur Anwendung finden. Projektmanagerinnen müssen klären, bei welchen Ergebnissen Perfektion wichtig ist und bei welchen Ergebnissen nicht.

30.2.3 Prioritäten setzen

Prioritäten sind wichtig. Sie helfen zielorientiert, den Arbeitsberg zu bewältigen, und schützen davor, dass Unwichtiges die Aufmerksamkeit bannt. Eine einfache Methode, um das zu erreichen, ist die **ABC-Analyse**.

Aufgabe	Erläuterung
A-Aufgabe	Diese Aufgaben sind wichtig und dringend. Nur Sie können diese Aufgabe erledigen. **Sofort in Angriff nehmen!**
B-Aufgabe	Diese Aufgaben sind durchschnittlich wichtig und dringend. Sie können die Aufgabe teilweise oder ganz **delegieren** und **terminieren**.
C-Aufgabe	Diese Aufgaben sind nicht wichtig und nicht dringend, aber zeitaufwendig. **Delegieren Sie so viel wie möglich.**

Hinweis

Lesen Sie auch die Ausführungen über das Delegieren im Kapitel Leadership.

> Selbstmanagement ist ein Prozess, der dem Projektmanager hilft, sich selbst bewusst zu steuern. Das **Management des Ichs** ist wichtig. Es sorgt dafür, dass die eigenen Ressourcen nicht von den hohen Projektanforderungen aufgerieben und verbraucht werden. Wir haben dazu zwei Aspekte herausgearbeitet, die von besonderer Bedeutung für Projektmanager sind: Wahrnehmen und Entscheiden.

Wahrnehmung ist die Grundlage guter Entscheidungen. Aber Wahrnehmen ist eine schwierige Angelegenheit mit folgenden **Eigenschaften:**

- Wahrnehmung ist selektiv.
- Wahrnehmung ist ungenau.
- Wahrnehmung ist abhängig vom Standpunkt.
- Wahrnehmung ist erlernt.
- Wahrnehmung ist kulturbeeinflusst.

Wahrnehmung kann schon deshalb nicht objektiv sein, weil unser Sehen durch den **«blinden Fleck»** eingeschränkt wird. Das gilt auch und besonders für die Selbstwahrnehmung. Andere können uns bei der Wahrnehmung helfen, da sie Dinge an uns sehen, die wir nicht sehen können oder wollen. Aus dem **Vergleich zwischen Selbstbild und den Fremdbildern** können wir Handlungsmöglichkeiten erschliessen. Wir können eine bestimmte Sache tun oder auch unterlassen. Diese Vorgehensweise hilft uns auch, die klassischen **Denkfallen** wie die selbsterfüllenden Prophezeiungen zu vermeiden. **Entscheiden** ist eine zentrale Aufgabe im Projektmanagement, aber viele Entscheidungen zeichnen sich dadurch aus, dass sie eigentlich «unentscheidbar» sind, d. h., sie sind nicht eindeutig, da man Dinge so oder auch anders sehen kann. Wir haben vier Entscheidertypen kennengelernt: Selbstausbeutende, Ausgeglichene, Zerrissene und Schnellentscheidende.

Ist man sich seiner eigenen Entscheidungsmuster bewusst, kann man Handlungsmöglichkeiten erschliessen. Bei der Aufbereitung von Entscheidungsgrundlagen sind allgemein zwei Fragen zu klären, die auch dem Zeitmanagement zugute kommen:

- Wie wichtig und wie dringend ist die Entscheidung für das Projekt?
- Wie perfekt muss die Entscheidungsgrundlage sein, reicht ein Perfektionsgrad von 80 Prozent aus?

Repetitionsfragen

88

Stellen Sie sich vor, Sie arbeiten zusammen mit sieben Projektmitarbeitenden. Einer davon ist Urs. Urs hat eine Idee eingebracht, die er immer wieder auf den Tisch bringt, obwohl alle Informationen gegen eine Realisierung sprechen. Er beisst sich immer mehr darin fest. Angenommen, Urs ist in einer Denkfalle gefangen. Um welche Denkfalle handelt es sich?

89

Angenommen Sie sind Coach und zu Ihnen kommen drei Projektmanager, die drei Entscheidungstypen repräsentieren. Im Beratungsgespräch wird für jeden eine Lösungsmöglichkeit herausgearbeitet. Sie finden die Lösungsmöglichkeiten in der Tabelle. Bitte ordnen Sie den Lösungsmöglichkeiten einen Entscheidertyp zu.

Lösungsmöglichkeit	Entscheidertyp
Ich definiere einen klaren Änderungsprozess mit eindeutigen Kriterien, um die verschiedenen Erwartungen der Interessengruppen besser managen zu können.	
Ich suche mir drei Vertrauenspersonen, die ich vor der nächsten grossen Entscheidung als Bremse nutze.	
Ich mache eine Stakeholderanalyse, damit ich mehr Klarheit gewinne über die sozialen, emotionalen und politischen Barrieren.	

31 Beratung und Verhandlungen

> **Lernziele:** Nach der Bearbeitung dieses Kapitels können Sie …
> - die Fachberatung und die Prozessberatung unterscheiden.
> - die kollegiale Beratung und das professionelle Coaching unterscheiden.
> - Verhandlungen mit verschiedenen Personengruppen führen.
> - das Harvard-Konzept der Verhandlungsführung erklären.
>
> **Schlüsselbegriffe:** Beratung, «Einer-teilt-einer-wählt»-Prinzip, Fachberatung, Harvard-Prinzip, kollegiale Beratung, professionelles Coaching, Prozessberatung, Verhandlung

Beraten und Verhandeln sind Verhaltens- und Verfahrensweisen, die die Projektarbeit sowohl auf der fachlichen Ebene als auch auf der sozialen Ebene bereichern können.

PM-Kompetenzelement	Taxonomie: Wissen										
Verhaltenskompetenz	0	1	2	3	4	5	6	7	8	9	10
Beratung					D	C	B		A		
Verhandlung						CD	B	A			

Hinweis Lesen Sie dazu auch die Ausführungen zum Kompetenzelement Kommunikation.

31.1 Beratung im Projekt

Beratung spielt eine immer grössere Rolle in der Projektwelt. Sie hat für das Projektmanagement drei Bedeutungen:

- Als **Dienstleistung** wird sie beauftragt, um dem Projekt spezifisches Fachwissen oder Prozess-Know-how zuzuführen.
- Als **Problemlösungsmethode** kann sie im Projektteam praktiziert werden, etwa in der Form der kollegialen Beratung.
- Als **Variante des Führungsstils** kann sie das Meistern komplexer Projektsituationen unterstützen, dann nimmt der Projektmanager die Rolle des Beratenden ein.

Bevor auf die verschiedenen Bedeutungen eingegangen wird, werden zunächst zum besseren allgemeinen Verständnis zwei grundlegende Beratungsansätze gegenübergestellt. Grob kann zwischen dem Ansatz der **Fachberatung** und der **Prozessberatung** unterschieden werden. Die folgende Übersicht weist auf wichtige Unterschiede hin.

	Fachberatung	Prozessberatung
Allgemein	Stellt Produkte und Lösungen bereit und bietet Unterstützung bei der Anwendung	Unterstützt und fördert das Projektmanagement beratend, ohne eine Lösung vorzugeben bzw. zu favorisieren, d. h. neutral – im Sinn von «Hilfe zur Selbsthilfe» und zur Erweiterung und Vertiefung der Projektmanagementkompetenzen.
Fokus	Ausschnitt und Detail	Big Picture (das Ganze) und Zusammenhänge
Beratende	Spezialistinnen mit ausgeprägtem Fachwissen, die primär auf der Inhaltsebene arbeiten	Generalisten mit Systemdenken und Methodenwissen, die primär auf der Beziehungsebene arbeiten
Beziehung	Beratende sind Experten oder Lösungsanbieter und Projektmanagerinnen übernehmen die Rolle des «Laien»	Beratende erweitern die Perspektive und befähigen zum situationsgerechten Entscheiden und Handeln, der Projektmanager entscheidet

	Fachberatung	**Prozessberatung**
Beispiele	Unterstützung • bei der Auswahl oder Entwicklung einer bestimmten Software (z. B. für das Portfoliomanagement), • hinsichtlich Fördergelder oder Möglichkeiten der Projektfinanzierung, • beim Identifizieren relevanter Vorschriften und Gesetze z. B. in der internationalen Projektarbeit.	Unterstützung • bei der Entwicklung einer Strategie oder eines angemessenen Vorgehenskonzepts sowie Auswahl von geeigneten Methoden, • beim Abbau von Umsetzungshürden in komplexen Organisationsprojekten, • im Umgang mit Konflikten (z. B. Rollenkonflikten) oder bei der Team- und Führungsstilentwicklung

Zunehmend wird auch eine Kombination aus Fach- und Prozessberatung unter dem Begriff **Komplementärberatung** angeboten.

In grossen Projekten kann es durchaus vorkommen, dass viele verschiedene Beratende tätig werden. Projektmanager sollten sich folgende Fragen stellen und beantworten können:

- Bei welchen Herausforderungen und Themen ist Beratung sinnvoll und wichtig?
- Welcher Beratungsansatz ist am ehesten für die Bearbeitung geeignet?
- Wie lautet der Beratungsauftrag ganz konkret?

31.1.1 Projektmanager als Beratende

Die Vorgehensweise und das Methodenrepertoire der **Prozessberatung** können für Projektmanager eine sehr nützliche Erweiterung des Führungsstils sein. Projektmanager nehmen dann eine beraterische Haltung gegenüber den Beteiligten und Interessengruppen ein. Die Rolle des Beratenden ist vor allem durch **wertschätzendes Verhalten** und eine **fragende Haltung** gekennzeichnet, d. h., es wird Zurückhaltung in inhaltlichen Aussagen und fachlicher Expertise geübt.

Das kann viele **Vorteile** mit sich bringen:

- Die Beteiligten und Interessengruppen fühlen sich ernst genommen.
- Nicht direkt abgefragte Wissensvorräte etwa im Projektteam werden aktiviert.
- Die Beteiligten werden motiviert, mitzudenken und sich einzubringen.
- Mögliche Konflikte werden früher erkannt.
- Die Zusammenarbeit insgesamt wird gefördert.

Die beraterische Haltung kann für die Projektmanagerin auch **Nachteile** bringen. Das ist vor allem dann der Fall, wenn bei den Beteiligten die Idee vorherrscht, dass Projektmanager über das absolute Fachwissen verfügen müssen.

Hinweis Lesen Sie dazu auch die Ausführungen zum Kompetenzelement Leadership.

31.1.2 Kollegiale Beratung

Kollegiale Beratung ist eine besondere Form des Beratens. Das Besondere ist, dass die Beratung im Kollegenkreis bzw. im Projektteam erfolgt, d. h., es wird keine professionelle Beratungsperson einbezogen. Da in der kollegialen Beratung kein hierarchischer Unterschied besteht und auch keine externe Beraterperson hinzugezogen wird, wird sie auch **Intervision** genannt. Der Begriff Intervision ist eine Kombination aus «inter» (d. h. zwischen) und «vision» (d. h. Sehen), im Gegensatz dazu ist der Begriff Supervision zusammengesetzt aus «super» (d. h. über) und «vision» (d. h. Sehen). Supervision ist eine Beratungsform, die unter Einsatz eines externen Supervisors erfolgt, der zur Unterstützung einer Lösung oder Verbesserung einer Situation eine andere Perspektive einbringt oder einnimmt. In der Intervision sind alle, d. h. Beratende und die Person, die eine problematische Situation schildert, gleich.

Kollegiale Beratung kann verschiedene **Ausprägungen** haben. Sie kann im Projektteam erfolgen, es kann aber auch sein, dass Projektmanagerinnen aus verschiedenen Projekten kollegiale Beratung vereinbaren.

Kollegiale Beratung hat viele **Vorteile** im Projektmanagement:

- Qualität der Leistungen fördern
- Den fachlichen Austausch und Kommunikation im Projektteam verbessern
- Das Projektteam entwickeln und Zusammenhalt stärken
- Kapazitätsengpässe gemeinsam lösen
- Führungs- und Arbeitsstil besser auf das Projekt abstimmen
- Änderungen umsichtiger realisieren
- Schnittstellen schneller identifizieren
- Probleme aus mehreren Perspektiven lösen
- Verhaltenskompetenzen fördern
- Spezifische Kontextkompetenzen entwickeln
- Schwierige Projektphasen leichter meistern

Kollegiale Beratung qualifiziert die Projektmitarbeitenden praxisnah und lösungsorientiert. Damit kollegiale Beratung wirksam wird, müssen Rollen definiert, bestimmte Regeln berücksichtigt und die Verfahrensweise eingehalten werden.

Es sind vor allem zwei **Rollen** im kollegialen Beratungsprozess, die zu Beginn einer Beratungsrunde geklärt werden müssen:

- Wer möchte eine Problemsituation beschreiben und sich vom Kollegium beraten lassen? (Rolle des **Ratsuchenden**)
- Wer übernimmt die neutrale Moderation einschliesslich Zeitmanagement? (Rolle des **Moderators**)

Alle anderen Anwesenden aus dem Kollegium schlüpfen in die **Beraterrolle.**

Damit kollegiale Beratung gelingt, müssen alle Beteiligten sich an bestimmten **Verhaltensweisen** orientieren:

- Offenheit und Wertschätzung allen beteiligten Personen gegenüber.
- Kollegiale Beratung findet in einem «geschützten Raum» statt, d. h., vertrauliche Informationen werden nicht an Aussenstehende vermittelt.
- Die Beratenden sind bereit, sich für eine Lösung zu engagieren.

Kollegiale Beratung ist kein Kaffeeküchengeplauder, es ist ein Beratungsverfahren mit einer bestimmten Vorgehensweise. Der etwa einstündige Prozess der kollegialen Beratung gliedert sich nach der Rollendefinition in **fünf Phasen:**

- **Problembeschreibung** mit dem Ergebnis, dass die Problemsituation beschrieben und verstanden ist.
- **Schlüsselfrage** mit dem Ergebnis, dass eine Schlüsselfrage zur Problemsituation formuliert ist.
- **Methodenwahl** mit dem Ergebnis, dass eine geeignete Methode (z. B. Brainstorming, Fischgrät-Diagramm) zur Beantwortung der Schlüsselfrage gewählt wurde.
- **Beratung** mit dem Ergebnis, dass Beiträge aus dem Kollegium zur Beantwortung der Schlüsselfrage vorliegen (der Ratsuchende bleibt in dieser Phase passiv und hört nur zu).
- **Abschluss** mit dem Ergebnis, dass die Ratsuchende die Beiträge aus dem Kollegium zusammenfasst und bewertet.

Kollegiale Beratung hat aber auch Grenzen, die zu respektieren sind. Sie eignet sich vor allem für die Entwicklung von Lösungen für fachliche Fragen und nur bedingt für die Bearbeitung von Konflikten oder gar Unstimmigkeiten im Team. In diesen Fällen ist ein externen Supervisor oder Coach besser geeignet, weil keine Verflechtung und Verpflichtung besteht.

31.1.3 Professionelles Coaching

Immer öfter ist von Coaching die Rede. Coaching ist eine professionelle Beratungsleistung, die primär auf Führungskräfte und Teams in anspruchsvollen Arbeitssituationen (z. B. komplexen Projekten) und ambitionsreichen Veränderungsprozessen abgestimmt ist. Das allgemeine Ziel des Coachings ist, die Selbstmanagement- und Führungskompetenz zu stärken und den Umgang mit komplexen und schwierigen Prozessen zu fördern. Im **projektbezogenen Coaching** liegt der Fokus auf den konkreten Projektherausforderungen und der Gestaltung der Rolle (z. B. als Projektmanager) unter Berücksichtigung der Erwartungen der Organisation und der Interessengruppen. Coaching ist zeitlich befristet. Es wird aus mehreren Perspektiven mit Blick auf die Beteiligten und Interessengruppen sowie ressourcen-, lösungs- und umsetzungsorientiert gearbeitet. Ziel ist es, ganz pragmatische Handlungsmöglichkeiten zu erschliessen.

Coaching im Projekt wird vor allem in zwei Formen genutzt: Coaching der Projektleitung und Coaching des Projektteams.

- **Projektmanager-Coaching** ist Einzelberatung. Im Coaching werden dann vor allem Führungsfragen bearbeitet.
- **Projektteam-Coaching** ist Teamberatung. Coaching erfüllt primär den Zweck, das Projektteam in seiner Entwicklung und die konstruktive Zusammenarbeit zu fördern.

Darüber hinaus gibt es auch die Möglichkeit, des **Gruppen-Coachings.** Das bedeutet, dass beispielsweise Projektmanagerinnen, die unterschiedliche Projekte verantworten, sich in einer Gruppe finden, um sich ausgehend von Fallbeispielen, die von den Teilnehmenden vorgestellt werden, strukturiert und moderiert den typischen Herausforderungen des Projektmanagements zu widmen. Gruppen-Coaching bietet vor allem die Möglichkeit, sich auszutauschen und aus dem Vergleich zu lernen.

31.2 Verhandlungen

Zum Projektmanagement gehört auch das Verhandeln. Verhandlungsführung ist in vielen Situationen mit verschiedenen Verhandlungspartnern erforderlich.

In grossen Projekten können das beispielsweise Verhandlungen sein mit

- **Interessengruppen:** über unterschiedliche und sich gegenseitig ausschliessende Interessen,
- **Kunden bzw. Auftraggeber:** über Ergebnisse und erwartete Qualität sowie Ressourcen, oder mit
- **Lieferanten:** über Leistung und Preis sowie Lieferkonditionen und Service.

Hinweis Lesen Sie dazu auch die Ausführungen zu den Kompetenzelementen Konflikte und Krisen sowie Kommunikation.

Verhandlungsführung ist im Lauf eines Projekts immer wieder gefragt. Verhandeln dient einerseits der Konfliktprävention und anderseits der Konfliktbearbeitung. Im Rahmen der **Konfliktprävention** geht es beim Verhandeln vor allem um die sorgfältige Klärung von Interessen der Beteiligten und die damit verbundenen Konditionen (z. B. Zahlungskonditionen, Ergebniskriterien). Bei der **Konfliktbearbeitung** helfen Verhandlungstechniken bei der Entwicklung von Lösungen, die allen Beteiligten Nutzen bringen. Ein bewährtes Verfahren für die Verhandlungsführung ist das **Harvard-Konzept.** Das Harvard-Konzept berücksichtigt bei der Verhandlungsführung sowohl die Sach- als auch die Beziehungsebene und baut beim Verhandeln auf **vier Prinzipien** auf:

- Personen und Probleme voneinander getrennt wahrnehmen!
- Auf die Interessen der Verhandlungsparteien konzentrieren, nicht auf ihre Position!
- Handlungsmöglichkeiten entwickeln und zeitlich von der Entscheidungsfindung trennen!
- Beurteilungskriterien klären (z. B. ethische Normen, Qualitätskriterien, gesetzliche Regelungen)!

[31-1]   Person und Problem voneinander getrennt wahrnehmen!

| Person | ≠ | Problem |

Gelingt es, die vier Prinzipien einzuhalten, können mit grosser Sicherheit folgende **Vorteile** erreicht werden:

- Die bestehende Beziehung bleibt erhalten und wird sogar verbessert.
- Eine Win-win-Lösung wird erzielt.
- Der Zeitaufwand für die Entwicklung einer aus Sicht der Beteiligten guten Lösung wird verringert, da nicht die Positionen im Mittelpunkt stehen, sondern die Interessen.

Kurz gesagt: Das Verhandeln nach dem Harvard-Prinzip ist hart in der Sache, aber auf einen respektvollen Umgang zwischen den Beteiligten bedacht.

Tipp: Wenn in einer Verhandlung beide Parteien ein und dieselbe Sache wollen und es um die Schwierigkeit des fairen Teilens geht, dann soll eine Partei eine mögliche Teilung vorschlagen und die andere Partei darf wählen, wer welchen Teil erhält. Das ist das **«Einer-teilt-einer-wählt»-Prinzip.**

Beispiel

Zwei Projektleiter fordern für ihr Projekt je drei Projekträume an. Es stehen aber nur fünf Räume zur Verfügung. Es droht ein Streit auszubrechen, weil beide Projektleiter die gleichen Räume beanspruchen. Je mehr Argumente ausgetauscht werden, desto schwieriger, unversöhnlicher und zeitraubender wird die Situation. In der kollegialen Beratung hat ein Projektleiter das «Einer-teilt-einer-wählt»-Prinzip kennengelernt und schlägt seinem Verhandlungspartner ein entsprechendes Vorgehen vor. Im Handumdrehen ist das Problem gelöst: Zuerst teilt einer die Räume auf, dann darf der andere auswählen. Beide sind mehr als zufrieden mit der verblüffend einfachen Lösung.

Das Harvard-Konzept warnt vor «faulen» Kompromissen. Deshalb wird beispielsweise vorab geklärt, was eine «gute Lösung» sein könnte, wenn keine Einigung innerhalb einer bestimmten Zeit erreicht werden kann.

Hinweis

Verhandlungsprozesse und die damit verbundene Kommunikation sind stark kulturabhängig. In vielen Kulturen spielen beispielsweise der Status der involvierten Personen oder auch die Verpflichtung gegenüber weiteren Personen eine Rolle. Das kann etwa dazu führen, dass Interessen nicht einfach formuliert werden können, sondern in einem iterativen Prozess erschlossen werden müssen.

Es können im Allgemeinen **zwei Beratungsansätze** unterschieden werden:

- Fachberatung führt dem Projekt Wissen primär auf der Inhaltsebene zu.
- Prozessberatung arbeitet vor allem auf der Beziehungsebene und stärkt die Projektmanagementkompetenz.

Wir haben **drei Beratungsformate** näher betrachtet. Die **kollegiale Beratung** wird auch Intervision genannt. Sie wird als **Problemlösungsmethode** im Projektteam gezielt eingesetzt.

Professionelles Coaching ist eine Beratungsleistung, die in anspruchsvollen Projektsituationen und schwierigen Projektprozessen unterstützt. Coaching wird vor allem in zwei Formen genutzt: Projektmanager-Coaching und Projektteam-Coaching.

Ausserdem kann die **beraterische Haltung als Erweiterung des Führungsstils** dienen.

Zum Projektmanagement gehört auch die **Verhandlungsführung**. Verhandlungen dienen der **Konfliktprävention** und auch der **Konfliktbearbeitung**. Das **Harvard-Konzept der Verhandlungsführung** basiert auf **vier Prinzipien**:

- Personen und Probleme werden voneinander getrennt wahrgenommen.
- Der Fokus wird auf die Interessen der Beteiligten gelegt, nicht auf deren Position.
- Handlungsalternativen werden entwickelt, aber die Entscheidung zeitlich getrennt.
- Beurteilungskriterien für die Entscheidung werden ausgearbeitet.

Repetitionsfragen

90

Sie haben zwei grundlegende Ansätze des Beratens kennengelernt: die Fachberatung und die Prozessberatung. Welcher der Ansätze wird auch «Hilfe zur Selbsthilfe» genannt?

91

Beratung im Projekt kann mit einer Variante des Führungsstils des Projektmanagers verbunden sein. Überlegen Sie, welche der folgenden Aussagen in diesem Zusammenhang richtig sind:

Beratung als Variante des Führungsstils meint	Richtig
Der Projektmanager weiss alles besser.	☐
Der Projektmanager stellt Fragen.	☐
Der Projektmanager verhält sich wertschätzend.	☐

92

Die kollegiale Beratung ist eine Beratungsform für ein Team. Welche Rollen müssen zu Beginn einer Sitzung geklärt werden?

93

Sie haben das Prinzip «Einer teilt- einer wählt» kennengelernt. Bitte beschreiben Sie kurz, was damit gemeint ist.

32 Konflikte und Krisen

> **Lernziele:** Nach der Bearbeitung dieses Kapitels können Sie ...
>
> - die fünf Hauptarten von Konflikten nennen.
> - heisse und kalte Konflikte unterscheiden.
> - Konflikte und Widerstand erkennen.
> - Konflikte managen.
> - mit Krisen und Widerstand in Projekten umgehen.
>
> **Schlüsselbegriffe:** Auswertung, begrenzte Konfrontation, Dreieckskonflikte, Gesprächseröffnung, Gruppenkonflikte, heisse Konflikte, kalte Konflikte, Konflikt, Konfliktarten, Konfliktbearbeitung, Konfliktdiagnose, Konflikteskalation, Konfliktmanagement, Konfliktverhaltensstil, Krise, Lösungsmöglichkeiten, Machteingriff, Mediation, Moderation, Organisationskonflikte, Prozessbegleitung, Schiedsverfahren, Widerstand

Konflikte und Krisen können ein Projekt ernsthaft gefährden. Projektmanager müssen die Entwicklung von Konflikten und Krisen sowie den damit verbundenen Widerstand frühzeitig wahrnehmen, um konstruktiv vorgehen zu können.

PM-Kompetenzelement	Taxonomie: Wissen										
Verhaltenskompetenz	0	1	2	3	4	5	6	7	8	9	10
Konflikte und Krisen					D	C	B	A			

32.1 Was ist ein Konflikt?

Treffen Menschen mit unterschiedlichen Meinungen, Ansichten, Einstellungen, Erwartungen, Machtpotenzialen, Wertvorstellungen oder Zielen aufeinander, so sind **Meinungsverschiedenheiten und Missverständnisse** nicht zu vermeiden. Können, wollen oder dürfen diese Unterschiede nicht bearbeitet werden, entstehen Situationen, die als Störung oder gar Bedrohung empfunden werden.

32.2 Konfliktarten

Konflikte entstehen aus unterschiedlichen Situationen und Zusammenhängen. Daraus lassen sich verschiedene Konfliktarten identifizieren.

32.2.1 Konflikte auf der Personenebene

Diese Konflikte spielen sich im Innern einer Person ab. Man hat **mit sich selbst zu kämpfen,** weil man eine schwierige Entscheidung treffen muss oder nicht recht weiss, was gerade wirklich wichtig ist. Es können sehr persönliche und auch konfliktträchtige Selbstzweifel und Unsicherheiten entstehen. Diese Konfliktart hat nur indirekten Einfluss auf das Geschehen im Projekt, da sie selten offen ausgetragen wird.

Direkteren Einfluss auf das Projekt können Rollen- oder Wertekonflikte nehmen:

- **Rollenkonflikte:** An die Person werden widersprüchliche Rollenerwartungen herangetragen (z. B. hinsichtlich des Führungsstils oder ein Projektmitarbeiter in einer Matrixorganisation sieht sich hin und her gerissen zwischen den Anforderungen der Linie und denen aus der Projektmitarbeit).
- **Wertekonflikte:** Eine Projektmitarbeiterin kann die Projektziele nicht mit seinen persönlichen Werten in Einklang bringen.

32.2.2 Zwischenmenschliche Konflikte

Konflikte zwischen zwei Menschen entstehen im Wesentlichen aus dem Widerspruch, auf der einen Seite die eigenen Interessen wahren zu müssen, d. h., seine eigene Persönlichkeit zu stärken, und auf der anderen Seite die Beziehung über Kompromisse weiter entwickeln zu wollen.

Jeder Konfliktbeteiligte muss je nach Situation und Informationslage die Entscheidung treffen, seine eigene Identität stärker oder schwächer zu betonen. Neben diesem grundsätzlichen Identitätskonflikt können bei Zweierbeziehungen noch weitere Konfliktarten unterschieden werden:

- **Progressionskonflikte:** Die Karriere einer Person entwickelt sich schneller als die der anderen.
- **Zugehörigkeitskonflikte:** Bedingt durch die Herkunft aus einem anderen System mit unterschiedlichen Traditionen und Werten, sind andere Sichtweisen und Standpunkte vorhanden.
- **Kommunikationskonflikte:** Zwei Menschen sprechen auf unterschiedlichen Ebenen miteinander.
- **Rollenkonflikte:** Nicht erfüllte oder ausgesprochene Erwartungen an eine Rolle führen zu Spannungen.
- **Konkurrenzkonflikte:** Zwei Kontrahenten können mit einer Konkurrenzsituation nicht umgehen oder akzeptieren die Entscheidung nicht.

32.2.3 Dreieckskonflikte

Dreieckskonflikte sind eng mit den zwischenmenschlichen Konflikten verbunden. Allerdings ist es nicht nur einfach eine Ergänzung um eine dritte Person. Beziehungen zwischen drei Personen bergen erheblich mehr Konfliktpotenzial. Das liegt daran, dass nicht nur eine Beziehung besteht, die Veränderungen unterliegen kann, sondern drei Beziehungen. Dreieckskonflikte haben zwei besondere Unterarten:

- **Koalitionskonflikte:** In einem Zweierkonflikt wird versucht, den Dritten mit hineinzuziehen.
- **Ausgrenzungskonflikt:** Zwei verbünden sich gegen den Dritten.

32.2.4 Gruppenkonflikte

Konflikte in Gruppen mit mehr als drei Beteiligten heissen Gruppenkonflikte. Innerhalb von Gruppen besteht immer eine Tendenz, die Mitglieder rational und emotional gleichzuschalten. Gruppen bremsen den Schnellen und motivieren den Langsamen und bringen so alle auf ein theoretisch ähnliches Leistungsniveau. Dabei leistet eine funktionierende Gruppe mehr als die Einzelnen.

Um einer Gruppe Stabilität und Sicherheit zu geben oder sie zu erhalten, stehen die Themen Zugehörigkeit, Gemeinsamkeiten und Loyalität im Vordergrund. Diese Aspekte entwickeln sich im Lauf der Zeit und werden durch Rituale, Belohnungs- und Strafsysteme gefestigt. Sie dienen vor allem der emotionalen Einigung und Bestätigung der Zugehörigkeit. Werden sie infrage gestellt, entsteht ein Gruppenkonflikt. Gruppen haben eine **eigene Dynamik**, die zu **besonderen Arten von Konflikten** führen:

- **Untergruppenkonflikte:** Es bilden sich Untergruppen, die die anderen Gruppenmitglieder von etwas ausschliessen. Das gefährdet die Gruppe, und es wird versucht, die Untergruppen nach Möglichkeit aufzulösen.
- **Herrschaftskonflikte:** Dabei geht es um Einfluss und Kompetenz in der Gruppe. Werden diese scheinbar bedroht, entstehen Machtkonflikte.

- **Rangkonflikte:** Bei der Schaffung oder Veränderung einer Rangordnung entstehen Auseinandersetzungen. Hier geht es um Einzelpersonen.
- **Integrationskonflikte:** Ein neues Gruppenmitglied bringt das Gefüge durcheinander.
- **Substitutionskonflikte:** Eine Person wurde durch eine andere gekränkt, kann das aber nicht zeigen und lässt ihren Unmut an einem Gruppenmitglied aus.

32.2.5 Organisationskonflikte

Organisationskonflikte entstehen durch Konfrontationen zwischen den einzelnen Einheiten einer Organisation. Diese Einheiten kooperieren nicht immer, sondern können auch zueinander im Wettbewerb stehen. Menschen suchen die stabile, langfristige Gruppe, z. B. die Familie. Organisationen streben aber keine stabile Gruppe an. Sie müssen sich den sich ändernden Umwelten anpassen, damit sie auf Dauer bestehen können. Das erfolgt durch Einwirkung einer übergeordneten Stelle. An den Schnittstellen entstehen Spannungen, die zu Organisationskonflikten führen können. Diese äussern sich im Abteilungs-, Konzentrations- und Ressourcenkonflikt.

- **Abteilungskonflikte:** Abteilungen oder Organisationseinheiten verfolgen unterschiedliche, entgegengesetzte Interessen. Jeder Bereich versucht, für sich optimale Ergebnisse zu erzielen.
- **Konzentrationskonflikte:** Zwischen dem Hauptsitz und den Tochtergesellschaften besteht eine unterschiedliche Verantwortungs- und Kompetenzverteilung, die Anlass für Konflikte gibt.
- **Ressourcenkonflikte:** In einer Organisation werden mehrere Projekte durchgeführt, die alle auf eine Quelle zugreifen. Verknappen sich die Ressourcen, kann es zu Verteilungskonflikten kommen.

32.3 Heisse und kalte Konflikte

Wir unterscheiden unabhängig von der Art und der Anzahl der am Konflikt beteiligten Personen heisse und kalte Konflikte. Diese Differenzierung orientiert sich nicht am Verhalten einzelner Personen, sondern an der **Art und Weise, wie der Konflikt insgesamt ausgetragen wird.** Die Äusserungsform – heiss und kalt – bezieht sich auf das Klima und das Zusammenspiel der Konfliktparteien.

32.3.1 Heisse Konflikte

Bei heissen Konflikten streiten die Parteien heftig miteinander. Sie versuchen, einander zu überzeugen. **Angriff und Verteidigung sind für alle klar ersichtlich.** Die Beteiligten sind derart von ihrer Sache und der Reinheit ihrer Motive überzeugt, dass sie bei den Auseinandersetzungen mit der Gegenseite versuchen, diese von ihren Idealen zu überzeugen. Es geht nicht darum, die andere Seite zu blockieren, sondern darum, die eigenen Ideale zu realisieren. Dies steigert sich so weit, dass die eigenen Motive nicht mehr hinterfragt werden. Man ist daran interessiert, mit der anderen Partei in eine Diskussion einzutreten. Dabei soll diese mit der eigenen Auffassung konfrontiert werden. Es besteht die Tendenz, einzelne Personen als Führungspersönlichkeiten herauszubilden, die dann als Sprachrohr für die eigenen Ideen dienen.

32.3.2 Kalte Konflikte

Offene, **direkte Auseinandersetzungen** erliegen bei kalten Konflikten. Von aussen lässt sich nur eine Erlahmung der Konfliktparteien feststellen. Kalte Konflikte werden von Konfliktparteien ausgetragen, die frustriert und desillusioniert sind. Gefühle werden hinuntergeschluckt. Das Selbstwertgefühl schwindet. Untereinander bestehen kaum noch Verbindungen. Es entsteht eine Stimmung der Kälte und Leere, die eine Ansteckungsgefahr für andere in sich birgt. Da direkte Konfrontationen vermieden werden, sind kalte Konflikte nicht von Aktionismus geprägt. Die direkte Kommunikation kann sogar zum Erliegen kommen. An ihre Stelle tritt eine indirekte, formale Kommunikation: Es wird nur noch schriftlich kommuniziert. Es kommt zu einem regen Austausch von feindseligem, destruktivem Verhalten. Die Methoden sind nur weniger offen sichtbar. Es kommt zu subtilen Formen der Aggression, die von Lücken im System geschickt Gebrauch machen, um den Gegner so zu schädigen. Solange beispielsweise dem Gegner vermeintliche Fehler nachgewiesen werden können, bleibt der Angreifer frei von Kritik und beansprucht ggf. auch noch positive Anerkennung.

Beispiel Der Abteilungsleiter informiert seine Mitarbeitenden nur insofern, als er gemäss Reglement verpflichtet ist. Alle anderen Informationen werden bewusst vorenthalten, obwohl sie wichtig sind. Er lässt damit Leute auflaufen, leugnet aber diese Absicht vehement.

32.4 Konflikte und Widerstand erkennen

Konflikte fallen nicht einfach so vom Himmel. Im beruflichen Umfeld beginnen sie üblicherweise mit einem **ungelösten Problem** (Sachebene) oder als Folge von **verhärtetem Widerstand** (Personenebene) innerhalb einer Organisation.

32.4.1 Anzeichen für Konflikte und Widerstand

Konflikte deuten sich mit bestimmten Zeichen an. Je häufiger diese Anzeichen auftreten, umso grösser ist die Wahrscheinlichkeit eines ungelösten, schwelenden Konflikts. Ob nun ein Konflikt erkannt wird, hängt in erster Linie davon ab, wie zwischenmenschliche Probleme wahrgenommen werden. Häufig führt bereits die Angst, in eine Auseinandersetzung verwickelt zu werden, zu einer selektiven Wahrnehmung – «man schaut nicht hin».

Eine möglichst objektive Wahrnehmung der Anzeichen ist entscheidend für den Umgang mit Konflikten und Widerstand. Eine Übersicht über Anzeichen für Widerstand und Konflikte bietet folgende Tabelle.

[32-1] Anzeichen für Widerstand und Konflikte

		Kommunikation	
		Verbal (Reden)	**Nonverbal (Verhalten)**
Aktion	**Aktiv (Angriff)**	• Widerspruch • Gegenargumentation • Vorwürfe • Gerüchte • Polemik	• Aufregung • Unruhe • Streit • Intrigen • Cliquenbildung
	Passiv (Flucht)	• Ausweichen • Bewusstes Schweigen • Bagatellisieren • Blödeln	• Lustlosigkeit • Unaufmerksamkeit • Müdigkeit • Fernbleiben • Innere Emigration • Krankheit • Ausstieg

Weitere deutlichere Anzeichen sind:

- Die Kommunikationsbeziehungen zwischen den Beteiligten verschlechtern sich.
- Man weiss weniger über den anderen.
- Man entwickelt immer mehr unterschiedliche Fantasien über anstehende gemeinsame Probleme.
- Es werden Entscheidungen getroffen, die auf falscher oder unvollständiger Information basieren.
- Die zwischenmenschliche Kommunikation wird förmlicher.
- Zwischen den beteiligten Personen und Gruppen erhöht sich die Eifersucht, und es wachsen die kleinen Sticheleien und Feindseligkeiten.
- Man streitet sich öfters über Kleinigkeiten auf Nebenschauplätzen.
- Beim Problemlösen sucht man nach dem Schuldigen statt nach Lösungen.
- Kleine Verhandlungen werden zur Entscheidung nach oben bzw. an Dritte delegiert.
- Die Parteien berufen sich verstärkt auf Regeln und Anweisungen.

32.4.2 Individuelle Konfliktverhaltensstile

Menschen haben aufgrund ihres Temperaments, ihrer Persönlichkeitsstruktur und ihrer früheren Erfahrungen mit Konfliktsituationen unterschiedliche Einstellungen zu Konflikten. Diese Einstellungen bestimmen ihren **Konfliktstil**, d. h. die Art und Weise, wie sie mit Konflikten umgehen. Der Konfliktstil wirkt sich auf die weitere Konfliktentwicklung (Eskalation oder Deeskalation) aus. Wir unterscheiden fünf grundlegende Konfliktverhaltensstile, die sich nach den Aspekten «Orientierung an eigenen Interessen» und «Interessen des anderen» folgendermassen einordnen:

[32-2]   Die fünf Konfliktverhaltensstile

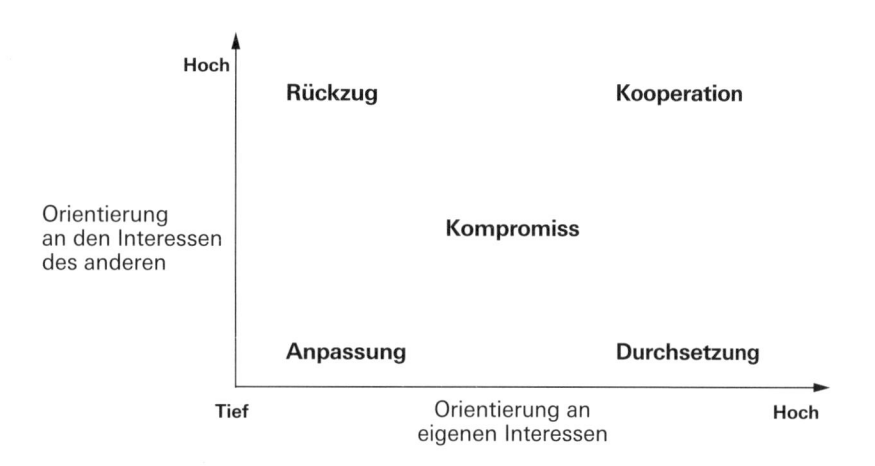

```
                    Hoch
                     |
                     |   Rückzug                Kooperation
                     |
Orientierung         |
an den Interessen    |            Kompromiss
des anderen          |
                     |
                     |   Anpassung              Durchsetzung
                     |_____→
                    Tief         Orientierung an          Hoch
                                 eigenen Interessen
```

Wir beschreiben im Folgenden die einzelnen Konfliktstile.

- **Durchsetzung** ist mit Aggression, Kampf, Verteidigung und Macht verbunden. Jede Konfliktpartei ist bestrebt, ihre Vorstellungen auch auf Kosten der anderen durchzusetzen. Für sie kommen nur Sieg oder Niederlage infrage. Nach Ursachen des Konflikts oder gar nach eigenen Konfliktanteilen wird nicht gefragt. Mittel zur Durchsetzung sind zum Beispiel: Überredung, Druck, Drohungen oder Sanktionen.
- **Rückzug** ist mit Nachgeben, Vermeiden, Verdrängen, Verleugnen und Verzichten verbunden. Der Rückzug ist möglicherweise der einfachste, aber folgenreichste Weg und besteht darin, den Konflikt zu verdrängen. Dadurch wird der Konflikt aber keineswegs gelöst, sondern lediglich auf einen späteren Zeitpunkt vertagt. Dann ist der Konflikt womöglich schon so weit eskaliert, dass er kaum noch lösbar ist. Anders ist es, wenn man nach der Analyse der Situation zum Ergebnis kommt, dass man sich am besten

vom Konflikt zurückzieht. Beispielsweise, wenn die Gegenseite eine Durchsetzungsstrategie verfolgt und es sich nicht lohnt, weitere Energien zu investieren.

- **Anpassung** ist mit Aussitzen, Unterwerfung und Opportunismus verbunden. Ein Stück weit nachgeben ist Voraussetzung für eine Konfliktbewältigung. Wer aber zu früh nachgibt, hat schon verloren. Er vertritt die eigenen Interessen zu wenig und überlässt das Feld der Gegenpartei. Andererseits kann es auch notwendig sein, in einem Konflikt nachzugeben.
- **Kompromisse** aushandeln heisst, nach einer akzeptablen Lösung suchen, selbst um den Preis, dass niemand ganz zufrieden ist. Alle Beteiligten sind zu Konzessionen bereit, um weiter zu funktionieren. Zugleich erkennen aber auch alle in der getroffenen Regelung gewisse Vorteile für sich selbst.
- **Kooperation** bedeutet, gemeinsam neue Handlungsstrategien zu entwickeln. Das setzt voraus, dass sich die Kontrahenten gleichermassen ernst nehmen und in erster Linie eine tragfähige Basis für längerfristige Zusammenarbeit aufbauen. Voraussetzung sind wechselseitiges Verständnis, offener Austausch unterschiedlicher Gesichtspunkte und Berücksichtigung der wesentlichen Anliegen der anderen.

32.5 Konflikteskalation

Auseinandersetzungen entwickeln oft eine **verhängnisvolle Eigendynamik:** Kleine Reibereien und Spannungen wachsen zu intensiven Konflikten an, wenn nicht eingegriffen wird. Analog dem Verlauf einer Krankheit verläuft ein Konflikt in Stufen, die durch verschiedene Symptome gekennzeichnet sind. Wird die Krankheit nicht geheilt bzw. der Konflikt nicht gelöst, weitet er sich aus – er eskaliert.

In der Konflikteskalation nach Friedrich Glasl werden neun Stufen unterschieden, die in drei Phasen verlaufen:

Konfliktstufen	Phasen	Beschreibung
1. Verschlimmerung und Verhärtung	Win-win	In dieser Phase geht es noch um das Wohlergehen aller Beteiligten. Die Überzeugung herrscht vor, dass beide Gegner als Sieger aus dem Konflikt hervorgehen können.
2. Polarisation und Debatte		
3. Taten statt Worte		
4. Sorge um das Ansehen	Win-lose	Die Überzeugung ändert sich. Die Idee, dass nur noch einer gewinnen kann, tritt in den Vordergrund. Alle Bemühungen konzentrieren sich auf den eigenen Sieg.
5. Gesichtsverlust		
6. Gewaltandrohung		
7. Begrenzte Vernichtungsschläge	Lose-lose	In dieser Phase ist bekannt, dass keiner gewinnen kann. Es geht jetzt nur noch darum zu schauen, dass dem Gegner der grössere Schaden als einem selber zugefügt wird.
8. Zersplitterung		
9. Gemeinsam in den Abgrund		

[32-3] Neun Stufen der Konflikteskalation

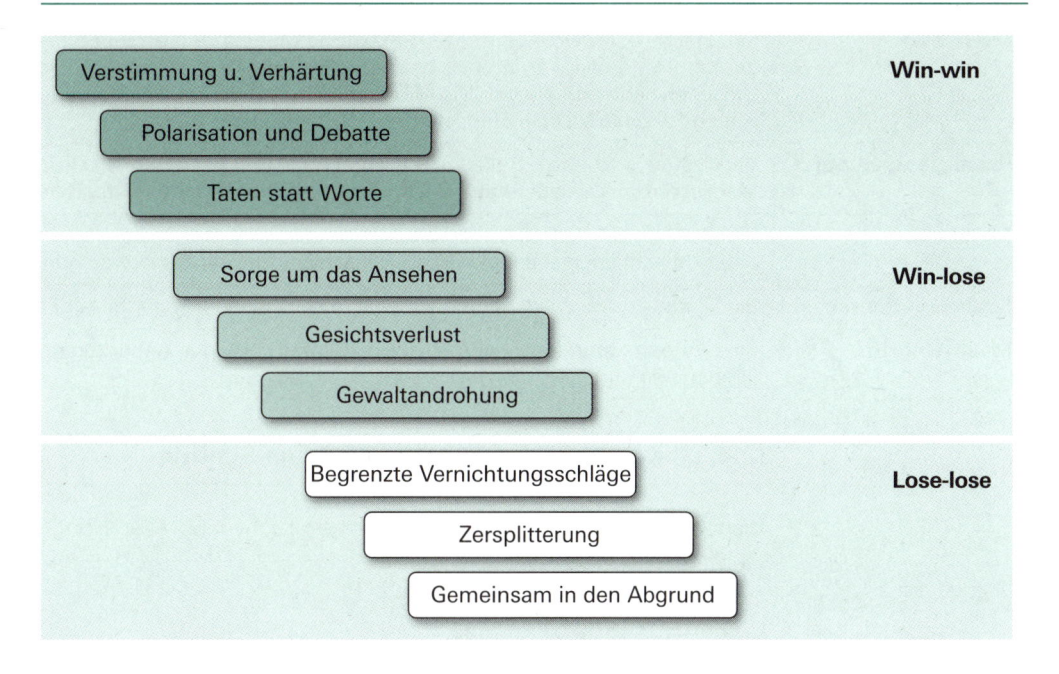

```
Win-win
  Verstimmung u. Verhärtung
  Polarisation und Debatte
  Taten statt Worte

Win-lose
  Sorge um das Ansehen
  Gesichtsverlust
  Gewaltandrohung

Lose-lose
  Begrenzte Vernichtungsschläge
  Zersplitterung
  Gemeinsam in den Abgrund
```

Hinweis   Die Feststellung, in welcher Stufe sich ein Konflikt befindet, ist die Grundlage zur Entwicklung von Lösungsstrategien. Die Beteiligten müssen dort abgeholt werden, wo sie stehen.

32.6 Konflikte managen

Nicht jeder Konflikt in der Arbeitswelt kann gelöst werden! Vor allem dann nicht, wenn er sich in einer hohen Stufe der Eskalation befindet oder sich in einer tiefen Zone austrägt. Eine tiefe Zone sind z. B. Glaubensgrundsätze oder die Identität der eigenen Person. Solange aber davon ausgegangen werden kann, dass eine Lösung noch möglich ist, sollte nichts unterlassen werden, das zu einer Entspannung führt!

Es gilt der Grundsatz, je weniger weit ein Konflikt eskaliert ist, umso einfacher gestaltet sich seine Lösung.

32.6.1 Voraussetzungen für die Konfliktbearbeitung

Konflikte können letztendlich nur von den Konfliktparteien selber gelöst werden. Es braucht aber mindestens zeitweise «einen neutralen Dritten», der moderiert, begleitet, vermittelt oder entscheidet. Dazu müssen bei allen Methoden der Konfliktregulierung folgende Voraussetzungen gegeben sein:

- Der Wille und die Bereitschaft zur Behandlung des Konflikts mindestens einer Konfliktpartei oder einer anderen weisungsberechtigten Instanz
- Die Akzeptanz einer dritten neutralen Partei

32.6.2 Methoden der Konfliktbearbeitung

In der Konfliktbehandlung kommen je nach Eskalationsstufe verschiedene Methoden zum Einsatz.

Fünf Methoden werden in der folgenden Übersicht unterschieden.

Methoden	Beschreibung
Moderation	Eine neutrale, entweder interne oder externe Moderatorin versucht, die «Selbstheilungskräfte der Konfliktparteien» zu mobilisieren. Die Probleme werden sachlich veranschaulicht und die Ursachen dafür aufgedeckt. Die Moderation achtet darauf, das Vorgehen transparent, verständlich und nachvollziehbar zu gestalten.
Prozessbegleitung	Verkrustete, verhärtete Rollen und Beziehungen werden durch eine erfahrene Beraterin mit viel Menschenkenntnis aufgetaut. Sie pendelt zwischen den Konfliktparteien hin und her.
Mediation	Ein qualifizierter Vermittler bemüht sich um einen Kompromiss, der alle Interessen berücksichtigt. Er macht auch eigene konkrete Vorschläge zur Konfliktbewältigung.
Schiedsverfahren	Ein legitimierter Schiedsrichter löst das Problem nach eigener Einschätzung der Lage.
Machteingriff	Eine Autorität führt Massnahmen mit oder ohne vorherige Anhörung gegen den Willen der Konfliktparteien durch.

32.6.3 Konflikte bearbeiten – wichtige Schritte

Ausgehend von den Voraussetzungen vollzieht sich eine Konfliktbehandlung in sechs Schritten.

1. Schritt: Konfliktdiagnose

Zunächst muss ein Konflikt analysiert werden. Das geht am besten, wenn ein neutraler Dritter Zugang zu den Konfliktparteien hat. Bestehen nur Kontakte zu einer Partei, versucht er, die anderen zu einer Zusammenarbeit zu bewegen.

Im direkten Kontakt erfragt der neutrale Dritte die Geschichte des Konflikts, die Interessen und die empfindlichen Stellen beider Seiten; er stellt die «Hoffnungslosigkeit» der Situation klar, d. h., er macht deutlich, dass die Situation sich negativ entwickelt. Er zeigt Perspektiven auf, macht Mut und schlägt Spielregeln und Vorgehen für ein Treffen vor. Der neutrale Dritte pendelt so lange zwischen den beiden Konfliktparteien hin und her, bis ein Treffen vereinbart wird. Er erhält dadurch einen immer besseren Überblick über den Konflikt.

Ziele im ersten Schritt

- Hintergründe des Konflikts verstehen
- Einsicht bei den Konfliktparteien zur Konfliktbewältigung
- Die Konfliktparteien zusammenführen

Fragen zur Konfliktdiagnose

- Was ist das Ausgangsproblem?
- Wie ist es dazu gekommen?
- Wer sind die Konfliktparteien?
- Worauf wollen sie hinaus?
- Um welche Konfliktarten und -typen handelt es sich?
- Welche Konfliktzonen sind betroffen?
- Welche Anzeichen sind erkennbar?
- Welches Konfliktverhalten zeigen die Parteien?
- Welche Eskalationsstufe hat der Konflikt erreicht?
- Was wurde bisher zur Konfliktbewältigung unternommen?
- Was sind die Gemeinsamkeiten der Konfliktparteien?
- Kann ich in meiner Rolle den Konflikt lösen?

2. Schritt: Gesprächseröffnung

Wenn es zu einem Treffen kommt, ist schon viel erreicht. Man sitzt wieder gemeinsam an einem Tisch und die direkte Kommunikation ist wiederhergestellt. Aber das Klima bleibt gespannt, das Misstrauen ist noch gross. Der neutrale Dritte bestätigt in Gegenwart der Konfliktparteien, was in den bilateralen Kontakten vorher besprochen wurde:

- Ausgangslage
- Aktivitäten
- Ziel des Treffens
- Einzelne Schritte des Vorgehens
- Spielregeln
- Rolle der Moderatorin
- Rolle der beiden Konfliktparteien
- Zeitplan

Wenn die Konfliktdiagnose sorgfältig durchgeführt wurde, kommen in der Regel keine Rückfragen. Es ist wichtig, diese Punkte am Anfang nochmals ganz klar zu benennen. Die beiden Konfliktparteien sind noch emotional erregt. Sie haben längst nicht mehr alles im Kopf, was besprochen wurde.

Ziele im zweiten Schritt

- Einen «geschützten» Rahmen schaffen
- Situation objektiv darstellen
- Struktur festlegen

3. Schritt: Begrenzte Konfrontation

Die Konfliktpartner legen ihre Sicht der Dinge, ihre konkreten Erlebnisse und Erfahrungen sowie die damit verbundenen Gefühle offen dar. Dazu braucht es Gesprächsregeln:

- Zuerst die eine Partei, dann die andere.
- Keine Unterbrechungen, während die eine spricht. Ausnahme: Nachfragen ist erlaubt, wenn etwas nicht verstanden wurde.
- Keine Diskussionen.
- Absolute Offenheit ist gefragt: Man sollte so reden, wie einem der Schnabel gewachsen ist.

Der neutrale Dritte achtet auf die strikte Einhaltung der Regel.

Ziel im dritten Schritt

Alles offenlegen (wertefreie Auslegeordnung).

4. Schritt: Auswertung

Das offengelegte «Material» muss gemeinsam gesichtet, geordnet und ausgewertet werden. Dieser Schritt ist geprägt von einer hohen Aktivität und Betroffenheit der Beteiligten:

- Offene Fragen müssen beantwortet werden. Daraus entstehen neue wichtige Erkenntnisse oder Dinge, die man nicht gewusst oder möglicherweise falsch interpretiert hatte.
- Geschehnisse, die einem am Herzen liegen, werden geklärt. Punkte werden präzisiert, Bilder gerade gerückt, Wunden versorgt.

Sorgfalt, Geduld und Zeit ist oberste Pflicht. Nur hier, wenn überhaupt, werden Aggression, Misstrauen und Vorurteile abgebaut.

Ziel im vierten Schritt

Weg von der Schuldfrage!

5. Schritt: Lösungsmöglichkeiten verhandeln

- Welches sind die echten Anliegen?
- Welche sachlichen Interessen liegen vor?
- Was sind die emotionalen Bedürfnisse?
- Welche Wunschvorstellungen bestehen?

Diese Fragen müssen auf beiden Seiten geklärt werden. Nur wenn beide Seiten die Prioritäten des Partners wirklich verstanden haben, kann das Aushandeln einer Lösung mit Aussicht auf Erfolg beginnen. Man muss darauf achten, dass die in Form eines Kompromisses oder gar neuer kooperativer Handlungsstrategien ausgehandelte Lösung nach beiden Seiten hin gut abgesichert wird. Erst wenn die Verhandlungspartner ausdrücklich bekräftigen, dass ihnen die gefundene Lösung fair erscheint und dass sie tragbar ist, war die Verhandlung erfolgreich. Ansonsten muss weiterverhandelt werden.

Zu einer dauerhaften Lösung gehören nicht nur konkrete Massnahmen im Zusammenhang mit der anstehenden Sachfrage. Es müssen zusätzliche Vereinbarungen getroffen werden, wie Spielregeln für den Umgang und die Kommunikation miteinander im betrieblichen Alltag.

Ziele im fünften Schritt

- Von der Emotionalität zur Rationalität
- Akzeptable, faire Lösung

6. Schritt: Umsetzung begleiten

Die Umsetzung der Lösung erfolgt nicht von alleine. Sie muss beobachtet, begleitet und kontrolliert werden. Die offene Aussprache hat zwar zur Entspannung geführt, die neue Zusammenarbeit ist aber noch sehr zerbrechlich. Sie muss gepflegt werden. Kleinste Vorkommnisse lassen alte Konflikte nur allzu gern wieder aufflammen. Trotz guten Willens kommt es dann im Alltag zu Spannungen. Dabei verhindert nur die strikte Einhaltung der Vereinbarungen neue kritische Situationen. Dennoch sind, besonders zu Beginn der Umsetzung Rückschläge möglich. Sie halten sich aber in Grenzen, da mit der begleiteten Umsetzung schnell reagiert werden kann. Mit der Zeit lernen beide Seiten, mit dem Partner umzugehen. Die Beziehungen normalisieren sich.

Ziel im sechsten Schritt

- An der Umsetzung dranbleiben
- Lösung stabilisieren

32.6.4 Erfolgsfaktoren im Konfliktmanagement

Im Folgenden sind die wichtigsten Faktoren für eine erfolgreiche Konfliktbewältigung aufgezählt (nach Doppler/Lauterburg, 2008):

- **Sorgfältige Diagnose vornehmen:** Machen Sie sich ein genaues Bild von den Hintergründen und Zusammenhängen des Konflikts. Versuchen Sie, die Dynamik des Geschehens zu verstehen.
- **Planmässig vorgehen:** Legen Sie sich einen Plan für Ihr Vorgehen zurecht. Arbeiten Sie nicht ohne Konzept. Eine Fahrt ins Blaue führt nicht zum Ziel.
- **Rollenklarheit sicherstellen:** Machen Sie sich und Ihren Partnern klar, welches Ihre Rolle ist und wie Sie Ihre Aufgabe wahrnehmen möchten. Halten Sie sich konsequent daran.
- **Akzeptanz schaffen:** Nehmen Sie beide Konfliktparteien ernst. Versuchen Sie, sich in ihre jeweilige Lage hineinzuversetzen.

- **Kommunikation fördern:** Halten Sie die Kommunikation mit und zwischen den beiden Konfliktparteien in Gang und fördern Sie die Verständigung.
- **Emotionen zulassen:** Versuchen Sie nicht, das emotionale Geschehen um jeden Preis zu versachlichen. Auch Gefühle sind Realitäten – die wichtigsten sogar!
- **Neutralität bewahren:** Ergreifen Sie unter gar keinen Umständen Partei für eine der beiden Seiten. Lassen Sie sich nicht vereinnahmen. Erhalten Sie sich Ihre Unabhängigkeit und Ihre Unbefangenheit.
- **Offen und ehrlich sein:** Bleiben Sie für beide Partner immer transparent und glaubwürdig. Verhalten Sie sich bei gemeinsamen Treffen in keinem Punkt anders als im bilateralen Gespräch.
- **Geduld haben:** Erwarten Sie keine schnellen Fortschritte oder Resultate. Achten Sie auf die kleinen Schritte in die richtige Richtung.
- **Bescheiden bleiben:** Fühlen Sie sich nicht allein für den Erfolg verantwortlich. Wenn ein oder beide Partner den Konflikt nicht beilegen wollen, bleibt er bestehen. Sie können nicht zaubern.

32.7 Krisen und Widerstand im Projekt

Eine Projektkrise ist eine Phase von höchster Komplexität, die eine einschneidende Entscheidung provoziert. Die Entscheidung markiert dann einen Wendepunkt. Für ein Projekt kann dieser Wendepunkt mit zwei Ausgängen verbunden sein:

- Das Projekt wird gestoppt und nicht weiter verfolgt.
- Das Projekt wird fortgeführt – oft mit einem neuen Schwung, dann zeigt sich die Krise als Chance.

Ein dritter möglicher Ausgang ist, dass das Projekt eine Zeit lang unterbrochen wird. In vielen Fällen folgen dann aber **«Drehtüreffekte».** Drehtüreffekte werden oft in Komödien gezeigt, dann werden Leute von der sich ständig um ihre eigene Achse drehenden Tür immer wieder zum Ausgangspunkt zurückgeworfen und kommen nicht weiter. Drehtüreffekt im übertragenen Sinn meint, dass man ein Problem nur oberflächlich angeht in der Hoffnung, dass sich die Sache schon wieder einrenken wird. Aber zu oft zeigt sich bereits nach kurzer Zeit, dass man sich nicht so leicht entziehen kann, denn die Sache zieht einen immer wieder in Bann und kostet immer mehr Zeit und Energie.

Krisen entstehen vor allem dann, wenn Konflikte nicht bearbeitet werden und/oder wenn mehrere Probleme auftreten und sich wechselseitig verschärfen. Betrachtet man Projekte als einen Prozess, dann kann eine Krise besser eingeschätzt werden.

32.7.1 Das Projekt als sozialer und emotionaler Prozess

Projekte haben selten einen geplanten, ruhigen und gleichmässigen Verlauf. Je mehr auf der Organisationsebene verändert wird, umso mehr muss mit schweren und krisenhaften Phasen gerechnet werden. Tief greifende Veränderungen nehmen einen Verlauf, der mit dem Prozess des Kulturschocks und auch mit dem Trauerprozess verglichen werden kann. Der Prozess des Sterbens bzw. Trauerns wurde von Elisabeth Kübler-Ross umfassend erforscht. Das folgende Schaubild zeigt schematisch den Veränderungsprozess in Anlehnung an den Trauer- bzw. Sterbeprozess.

[32-4] **Projekt als sozialer und emotionaler Prozess**

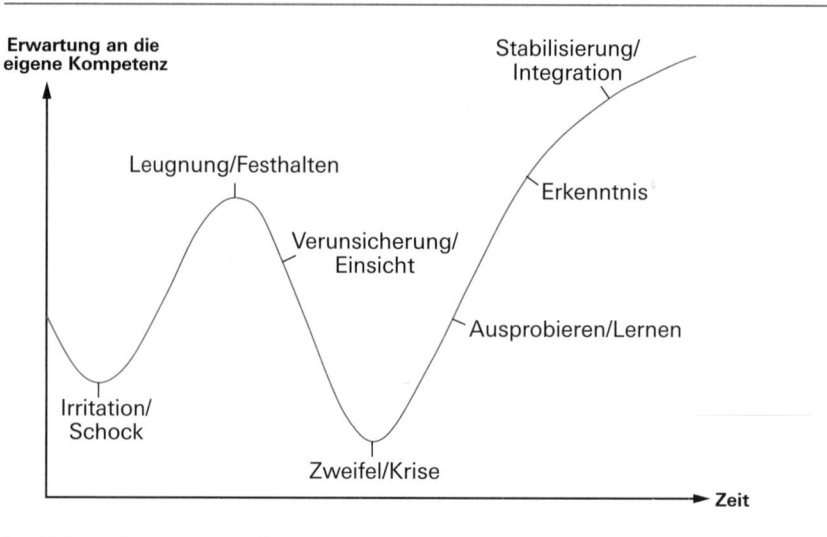

Im Folgenden werden die Phasen kurz skizziert:

Irritation/Schock

Die Beteiligten und Betroffenen erkennen, dass sich bestimmte Erwartungen nicht mit der Realität decken. Eine deutliche Kluft wird wahrgenommen. Aus Irritation wird Enttäuschung.

Beispiel
- Aufgrund von dynamischen Entwicklungen auf den Märkten bricht der Umsatz alarmierend ein.
- In einer Besprechung wird den Führungskräften in einem Konzern mitgeteilt, dass sie im Rahmen eines konzernweiten Standardisierungsprojekts an das Controlling der Unternehmenszentrale angeschlossen werden, d. h., Aufgaben werden den dezentralen Organisationseinheiten entzogen.
- Nach einer Firmenübernahme, die mit vielen Garantien zum Erhalt des Bestehenden verbunden war, werden die Mitarbeitenden in Kenntnis gesetzt, dass ihr Arbeitsplatz in einen anderen Stadtteil verlagert wird.

Leugnung und Festhalten

Nachdem eine gewisse Zeit verstrichen ist und keine direkte Massnahme erfolgte, kehrt ein **trügerisches Sicherheitsgefühl** ein, das mit einer überhöhten Selbsteinschätzung verbunden sein kann. Typisch für diese Phase sind Aussagen wie «das glauben wir nicht», «das kriegen die nie durch», «das haben die vor ein paar Jahren schon versucht», «das geht bei uns nicht», «wir stehen doch gut da», «das kann doch nicht sein», «wir sind zu gross dafür» etc.

Verunsicherung und Einsicht

Zunehmend deuten Informationen und auch Gespräche auf eine Veränderung hin, die nicht abwendbar ist. Auf der Sachebene ist klar, dass es gute Gründe für die Veränderung oder auch Machtrelationen gibt, die nicht zu leugnen sind. Machtrelationen sind bei der Durchführung von Projekten nicht zu unterschätzen. Gemeint sind die relevanten Einflussverhältnisse, d. h., wer entscheidet über Verändern bzw. Bewahren? Der Veränderung ist in vielen Fällen nicht viel entgegenzusetzen.

Beispiel
- Die roten Zahlen liegen auf dem Tisch und für die nächsten Monate wird keine Möglichkeit gesehen, den Umsatz anzukurbeln. Einschneidende Massnahmen müssen ergriffen werden.
- Den Führungskräften in den Organisationseinheiten wird klar, dass das Zentralisierungsprojekt tatsächlich durchgeführt wird und sie wenige Chancen haben, sich dem zu entziehen.
- Die Mitarbeitenden merken, dass sie gegen den Umzug nicht viel machen können.

Zweifel und Krise

Zweifel machen sich breit, denn die Veränderung bewirkt weit mehr, als man sich und anderen eingestehen wollte. Die Veränderung zeigt sich in ihrer ganzen Komplexität. Realisierung heisst, dass Gewohntes aufgegeben werden muss und auch Beziehungen im Kollegenkreis sowie die erarbeitete Position wanken. Das Neue, dessen Nutzen weder sichtbar noch spürbar ist, wird wieder grundsätzlich infrage gestellt. Alles wird nochmals angeschaut, um Argumente gegen die Veränderung finden zu können bzw. um die Veränderung zu verzögern. Koalitionen gegen die Veränderung werden geschmiedet. Das Veränderungsprojekt stolpert über viele kleine Berge. Mit jeder Verzögerung wird das Projekt teurer und schwerer zu managen. Bei den Mitarbeitenden macht sich Demotivation breit. Das Projekt stockt und es kommt zu Krisensitzungen, die Entscheidungen fordern: Projektabbruch oder Weiterarbeit.

Ausprobieren und Lernen

Das Projekt wird neu aufgegleist, die Betroffenen werden nun mehr berücksichtigt unter der Bedingung, dass konkret an der Veränderung mitgearbeitet wird. Die neue Situation wird erprobt und Unterschiede werden wahrgenommen. Misserfolge und auch Erfolge werden verbucht.

Beispiel
- Ein Unternehmen mit einem starken Umsatzeinbruch hat in innovative Produkte investiert und versucht nun, die Innovation auf den Markt zu bringen.
- Einige Führungskräfte haben das Unternehmen verlassen, andere können erste entlastende Momente in der Veränderung erkennen.
- Die Mitarbeitenden lernen ihre neue Umgebung kennen und versuchen, optimale Abläufe darin zu gestalten.

Erkenntnis

Die Betroffenen erkennen, dass die Veränderung auch viele Möglichkeiten erschlossen hat, und die meisten sind nun froh, dass der Weg eingeschlagen wurde. Aufgaben, Kompetenzen und Verantwortung wurden neu verteilt. Gelernt wurde viel und viele können rückblickend sagen, dass sie nun ein breiteres Verständnis und eine differenziertere Wahrnehmung haben.

Beispiel
- Das Unternehmen mit dem starken Umsatzeinbruch hat nun erste Erfahrungen über Produktinnovation und motivierte und innovative Mitarbeiternde.
- Einige Führungskräfte können von einer erhöhten Mitarbeiterzufriedenheit sprechen, da die Standardisierung viel Unsicherheit und auch Abhängigkeit entzogen hat und leichter Jobsharing ermöglicht.
- Ein Teil der Mitarbeitenden erkennt die Vorzüge des Umzugs und ist froh, dass der Umzug vollzogen wurde.

Stabilisierung

Die Betroffenen entwickeln Routine im Umgang mit der neuen Situation. Sie sehen bereits Verbesserungsmöglichkeiten und bringen diese ein.

Beispiel
- Ein Unternehmen nutzt die ersten Erfahrungen über Produktinnovation und stellt ein Portfolio auf, um den Strategiebezug zu verbessern und um mehr Kontinuität im Bereich Innovation zu halten.
- Führungskräfte und Mitarbeitende haben die Vor- und Nachteile der Zentralisierung verstanden und wissen, wie man die Vorteile besser nutzt.
- Die Verlagerung der Arbeitsplätze in einen anderen Stadtteil haben die meisten schon vergessen.

32.7.2 Widerstand gegen Veränderung

Die Ursachen für Widerstände sind im Wesentlichen **emotional, selten sachlich.** Oft verpacken die Betroffenen jedoch ihren emotionalen Widerstand in sachliche Bedenken.

Am häufigsten kommen die im Folgenden beschriebenen Ursachen vor.

- **Informationsmangel:** Widerstände werden durch Informationsmangel hervorgerufen. Mitarbeitende, die nicht oder nur ungenau informiert werden, sind verunsichert, weil sie nur vermuten können, was auf sie zukommen wird. Das ist der Nährboden für Gerüchte. Darauf bauen die Betroffenen ihre eigenen Argumentationsketten auf, die vermeintlich sachlich begründet sind.
- **Angst:** Ein weiterer Grund für Widerstände ist Angst bei den Mitarbeitenden. Angst vor der Veränderung als solches und Angst vor den Folgen in Bezug auf die eigene Arbeit, wie beispielsweise Arbeitsplatzsicherheit. Vielleicht werden auch höhere Anforderungen gestellt, die nicht erfüllt werden können. Oder Angst vor Verlust von Macht, Einfluss oder Privilegien.
- **Gewohnheit und Bequemlichkeit:** Viele Menschen beziehen aus der Gewohnheit Sicherheit und Wohlbefinden. Vertraute Situationen prägen das Verhalten und vermitteln Routine. Veränderungsprozesse stören die Routine. Lieb gewonnene Gewohnheiten müssen aufgegeben werden. Dagegen wehren sich die Mitarbeitenden und bauen Widerstände auf. Änderungen sind oft mit Mehrarbeit und zusätzlichem Aufwand verbunden, also unbequem und anstrengend.
- **Die Wahrung der Eigeninteressen:** Es fällt vielen schwer, sich offen zu ihren Wünschen und Interessen zu bekennen. Sie bevorzugen es, den Mitmenschen ihre Vorstellungen gut getarnt zu vermitteln. Es kommt zu verdeckten Handlungen. Das bedeutet nichts anderes, als dass es hinter der Maske sachlicher Diskussionen in Wirklichkeit um die Wahrung der ureigenen Interessen geht. Die Verleugnung von Eigeninteressen hat ihre Gründe sowohl in der Persönlichkeit des Einzelnen als auch in den «heimlichen Spielregeln» des sozialen Systems.
- **Nicht gefragt werden:** Wer sich ausgeschlossen fühlt oder ausgeschlossen ist, ist oft schon aus Prinzip dagegen.
- **Negative Erfahrungen:** Basierend auf persönlichen Erfahrungen aus früheren negativ verlaufenen Veränderungsvorhaben werden die geplanten Massnahmen für falsch gehalten.

32.7.3 Wie geht man mit Widerstand um?

Widerstand zeigt an, dass die Voraussetzungen für ein reibungsloses Vorgehen im geplanten Sinn nicht bzw. noch nicht gegeben sind.

Im Geschäftsleben wird nur **selten offen darüber gesprochen,** warum sich jemand gegen ein Veränderungsvorhaben sträubt. Vor allem dann nicht, wenn es sich um persönliche Dinge wie Ängste handelt. In der Praxis werden **diese Formen von Widerstand geschickt in Sachargumente verpackt.** Besonders Personen aus naturwissenschaftlich-technisch geprägten Bereichen neigen dazu. Sie versuchen oft vergeblich, Widerstände mit vermeintlich sachlich-logischen Argumenten zu entkräften. Endlose Argumentationsschlachten sind die Folge. Dabei wird nicht mehr darauf geachtet, ob es sich um echten Widerstand oder um ein wirklich sachlich begründetes Argument handelt. Doch selbst wenn die Befürworter sich durchsetzen können, weil der anderen Seite die Argumente ausgehen, ändert das wenig an den unausgesprochenen Ängsten oder Interessengegensätzen. Nicht selten kommt das Thema in der folgenden Sitzung anders verpackt wieder auf den Tisch. In solchen Situationen wird der Druck erhöht, der wieder zu verstärktem Gegendruck führt. Der Widerstand nimmt zu und verhärtet sich.

Die Schwierigkeit im **konstruktiven Umgang mit Widerständen** liegt also einerseits in der Unterscheidung von Widerstand und sachlich-logischen Argumenten und andererseits in der Verhärtung des Widerstands bei mangelnder Beachtung. Anstatt Widerstand zu bekämpfen und sich endlose Argumentationsschlachten zu liefern, hilft es, sich mit dem anderen zu verbünden, um die darin gebundene Energie für die Veränderung zu nutzen.

Im Umgang mit Widerständen gelten folgende **Regeln:**

- Denkpause einschalten! – Nochmals über die eigenen Bücher gehen
- Dem Widerstand Raum geben
    - Bedenken und Befürchtungen ernst nehmen
    - Druck wegnehmen
- Positionen deutlich machen
    - Den Widerstand konkret ansprechen
    - Bedürfnisse erkennen
- Ursachen für den Widerstand erforschen
    - In den Dialog eintreten
    - Widerstände verstehen lernen
- Gemeinsame Absprachen treffen
    - Lösungen erarbeiten
    - Vorgehen neu festlegen

32.7.4 Wie kann Widerstand verringert werden?

Bei jedem Veränderungsvorhaben hofft man auf möglichst geringen Widerstand. Demnach macht es Sinn, Aktivitäten zu planen, bei denen die Veränderung möglichst positiv gestaltet wird und eventuelle negative Konsequenzen mit geringerer Intensität erlebt werden. Widerstand bedeutet auch immer, dass die Mitarbeitenden noch **keinen Zugang zur geplanten Veränderung gefunden haben.** Vor allem frühzeitig eingeleitete Massnahmen erhöhen die Veränderungsbereitschaft.

Durch folgende Massnahmen wird der Widerstand verringert:

Einbeziehen und Handeln, wenn

- die Betroffenen an der Projektentwicklung beteiligt sind.
- die Teilnehmenden im Veränderungsprozess einen persönlichen Nutzen sehen.
- das Programm interessante neue Erfahrungen bringt.
- das Projekt durch eine Teamentscheidung akzeptiert wird.
- die Befürworter auf die Vorbehalte der Gegner eingehen und Massnahmen ergreifen, um ihre Furcht zu beseitigen.

Informieren und Kommunizieren, wenn

- über die wahren Absichten transparent informiert wird.
- die Teilnehmenden in ihren gegenseitigen Ansichten Verständnis, Unterstützung und Vertrauen erfahren.

Unterstützung von oben, wenn

- das Projekt die volle Unterstützung der Führungskräfte der Organisation hat.
- das Projekt mit Werten und Idealen in der Organisation übereinstimmt.
- das Projekt jederzeit für Revisionen und Überprüfungen offen ist und Korrekturen angebracht werden können.

Folgen aufzeigen und Vertrauen bilden, wenn

- deutlich wird, dass der Widerstand keinen Nutzen mehr bringt.
- darüber gesprochen wird und die Folgen dargestellt werden.
- Befürchtungen ernst genommen werden.
- die Teilnehmenden nicht in ihrer Autonomie und Sicherheit bedroht sind.

Der Konflikt ist eine Interaktion zwischen Individuen, Gruppen oder Organisationen, bei der wenigstens ein Akteur Unvereinbarkeiten mit dem anderen erlebt. Es gibt **fünf Hauptarten** von Konflikten:

- Persönliche Konflikte
- Zwischenmenschliche Konflikte
- Dreieckskonflikt
- Gruppenkonflikte
- Organisationskonflikte

Bei **heissen Konflikten** streiten die Parteien heftig miteinander. Offene, direkte Auseinandersetzungen erliegen bei **kalten Konflikten.** Konflikte deuten sich mit bestimmten Anzeichen an.

Die individuellen Einstellungen zu Konflikten bestimmen den **Konfliktstil,** d. h. die Art und Weise, wie mit Konflikten umgegangen wird. Es gibt fünf grundlegende **Konfliktverhaltenstile:** Anpassung, Rückzug, Kompromiss, Kooperation und Durchsetzung.

Bei der **Konflikteskalation** können neun Stufen unterschieden werden, die drei Phasen kennzeichnen. Bei der Entwicklung von Lösungsstrategien ist es wichtig zu wissen, auf welcher Stufe sich bzw. in welcher Phase sich der Konflikt befindet. Je weniger ein Konflikt eskaliert ist, umso einfacher gestaltet sich die Lösung.

Die **Methoden der Konfliktregulierung** sind:

- Moderation
- Prozessbegleitung
- Vermittlung
- Schiedsverfahren
- Machteingriff

Ausgehend von den Voraussetzungen vollzieht sich eine **Konfliktbehandlung** in sechs Schritten:

1. Konfliktdiagnose und Gesprächsvorbereitung
2. Gesprächseröffnung
3. Begrenzte Konfrontation
4. Klärung und Auswertung
5. Lösungsmöglichkeiten verhandeln
6. Kontrollierte Umsetzung

Aus unbearbeiteten Konflikten und/oder mehreren auftretenden Problemen kann sich im Projekt eine **Krise** entwickeln. Eine Krise provoziert einschneidende Entscheidungen mit zwei Ausgängen: Das Projekt wird gestoppt oder es wird fortgeführt (Krise als Chance). Betrachtet man ein Projekt als **sozialen und emotionalen Prozess,** dann können Krisen besser prognostiziert werden. Der Erfolg eines Projekts, das mit grossen Veränderungen verbunden ist, hängt vom Umgang mit **Widerstand** ab.

Widerstand kann durch folgende **Vorkehrungen und Massnahmen** verringert werden:

- Proaktive Information
- Betroffene und Interessengruppen beteiligen
- Informieren und Kommunizieren
- Unterstützung durch das Topmanagement
- Folgen aufzeigen und Vertrauen bilden

Repetitionsfragen

94

Fügen Sie in der folgenden Matrix die individuellen Konfliktverhaltensstile (Anpassung, Rückzug, Kooperation, Durchsetzung, Kompromiss) ein.

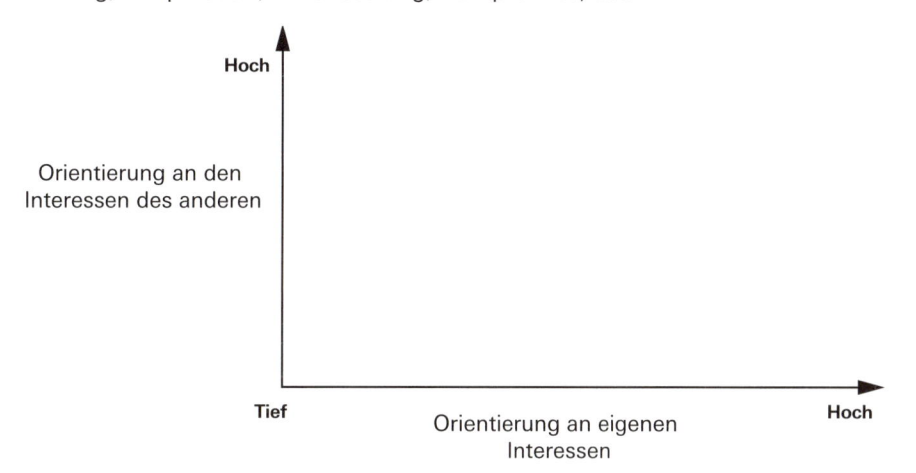

```
           Hoch
            ^
            |
Orientierung an den
Interessen des anderen
            |
            |
            +----------------------->
           Tief    Orientierung an eigenen    Hoch
                        Interessen
```

95

Bis zu welcher Eskalationsstufe ist ein Konflikt durch die Beteiligten noch ohne professionelle Unterstützung von aussen zu lösen?

96

Nennen Sie die zwei Voraussetzungen für eine Konfliktbearbeitung.

97

Im Unternehmen wird ein neues Bonussystem eingeführt. Im Projektteam haben Mitarbeitende aus allen Abteilungen des Unternehmens mitgearbeitet. Zu Beginn der Projektarbeit wurde an einer Kick-off-Veranstaltung über die Ziele, Aufgaben und die Zusammensetzung des Projektteams informiert. Bei der Veranstaltung waren die Führungskräfte des Unternehmens anwesend und äusserten ihre Unterstützung für das Projekt. An wesentlichen Meilensteinen wurden die Mitarbeitenden über den Stand der Arbeit des Teams informiert. Die von der Änderung Betroffenen wurden aufgefordert, sich über die Neuerung zu äussern. Ihre Bedenken und Befürchtungen wurden dokumentiert. Nach deren eingehender Behandlung im Team erhielten die betreffenden Mitarbeitenden Feedback. Man ging auf Kritik ein und nahm sie ernst. Als das Bonussystem schliesslich eingeführt wurde, gab es im Unternehmen praktisch keinen Widerstand dagegen. Geben Sie drei Gründe dafür an, weshalb die Neuerung im Unternehmen widerstandslos aufgenommen wurde.

33 Weitere wichtige Elemente der Verhaltenskompetenz

Lernziele: Nach der Bearbeitung dieses Kapitels können Sie ...

- die Begriffe Ergebnisorientierung und Effizienz erklären.
- den Stellenwert der Verlässlichkeit und des Durchsetzungsvermögens beschreiben.
- die Wirkung von Engagement und Motivation in Projekten darstellen.
- Stress bewältigen.
- Wertschätzung, Offenheit, Kreativität und Ethik in Projekten umsetzen.

Schlüsselbegriffe: Distress, Diversity, Durchsetzungsvermögen, Effizienz, Engagement, Entspannung, Ergebnisorientierung, Ethik, Eustress, extrinsische Motivation, Geringschätzung, intrinsische Motivation, Kreativität, laterales Denken, Motivation, Offenheit, Selbstkontrolle, Selbstmanagement, Stress, Stressbewältigung, Stressmanagement, Stressoren, Verlässlichkeit, Wertschätzung

33.1 Ergebnisorientierung und Effizienz

Projektmanager und Projektmitarbeitende werden nicht für harte Arbeit bezahlt, sondern für vereinbarte Ergebnisse.

PM-Kompetenzelement	Taxonomie: Wissen										
Verhaltenskompetenz	0	1	2	3	4	5	6	7	8	9	10
Ergebnisorientierung					D	C		B	A		
Effizienz					D	C	B	A			

Hinweis: Lesen Sie dazu auch die Ausführungen zum Kompetenzelement Projektmanagementerfolg.

Es geht also beim Managen von Projekten immer wieder um zwei Fragen:

- **Was** genau wird als Ergebnis erwartet und vereinbart?
- **Wie** kann das vereinbarte Ergebnis möglichst schnell und mit wenig Aufwand bereitgestellt werden?

Schlüsselbegriffe dabei sind: Ergebnis und Effizienz. **Ergebnisse** sind die unter Berücksichtigung der Erwartungen der Interessengruppen vereinbarten Resultate, auf deren Realisierung das Projekt ausgerichtet wird. **Effizienz** ist der wirtschaftliche Einsatz der zur Verfügung stehenden Mittel und Personalressourcen.

Die folgende Matrix zeigt vier mögliche Kombinationen aus Ergebnisorientierung und Effizienz.

[33-1] Ergebnis-Effizienz-Matrix

Ergebnisse

Die erwarteten und vereinbarten Ergebnisse werden vollumfänglich mit geringer Effizienz erbracht.	Die erwarteten und vereinbarten Ergebnisse werden vollumfänglich und hocheffizient erbracht.
Das Projekt erbringt nur einen Teil der erwarteten und vereinbarten Ergebnisse. Die Arbeitsweise ist wenig effizient.	Mit grosser Effizienz werden Ergebnisse erbracht, aber die Ergebnisse entsprechen nur zum Teil den Vereinbarungen bzw. Erwartungen.

Effizienz

Es gibt viele Ursachen für eine Abweichung von den vereinbarten Ergebnissen sowie für eine unzureichende Effizienz im Projekt.

Typische **Ursachen für Abweichungen von den erwarteten bzw. vereinbarten Ergebnissen:**

- Die Erwartungen der Interessengruppen wurden bei der Vereinbarung der Ergebnisse nicht ausreichend berücksichtigt.
- Die Erwartungen der Interessengruppen änderten sich während der Projektlaufzeit, die veränderte Erwartungslage wurde aber nicht in einem definierten Änderungsprozess bearbeitet.
- Das Projektteam verfolgt eher die Kann-Ziele, weil diese eine besondere Herausforderung für die Expertise, Kenntnisse und Erfahrung der Teammitglieder darstellen. Die Ausrichtung auf die Muss-Ziele geht verloren.
- Die Komplexität des Projekts wird unterschätzt, die Ergebnisorientierung bleibt im Ansatz stecken.

Typische **Ursachen für mangelhafte Effizienz** im Projekt:

- Der Aufwand für die Arbeitspakete wird nicht angemessen eingeschätzt, es kommt immer wieder zu Verzögerungen und zum unwirtschaftlichen Verbrauch der knappen Ressourcen.
- Sicherung und Kontrolle der Qualität der Ergebnisse erfolgt zu spät, d. h., die Bearbeitung der Mängel ist aufwendig und folgenreich.
- Die Arbeitspakete sind nicht klar abgegrenzt und Schnittstellen unzureichend definiert, d. h., Doppelarbeit verzehrt Ressourcen und mangelhafte Schnittstellendefinitionen führen zu unzureichender Konsistenz der Ergebnisse.
- Die Ressourcen werden wegen einer wenig effektiven Detailgenauigkeit verbraucht.
- Wünsche der Interessengruppen werden bearbeitet, ohne einen definierten Änderungsprozess und eine neue Aufwandkalkulation durchzuführen.

Vor diesem Hintergrund hat das Projektmanagement die Aufgabe, das Projekt kontinuierlich auf die erwarteten und vereinbarten Ergebnisse auszurichten und für eine wirtschaftliche Bearbeitung zu sorgen.

33.2 Verlässlichkeit

Verlässlichkeit bedeutet vor allem, dass die vereinbarten Ergebnisse zum vereinbarten Zeitpunkt in der vereinbarten Qualität und innerhalb des vereinbarten Budgets erbracht werden.

PM-Kompetenzelement	Taxonomie: Wissen										
Verhaltenskompetenz	0	1	2	3	4	5	6	7	8	9	10
Verlässlichkeit				D		C		AB			

Verlässlichkeit im Projektmanagement darf sich nicht erst zum Projektabschluss zeigen. Verlässlichkeit ist vielmehr eine vertrauensbildende Massnahme, die von Anfang an auch in den Teilergebnissen und in der Kommunikation mit den Stakeholdern erkennbar werden muss.

Sie zeigt sich nicht nur in Erfolgsgeschichten. Sie wird für Interessengruppen in der kontinuierlichen und angemessenen Information und Kommunikation mit dem Auftraggeber und den Interessengruppen deutlich sowie im verantwortungsvollen Umgang mit kritischen Ereignissen oder Problementwicklungen.

Hinweis

Verlässlichkeit zeigt sich beispielsweise in folgenden Details:

- Besprechungstermine werden frühzeitig angekündigt, pünktlich begonnen und wie angekündigt abgeschlossen.
- Sitzungen werden gut vorbereitet und Teilnehmende erhalten zeitnah ein Protokoll mit wesentlichen Ergebnissen.
- Probleme und sich abzeichnende Risiken werden frühzeitig kommuniziert und konkrete Massnahmen vorgeschlagen.

Zur Verlässlichkeit gehört auch, dass Verbesserungsmöglichkeiten vorgebracht werden und Zustimmung eingeholt wird. Die Offenlegung von Planungsmethoden und -techniken sowie das kontinuierliche Bemühen um Optimierung kann auch als verlässliches Projektmanagement interpretiert werden.

33.3 Durchsetzungsvermögen

Durchsetzungsvermögen ist die Fähigkeit, das Projekt von einem begründeten Standpunkt aus mit Überzeugungskraft beharrlich zu vertreten.

PM-Kompetenzelement	Taxonomie: Wissen										
Verhaltenskompetenz	0	1	2	3	4	5	6	7	8	9	10
Durchsetzungsvermögen					D	C	B	A			

Durchsetzungsvermögen heisst nicht, dass die eigenen Interessen «durchgedrückt» werden. Im Projektmanagement wird Durchsetzungsvermögen als Kompetenzelement benötigt, damit projektbezogene Entscheidungen in vollem Bewusstsein der positiven und auch negativen Auswirkungen gefällt werden und immer in Bezug auf die gesetzten Projektziele erfolgen. Es gibt viele Situationen im Projektverlauf, die Durchsetzungsvermögen fordern.

Beispiel

- In einer Organisation werden mehrere Projekte durchgeführt, die Ressourcen für die Projekte werden knapp, d. h., das Projekt ist gefährdet.
- An ein Projekt wird eine Vielzahl an Detailwünschen herangetragen, deren Bearbeitung das Budget und den Zeitrahmen zu sprengen drohen.

Es geht um das Durchsetzen von Projektinteressen mit Blick auf den Projekterfolg und die Interessengruppen. Durchsetzungsvermögen basiert weniger auf Macht, es nutzt vielmehr die Überzeugung. **Überzeugung** bezieht ihre Kraft aus einer situationsgerechten Auswahl von Argumenten und Überlegungen zu den möglichen Gegenargumenten aus Sicht der Interessengruppen.

Überzeugung darf nicht mit Glauben verwechselt werden. Die Argumente müssen eine fundierte und für das Projekt tragfähige Grundlage haben. Das bedeutet, die verschiedenen Interessengruppen müssen die Argumente nicht nur verstehen können, sie müssen sie nachvollziehen und ihnen auch zustimmen können. Je mehr Interessengruppen mit den Argumenten zu gewinnen sind, umso wahrscheinlicher ist der Projektfortschritt.

Durchsetzungsvermögen in einem Feld mit vielen Interessengruppen ist mit einem diplomatischen Verhalten verbunden. **Diplomatie** heisst, Offenheit für verschiedene Perspektiven, Kompromissbereitschaft und vor allem ein beharrliches Hinwirken auf ein Vorgehen, das für alle Beteiligten einen Nutzen bringt.

33.4 Engagement und Motivation

Engagement und Motivation im Projektteam sind wichtige Erfolgsfaktoren für das Projekt.

PM-Kompetenzelement	Taxonomie: Wissen										
Verhaltenskompetenz	0	1	2	3	4	5	6	7	8	9	10
Engagement und Motivation				D		C		B	A		

33.4.1 Was ist Engagement?

Projekte werden von engagierten Personen getragen und vorangebracht. Engagement in einem Projekt bedeutet einen Einsatz mit einer positiven Selbstverpflichtung und einem gewissen Idealismus.

Warum ist Engagement für ein Projekt wichtig?

- Projekte verlaufen nicht immer in ruhigen Bahnen, es kann Phasen mit hoher Arbeitsintensität geben.
- Der Projekteinsatz kann situativ auch über die «normale» Arbeitszeit in der Linie hinausgehen.
- Projektarbeit heisst Arbeiten für einen Nutzen, der erst nach Projektabschluss sichtbar wird.
- In der Projektarbeit zählt das, was man für das Ganze einbringt, und weniger die hierarchische Position.
- Projektarbeit fordert Flexibilität und ggf. Mobilität. Diese Anforderungen können weit über die Routine hinausgehen.

33.4.2 Was ist Motivation?

Der Begriff Motivation bedeutet Bewegung und Antrieb. Hilfreich ist in der Projektarbeit die Unterscheidung zwischen **intrinsischer** und **extrinsischer** Motivation.

[33-2]   Intrinsisch und extrinsisch motiviertes Verhalten

Intrinsisch motiviertes Verhalten	Extrinsisch motiviertes Verhalten
Bei einem intrinsisch motivierten Verhalten liegen die Beweggründe, etwas zu tun oder zu lassen, in der Person. Das Handeln etwa im Rahmen eines Projekts wird dann vor allem dadurch angeregt, dass die Beteiligten eine **innere Überzeugung** haben, dass der Einsatz einen Sinn hat. Die Projektziele stehen dann in einem besonderen **Einklang mit den eigenen Werten und Interessen** oder auch mit der Freude am Neuen. Besonders deutlich ist das intrinsisch motivierte Verhalten in Projektarbeiten im Sozialbereich, die oft auf die tatkräftige Unterstützung von Freiwilligen bauen. Aber auch Projekte im Wirtschaftsbereich sind auf die überzeugte Mitwirkung der Beteiligten angewiesen. Andernfalls kann ein Projekt schnell durch «Dienst nach Vorschrift» gelähmt werden.	Bei einem extrinsisch motivierten Verhalten bieten **Anreize aus dem Projektumfeld** Anlass, etwas zu tun oder etwas zu lassen. Anreize sind beispielsweise Benchmarks, Ranglisten und Preise (z. B. wenn ein Projekt sich dem Anerkennungsprogramm für Project Excellence stellt). Auf der Personenebene können Anreize in einer in Aussicht gestellten Erhöhung des Salärs oder auch einer höheren Position innerhalb der Projekt- oder Stammorganisation liegen. Extrinsisch motiviertes Verhalten ist auf eine Belohnung oder **Anerkennung von aussen** gerichtet.

In einem Projekt kann die Ausprägung der Motivation grossen Einfluss auf den Prozess und die Ergebnisse ausüben. Intrinsisch und extrinsisch motiviertes Verhalten können sich gegenseitig ergänzen und stärken. Das bedeutet, dass ein persönliches Engagement für ein Projekt durch Anerkennung von aussen gefördert werden kann. Wer sich nur von äusseren Anreizen motivieren lässt, läuft Gefahr, sich manipulieren zu lassen. Wer sich nur von inneren Interessen leiten lässt, kann grosse Enttäuschungen erleben, da ein Projekt eher den Organisationszielen als Personeninteressen folgt.

Hinweis Lesen Sie dazu auch die Ausführungen zum Kompetenzelement Interessengruppen.

Für das Projektmanagement lassen sich einige allgemeine **Merkpunkte für den Umgang** mit den verschiedenen Motivationsquellen aufzeigen:

Merkpunkte für das Projektmanagement	
Bei intrinsischer Motivation der Beteiligten	**Bei extrinsischer Motivation der Beteiligten**
• Klare und unmissverständliche Aussagen darüber, welchen Interessen von einzelnen Personen oder Gruppen entsprochen wird und welchen nicht – und warum. • Kritik am Projekt bzw. Projektmanagement wird als Engagement und Lernchance begrüsst. • Entwicklung von Beteiligungsmöglichkeiten für Betroffene und Wertschätzung der Beiträge. • Regelmässiges Feedback und Abgleich von Interessen und Erwartungen, um bei veränderter Interessenlage, einen neuen Sinnbezug, d. h. neue Perspektiven und Entwicklungschancen, aufzeigen zu können.	• Erarbeitung von Möglichkeiten, auch kurzfristig einen aus Sicht der Interessengruppen schnell wahrnehmbaren Nutzen («quick win») zu generieren. • Unverzügliche Anerkennung, Kommunikation und Dokumentation von grossen und kleinen Erfolgen. • Mögliche Entwicklungspfade für die Projektmitarbeitenden frühzeitig in Zusammenarbeit mit den Linienvorgesetzten und dem Personalmanagement erschliessen und bei Projektabschluss angemessen unterstützen.

33.5 Entspannung und Stressmanagement

Projektarbeit erfolgt aufgrund der Ergebnisse, die in den meisten Fällen mit knappen Ressourcen und in einem engen Zeitrahmen zu erbringen sind, unter hoher Anspannung. Die Spannung kann bei Auftreten von Problemen oder bei hohen Risiken stark anwachsen.

Eine anhaltende Spannungssituation ohne Ausgleich kann zu Belastungen und Beeinträchtigungen führen, die sich auf das Projekt, aber auch auf das Privatleben der Mitarbeitenden auswirken können. Vor diesem Hintergrund ist in der Projektarbeit für Entspannung und Stressbewältigung zu sorgen.

PM-Kompetenzelement	Taxonomie: Wissen										
Verhaltenskompetenz	0	1	2	3	4	5	6	7	8	9	10
Entspannung und Stressmanagement				D	C		B	A			

33.5.1 Was ist Stress?

Stress wird durch Stressoren bewirkt. **Stressoren** sind Entwicklungen und Ereignisse, die sich positiv oder negativ auswirken können. Im Allgemeinen können drei Typen von Stressoren unterschieden werden:

[33-3] Stressorentypen

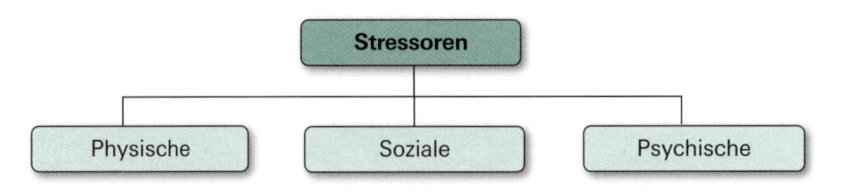

```
           Stressoren
          /    |    \
   Physische  Soziale  Psychische
```

Physische Stressoren sind z. B. Lärm, Hitze, intensives Licht, Luftdruckveränderungen, Schlafentzug usw.

Psychische Stressoren sind z. B. Leistungsdruck, monotone Arbeit, Bedrohungen, Enttäuschungen usw.

Soziale Stressoren sind z. B. Ablehnung durch andere, Streit, ungelöste Konflikte, Konkurrenzdenken usw.

Man unterscheidet zwei Stressarten: negativer Stress oder **Distress** und positiver Stress oder **Eustress**. Die folgende Tabelle zeigt die Unterschiede auf.

[33-4] Die zwei Stressarten

Eustress	Distress
Eustress fördert das gesundheitliche Wohlbefinden. Er wird durch Stressoren erzeugt, die positiv erlebt und bewertet werden. Eustress stärkt die Leistungsfähigkeit. **Beispiel** In einem Projekt wird an einem innovativen Ansatz gearbeitet. Im Team herrscht hohe Aufmerksamkeit und Konzentration. Jeder bringt etwas ein und lernt von den anderen. Engagiert werden Möglichkeiten diskutiert und mit Humor auch wieder verworfen. Das Team schafft es in kurzer Zeit, eine belastbare Lösung zu entwickeln.	Distress kann zu einer gesundheitlichen Belastung führen. Er wird von Stressoren erzeugt, die negativ erlebt und bewertet werden. Das sind vor allem Situationen, in denen die betroffene Person einen sehr eingeschränkten oder keinen Handlungsspielraum sieht. Stressoren sieht man beispielsweise im Konkurrenzverhalten und Egoismus im Projektteam, Zeitdruck und Schlafmangel oder in Perfektionismus mit Null-Fehler-Toleranz. Anhaltender Distress kann zu einer starken Anspannung und Schwächung der Leistungsfähigkeit führen. Auch Burn-out (Ausgebranntsein) wird mit Distress verbunden.

Eustress wirkt sich also förderlich auf das körperliche, psychische und soziale Wohlbefinden aus und anhaltender Distress beeinträchtigt die Gesundheit.

Hinweis Lesen Sie dazu auch die Ausführungen zu Gesundheit, Arbeits-, Betriebs- und Umweltschutz.

33.5.2 Wie wird Stress bewältigt?

Bei der Vorbeugung und bei der Bewältigung von belastenden Stresssituationen wird in den Gesundheitswissenschaften zwischen zwei Ebenen unterschieden: die **Verhältnisse** und das **Verhalten**. In einem Projekt werden die Verhältnisse durch das Projektsystem und das Projektmanagementsystem gebildet. Verhalten bezieht sich auf das Individuum. Die folgende Übersicht zeigt Beispiele für Stressoren auf der Verhältnis- und Verhaltensebene.

[33-5] Beispiele für Stressoren im Verhalten und in den Verhältnissen

Ebene	Förderliche Faktoren	Belastende Faktoren
Verhältnisse im Projekt	• Konstruktives Arbeiten im Team. • Möglichkeit zum Feedback und Austausch. • Die Erwartungen an die beteiligten Mitarbeitenden sind herausfordernd, aber nicht überfordernd. • Die Arbeitspakete sind innerhalb der vorgesehenen Zeit machbar. • Es besteht ein positives Einverständnis mit den Projektzielen. • Probleme werden mit Blick auf die Zusammenhänge gelöst.	• Ungünstige Dynamik in der Gruppe. • Es wird nur informiert, aber nicht kommuniziert. • Der enge Zeitrahmen wird auf die Arbeitspakete abgewälzt. • Personalknappheit führt zur Überforderung. • Die Beteiligten sehen kaum Sinn im Projekt. • Probleme werden nicht als Lernchance gesehen, sondern individualisiert (Sündenböcke müssen herhalten).
Verhalten der Personen	• Projektmitarbeitende sagen frühzeitig, wenn sie ein Probleme sehen. • Alle Projektmitarbeitenden sind bereit, von den anderen zu lernen.	• Durchhalteparolen dominieren und Entspannung wird einzig auf den privaten Bereich delegiert. • Jeder grenzt sich vom anderen ab.

Es sind vor allem die positiv wirkenden Stressoren, die von Anfang an gestärkt werden sollten. Sie schaffen gute Voraussetzungen dafür, dass in sehr arbeitsintensiven Projektphasen Belastungen abgefedert werden können und sich nicht auswirken. Grundsätzlich gilt, dass Projektmanager für gesundheitsförderliche Verhältnisse im Projekt zuständig sind und jeder einzelne Projektbeteiligte für sein Verhalten einsteht.

33.6 Wertschätzung

Wertschätzendes Verhalten ist ein wichtiges Prinzip des Projektmanagements und sollte von allen Beteiligten der Projektorganisation gepflegt werden.

PM-Kompetenzelement	Taxonomie: Wissen										
Verhaltenskompetenz	0	1	2	3	4	5	6	7	8	9	10
Wertschätzung				D	C	B	A				

Wertschätzung bezieht sich auf die ganze Person. Es handelt sich um eine **respektvolle** Umgangsweise, die von einer **positiven Haltung** Menschen gegenüber getragen wird. Diese wertschätzende Haltung ist unabhängig von den Leistungen der einzelnen Personen. Hinter der Wertschätzung steht ein humanistisch geprägtes Menschenbild.

Das Gegenteil von Wertschätzung ist **Geringschätzung** oder gar Verachtung. Geringschätzung anderer Menschen beruht auf der Annahme, dass andere im Allgemeinen Defizite aufweisen und in allen Punkten unterliegen. Es ist eine arrogante und selbstherrliche Haltung, die Kommunikation verhindert und andere Perspektiven und wechselseitiges Lernen ausschliesst. Die folgende Tabelle gibt einen komprimierten Überblick.

[33-6] Wertschätzung und Geringschätzung

	Wertschätzung	Geringschätzung
Haltung Menschen gegenüber	Positiv	Negativ
Beziehung, die zum Ausdruck kommt	Gleichheit: «Wir sind alle frei und gleich an Würde.»	Ungleichheit: «Du bist weniger wert als ich.»

Eine wertschätzende Haltung ist der Schlüssel für Kommunikation und Verständigung über tatsächlich erwartbare Ergebnisse in einem Projekt. Das ist in Projekten besonders wichtig, da Projekte ein uneindeutiges Feld mit vielen Ansichten, Interessen und Wertorientierung erzeugen. Ein respektloses Verhalten kann schnell Widerstände mobilisieren, die den Projektfortschritt behindern. Wertschätzung bedeutet auch, dass die eigenen Annahmen und Werte reflektiert und relativiert werden. Besonders fruchtbar ist ein reflektierter Umgang mit der eigenen Wertorientierung beispielsweise in interkulturellen bzw. internationalen Projektbeziehungen. Wertschätzung schafft die Voraussetzung zur Entwicklung einer Vertrauensbasis im Projekt und fördert so den Projekterfolg.

33.7 Offenheit

Das Kompetenzelement Offenheit basiert auf Wertschätzung. Offenheit ist eine achtsame Umgangsweise im Projekt. Achtsamkeit ist eine Voraussetzung dafür, dass relevante Unterschiede wahrgenommen und genutzt werden können.

PM-Kompetenzelement	Taxonomie: Wissen										
Verhaltenskompetenz	0	1	2	3	4	5	6	7	8	9	10
Offenheit				D	C	B	A				

Relevante Unterschiede im Projekt sind beispielsweise spezifische Kenntnisse, Fähigkeiten und Erfahrungen von Projektmitarbeitenden, die unabhängig von der hierarchischen Position des Mitarbeitenden einen grossen Nutzen für das Gesamtprojekt erzeugen können.

Darüber hinaus umfasst Offenheit eine Aufmerksamkeit und einen konstruktiven Umgang mit **Verschiedenheit** etwa im Projektteam oder auch zwischen den Interessengruppen hinsichtlich Behinderung, Alter, Geschlecht, sexueller Orientierung sowie Zugehörigkeit zu einer Religion oder kulturellem Hintergrund, Nationalität und auch Hautfarbe. Offenheit ist auch ein reflektierter Umgang mit möglichen Vorurteilen.

In diesem Zusammenhang wird von «**Diversity**» gesprochen. Diversity ist soziale Vielfalt, die mit der Gefahr der Diskriminierung von Minderheiten verbunden sein kann. Diversity wird mittlerweile von vielen Unternehmen als **Ressource** gesehen und gefördert. Der Fachbegriff dafür ist **Diversity Management.** Vielfalt im Mitarbeiterkreis hat viele Vorteile. Sie kann beispielsweise die Problemlösungsfähigkeit erhöhen und das Innovationspotenzial stärken. Sie ist ein Beitrag zur Wettbewerbsfähigkeit in einer pluralen Gesellschaft.

[33-7]   Wesentliche Aspekte von Diversity

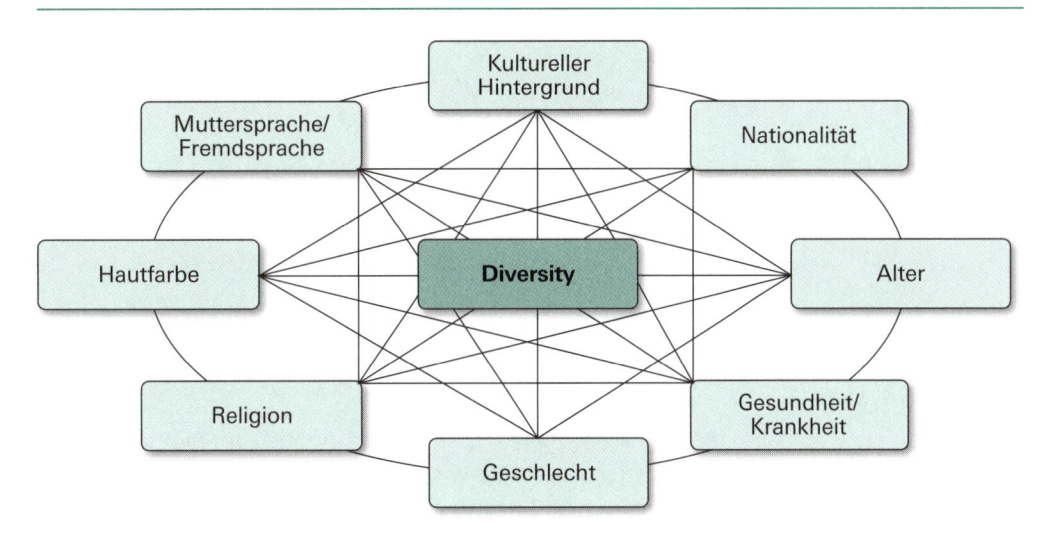

Auch Projekte können von einem bewussten Umgang mit Diversity profitieren. Ein konstruktiver Umgang mit der Vielfalt im Projekt kann beispielsweise dazu beitragen, dass die vielfältigen Erwartungen der Interessengruppen sowie zukünftiger Kunden oder Nutzergruppen besser berücksichtigt werden können.

Folgende Fragen können einen ersten Zugang zu diesem komplexen Thema schaffen:

- Entspricht die Vielfalt im Projektteam etwa der Vielfalt im Projektkontext?
- Wie wird mit Minderheiten im Projektteam umgegangen? Gibt es eine Tendenz, über Minderheiten abschätzig zu reden und sie als Störung zu sehen, oder wird Vielfalt im Projekt als Ressource begrüsst?
- Was wird getan, um die Ressource Vielfalt zu erhalten und zu fördern? Oder wird eher nach Homogenität gestrebt, d. h., Vielfalt wird reduziert oder gar ausgeschlossen?

Offenheit ist nicht selbstverständlich. Deshalb unterstützen viele Unternehmen die Entwicklung von leistungsfähiger Vielfalt durch spezifische **Massnahmen** wie Mentoring, Coaching oder auch Angebote zur Teamentwicklung.

33.8 Kreativität

Projektarbeit zeichnet sich durch Einmaligkeit der Bedingungen aus. Es sollen nützliche Lösungen für einen bestimmten Zusammenhang geschaffen werden. Diese Lösungen sind nicht als Konfektionsware zu kaufen, sie müssen geschaffen werden und fordern nicht nur fachliches Wissen, sondern vielmehr interdisziplinäres Denken und auch Kreativität.

Kreativität ist die Fähigkeit, schöpferisch zu denken und zu handeln, d. h., neue Ansichten und Ideen zu erschliessen, um ein Problem zu lösen oder etwas Neues hervorzubringen.

PM-Kompetenzelement	Taxonomie: Wissen										
Verhaltenskompetenz	0	1	2	3	4	5	6	7	8	9	10
Kreativität				D		C	B	A			

Kreativität kann nicht erzwungen werden, aber man kann sie fördern. Sie kann durch folgende bekannte Aufgabe anschaulich gemacht werden:

Verbinden Sie die neun Punkte in der folgenden Abbildung mit vier geraden Linien, die Sie mit dem Stift ziehen, ohne die Linienführung zu unterbrechen.

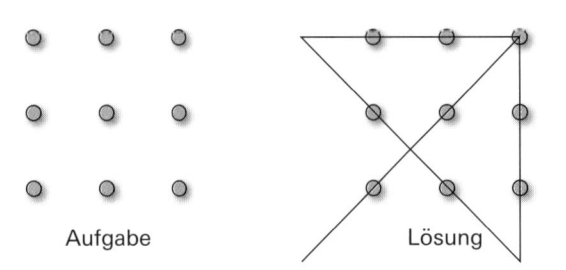

[33-8] Neun Punkte

Aufgabe   Lösung

Die meisten Menschen, denen diese Aufgabe zum ersten Mal gestellt wird, haben Mühe, weil sie innerhalb des Bereichs der neun Punkte bleiben. Man muss über den «Rand» hinausdenken, um eine Lösung zu finden. Kreativität braucht also Offenheit und die Bereitschaft zum «**lateralen Denken**». Der Begriff «laterales Denken» wurde von Edward D. Bono geprägt. Beim lateralen Denken geht es darum, Problemlösungen zu finden, die auf der Basis des rein rationalen Denkens nicht möglich wären, da dieses zu stark einengt und die Ideenfindung kanalisiert. Laterales Denken ist Querdenken.

Querdenken wird beispielsweise gefördert durch:

- **Änderung des Standorts** (z. B. um eine «Sache» aus der Vogelperspektive zu betrachten),
- **Einsatz von Analogien und Metaphern** (z. B.: Wenn unsere Organisation ein Schiff, ein Orchester oder ein Tier wäre, wohin würde sie fahren, was würde sie spielen? Etc.)
- **Visualisierung** (z. B. Brainstorming auf Flipchart oder die bildhafte Darstellung von Veränderungsprozessen mit Meilensteinen und Stolpersteinen sowie Wegkreuzungen)
- **Paradoxes Fragen** (z. B.: Was müssen wir tun, damit das Projekt garantiert scheitert?)

Auch die Vernetzung zwischen den Beteiligten stärkt das Querdenken. Kreative Methoden und Techniken können in vielen Arbeitszusammenhängen Anwendung finden. Das gilt für:

- **Einzelpersonen** (z. B. Mindmapping, das Assoziationen fördert und neue Zusammenhänge erschliessen lässt)
- **Projektteams** (z. B. «Sechs Denkhüte», wodurch neue Perspektiven bei der Lösung von Problemen eingeführt werden)
- **Grossgruppen** (z. B. Open-Space-Methode nach Owen Harrison, die die Mitarbeitenden einbezieht und mobilisiert)

Hinweis — In den Ausführungen zum Kompetenzelement Problemlösung finden Sie die «Sechs Denkhüte»-Methode.

33.9 Ethik

Der Ruf nach mehr Ethik im Management wird immer lauter. Die zahlreichen und auch folgenschweren Skandale in Organisationen bilden dafür den Hintergrund. Das betrifft auch die Projektwirtschaft.

PM-Kompetenzelement	Taxonomie: Wissen										
Verhaltenskompetenz	0	1	2	3	4	5	6	7	8	9	10
Ethik					D	C	B	A			

Ethik im Allgemeinen befasst sich mit den Annahmen und Kriterien für gutes bzw. schlechtes Verhalten und den zugrunde liegenden Werten und Normen (einschliesslich Gesetze). In diesem Zusammenhang wird oft die goldene Regel formuliert: «Was du nicht willst, was man dir tut, das füg auch keinem anderen zu!» Leider reicht diese Negativ-Definition nicht aus. Ethisches Management ist **normatives** Management. Es geht also um Wertschöpfung auf der Grundlage von gesetzlichen Vorgaben, professions- und branchenbezogenen Kodizes sowie Normen wie beispielsweise Qualitätsstandards, die auch den verantwortungsvollen Umgang mit den Erwartungen der Anspruchsgruppen betreffen. Damit soll verhindert werden, dass das ökonomische Prinzip zum alleinigen Kriterium wird.

Hinweis — Lesen Sie dazu auch die Ausführungen zu den Kompetenzelementen Ergebnisorientierung und Effizienz und Interessengruppen.

Beispiel — **Ethische Fragen**

- Darf ein Unternehmen bzw. ein Projektlieferant Bestechungsgelder zahlen, um einen Auftrag zu erhalten?
- Darf ein Unternehmen bzw. Projekt im Ausland von billigen Lohnverhältnissen profitieren?
- Darf ein Unternehmen bzw. ein Projekt auf Massnahmen für Umweltschutz verzichten, um wettbewerbsfähig zu bleiben bzw. das Projektbudget zu schonen?

Viele Beispiele zeigen, dass das rein ökonomische Denken nur auf kurze Sicht Gewinn bzw. Nutzen erhöht.

Ethisches Bewusstsein im Management zielt auf mittel- bis langfristige Synergien aus dem Zusammenspiel zwischen dem ökonomischen Prinzip und ethischen Prinzipien. Das ökonomische Prinzip fokussiert auf **Effizienz** und die ethischen Prinzipien legen den Schwerpunkt auf die **Verantwortung** mit Blick auf das soziale System mit den Stakeholdern. Darüber hinaus sorgt das Prinzip der **Nachhaltigkeit** für eine Betrachtung der ökologischen Zusammenhänge und der langfristig sich selbst verstärkenden Nutzeneffekte.

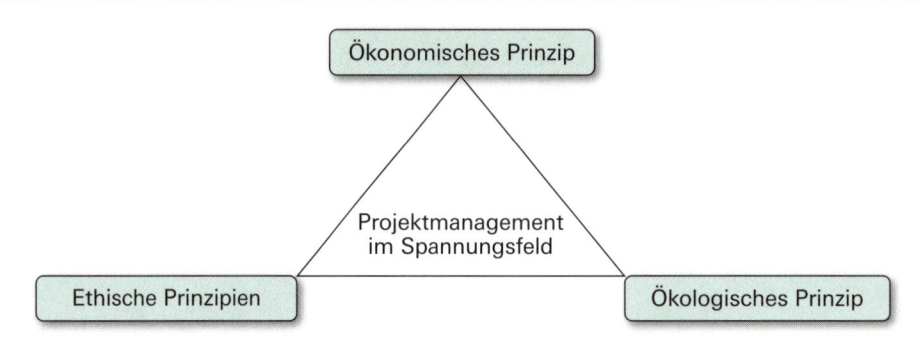

[33-9] Projektmanagement im Spannungsfeld zwischen Ökonomie, Ethik und Ökologie

```
                    Ökonomisches Prinzip
                           /\
                          /  \
                         /    \
                    Projektmanagement
                      im Spannungsfeld
          Ethische Prinzipien    Ökologisches Prinzip
```

Unter **Ergebnisorientierung** und **Effizienz** versteht man die konsequente Ausrichtung des Projekts auf die erwarteten und vereinbarten Ergebnisse und einen wirtschaftlichen Einsatz der Mittel und Personalressourcen im Projektprozess.

Verlässlichkeit bedeutet vor allem, dass die vereinbarten Ergebnisse zum vereinbarten Zeitpunkt in der vereinbarten Qualität mit dem vereinbarten Budget erbracht werden.

Durchsetzungsvermögen ist die Fähigkeit, die erforderlich ist, um das Projekt von einem begründeten Standpunkt aus mit Überzeugungskraft vertreten zu können.

Engagement und **Motivation** helfen, das Projekt voranzubringen. Engagement in einem Projekt zeigt sich in einer positiven Selbstverpflichtung und einem gewissen Idealismus. Motivation verweist auf die **inneren** und **äusseren Anreize,** die das Projekt den Mitarbeitenden bietet.

Das Kompetenzelement **Entspannung** und **Stressmanagement** unterstreicht die Notwendigkeit, im Projekt für Ausgleich zu sorgen.

Wertschätzung geht von einer positiven Haltung aus und ist der Schlüssel für Kommunikation und Verständigung im Projekt mit vielen Beteiligten.

Offenheit basiert auf Wertschätzung und bedeutet eine achtsame und vorurteilsfreie Umgangsweise im Projekt. Unter Diversity versteht man die Verschiedenheit hinsichtlich Gesundheit, Alter, Geschlecht, Kultur und Religion sowie Hautfarbe.

Kreativität ist die Fähigkeit, schöpferisch zu denken und zu handeln, um ein Problem zu lösen oder etwas Neues hervorzubringen. Voraussetzung ist **«laterales Denken»**, d. h. bewusstes Querdenken.

Ethik befasst sich mit der **Konformität mit geltenden Gesetzen, Normen und Kodizes** unter Berücksichtigung der Stakeholder. Die Erfüllung nicht nur des ökonomischen Prinzips, sondern auch der ethischen Prinzipien kann in einem Projekt Synergien erzeugen, die auch längerfristig den Erfolg sichern.

Repetitionsfragen

98

Es geht beim Managen von Projekten immer wieder um zwei Fragen. Bitte formulieren Sie diese Fragen.

99

Sie haben das Kompetenzelement Verlässlichkeit kennengelernt. Bitte definieren Sie Verlässlichkeit im Projektmanagement.

100

Sie haben intrinsisches und extrinsisches Verhalten kennengelernt. Bitte zeigen Sie die Unterschiede in Stichworten auf.

Motivation	Kurzbeschreibung
Intrinsisch	
Extrinsisch	

101

Angenommen, Sie haben sowohl intrinsisch als auch extrinsisch motivierte Beteiligte im Projekt. Was müssen Sie tun, um das Engagement für das Projekt aufrechtzuerhalten? Nennen Sie je zwei Möglichkeiten.

Intrinsisch motivierte Beteiligte	Extrinsisch motivierte Beteiligte

102

Welche Ebenen müssen beim Stressmanagement unterschieden werden?

103

Warum ist Wertschätzung ein wichtiges Prinzip im Projekt? Nennen Sie drei Gründe.

104

Was wird unter «Diversity» verstanden.

105

Kreativität ist unter den einmaligen Bedingungen der Projektarbeit ein wichtiges Kompetenzelement. Nennen Sie mindestens zwei Möglichkeiten, die das kreative Denken fördern.

Teil E   Anhang

Antworten zu den Repetitionsfragen

1

Vorhaben	Projekt Ja	Projekt Nein	Begründung
Verlegung des Tempels von Abu Simbel beim Bau des Assuanstaudamms	☒		Nahezu alle Projektmerkmale treffen zu, insbesondere: zeitlich begrenzt, einmalig, neuartig, komplex, unterschiedliche Fachleute und Methodenspezialisten arbeiten im Team zusammen.
Aufbau eines neuen Verschlüsselungssystems für Zeichnungen, Teile, Materialien, Stücklisten, Arbeitspläne in einem Maschinenbauunternehmen	☒		Es wird einmalig Neues geschaffen, das anschliessend in Betrieb genommen wird.
Pflegen von Kundenstammdaten für 50 000 Kunden auf einer vorliegenden Vordrucksammlung		☒	Wiederkehrende Routinetätigkeit.
Evaluation einer IT-Anlage	☒	☒	Ja: Evaluation als Teilaufgabe in einem Projekt. Nein: bei Evaluation im Rahmen einer Ersatzanschaffung oder Unterhaltsarbeiten.
Abwicklung einer Fusion zweier Unternehmen	☒		Typisches Projekt mit hoher Komplexität.
Erweiterung der Gehaltsabrechnung um eine weitere Statistikauswertung		☒	Wiederholende Tätigkeit.

2

Merkmal	Tagesgeschäft	Projekt
Dynamisch		☒
Kalkulierbare Kosten	☒	
Wenig Hierarchie		☒
Dauerhaft	☒	
Schwerfällig	☒	
Einmalig		☒
Funktions- oder stellenorientiert	☒	

3

Elemente des Projektmanagements	Beschreibung
Ziele	Systemziele und Vorgehensziele
Projektorganisation	Gestaltung der Aufbau- und Ablauforganisation
Projektlenkung	Planung, Führung, Steuerung und Kontrolle der Projektaktivitäten
Instrumente	Techniken der Systemgestaltung und des Projektmanagements
Mitarbeitende	Die am Projekt Beteiligten
Unternehmenskultur	Gesamtheit der Wertvorstellungen, Leitmotive, Denkhaltungen und Normen in einer Organisation

4

- Ein kompliziertes System ist aus vielen verschiedenen Elementen zusammengesetzt. Die Dynamik zwischen den Elementen ist gering, d. h., das System ändert seine spezifische Eigenschaft nicht. Technische Systeme sind komplizierte Systeme.
- Ein komplexes System besteht aus vielen verschiedenen Elementen, die in Interaktion miteinander stehen. Im Lauf der Zeit kann sich eine Dynamik zwischen den Elementen entwickeln, die kaum berechenbar ist. Ökologische und soziale Systeme sind komplexe Systeme.

5

Grundüberlegung des Systems Engineering?	Ja	Nein	Begründung
Immer zuerst das Detail genau anschauen		☒	Zuerst das Grobe, dann das Detail, sonst kann es passieren, dass man Teile vernachlässigt
Ein Modell von der Realität erstellen	☒		Ein Modell schafft Überblick
Nur objektive Erkenntnisse zulassen		☒	Die Erwartungen der Beteiligten und Interessengruppen müssen berücksichtigt werden, diese sind subjektiv geprägt

6

Projekte werden unter einmaligen Bedingungen vollzogen, d. h., Wissen und Erfahrungen können an Grenzen stossen. Bestehende Erfahrungen im Projektmanagement sind nicht immer übertragbar und Wissen wird ständig erweitert.

7

Aussagen	Richtig	Falsch
Weil viele Projekte scheitern, wird Projektorientierung immer bedeutungsloser.		☒
Projektorientierung ist eine verstärkte Einstellung der ganzen Organisation auf die kontinuierliche Veränderung.	☒	
Projektorientierung bedeutet, dass die Entwicklung von Projektmanagementkompetenzen eine immer grössere Bedeutung gewinnt.	☒	

8

Aussagen	Richtig	Falsch
Für den Projektmanager ist die Programmorientierung einer Organisation unwichtig, denn Projekte haben grundsätzlich keinen Bezug zu einem Programm.		☒
Programmorientierung einer Organisation bezieht sich auf die Planung, Koordination und Durchführung der wiederkehrenden Events einer Organisation (z. B. Bilanzierung, Weihnachtsfeier, Steuerzahlung).		☒
Programmorientierung einer Organisation fördert die Ausrichtung einer Organisation auf ein anspruchsvolles strategisches Ziel mittels mehrerer Projekte, deren Ergebnisse aufeinander aufbauen bzw. sich synergetisch ergänzen.	☒	

9

- Strategische
- Operative

10

- Effektivitätsprinzip des Projekt- bzw. Programmmanagements
- Effizienzprinzip der Linienorganisation

11

Nutzen von PPP-Management – Beispiele	
Monetäre Sicht	• Die Bereitstellung von Arbeitshilfen (z. B. Vorlagen) hilft, Doppelarbeit zu vermeiden, und entlastet von zeitraubenden Routinen. • Bestehende Ressourcen werden besser genutzt. Die zentrale Übersicht und Transparenz ermöglicht es, dass beispielsweise zu wenig ausgelastetes Projektpersonal rasch weiteren Einsatz findet.
Nicht-monetäre Sicht	• In der Organisation entwickelt sich ein gemeinsames Verständnis der Projektarbeit. Das hilft, Missverständnisse zu vermeiden, und stärkt den Strategiebezug. • In Bezug auf Kunden ist ein standardisiertes und transparentes Vorgehen von Vorteil. Das stärkt das Vertrauen in die Organisation und fördert das Image.

12

- Die Transparenz und Zentralisierung kann Befürchtungen hinsichtlich einer individualisierten Leistungsbewertung auslösen, die die besonderen Projektumstände ausklammert.
- Mit der Einführung des PPP-Managements ist eine verstärkte PPP-Orientierung der ganzen Organisation verbunden. Das kann für die Linienorganisation einen Bedeutungsverlust nach sich ziehen und entsprechend Widerstände hervorrufen.

13

Die Einführung des PPP-Managements ist ein Organisationsprojekt, weil

- organisationsweit eine Standardisierung erfolgt, die mit Veränderungen auf mehreren Ebenen (in den Organisationseinheiten und in der Gesamtorganisation) und auch der Prozesse verbunden ist.
- bei den Veränderungen mit verschiedenen Sichtweisen zu rechnen ist, die offene und verdeckte Widerstände nach sich ziehen können. Das fordert ein auf die Organisation abgestimmtes Veränderungsmanagement.

14

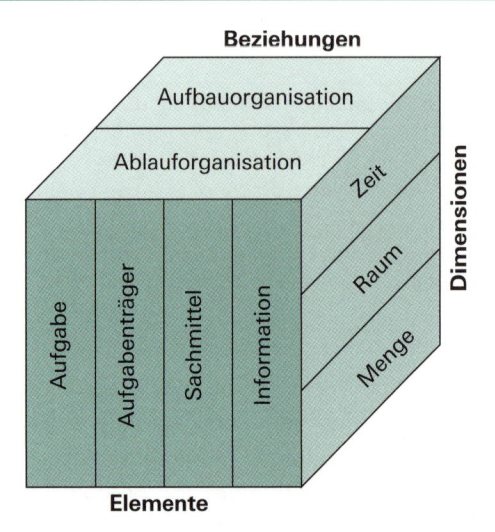

15

Aussagen	Richtig	Falsch
Die Kultur einer Organisation ist für das Projekt unwichtig, da Kultur eine Angelegenheit der Vergangenheit ist.		☒
Die Kultur einer Stammorganisation ist für das Projekt wichtig, denn das Projekt kann auf einen tief greifenden Wandel der Organisation zielen, der auch an der Kultur einer Organisation arbeitet.	☒	
Die Kultur einer Organisation zeigt sich einzig und allein in den Symbolen einer Organisation (z. B. Logo).		☒
Die Kultur einer Organisation ist zum grössten Teil nicht sichtbar. Sie gibt sich in den Annahmen, Überzeugungen und in der Wertorientierung der Organisationsmitglieder zu erkennen.	☒	

16

Fünf Fragen, die im Business Case beantwortet werden müssen.

- Welchen Beitrag leistet das beschriebene Projekt bzw. Programm zum Geschäftserfolg?
- Welchen monetären Nutzen verspricht das Projekt bzw. Programm?
- Gibt es Alternativen? Worin liegen ihre Vor- und Nachteile im Vergleich zur bevorzugten Projektidee?
- Welche Ressourcen und wie viel davon benötigt das Projekt?
- Welche Risiken sind zu bedenken und was wird vorgeschlagen, um Risiken möglichst auszuschliessen?

17

- Die Businessanalyse hilft, frühzeitig Umsetzungshürden zu identifizieren und zu bearbeiten. Das beschleunigt die Umsetzung des Projekts bzw. Programms sowie die Nutzung der entsprechenden Ergebnisse.
- Da die Businessanalyse zum Teil im Dialog mit dem Fachpersonal erfolgt, fördert sie die Akzeptanz für eine Veränderung.

18

Projektmarketing begleitet und fördert jede Projektphase und nicht nur das Ergebnis (Produkt oder Leistung). Projektmarketing ist projektbezogen, klassisches Marketing ist produktbezogen.

19

Aktivitäten	Mögliche Instrumente:
Kontinuierliche Aktivitäten	Projektlogo, Projektflyer
Phasenbezogene Aktivitäten	Auftaktveranstaltung, Statusberichte
Situative Aktivitäten	Persönliche Gespräche, Pressekonferenz

20

Es handelt sich nur vordergründig um ein technisches Projekt. Wenn alle Organisationseinheiten betroffen sind, kann eine tief greifende Veränderung mit der Einführung der neuen Software verbunden sein. Eine unternehmensweite Software ist meistens mit zentral vorgegebenen Standardprozessen verknüpft. Das fordert eine Umstellung, die mit

Informationsarbeit und auch Schulungen unterstützt werden muss. Darüber hinaus ermöglicht die neue Software eine Transparenz, die oft von den Mitarbeitenden und auch von Führungskräften nicht begrüsst wird. Die Einführung muss deshalb sehr sorgfältig vorbereitet und von Massnahmen des Veränderungsmanagements begleitet werden, um eine maximale Nutzung der Funktionalitäten im vorgegebenen Zeitrahmen zu erreichen.

21

- Projektmanager
- Projektteam
- Projektkunde
- Linienmanagerin

22

Vorteile interner Personalressourcen	Vorteile externer Personalressourcen
• Projektmitarbeitende sind mit der Stammorganisation vertraut. • Projektarbeit als «learning on the job» ist für die Mitarbeitenden und für die Organisation langfristig von Vorteil.	• Keine Betriebsblindheit bzw. Loyalitätskonflikte bei veränderungsintensiven Projekten. • Bringt Erfahrungen aus verschiedenen Projekten bzw. Organisationen ein, das fördert die Problemlösungsfähigkeit.

23

- ☒ Gesundheit ist körperliches Wohlbefinden.
- ☐ Gesundheit ist sportlich sein.
- ☐ Gesundheit ist Leistungsfähigkeit.
- ☒ Gesundheit ist psychisches und soziales Wohlbefinden.

24

- Arbeitsschutz umfasst alle Aktivitäten zum Schutz der Mitarbeitenden.
- Betriebsschutz umfasst alle Aktivitäten zum Schutz der Organisation.

25

- Ökologische Nachhaltigkeit
- Ökonomische Nachhaltigkeit
- Soziale Nachhaltigkeit

26

- Sich ergänzende Ressourcen (z. B. Fachwissen, Sachmittel) werden zugunsten des Projekts zusammengeführt.
- Die Projektrisiken werden auf die Partner verteilt.

27

	Richtig	Falsch
Compliance	☒	
Commitment		☒

28

Komponente der «gebundenen» Rationalität	Beispiele
Erfahrungen aus der Vergangenheit	• Wegrationalisierung des Arbeitsplatzes im Rahmen eines Projekts • Ein Freund hat einen Karrieresprung nach seinem Projekteinsatz gemacht
Emotionen in Verbindung mit den Erfahrungen	• Wut, Angst, Enttäuschung • Freude, Hoffnung
Erwartungen an die Zukunft	• Befürchtung, dass das Projekt verdeckte Ziele verfolgt • Das Projekt wird einen Karrieresprung ermöglichen

29

1. Das Projekt ist nutzlos.
2. Im Projekt wird ohne Projektauftrag gearbeitet.
3. Für Machtpromotoren wird nicht gesorgt.
4. Projektleitung und Team sind nicht kompetent.
5. Mit unzähligen Tools und Techniken wird ein «Projektmanagement-Overkill» betrieben.
6. Die Mitarbeitenden sind nicht freigestellt.
7. Die Rollen sind verwaschen.
8. Es wird nicht informiert oder kommuniziert.
9. Es gibt keine Ausstattung.
10. In der Organisation gibt es keinerlei Projektorientierung.

30

- Sie hilft bei der Projektzieldefinition und fördert damit die spätere Integration der Projektergebnisse und deren Nutzung, indem die verschiedenen Sichtweisen der Beteiligten und Betroffenen von Anfang an berücksichtigt werden.
- Sie liefert Informationen zu den Beteiligten und Betroffenen, die bei den Massnahmen des Projektmarketings berücksichtigt werden müssen.
- Sie hilft, Risiken und Konflikte zu vermeiden, indem sie das Kräftefeld aus Stakeholdern und ihre mögliche Einflussnahme auf das Projekt betrachtet und das Projektmanagement dabei unterstützt, proaktiv Massnahmen zu ergreifen.

31

- Sofort die Kommunikation aufnehmen (ggf. unter Einbezug des Projektsponsors)
- Information zum Projekt (Problemstellung, Ziele, Nutzenpotenziale etc.) anbieten
- Kooperationsmöglichkeiten ausloten, aushandeln und verbindlich vereinbaren

32

Aussagen	Falsch	Richtig	Begründung
Projektziele sind wichtig. Es ist aber vollkommen unnötig, die Nicht-Ziele zu beschreiben.	☒		Die Benennung und Beschreibung der Nicht-Ziele kann sehr wichtig sein. Nicht-Ziele helfen beispielsweise, unrealistische Erwartungen an das Projekt und an das Projektmanagement von Vornherein auszuschliessen. Sie dienen der Grenzziehung zwischen Projekt und Nicht-Projekt.

Aussagen	Falsch	Richtig	Begründung
Projektziele müssen eine konkrete Lösung beschreiben.	☒		Projektziele sind lösungsneutral. Projektziele müssen unterschiedliche Lösungen erlauben.
Ein Projektziel ist ein Kann-Ziel, es muss nicht erreicht werden.	☒		Projektziele sind primär Muss-Ziele, die durch Wunsch-Ziele ergänzt werden können.
Die wirtschaftliche Machbarkeit eines Projekts wird normalerweise nicht geprüft.	☒		Die wirtschaftliche Machbarkeit steht neben der technisch-fachlichen und organisatorischen Machbarkeit im Vordergrund der Machbarkeitsprüfung.

33

Möglichkeiten:

- Eine detaillierte Machbarkeitsstudie wird in Auftrag gegeben.
- Das Projekt wird trotz der hohen Risiken durchgeführt.
- Das Projekt wird abgebrochen.

34

Risikopotenzial = Eintrittswahrscheinlichkeit x Schadenpotenzial

35

- Eintrittswahrscheinlichkeit verringern: Mit einer Massnahme wird versucht, die Wahrscheinlichkeit des Eintretens eines Risikos zu verringern.
- Schadenspotenzial verringern: Mit einer Massnahme wird versucht, den möglichen Schaden beim Eintreten des Risikos so gering wie möglich zu halten.

36

- Beim Risikoklassen-Graph werden die einzelnen Risiken Risikoklassen zugeordnet, bewertet werden dann die gesamten Risikoklassen.
- Beim Risikotrend-Graph erfolgt die Bewertung einzelner, sehr kritischer Risiken.

37

Bereiche des Qualitätsmanagements	Beschreibung
Qualitätsplanung	Festlegung der Anforderungen an Projektergebnisse und Projektmanagement und Entwicklung eines Qualitätsmanagementplans zur Sicherstellung der erwarteten Qualität
Qualitätslenkung	Steuerung des Qualitätsmanagementprozesses mit dem Ziel, die Qualität zu verbessern und Quellen für Mängel zu beseitigen
Qualitätsprüfung	Kontrolle der Ergebnisse im Hinblick auf die Übereinstimmung mit definierten Anforderungen, Freigabe bzw. Mängelbericht

38

Project Excellence

Projektmanagement
- Zielorientierung
- Führung
- Mitarbeitende
- Ressourcen
- Prozesse

Projektergebnisse
- Kundenzufriedenheit
- Mitarbeiterzufriedenheit
- Interessengruppenzufriedenheit
- Zielerreichung

Innovation und Wissen

39

Im Projekt gibt es neue, zeitlich begrenzte Herausforderungen und Aufgaben, die meist eine fach- und abteilungsübergreifende Zusammenarbeit fordern. Dafür eignet sich die Linienorganisation nicht. Es ist eine speziell auf das Projekt zugeschnittene Organisation notwendig.

40

- Die Zuständigkeiten, Verantwortungen und Kompetenzen müssen klar sein.
- Die Schnittstellen zwischen Stammorganisation und Projektorganisation müssen identifiziert und definiert sein.

41

Projekt-organisationsform	Vorteile	Nachteile
Reine Projektorganisation	<ul><li>Beteiligte konzentrieren sich auf Projektziele und -ergebnisse</li><li>Klare Weisungsbefugnis; dadurch schnelle Reaktion</li><li>Hohe Projektmanagementkompetenz und -kultur</li></ul>	<ul><li>Bereitstellung von Mitarbeitenden durch die Linie schwierig</li><li>Bei einer langen Projektlaufzeit Verlust der Flexibilität</li><li>Wiedereingliederung von Projektmitarbeitenden nach langer Projektzeit evtl. problematisch</li></ul>
Einfluss-Projektorganisation	<ul><li>Sehr flexibel im Personaleinsatz</li><li>Sammeln und Austauschen von Erfahrungen ist einfach</li></ul>	<ul><li>Niemand fühlt sich für Projekt verantwortlich</li><li>Geringe Reaktionsgeschwindigkeit</li></ul>
Matrix-Projektorganisation	<ul><li>Projektleitung und Projektteam fühlen sich für Projekt verantwortlich (Projektarbeit gehört zum Tagesgeschäft)</li><li>Fachwissen kann von einem zum anderen Projekt transferiert werden</li><li>Mitarbeitende fühlen sich sicher, weil sie nicht völlig aus ihrer ursprünglichen Organisationseinheit herausgelöst werden</li></ul>	<ul><li>Koordinationsaufwand ist gross</li><li>Gefahr von Kompetenzkonflikten</li><li>Höhere Qualifikation der Mitarbeitenden und hohe Anforderungen an die Kommunikations- und Informationsbereitschaft erforderlich</li></ul>

42

Die Hauptaufgaben im Projektmanagement sind:

- Projektauftrag mit Grobziel und eventuell notwendigen oder gewünschten Randbedingungen und Auflagen für die Projektdurchführung formulieren (möglichst schriftlich)
- Erwünschte Projektphasen und Meilensteinentscheide zwischen den einzelnen Phasen festlegen
- Vor allem bei internen Projekten:
    - Projektleiterin ernennen und geeignete Projektorganisation festlegen
    - Kompetenzregelung in Bezug auf die Projektleiterin und die bestehende Linienhierarchie definieren und kommunizieren sowie für Einhaltung sorgen (ein Funktionendiagramm kann helfen, Transparenz zu schaffen)
    - Die Projektleitung gegenüber dem Linienkader unterstützen. Das ist besonders wichtig, wenn die Projektleitung aus Liniensicht hierarchisch niedriger eingestuft ist als die Linienchefs, die vor allem ihren eigenen Bereich sehen und eigene Interessen vertreten
    - Übergeordnete Unternehmensinteressen gegenüber Projektleitung und Linienorganisation durchsetzen (das gilt besonders in der Matrix-Projektorganisation)

43

Erklärung	
Organisationsform mit eigenständiger Organisation für ein Projekt	B
Organisationsform, bei der die Stammorganisation bestehen bleibt und nur durch eine Stabsstelle ergänzt wird	D
Organisationsform, bei der sowohl eine vertikal, nach Funktionen gegliederte Organisationsstruktur als auch eine horizontal wirkende und projektbezogene Organisationsstruktur besteht	F
Gremium, das informiert, berät und die Projektgruppe unterstützt, aber keine Entscheidungsbefugnisse hat	A
Temporär gebildetes Gremium, das aus den Entscheidungs- und Verantwortungsträgern für das Projekt besteht	C
Stelle oder Organisationseinheit, die bei grossen Projekten den Projektleiter unterstützt und für Teilaufgaben des Projektmanagements zuständig ist	E

44

In Projekten fallen viele Aufgaben und Tätigkeiten an, die die Fähigkeiten von einzelnen Personen überschreiten. Gute Projektergebnisse werden von einem Team besser erbracht, das synergetisch arbeitet.

45

Phase	Tätigkeiten
Teambildung	Auswahl der Teammitglieder
Orientierung	Kennenlernen der Teammitglieder
Konfrontation	Auseinandersetzung mit anderen Teammitgliedern und Festlegung des künftigen Platzes in der Gruppe
Organisation	Festlegen von Arbeitsregeln
Leistung	Konzentration auf die Aufgabe und Leistungserbringung
Auflösung	Auflösung des Teams

46

- Genaue Beschreibung des Problems
- Konkrete Lösungsvorschläge

47

- Problemausmass: Verstärkung oder Verringerung
- Zeitraum
- Betroffene Projektziele
- Kosten der Problemlösung
- Problemlösungsrichtung: Ursache beseitigen oder Symptome bekämpfen

48

Regel	Erklärung
Vom Groben zum Detail	Es werden zunächst die Teilaufgaben, dann die Arbeitspakete für jede Teilaufgabe ermittelt.
Immer zuerst in die Breite	Es muss jede Ebene vollständig ausgearbeitet sein, bevor die nächste Ebene bearbeitet wird.

49

Objektorientierter Projektstrukturplan	Aufgabenorientierter Projektstrukturplan
Beim objektorientierten Projektstrukturplan wird das Projekt in seine einzelnen Teile gegliedert. Es werden alle Objekte bzw. Ergebnisse beschrieben, die erarbeitet werden müssen.	Beim aufgabenorientierten Projektstrukturplan wird das Projekt in die einzelnen Aufgaben aufgeteilt. Die Aufgaben beschreiben die Tätigkeiten, die zu bearbeiten sind.

50

Die Projektgrenze ermöglicht, dass der Projektinhalt zuverlässig bearbeitet werden kann. Die Definition der Projektgrenze hilft, unrealistischen Erwartungen und Missverständnissen vorzubeugen.

51

- Termine können nicht gehalten werden.
- Kosten können das Budget überschreiten.
- Das vereinbarte Ergebnis kann nicht in der vereinbarten Zeit und im Kostenrahmen erbracht werden. Das kann zu einer Minderung des erwarteten Projektnutzens führen.

52

Projektphasen	Aufgaben
Initialisierungsphase	A, D
Planungsphase	B, F
Realisierungsphase	C, H
Abschlussphase	E, G

53

Vorteile	Nachteile
• Leicht verständlich • Klare Struktur	• Es wird unterstellt, dass sich die Anforderungen und Ziele im Lauf des Projekts nicht ändern. • In jeder Phase wird davon ausgegangen, dass die zu lösenden Probleme vollständig erkannt sind. • Der Kunde sieht das System erst, wenn es fertig ist. • Theorie und Praxis können schnell auseinanderklaffen.

54

- Das sequenzielle Modell und das Wasserfallmodell konzentrieren sich auf den Erstellungsprozess, sie sind flussorientiert.
- Das Spiralmodell bezieht sich auf die gesamte Lebensdauer des Produkts und ist iterativ.

55

- Projektart
- Problemart, Aufgabenstellung
- Qualifikation der Mitarbeitenden
- Zusammensetzung des Projektteams

56

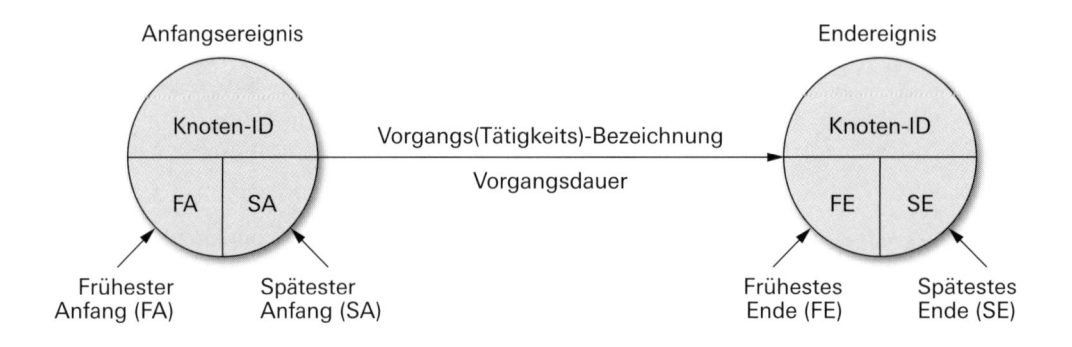

Anfangsereignis — Knoten-ID (FA | SA) — Vorgangs(Tätigkeits)-Bezeichnung / Vorgangsdauer — Endereignis — Knoten-ID (FE | SE)

- Frühester Anfang (FA)
- Spätester Anfang (SA)
- Frühestes Ende (FE)
- Spätestes Ende (SE)

57

Die Infrastruktur ermöglicht die Projektaktivitäten. Zur Infrastruktur gehören Einrichtungen wie das Projektbüro oder auch die Ausstattung mit Informationstechnologie.

58

- Ausbildung/Qualifikation
- Zusatzqualifikationen
- Spezifische Erfahrungen
- Fachlich-methodische Projektmanagementkompetenzen
- Kontextbezogene Projektmanagementkompetenzen
- Verhaltensbezogene Projektmanagementkompetenzen

59

- Die Sachmittel stehen wegen der langen Lieferzeiten nicht zur Verfügung.
- Das gewünschte Personal ist in anderen Projekten gebunden.

60

Die Vorgehensweise bei der Kostenplanung geht vom Detail aus, weil nur so sichergestellt werden kann, dass alle Kosten für Personal und Einsatzmittel differenziert erfasst werden. Das schützt davor, dass die Gesamtkosten unterschätzt werden.

61

Der Leistungswert ist eine wichtige Kennzahl in einem Projekt. Er wird auch Fertigstellungswert genannt. Der Leistungswert ist die Antwort auf die Frage: «Was wurde für den Kunden bereits erbracht und wie viele Finanzmittel wurden dafür geplant?»

62

Werkvertrag	Dienstleistungsvertrag
• Der Auftragnehmer erbringt ein konkretes Werk. • Der Werkvertrag ist ergebnisbezogen. • Das Werk muss die vereinbarte Beschaffenheit haben, das macht den Auftragnehmer ggf. schadenersatzpflichtig	• Der Beauftragte wird tätig und erbringt eine Dienstleistung. • Der Dienstleistungsvertrag ist prozessbezogen. • Bei einem Dienstleistungsvertrag ist die Schadensersatzpflicht äusserst eingeschränkt, da kein konkretes Werk erstellt wird.

63

Prozessschritte	Ergebnisse
Erforderliche externe Leistungen und Produkte identifizieren	Make-or-Buy-Entscheidung
Anforderungen an die externe Erbringung von Leistungen eindeutig definieren	Anforderungskatalog
Vertragsart bestimmen und Vertragsbedingungen aushandeln	Vertrag

64

Zwecke eines geordneten Änderungsmanagements:

- Dokumentation aller Änderungen (auch als Nachweis für den Projektleiter für Zielanpassungen)
- Nachvollziehbare Entscheidungen auf bekannten Grundlagen durch zuständige, offizielle Instanzen
- Änderungen geplant in die bestehende und zukünftige Projektergebnisse und -arbeit einfliessen lassen

65

Folgende Probleme können aufgrund des unkontrollierten Einwirkens von Änderungen auf ein Projekt entstehen:

- Termine und Kosten werden ohne nachvollziehbare Grundlage verlängert bzw. überschritten.
- Die Konsistenz und Machbarkeit von Lösungen kann nicht mehr gewährleistet werden.
- Ein «dauerndes» Ändern von Rahmenbedingungen und Vorgaben lässt das Team am Sinn und an der Stossrichtung des Projekts zweifeln.

66

- Die Einarbeitung von Änderungen wird mit Fortschreiten des Projekts immer teurer.
- Die Gefahr, dass die Änderungen nicht sauber in die bestehenden Ergebnisse integriert werden können, steigt ebenfalls an.

67

Projektcontrolling	Projektmanagement
Projektcontrolling ist verantwortlich für die erforderliche Transparenz im Projekt und schafft eine Entscheidungsgrundlage für das Managen und Steuern des Projekts. Projektcontrolling erfüllt damit eine Unterstützungsfunktion.	Projektmanagement ist für die Projektergebnisse verantwortlich und stützt sich auf fortlaufende Berichte des Projektcontrollings.

68

A] Projektleitung bzw. Teilprojektleitung

B] Projektportfoliomanagement, Controlling

69

A] Kosten, Termine, Ergebnis/Qualität

B]
- Der aktuelle Projektplan (Soll-Daten)
- Die Arbeitspaketberichte (Ist-Daten) bzw. Rückmeldungen der Arbeitspakete
- Restaufwandschätzungen
- Ergebnisse aus Projektteamsitzungen

70

Durch die Offenlegung des aktuellen Projektstands und der bestehenden Probleme schafft die Projektleiterin auch die Voraussetzungen für ihre eigene Entlastung gegenüber dem Steuerungsausschuss bzw. dem Auftraggeber. Darüber hinaus ist der Statusbericht eine wichtige Grundlage zur Ermittlung von Handlungsbedarf bei Abweichungen.

71

Abweichungstabelle	Verlaufsgrafik
Die Abweichungstabelle eignet sich für die Darstellung von Abweichungen gegenüber dem **geplanten Zustand** sowie für Abweichungen gegenüber der Vorperiode.	Die Verlaufsgrafik bietet sich für die Darstellung von Abweichungen gegenüber einer **geplanten Entwicklung** an.

72

Planungsstrategien	Planungsgrössen		
	Projektumfang	Ressourcen	Endtermin
Kapazitätstreue Planung	☒	☒	
Puffertreue Planung	☒		☒
Termintreue Planung		☒	☒

73

☒ Daten

☐ Dokumente

74

Aufgaben des Informationsmanagements	Beschreibung
Informationen erfassen	Alle zur optimalen Bearbeitung des Projekts erforderlichen Informationen identifizieren sowie den Inhalt und die Form der Information und den Zeitpunkt des Informationsbedarfs präzisieren.
Informationsangebot planen	Informationsquellen und Informationsbestände erfassen.
Informationen verfügbar machen	Der Zugriff auf Informationsquellen muss technisch gewährleistet und rechtlich gesichert sein.
Informationsfluss organisieren	Informationen müssen den Projektbeteiligten zugeordnet und die Zuständigkeit für Pflege und Aktualisierung der Datenbestände muss geklärt sein.

75

Bei der Information findet keine Interaktion statt. Es handelt sich um eine Beeinflussung in eine Richtung, nur der Sender informiert. In der Kommunikation findet eine wechselseitige Beeinflussung statt, es ist eine Interaktion mit mindestens zwei Beteiligten.

76

Selbstkundgabe
- Was ist das für einer?
- Was ist mit ihm?

Sachinhalt
- Wie ist der Sachverhalt zu verstehen?

Beziehung
- Wie redet der eigentlich mit mir?
- Wen glaubt er, vor sich zu haben?

Appell
- Was soll ich aufgrund seiner Mitteilung tun, denken, fühlen?

77

- Der Sender will dem Empfänger etwas anderes mitteilen, als das, was er sagt.
- Der Empfänger hört etwas anderes, als der Sender mitteilt.

78

- Für offizielle, formelle Sitzungen gibt es eine Einladung.
- Bei Verhinderung ist ein Stellvertreter zu schicken, der sich auf die Sitzung vorbereitet.
- Bei kurzfristiger Verhinderung wird der Sitzungsleiter informiert.
- Sitzungen beginnen immer pünktlich.

79

- Alle Teilnehmenden bereitet sich auf die Sitzung vor.
- Meinungen zum Thema werden während der Sitzung geäussert (und nicht in einem anderen Rahmen bzw. anderen Personen gegenüber).
- Wichtige Ergebnisse und Entscheidungen werden in einem Protokoll festgehalten.
- Sitzungen dauern nicht länger als auf der Einladung vermerkt.

80

Workshops eignen sich besonders, wenn

- das Thema eine hohe Komplexität aufweist, die nur interdisziplinär angemessen bearbeitet werden kann.
- viele Ergebnisse in kurzer Zeit geleistet werden müssen.
- eine breite Akzeptanz für die Ergebnisse geschaffen werden soll.
- ein gemeinsames Verständnis und auch Know-how aufgebaut werden sollen.

81

Anlässe	Beispiele
Innerhalb der Organisation	• Probleme häufen sich und sollen beseitigt werden (z. B. Kunden springen ab, weil die Lieferzeiten ständig überzogen werden). • Qualität soll gefördert und gesichert werden (z. B. durch Zertifizierung), strategische Veränderungen sollen schneller zur Realisierung kommen (z. B. durch Einführung von PPP-Management).
Aus dem Umfeld	• Neue Gesetze müssen nachweislich erfüllt werden. • Kunden stellen spezifische Anforderungen an einen Auftrag, der nur in Projektform bewältigt werden kann.

82

- Projektziel oder Zielkatalog mit dem angestrebten Nutzen
- Ergebnisse der Machbarkeitsprüfung (Risiken, Erfolgsfaktoren)
- Erste Termin- und Kostenabschätzungen

83

- Die Rollen der Teammitglieder sind klar.
- Alle Beteiligten haben den gleichen Informationsstand.

- Business Case
- Projekt- bzw. Programmziele
- Projektorganisation
- Vorgehensweise und wichtige Methoden
- Einhaltung der Termine, Kosten und Aufwände
- Ergebnisqualität
- Prozessqualität
- Zufriedenheit der Interessengruppen
- Zufriedenheit der Projektmitarbeitenden
- Empfehlungen für die Nachhaltigkeit des Nutzens
- Übertragbare Lehren aus dem Projekt

84

- Sitzungsprotokolle
- Beschlussprotokolle
- Referenzpläne (Projektstrukturplan, Ablaufplan, Terminplan, Kostenplan usw.)

85

```
Beziehungsorientiert
┌─────────────────┬─────────────────┐
│  Club-Stil      │ Kooperativer Stil│
├─────────────────┼─────────────────┤
│ Laissez-faire-Stil│ Autoritärer Stil│
└─────────────────┴─────────────────┘
                                     → Sachorientiert
```

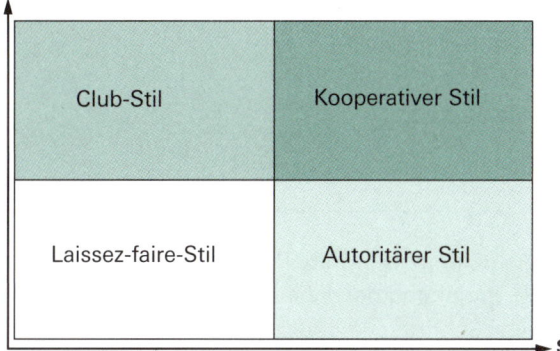

86

Damit die Projektleiterin ihre Führungsaufgabe optimal erfüllen kann, muss sie über diverse Kompetenzen wie Teamfähigkeit, Kontaktfähigkeit, Motivationsfähigkeit etc. verfügen. Diese sind für die Führungsaufgabe wichtiger als das Fachwissen. Zudem muss sie eine Methodenspezialistin für Projektmanagement sein. Das gilt besonders für grössere Projekte.

87

- Verfügbare Ressourcen voll ausschöpfen
- Die fähigsten Mitarbeitenden können für die jeweilige Aufgabe eingesetzt werden.
- Freiraum schaffen für die anderen (wichtigeren) Führungsaufgaben.
- Die Arbeit wird schneller erledigt.
- Wissen wird an Mitarbeitende weitergegeben.
- Mitarbeitende können sich entwickeln.
- Motivation und Leistungsbereitschaft werden gesteigert.

88

Ankereffekt.

89

Lösungsmöglichkeit	Entscheidertyp
Ich definiere einen klaren Änderungsprozess mit eindeutigen Kriterien, um die vielen verschiedenen Erwartungen der Interessengruppen besser managen zu können.	Zerrissene
Ich suche mir drei Vertrauenspersonen, die ich vor der nächsten grossen Entscheidung als Bremse nutze.	Schnellentscheidende
Ich mache eine Stakeholderanalyse, damit ich mehr Klarheit über die sozialen, emotionalen und politischen Barrieren gewinne.	Selbstausbeutende

90

Prozessberatung wird auch «Hilfe zur Selbsthilfe» genannt.

91

Beratung als Variante des Führungsstils meint	Richtig
Der Projektmanager weiss alles besser.	☐
Der Projektmanager stellt Fragen.	☒
Der Projektmanager verhält sich wertschätzend.	☒

92

- Die Rolle des Ratsuchenden
- Die Rolle des Moderators
- Die Rolle der Beratenden

93

Es geht beim «Einer teilt, einer wählt»-Prinzip um das faire Teilen, wenn zwei Parteien die gleiche Sache (z. B. Projekträume) haben möchten. Um einen «faulen» Kompromiss zu vermeiden, wird in zwei Schritten vorgegangen: In einem ersten Schritt macht die eine Partei einen Vorschlag zur Aufteilung der Sache. In einem zweiten Schritt sagt die andere Partei, welchen Teil sie haben will.

94

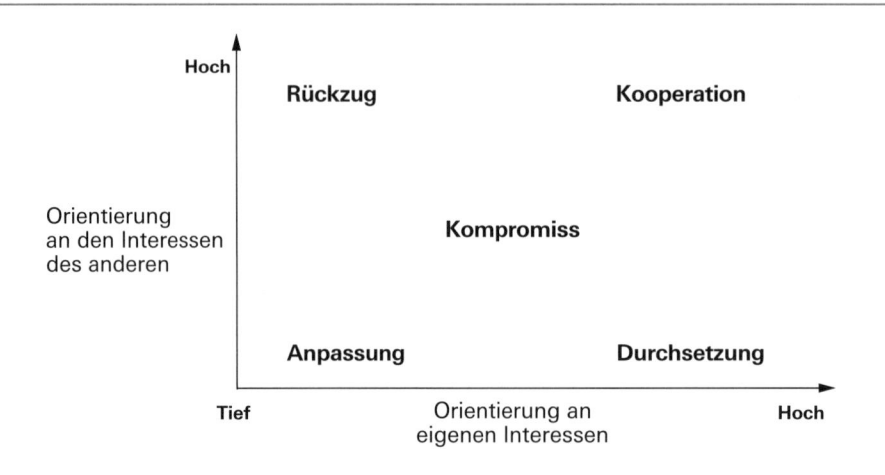

Orientierung an den Interessen des anderen (Hoch/Tief) vs. Orientierung an eigenen Interessen (Tief/Hoch):
- Hoch/Tief: Rückzug
- Hoch/Hoch: Kooperation
- Mitte: Kompromiss
- Tief/Tief: Anpassung
- Tief/Hoch: Durchsetzung

95

Maximal bis zur dritten Stufe: Taten statt Worte.

96

- Der Wille und die Bereitschaft zur Bearbeitung des Konflikts mindestens einer Konfliktpartei oder einer anderen weisungsberechtigten Instanz
- Die Akzeptanz einer dritten neutralen Partei

97

Gründe für die widerstandslose Annahme der Neuerung:

- Es wurde transparent über das Vorhaben informiert.
- Die Führungskräfte äusserten ihre Unterstützung an der Projektarbeit.
- Die Meinung der Mitarbeitenden wurde ernst genommen.

98

- Was genau wird als Ergebnis erwartet und vereinbart? (Ergebnisorientierung)
- Wie kann das vereinbarte Ergebnis möglichst schnell und mit wenig Aufwand bereitgestellt werden? (Effizienz)

99

Verlässlichkeit bedeutet, dass die vereinbarten Ergebnisse zum vereinbarten Zeitpunkt in der vereinbarten Qualität und innerhalb des vereinbarten Budgets erbracht werden.

100

Motivation	Kurzbeschreibung
Intrinsisch	Beweggründe liegen in der Person, d. h. in der inneren Überzeugung, in den Werten und Interessen oder auch in der Freude am Neuen.
Extrinsisch	Beweggründe liegen ausserhalb der Person, d. h. im Umfeld. Es sind Anreize, die mit Belohnung und Anerkennung verbunden sind.

101

Intrinsisch motivierte Beteiligte	Extrinsisch motivierte Beteiligte
• Klare Aussagen über die Projektziele und die Nicht-Projektziele • Wertschätzung von Ideen und Wünschen • Beteiligungsmöglichkeiten schaffen • Regelmässiges Erwartungsmanagement	• Quick Wins • Unverzügliche und sichtbare Anerkennung von grossen und kleinen Erfolgen • Entwicklungspfade aufzeigen und erschliessen

102

- Verhältnisebene (Kontext)
- Verhaltensebene (individuelle Ebene)

103

- Wertschätzung ist eine positive Haltung und trägt zum Projekterfolg bei.
- Wertschätzung fördert die Kommunikation zwischen den Beteiligten.
- Wertschätzung unterstützt die Verständigung im Projekt.
- Wertschätzung anderen gegenüber hilft, die eigenen Annahmen und Werte zu reflektieren.
- Wertschätzung stärkt die Vertrauensbasis.

104

Unter Diversity versteht man Offenheit gegenüber der Vielfalt auf der sozialen Ebene sowie Aufmerksamkeit hinsichtlich potenzieller Benachteiligung von Minderheiten im Projekt. Zu den Kriterien für Diversity zählen Gesundheit, Alter, Geschlecht, sexuelle Orientierung sowie kultureller Hintergrund, Zugehörigkeit zu einer Religion oder Nation und Hautfarbe.

105

- Den Standort ändern und die «Sache» beispielsweise von der Vogelperspektive aus betrachten
- Analogien und Metaphern nutzen
- Visualisierung
- Paradoxes Fragen

Glossar

Numerisch

360-Grad-Feedback (360-degree feedback) Rückmeldung zur Projektarbeit an Projektmitarbeitende aus vier Perspektiven: vom Projektteam, von der Linienmanagerin, vom Projektmanager und von einer Projektkundin.

A

Ablauf Zeitlich-logische Anordnung der Aktivitäten in einem Projekt. Das Ergebnis der Ablaufplanung ist z. B. ein Netzplan.

Ablaufplanung Umfasst alle Aktivitäten in einem Projekt, die darauf gerichtet sind, das Projekt nach zeitlich-logischen Kriterien zu organisieren, um eine termingerechte Abwicklung gewährleisten zu können.

Abnahme Übergabe eines Projektergebnisses an den Kunden, wird in einem Abnahmeprotokoll dokumentiert.

Abschluss → Projektabschluss

Ampelprinzip Einfache Darstellung des Status von Arbeitspaketen und Projekten. Analog zu den Farben der Verkehrsampel werden drei Zustände angezeigt:

- Rot signalisiert ernsthafte Probleme. Es besteht dringender Handlungsbedarf.
- Gelb signalisiert Probleme, die den Projektverlauf stören, aber keine Gefährdung für den Projekterfolg darstellen.
- Grün signalisiert, dass das Projekt keine nennenswerten Abweichungen von der Planung hat.

Änderungsantrag (Engl. change request) Angeforderte Änderung im Projekt.

Änderungsgremium (Engl. change control board) Gremium, das über Änderungen entscheidet, die die definierten Projektziele infrage stellen oder gefährden.

Änderungsmanagement Befasst sich mit allen Massnahmen, die zur Bewertung, Steuerung und Dokumentation von angeforderten Änderungen erforderlich sind.

Anforderung Definierte Erwartung an ein Projektergebnis, ein Erfordernis oder Merkmal.

Anforderungskatalog Enthält alle Anforderungen, die an das Projektergebnis gestellt werden.

Annahme Hypothesen, die der Planung unterliegen.

Anspruchsgruppe → Interessengruppe

Arbeitspaket Beschreibt eine Aktivität, eine Aufgabe oder einen Vorgang, wird als ein in sich geschlossenes Ergebnis mit klaren Abgrenzungen und Schnittstellen zu anderen Arbeitspaketen formuliert.

Arbeitsschutz (Engl. safety) Umfasst alle Aktivitäten zum Schutz der Beteiligten in allen Projektphasen vor gesundheitlichen Beeinträchtigungen und Gefahren unter Berücksichtigung der geltenden Arbeitsgesetze, Verordnungen und Richtlinien.

Audit
1. Im Gegensatz zum Review primär die Bewertung von Prozessen und nur sekundär die Bewertung des Produkts bzw. der Dienstleistung.
2. Die geplante und systematische Prüfung eines Projekts durch eine unabhängige Instanz auf die Einhaltung vereinbarter Regeln, Standards, Vorgehensweisen und Ziele.

Auftaktveranstaltung	→ Kick-off
Aufwand	Anzahl von Arbeitseinheiten, die notwendig ist, um ein definiertes Arbeitsergebnis zu erbringen.
Aufwandsschätzung	Befasst sich mit der Abschätzung des zum Abarbeiten eines Arbeitspakets erforderlichen Aufwands.

B

Balkendiagramm	Dient der Visualisierung der Zeitplanung eines Projekts. Die Dauer eines Arbeitspakets wird durch die Länge des Balkens in der Zeitachse symbolisiert.
Begleitgruppe	(Engl. sounding board) Feedbackgeber, d. h., Akzeptanzprobleme und Widerstände gegen das Projekt können früher wahrgenommen werden. Andere Bezeichnung: Resonanzgruppe.
Beschaffung	(Engl. procurement) Befasst sich mit der organisierten und kostenbewussten Bereitstellung der für das Projekt erforderlichen Materialien und auch Dienstleistungen durch externe Anbieter.
Betriebsschutz	(Engl. security) Alle Aktivitäten zum Schutz der Organisation, ihrer Daten, des geistigen Eigentums, der Produkte, der Infrastruktur und Anlagen.
Blinder Fleck	Das, was Menschen von sich selbst nicht wahrnehmen können oder wollen.
Brainstorming	Kreative Arbeitstechnik.
Budget burned	(Auch: actual cost of work performed) Tatsächlicher Aufwand, die Ist-Kosten in einem Projekt (vgl. Fertigstellungswert).
Business Case	Geschäftsfall. Im Rahmen eines Business Case werden die Ziele eines Projekts, Programms oder Portfolios beschrieben, die damit verbundenen Kosten und der zu erwartende Nutzen untersucht und bewertet.
Businessplan	Geschäftsplan, der sich auf die ganze Organisation bezieht.

C

Change Control Board	→ Änderungsgremium
Change Request	→ Änderungsantrag
Coaching	Professionelle Beratungsleistung, die Führungskräfte oder auch Teams im Umgang mit anspruchsvollen Arbeitssituationen und Veränderungsprojekten unterstützt.
Commitment	Selbstverpflichtung, eine besondere Verpflichtung für ein Anliegen oder Projekt, die Identifizierung damit und die Bereitschaft, sich dafür zu engagieren.
Compliance	Erfüllung aller relevanter Gesetze, Standards und Vorgaben sowohl während des Projektmanagementprozesses als auch hinsichtlich der Ergebnisse.
Controlling	Befasst sich mit der Auswahl, Beschaffung, Aufbereitung und Analyse von projektbezogenen Daten.

D

Deeskalation — Stufenweise Verringerung und Abschwächung eines Konflikts.

Dynamik — Unter Dynamik wird eine Wechselwirkung verstanden, die sich im Lauf der Zeit nicht-linear entwickeln kann und deshalb nur schwer berechenbar ist.

E

Earned Value — → Fertigstellungswert

Effektivität — Es werden die «richtigen Dinge» im Projekt getan, d. h., unter Berücksichtigung der Erwartungen der Interessengruppen werden die vereinbarten Ergebnisse erbracht.

Effizienz — (Engl. efficiency) Der wirtschaftliche Einsatz der zur Verfügung stehenden Mittel und Personalressourcen. Es geht bei der Effizienz darum, dass die «Dinge richtig» gemacht werden.

Element — Einzelner Teil eines Ganzen.

Ergebnisorientierung — (Engl. results orientation) Die konsequente Ausrichtung der Ressourcen in einem Projekt auf die Bereitstellung der vereinbarten Ergebnisse zum vereinbarten Termin.

Ethik — (Engl. ethics) Befasst sich mit den Annahmen und Kriterien für gutes bzw. schlechtes Verhalten und den damit verbundenen Werten und Normen.

Evaluation — Verfahren zur Bewertung der Güte einer Leistung oder Wirkung oder auch eines Prozesses durch systematische Überprüfung von Gütekriterien.

Excellence — (Dt. Exzellenz) Hervorragende Leistung in Prozess und Ergebnis.

Explizit — Ausdrücklich, deutlich, in Worten und Zahlen formuliert.

F

Fachkompetenz — (Engl. technical competence) Die methodischen und technischen Fähigkeiten und Fertigkeiten im Projektmanagement.

Feedback — → Rückkopplung

Fertigstellungsgrad — Prozentsatz, zu dem die Arbeiten an einem Arbeitspaket abgeschlossen sind.

Fertigstellungswert — (Engl. earned value) Soll-Kosten einer bereits abgeschlossenen Arbeit.

Fischgrätdiagramm — → Ishikawa-Diagramm

Führung — → Leadership

Führungsstil — Art des Führens.

Funktionen-Diagramm — Übersicht, die Auskunft gibt, welche Aufgaben in einem Projekt von wem erfüllt werden.

G

Geplanter Wert — → Planned Value

Geschäftsplan	→ Businessplan
Gesundheit	(Engl. health) Körperliches, psychisches und soziales Wohlbefinden und nicht nur das Freisein von Krankheit und Gebrechen.
Gruppendynamik	Prozess, der innerhalb einer Gruppe oder eines Teams abläuft.

H

Hierarchie	Strukturen eines Systems, die durch Über- und Unterordnung gekennzeichnet sind.

I

Implizit	Etwas wird nicht ausdrücklich formuliert, aber gemeint oder angenommen.
Information	Nachricht, Mitteilung (einschliesslich Hinweis oder Gebot und Verbot).
Infrastruktur	Teil der Ressourcen eines Projekts, vor allem die Einrichtung, die Ausrüstung und die Informationstechnologie, aber auch Wissen und finanzielle Mittel.
Interessengruppen	(Engl. interested parties) Personen, Gruppen oder auch Organisationen, die am Projekt beteiligt, am Projektablauf interessiert oder von den Auswirkungen des Projekts betroffen sind.
	Andere Bezeichnung: interessierte Parteien oder Anspruchsgruppen (engl. stakeholder).
International Project Management Association IPMA	Internationale Organisation, die sich mit Projektmanagement befasst und die Kompetenzrichtlinien herausgibt.
Internationale Kompetenzrichtlinie	(Engl. international competence baseline ICB) Wird von der International Project Management Association herausgegeben. Vgl. nationale Kompetenzrichtlinie.
Ishikawa-Diagramm	Ursache-Wirkungs-Diagramm, das als Instrument zur Problemdiagnose genutzt wird.
	Andere Bezeichnung: Fischgrätdiagramm.

J

Johari-Fenster	Methode des Selbstmanagements, die sich mit Selbst- und Fremdwahrnehmung befasst und den blinden Fleck berücksichtigt, der nur indirekt, also über das Feedback durch andere Menschen, wahrgenommen werden kann.

L

Lastenheft	Beschreibt ergebnisorientiert die «Gesamtheit der Forderungen an die Lieferungen und Leistungen eines Auftragnehmers» (DIN 69 905).
Laterales Denken	«Querdenken», das zu neuen Ansichten und Einsichten verhilft und damit einen Problemlösungsprozess unterstützt.
Leadership	Führung, ist nicht deckungsgleich mit Management. Leadership ist mehr beziehungs- und personenorientiert und befasst sich mit der Art und Weise der motivierenden Führung von Menschen im Projekt.
Learning on the job	Lernprozess ist unmittelbar mit der Projektarbeit verbunden.
Lehren aus dem Projekt	→ Lessons Learned
Leistungsbeschreibung	Beinhaltet eine Beschreibung der Dienstleistungen, Produkte oder Ergebnisse, die im Rahmen eines Projekts geliefert werden sollen.
Leistungsumfang	Definiert den Leistungsinhalt und seine Grenzen, d. h., was das Projekt nicht leistet.

Lenkungsausschuss	Entscheidungsgremium, das für die Steuerung von Projekten zuständig ist. Andere Bezeichnung: Projektausschuss oder Steuergruppe.
Lernende Organisation	Organisationsform, in der Veränderungen als normal akzeptiert werden, die über eine entsprechende Organisationskultur und organisatorische Mechanismen des Lernens verfügt.
Lessons Learned	Lehren aus dem Projekt.
Lieferobjekt	Definiertes Ergebnis, das erbracht werden muss, um einen Prozess, eine Phase oder ein Projekt abschliessen zu können. Andere Bezeichnung: Liefergegenstand.
Linienorganisation	→ Stammorganisation

M

Machbarkeitsstudie	Hat die Aufgabe, Risiken zu identifizieren und einzuschätzen und Möglichkeiten für den Umgang mit Risiken zu benennen sowie Erfolgsfaktoren herauszuarbeiten. Andere Bezeichnung: Projektstudie.
Management by Objectives	Führungskonzept, in dem die Führung sich weitgehend auf Zielvorgaben und Zielvereinbarungen und deren Überprüfung beschränkt.
Managerial Grid	Matrix, die verschiedene Führungsstile beinhaltet und diese anhand zweier Orientierungen vorstellt (Orientierung an Personen bzw. Beziehungen und Orientierung an Ergebnissen).
Matrix-Projektorganisation	Organisationsform, in der sowohl die Führungskraft der Linie als auch der Projektmanager gemeinsam verantwortlich für die Zuteilung von Arbeitsaufträgen sind.
Mediation	Verfahren zur professionellen Bearbeitung eines Konflikts unter Einbezug einer neutralen Instanz.
Meilenstein	Wichtiger Punkt oder ein wichtiges Ereignis in einem Projekt.
Meilenstein-Trendanalyse	Instrument des Termincontrollings in einem Projekt: Zu regelmässigen Berichtszeitpunkten wird die Terminplanung des Projekts durch die Abfrage von Meilensteinterminen grafisch neu erfasst. Aus dem Kurvenverlauf lässt sich ein Trend hinsichtlich der Termintreue des Projekts ablesen.
Messgrösse	Dient dazu, eine Kenngrösse zu operationalisieren, d. h. messbar zu machen.
Methode	Eine bestimmte Verfahrensweise, die zur Erlangung von Erkenntnissen oder praktischen Ergebnissen dient.
Moderation	Nicht-direktive Leitung eines Gesprächs, einer Arbeitsgruppe oder einer Verhandlung mit dem Ziel, den Meinungs- und Willensbildungsprozess sowie den Lernprozess zu ermöglichen und zu fördern, ohne inhaltlich zu steuern.
Multiprojektmanagement	Hat die Aufgabe, mehrere Einzelprojekte zu koordinieren und für effiziente Durchführungsbedingungen zu sorgen.

N

Nachhaltigkeit	Baut auf drei Säulen: umweltschonender Projekt- und ggf. Produktlebenszyklus, ökonomischer Projekterfolg und Berücksichtigung der Interessengruppen (soziale Nachhaltigkeit).
Netzplan	Grafische Darstellung der Abhängigkeiten zwischen Arbeitspaketen, also der Vorgehensweise bei der Projektabwicklung.
Netzplantechnik	Analytische Methode zur Ermittlung der frühestens möglichen sowie spätestens notwendigen Anfangs- und Endzeitpunkte der Arbeitspakete.

O

Organigramm — Methode zur grafischen Darstellung, vor allem der hierarchischen Beziehungen zwischen den Einheiten einer Organisation.

Organisation — Personengruppe, die sich zu einem bestimmten Zweck bildet oder gebildet wird.

Organisationseinheit — Element der Aufbauorganisation, das im Organigramm ausgewiesen wird, wie zum Beispiel eine Abteilung.

Organisationsentwicklung — Ansatz zur ganzheitlichen Veränderung einer Organisation bzw. zur Förderung der Selbstentwicklung einer Organisation.

P

Personalmanagement — (Engl. personnel management) Umfasst die Planung, Anwerbung, Verpflichtung, Schulung, Leistungsbewertung und auch die Motivation des Projektpersonals. Dazu gehört auch die Entlastung von Projektaufgaben und der Rolle bei Projektabschluss, die Anerkennung der spezifischen Projektleistung und die Reintegration in der Linie bzw. der Einsatz in einem anderen Projekt.

Pflichtenheft — Enthält nach DIN 69905 die vom «Auftragnehmer erarbeiteten Realisierungsvorgaben». Es beschreibt die «Umsetzung des vom Auftraggeber vorgegebenen Lastenhefts».

Phasenmodell — Vereinfachte Beschreibung eines zeitlich-logischen Ablauf eine Projekts, gegliedert in Phasen.

Pilotprojekt — Zeitlich begrenztes Projekt, ein Versuch unter Echtbedingungen zur Validierung von Annahmen und zur Ermittlung von Wirkungen und Risiken in komplexen Zusammenhängen.

Planned Value — Umfasst die bis zu einem bestimmten Stichtag angesetzten Projektergebnisse und den dafür benötigten Aufwand. Er entspricht also keiner buchhalterischen Grösse, sondern kann nur aus der Projektplanung ermittelt werden.

Andere Bezeichnung: Budget Cost of Work Scheduled.

Portfolio — Eine nach bestimmten Kriterien aufgebaute und strukturierte Sammlung (z. B. von Projekten oder Programmen).

Prävention — Vorbeugung, um ein möglicherweise eintretendes, aber unerwünschtes Ereignis oder eine ungewollte Entwicklung (Risiko) zu vermeiden.

Primärorganisation — → Stammorganisation

Priorisierung — Bildung einer Rangordnung etwa nach Wichtigkeit oder Dringlichkeit.

Problemmanagement — Umfasst alle strukturierten Aktivitäten rund um Erkennen, Bewerten und Lösen von Problemen, einschliesslich Berichterstattung.

Produktlebenszyklus — Umfasst alle Phasen, die ein Produkt durchläuft. Im Allgemeinen sind das: Entwicklung, Einführung, Reife, Sättigung, Verfall und schliesslich Entsorgung.

Programm — Gruppe zusammenhängender Projekte, die auf ein übergeordnetes Ziel hinarbeiten.

Programmorientierung — Ausrichtung einer Organisation auf das Management von strategiebezogenen Programmen.

Project Excellence — In Anlehnung an das Business-Excellence-Modell der European Foundation for Quality (EFQM) entwickeltes Modell und Bewertungssystem, das sowohl den Projektmanagementprozess als auch die Projektergebnisse umfasst.

Projekt	Operation mit einem begrenzten Zeit- und Kostenrahmen zur Erbringung von definierten Lieferobjekten unter Einhaltung bestimmter Qualitätsstandards und -anforderungen.
Projektabschluss	Beendigung aller Tätigkeiten, die mit dem Projekt in Zusammenhang stehen.
Projektabschlussbericht	Zusammenfassende, abschliessende Darstellung von Aufgaben und erzielten Ergebnissen, von Zeit-, Kosten- und Personalaufwand sowie gegebenenfalls von Hinweisen auf mögliche Anschlussprojekte.
Projektanforderung	In den Projektanforderungen werden die Projektziele spezifiziert.
Projektantrag	Noch nicht erteilter Projektauftrag. Er enthält alle Informationen, aufgrund derer die Entscheidung gefällt werden kann, ob ein Projekt durchgeführt wird oder nicht.
Projektart	Kategorisierung von Projekten, um leichter Standards (z. B. Standard-Projektstruktur) entwickeln oder auch Erfahrungen nutzen zu können.
Projektassistenz	Unterstützt das Projektmanagement.
Projektauftrag	Dokument, das vom Initiator oder Sponsor eines Projekts herausgegeben wird und den Projektmanager zur Durchführung des Projekts berechtigt.
Projektauftraggeber	Person oder eine Gruppe, die die finanziellen Einsatzmittel für das Projekt liefert. Gesamtverantwortlicher für ein Vorhaben oder ein Projekt.
Projektausschuss	→ Lenkungsausschuss.
Projektbericht	An einen bestimmten Empfänger oder Empfängerkreis gerichtete Darstellung über Entwicklung und Stand eines Projekts. Ein Projektbericht enthält mindestens einen technischen und einen wirtschaftlichen Teil, ggf. auch einen organisatorischen.
Projektbüro	Zentrale Dienstleistungsstelle in einem Unternehmen oder grossen Projekt. Es sorgt für die administrative Entlastung und Unterstützung der einzelnen Projekte.
Projektdirektor	Person, die in der Lage ist, bedeutende Portfolios oder Programme mit den entsprechenden Ressourcen, Methoden und Instrumenten zu leiten.
Projektdokumentation	→ Dokumentation
Projekterfolg	Nicht nur die Lieferung vereinbarter Ergebnisse, vielmehr eine positive Bewertung der Projektergebnisse durch die Interessengruppen.
Projektgrenze	Markiert den Projektumfang, sodass Aussagen getroffen werden können, was das Projekt als Ergebnisse erbringen wird und was nicht.
Projekthandbuch	Hat zwei Bedeutungen: • Es ist ein Planungsdokument, das für ein konkretes Projekt das Vorgehensmodell zusammen mit verschiedenen projektspezifischen technischen und organisatorischen Festlegungen enthält. • Es ist ein Handbuch, das die Grundlagen, Strukturen, Prozesse und die Planung definiert.
Projektinformationsmanagement	Zusammenstellung ausgewählter, wesentlicher Daten über Konfiguration, Organisation, Mitteleinsatz, Lösungswege, Ablauf und erreichte Ziele des Projekts.
Projektinformationssystem	Die Gesamtheit der Einrichtungen und Hilfsmittel und deren Zusammenwirken bei der Erfassung, Weiterleitung, Be- und Verarbeitung, Auswertung und Speicherung der Projektinformationen.
Projektkultur	→ Kultur

Projektmanagement	Gesamtheit von Führungsaufgaben, -organisation, -techniken und -mitteln für die Abwicklung eines Projekts.
Projektmanagementerfolg	Anerkennung der Projektergebnisse durch die massgeblichen Interessengruppen.
Projektmanagementfachkraft	Person, die fähig ist, Projektmanagementwissen bei der Teilnahme an einem Projekt anzuwenden.
Projektmanagementsoftware	Hilft der Projektleiterin bei der Anwendung von Planungs- und Controllingmethoden.
Projektmanager	Person, die in der Lage ist, ein begrenzt komplexes Projekt zu leiten. Dies bedeutet, dass sie zusätzlich zur Anwendung von Projektmangementwissen über einen entsprechenden Erfahrungsstand verfügen muss.
Projektmarketing	Umfasst alle systematisch geplanten, unterstützenden Aktivitäten und Massnahmen, die primär die Akzeptanz und somit die Abwicklung und den Fortschritt eines Projekts positiv beeinflussen.
Projektmitarbeitende	Alle an einem Projekt beteiligten Personen, auch wenn sie nicht zum Projektteam gehören.
Projektnachkalkulation	Nachträgliche finanzielle Bewertung aller Arbeitspakete und des gesamten Projekts nach Abschluss des Projekts.
Projektorganisation	Besteht primär aus dem Auftraggeber, der Projektleiterin und dem Projektteam, kann jedoch den Erfordernissen entsprechend um weitere Kontroll- und Entscheidungsgremien erweitert werden.
Projektorientierung	Ausrichtung einer Organisation auf das Managen von Projekten.
Projektphasen	(Engl. project phases) Zeitlich voneinander abgrenzbare Abschnitte im Projektablauf, z. B. Analyse, Konzept, Entwicklung, Realisierung.
Projektportfolio	→ Portfolio
Projektportfoliomanagement	Stellt sicher, dass aus Sicht der Unternehmensführung die richtigen Projekte zum richtigen Zeitpunkt im richtigen Umfeld durchgeführt werden.
Projektstatus	Aktueller Stand des Projekts hinsichtlich der Abarbeitung der Arbeitspakete, des Verbrauchs an Einsatzmitteln und Finanzmitteln und der Terminsituation.
Projektstatusbericht	Dokument im Projektcontrolling, in dem der Projektstatus an einem bestimmten Stichtag dokumentiert wird.
Projektsteuerung	Hauptaufgabe des Projektmanagements. Ziel ist es, mögliche Probleme während der Projektabwicklung möglichst frühzeitig zu erkennen und ggf. Massnahmen ergreifen.
Projektstrategie	Sagt aus, wie das Projekt die definierten Ergebnisse erreichen will.
Projektstrukturen	Geben dem Projekt Ordnung und zeigen relevante Beziehungen zwischen den Elementen eines Projekts auf.
Projektstrukturplan	Grafisch aufbereitete Übersicht aller erforderlichen Arbeitspakete und deren wesentlichen Beziehungen untereinander.
Projektstudie	→ Machbarkeitsstudie
Projektumfeld	Umfeld, in dem ein Projekt entsteht und durchgeführt wird, das das Projekt beeinflusst und von dessen Auswirkungen beeinflusst wird.
Projektumfeldanalyse	Methodisch-systematisches Erkennen und Erfassen aller Randbedingungen und Einflussfaktoren für das Projekt, der Interessensgruppen und der Art ihrer Interessen.
Projektwirtschaft	Oberbegriff für zeitlich begrenzte Wertschöpfungsprozesse, die in Kooperation erbracht werden.

Projektziel	Gibt Auskunft über die vereinbarten Projektergebnisse, die in dem für das Projekt vorgesehenen Zeitrahmen und Budget und auch in der Qualität zu liefern sind.
Projektzweck	Gibt Auskunft auf die Frage: «Wozu dient das Projekt?»
Puffer	Zeitliche Reserve, d. h. der Zeitraum, um den ein Arbeitspaket verschoben werden kann, ohne weitere Auswirkungen auf die Planung zu bewirken.

Q

Qualität	Ausmass, in dem die Eigenschaften eines Projekts den Anforderungen entsprechen.
Qualitätsanforderung	Gesamtheit der quantitativen oder qualitativen Einzelanforderungen an die Merkmale einer Einheit, die festgelegt wurden, um diese Einheit erstellen und prüfen zu können.
Qualitätsmanagement	• Umfasst Aspekt der Gesamtführungsaufgabe, der die Qualitätspolitik festlegt und verwirklicht • Setzt sich zusammen aus den Verantwortlichkeiten, Verfahren, Prozessen und Mitteln für die Bewertung und Förderung der Qualität
Qualitätssicherung	Alle Vorgaben und Massnahmen zur Erreichung und zum Nachweis der geforderten Qualität.
Qualitätssicherungsplan	Dokument, das die speziellen Elemente der Qualitätssicherung sowie die Zuständigkeiten, sachlichen Mittel und Tätigkeiten festlegt, die für ein Projekt vorgesehen sind.
Qualitätssystem	Alle Elemente wie Aufbauorganisation, Verantwortlichkeiten, Abläufe, Verfahren und Mittel zur Verwirklichung des Qualitätsmanagements.
Qualitätszirkel	Periodisch oder bei Bedarf tagende Arbeitsgruppe von 5 bis 10 Mitarbeitenden eines oder mehrerer Arbeitsbereiche, die in eigener Verantwortung Vorschläge zur Verbesserung des Arbeitsablaufs oder der Qualität erarbeiten.

R

Release	(Dt. loslassen) Veröffentlichung einer neuen Version einer Ausgabe, z. B. einer Software oder eines Musikalbums, die als Ganzes spezifische Anforderungen erfüllt.
Ressourcen	(Engl. resources) Einsatzmittel des Projekts.
Ressourcenkapazitätsdiagramm	Grafische Darstellung der Belastung von Mitarbeitenden (oder Organisationseinheiten) durch Arbeitspakete aus ein oder mehreren Projekten.
Ressourcenmanagement	Planung von Ressourcen, verbunden mit der Ermittlung des Ressourcenbedarfs und der Zuweisung von Ressourcen.
Ressourcenplanung	→ Einsatzplanung
Review	Überprüfung von Arbeitsergebnissen hinsichtlich Funktionserfüllung, Vollständigkeit, Einhaltung von Regeln usw. in Zusammenarbeit mit den Projektbeteiligten.
Risiko	Mögliches Ereignis oder eine nicht auszuschliessende Entwicklung, die den geplanten Projektverlauf beeinträchtigen kann.
Rollende Planung	Vorgehensweise des Planens. Ausgegangen wird von einer Grobplanung, die Detaillierung erfolgt progressiv zum Projektverlauf.
Rückmeldung	→ Feedback

S

Sechs Denkhüte	(Engl. thinking hats) Kreative Problemlösungsmethode.
Senior-Projektmanager	Person, die fähig ist, ein komplexes Projekt zu managen. Dazu gehören im Normalfall Teilprojekte.
Soft Skills	(Engl. für weiche Fertigkeiten) Synonym für «Soziale Kompetenz», umfasst primär Kommunikationsstärke, Teamfähigkeit und Flexibilität.
Sozio-ökonomisch	Die Gesellschaft und die Wirtschaft betreffend.
Sozio-technisch	Beinhaltet ein Zusammenspiel aus Menschen (Subjekten) und technischen Faktoren (Objekten).
Stakeholder	→ Interessengruppe
Stakeholderanalyse	Dient der Identifikation von Stakeholdern, ihren Anforderungen und Zielen, um angemessene Massnahmen ergreifen zu können, die die Zufriedenheit der Stakeholder mit dem Projekt fördern.
Stammorganisation	Ist im Gegensatz zu Projekten und Programmen langfristig angelegt und hierarchisch gegliedert und bildet den Hintergrund für Projekte und Programme mit einer engen Wechselbeziehung. Andere Bezeichnung: Primärorganisation, Linienorganisation oder auch «Normalbetrieb».
Standardarbeitsanweisung	(Engl. standard operating procedure SOP) Hilfsmittel zur Sicherung der Qualität von häufig wiederkehrenden Arbeitsabläufen.
Steuergruppe	→ Lenkungsausschuss
Strategie	Art und Weise, die eine Organisation wählt, um sich ihrer Vision zu nähern.
Struktur	Gesamtheit der für eine gewisse Dauer bestehenden Beziehungen zwischen den Bestandteilen eines Systems.
SWOT-Analyse	Dient dem Management von Chancen und Risiken und betrachtet vier Aspekte, deren Anfangsbuchstaben SWOT bilden: Strengths (Stärken), Weaknesses (Schwächen), Opportunities (Möglichkeiten), Threats (Bedrohungen).
System	Eine gegenüber der Umwelt abgegrenzte Gesamtheit von Elementen, zwischen denen Beziehungen bestehen und die durch diese Beziehungen und die Abgrenzung zur Umwelt als Einheit behandelt werden kann.
Systemdenken	Allgemeiner Ansatz, der sich für einen Umgang mit komplexen Systemen eignet.
Systemischer Ansatz	Ansatz, der vom Systemdenken ausgeht und der mögliche Wechselwirkungen bei Eingriffen betrachtet, um die besten Handlungsmöglichkeiten herausarbeiten zu können.

T

Team	Gruppe, die eigenständig und in Selbstbestimmung zusammenarbeitet und ein für alle verbindliches gemeinsames Ziel verfolgt.
Terminplan	Benennt die Anfangs- und Endzeitpunkte aller Arbeitspakete eines Projekts.
Total Quality Management (TQM)	Umfassendes Qualitätsmanagement. Eine auf die Mitwirkung aller ihrer Mitglieder gestützte Managementmethode, die Qualität in den Mittelpunkt stellt und durch das Zufriedenstellen der Kunden auf langfristigen Geschäftserfolg sowie auf Nutzen für die Mitglieder der Organisation und für die Gesellschaft abzielt.

U

Umfeld — Kontext.

V

Validierung — Bestätigung der Ergebnisse aufgrund einer Untersuchung und durch Bereitstellung eines Nachweises, dass die besonderen Anforderungen für einen speziellen beabsichtigten Gebrauch erfüllt worden sind.

Veränderung — Geht über den Begriff Änderung hinaus. Eine Änderung bleibt innerhalb gegebener Strukturen, eine Veränderung kann einen tief greifenden Wandel etwa der Organisationsstruktur und -kultur bedeuten.

Veränderungsbedarf — Ausmass der sachlich notwendigen Veränderungen einer Organisation.

Veränderungsfähigkeit — Fähigkeit, einen Veränderungsprozess erfolgreich zu meistern, und zwar auf der Ebene der Personen, der Organisationseinheit und der Gesamtorganisation.

Veränderungsmanagement — Management eines weitreichenden Wandelprojekts in und zwischen Systemen (z. B. bei einer Unternehmensfusion).

Andere Bezeichnungen: Änderungsmanagement, Change Management.

Veränderungsprozess — Umfasst die geplanten und auch ungeplanten Prozesse und Phasen einer Veränderung.

Verbal — Wörtlich, mit Worten, mündlich formuliert.

Verbesserung — Optimierung des Bestehenden unter Berücksichtigung geltender Massstäbe.

Verifikation — Bewertungsmethode, mit der geprüft wird, ob ein bestimmtes Ergebnis die vereinbarten Bedingungen erfüllt.

Vision — Bild von der Zukunft.

Vorgangsknotennetz — Vorgänge werden in den Knoten des Netzplans dargestellt. Der Knoten repräsentiert den Vorgang, die Pfeile zwischen den Knoten repräsentieren die zeitliche Abhängigkeit zweier Vorgänge.

Vorgangspfeilnetz — Variante der Netzplantechnik, die auch CPM (Critical Path Method) genannt wird. Der Pfeil repräsentiert einen Vorgang im Netzplan, dem sich eine bestimmte Zeitdauer zuordnen lässt. Der Knoten repräsentiert ein Ereignis (Anfang oder Ende eines Vorgangs).

W

Walkthrough — Einfaches Verfahren zur Qualitätssicherung in Projekten, das im Wesentlichen aus der Präsentation wichtiger Eckdaten des Projekts vor Auftraggebern oder der Unternehmensführung besteht.

Weiche Faktoren — → Soft Facts

Werk — Vereinbartes Arbeitsergebnis, das ganz konkrete Anforderungen erfüllt, die in einem Abnahmeprozess geprüft werden können.

Werte — «Unsichtbare Führungskräfte» mit oft stärkerem Einfluss als formale und transparente Anweisungen oder Vorschriften.

Win-win-Situation — Situation, in der alle Beteiligten einen Nutzen ziehen, d. h. keiner verliert.

Stichwortverzeichnis

Numerics

360-Grad-Feedback	72
80/20-Regel	261

A

Ablauforganisation	25
Ablaufplanung	167
Abschlussbericht	237
Abschlussphase	161
Abweichungstabelle	204
Ampel-Methode	206
Analogieverfahren	157
Änderungen	187
Änderungsmanagement	187
Anspruchsgruppen	91
Appell	221
Arbeitspaket	152
Arbeitsschutz	76
Aufbauorganisation	25
Auftraggeber	130
Aufwand schätzen	156
Äusseres Projektumfeld	96

B

Balkendiagramm	170
Beratung	263
Beschaffung	183
Betriebsschutz	76
Bewältigung von Risiken	114
Beziehung	221
Blinder Fleck	258
Business	61
Business Case	61
Businessanalyse	61
Businessplan	61

C

Chancen	110
Change Control Board	196
Change Manager	196
Change-Request-Formulare	194

D

Delegation	254
Dienstvertrag	184
Distress	291
Diversity	293
Dokumentation	215
Dreieckskonflikte	270
Durchsetzungsvermögen	288
Dynamische Prüfungen	121

E

Effizienz	252, 286
Einfluss-Projektorganisation	126
Einführung des PPP-Managements	46
Elemente des Projektmanagements	25
Engagement	289
Entscheidertypologie	260
Entspannung	290
Entwicklung des Projektmanagements	15
Ergebnisorientierung	286
Ergebnisqualität	241
Ethik	295
Eustress	291
Explizite Botschaften	223
Externe Rekrutierung	71

F

Fachausschuss	132
Finanzen	180
Finanzierung	79
Fischgrät-Diagramm	143
Forschungs- und Entwicklungsprojekte	21
Fremdbild	258
Führungsstile	252

G

Gebundene Rationalität	86
Gesundheit	75
Gewichtungsmethode	157

Gruppenkonflikte	270

I

Implizite Botschaften	223
Information	214
Initialisierung	50
Inneres Projektumfeld	96
Instrumente	26
Interessengruppen	91
Interne Rekrutierung	70
Investitionsprojekte	21

K

Kick-off-Meeting	232, 235
Kollegiale Beratung	264
Kommunikation	219
Kommunikationsplan	229
Kommunikationsstörungen	223
Konfiguration	196
Konfigurationsmanagement	197
Konflikt	269
Konfliktarten	269
Konfliktbearbeitung	275
Konflikte	
• Heisse	271
• Kalte	271
Konflikteskalation	274
Konfliktverhaltensstile	273
Konfrontationsphase	140
Konsolidierung	208
Konzipierung	51
Kosten	178
Kostenplan	180
Kostenplanung	179
Kreativität	294
Krisen	279
Kritische Erfolgsfaktoren	87
Kritischer Pfad	170

L

Leadership	250
Leistungsinhalt	155
Leistungsphase	140
Leistungsumfang	154
Leistungswert	181
Lenkungsausschuss	131
Lernende Organisation	34
Lieferobjekte	155

M

Machbarkeit	105
Machbarkeitsstudie	99
Management	250
Matrix-Projektorganisation	127
Meilensteine	163
Mentale Fallen	259
Mitarbeitende und Kultur	26
Mobilisierung	51
Motivation	289
Multiplikatormethode	157

N

Nutzwertanalyse	145

O

Operatives Projektmanagement	23
Optische Täuschung	257
Organisationskonflikte	271
Organisationskultur	58
Organisationsprojekte	22
Organisatorische Machbarkeit	106
Orientierungsphase	140

P

Parametrische Schätzgleichungen	157
Perfektionsgrad	261
Personaleinsatz	177
Personalmanagement	68
Planungsgrösse	210
Planungsphase	161
Planungsstrategie	210
Portfolio	20, 41
Portfolioorientierung	41
Prioritäten	261
Produkte	65

Professionelles Coaching	266
Programm	19
Programmmanager	131
Project Excellence	119
Projekt	16
Projektabschluss	237
Projektabschlussbericht	244
Projektanforderungen	99
Projektantrag	234
Projektarten	21
Projektassistenz	133
Projektauftrag	106
Projektauswertung	240
Projektbericht	203
Projektcontrolling	200
Projekterfolg	87, 237
Projektfortschritt	203
Projektführung	249
Projektlenkung	26
Projektlernen	119
Projektmanagement	22
Projektmanagerin	133
Projektmarketing	62
Projektmerkmale	17
Projektmitarbeitende	133
Projektnahes Umfeld	96
Projektorganisation	25
• Aufgaben	124
• Formen	124
Projektorientierung	39
Projektpersonal	70
Projektphasen	160
Projektportfoliomanagerin	131
Projektqualität	118
Projektsitzungen	224
Projektstart	232
Projektstatus	204
Projektstrukturplan	149
• Aufgabenorientierter	151
• Gemischtorientiert	152
• Objektorientierte	150
Projektteam	137
Projektumfeld	26
Projektumfeldanalyse	26
Projektziel	99
Prozentsatzmethode	157
Prozesslandkarte	62
Prozessqualität	242
• managen	118
Prüftechniken	120

Q

Qualität	115
Qualitätslenkung	117
Qualitätsmanagement	116
Qualitätsplanung	117
Qualitätsprüfung	117
Qualitätssicherung	120

R

Realisierungsphase	161
Rechtliche Aspekte	80
Reine Projektorganisation	125
Relationsmethode	157
Resonanzgruppe	133
Ressourcen	173
Ressourcenbedarfsübersicht	175
Risiken	110
Risikoanalyse	106
Risikoklassen-Graph	111
Risikoprävention	114
Risikotrend-Graph	111
Rückwärtsrechnung	169

S

Sachinhalt	221
Sachverständige	132
Schätzfehler	157
Sechs Denkhüte	144
Selbstbild	258
Selbstkundgabe	221
Selbstmanagement	257
Sequenzielles Phasenmodell	162
Simulationen	121
Spiralmodell	165

Stabilisierung	52
Stakeholder	91
Stakeholderanalyse	91
Stakeholderanforderungen	94
Stakeholdermap	97
Stammorganisation	54
Statische Prüfungen	121
Strategie einer Organisation	55
Strategisches Projektmanagement	23
Stress	290
Stressorentypen	290
Strukturen einer Organisation	56
Strukturform	152
SWOT-Analyse	110
Systemdenken	33
Systeme	29, 65
• Komplexe	30
• Komplizierte	30
Systemeigenschaften	32
Systems Engineering	32

T

Teambildungsphase	139
Teamentwicklung	139
Technologie	65
Teilprojekte	208
Terminplan	170
Terminplanung	168

U

Umweltschutz	77

V

Veränderungsbedarf	49
Veränderungsbereitschaft	49
Veränderungsfähigkeit	49
Verhandlungen	266
Verlässlichkeit	287
Verlaufsgrafik	205
Verträge	184
Vertraulichkeitsregelung	215
Vier Seiten einer Nachricht	221
Virtuelle Projektteams	138
V-Modell	166
Vorgehensmodelle	162
Vorprojekt- oder Initialisierungsphase	160
Vorwärtsrechnung	169

W

Wahrnehmen	257
Wasserfallmodell	163
Werkvertrag	185
Wertschätzung	292
Widerstand	272, 282
Wirtschaftliche Machbarkeit	106
Workshop	226

Z

Zeitplan	207
Zielarten	101
Zielfindung	100
Zielhierarchie	102